U0956719

媒介市场调查与研究丛书

中国电视节目创新与收视

CSM收视研究文集（第1辑）

王兰柱　主编

中国传媒大学出版社

《中国电视节目创新与收视——CSM收视研究文集(第1辑)》

编辑委员会

主　编　王兰柱

副主编　郑维东　肖海峰

编写人员(排名不分先后)

左瀚颖　李红玲　周欣欣　陈晓洲

姚　洁　陈　明　吴　东　王建平

李文欢　吴　凡　赵长军　张天莉

娜布琪　郑　玉　胡　波　王　莹

前　　言

作为我国视听率调查行业的领跑者，CSM 媒介研究自 1997 年正式成立以来，除了为业界提供准确的视听率调查数据之外，还一直注重视听率的相关研究工作。特别是近十年来，CSM 媒介研究充分发挥自身的数据与研究团队优势，基于海量的视听率调查数据，对我国受众媒介接触行为、视听率市场、广告投放等领域进行了深入研究，积累了丰富的研究成果。可以说，CSM 媒介研究已成为我国传媒研究领域一个十分重要的研究机构。为更好地展示我们的研究成果，服务业界，也为与同行进行交流，CSM 媒介研究从 2010 年起，每隔 1—2 年将我们的最新研究成果结集出版，每次集中一个主题，形成一个系列。《中国电视节目创新与收视——CSM 收视研究文集（第 1 辑）》就是这个系列丛书的开卷之本。

之所以将这套系列丛书第 1 辑的主题确定为“中国电视节目创新与收视”，是基于以下两个方面的考虑：一方面，近年来，为应对新媒体的有力竞争，电视媒体在努力提高覆盖、改善编播策略的同时，基于“内容为王”的理念，积极进行节目创新的探索，涌现出如栏目剧、方言节目、真人秀节目、益智节目、民生新闻节目、谈话节目等一大批新的节目形态，对于这些节目形态的创新与发展状况、收视状况急需进行系统梳理与总结；另一方面，CSM 媒介研究紧跟业界发展动向，近年来把电视节目创新与收视状况作为一个重点研究领域，并对其相关领域也进行了研究，已有的研究成果可以整理成一本文集。

《中国电视节目创新与收视——CSM 收视研究文集（第 1 辑）》共包括 34 篇文章，这 34 篇文章可以分为以下 6 个板块：

第一板块，新形势与节目创新价值周期。主要对我国电视节目创新的背景及节目创新价值周期进行了论述，具体包括《新形势新观察：渠道与内容交织的电视发展路径分析》《节目创新价值周期与观众收视行为影响的分析》2 篇文章。

第二板块，观众收视行为变迁。主要对我国电视观众近年来收视行为的新特点进行了分析。具体包括《差异化的受众与市场：深入理解观众收视选择及其变化》《从个体到群体——受众结构与收视差异浅析》《观众连续收看多长时间转换频道？——观众连续收看及转换频道行为分析》3 篇文章。

第三板块，编播策略创新。主要对近年来我国电视台节目编播的新策略进行了分析。具体包括《受众市场变迁与节目编播调整》《我国电视节目“无缝编排策略”应用分析》《国内卫视频道电视剧编排策略及收视效果分析》《电视节目“应季”与“映季”播出探讨》《“季播”再思考》5 篇文章。

第四板块，节目创新与收视。这一板块是本书的核心内容，主要对近年来我国新出现的几种主要电视节目形态的创新与发展状况、收视状况进行了分析。具体包括 17 篇文章，分别是《节目流变，谁主沉浮——多元因素驱动下的中国电视综艺节目发展脉络梳理》《节目创新策动收视市场变化——奥运后省级卫视综艺节目动态观察》《近年来国内真人秀节目素描及趋势分析》《从〈舞林大会〉看明星真人秀节目模式的具体应用》《2009 选秀节目再战荧屏——暑期省级卫视选秀节目收视扫描》《中国益智类节目发展状况及收视分析》《中国栏目剧的节目形态及运作模式浅析》《“剧”现老百姓身边的故事——栏目剧收视面面观》《南腔北调，一方之言——地面频道方言节目分析》《中国民生新闻节目收视分析》《故事的力量——故事手法在中国电视节目中的应用》《中国纪实类电视节目发展状况分析》《中国纪实类频道发展状况分析》《中国电视谈话节目概览》《中国电视人物谈话类节目的特色及收视》《中国事件谈话类电视节目的特色及收视》《满园深浅色、百般红紫斗芳菲——2009 年上半年地面频道晚间新节目观察》。

第五板块，电视广告收视。主要对我国电视观众收看广告的收视规律及投放策略进行了分析。具体包括《电视广告收视衰变研究》《节目内与节目间广告插播收视变化研究》《衰落抑或新生——也谈数字电视时代的电视广告》3 篇文章。

第六板块，电视媒体价值。主要分析了电视媒体的价值及如何提升电视媒体价值。具体包括《收视率及其映射的市场温度》《从资源重整到价值提升：对当前电视市场竞争的一种观察》《公益、品牌与电视媒体价值》《未来：从受众出发寻求媒体价值》4 篇文章。

最后，借《中国电视节目创新与收视——CSM 收视研究文集（第 1 辑）》出版之际，我谨代表本书各位作者感谢广大读者一直以来对我们的关注与厚爱。由于电视节目创新是一个非常复杂的问题，加之我们的知识水平和对这一问题的认识角度所限，书中不可避免出现不当之处甚至是错误，恳请读者不吝赐教。

CSM 媒介研究总经理　王兰柱

2010 年 2 月 10 日

目 录

电视广告收视

电视媒体价值

新形势与节目创新价值周期

新形势新观察:渠道与内容交织的电视发展路径分析

郑维东

拉斯韦尔在《传播的社会功能与结构》一文中,将传播行为的基本结构界定为传播者、内容、渠道、受众和效果这一5W模式。从中不难看出,在媒介内容由传播者传递至受众这一链条中,内容和渠道发挥着重要作用,直接影响传播效果的获得。数字技术和网络技术推动传播渠道向多元化发展,越来越多的媒体形式加入到与传统媒体的竞争中。电视面对新形势,如何获得可持续的竞争发展优势,成了一个很具挑战性的新课题。其中,理解渠道和内容交织发展的重要性,一手抓内容建设,一手抓渠道建设,使渠道效率和内容效益相得益彰,是电视发展的优选路径。

一、渠道效率保证竞争优势,内容效益催生忠实分化

内容和渠道是互相依托的两个方面,二者的有效组合是获得收视效益和广告传播效益的前提和保证。但是随着渠道多元化的发展,不同的组合方式所达到的效果存在着差异。那些同时拥有较高入户率和较高内容关注度的媒体,也就是在内容和渠道两个方面同时具有较大优势的媒体无疑成为市场上的强势媒体。反之,那些在落地入户和节目内容两个方面均不具优势的媒体则会在竞争中处于劣势的地位。此外,有些媒体虽然在渠道效率上不具有很强的优势,但凭借其特色鲜明的内容资源,仍然可以在区域市场上获得优势的竞争地位。而那些渠道虽然不错但未能将渠道效率转化为收视效益的媒体,则会在发展中遇到很多问题。由此可见,渠道效率是内容效益的充分条件,但非必要条件。

从全国上星频道覆盖率和收视份额的分化,不难看出渠道效率对竞争实力的影响。全国覆盖率超过50%的上星频道,全天平均收视份额也多高于1%。以覆盖率50%为分水岭,全国上星频道的竞争实力出现两极分化:当频道的覆盖水平超过了全国所有家庭的一半时,频道的竞争力水平就达到了强势频道的基准(收视份额超过1%);反之,覆盖水平低于这个标准,市场地位就会相对较弱。随着覆盖率的增加,频道收视份额增加的速度加快,覆盖对于收视增加呈倍增贡献,也就是我们常说的“到达率的乘数效应”(图1)。

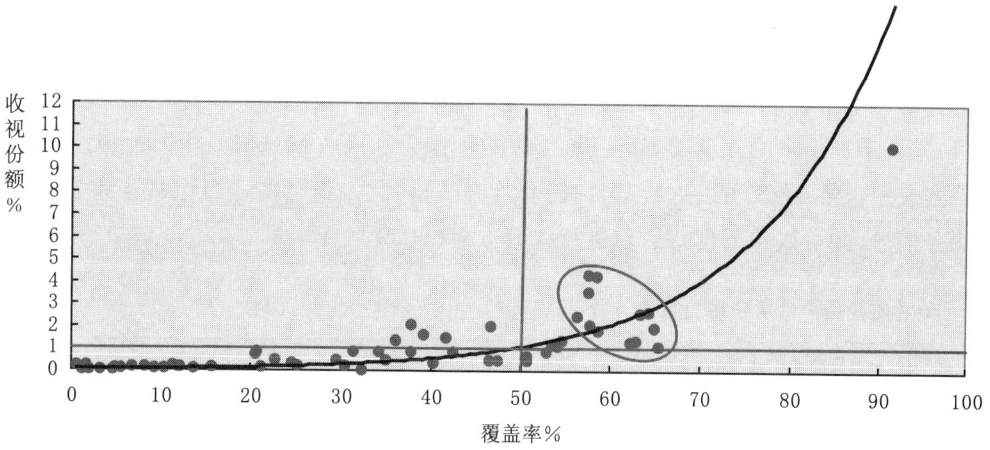

数据来源:CSM媒介研究

图1　2007年全国上星频道覆盖率和市场份额分布

与此同时我们还看到一个现象,就是同样在强势频道当中,竞争实力仍然存在分化现象。一方面,强势的上星频道与竞争力最强的中央电视台综合频道仍然存在着相当的差距,当然这种差异首先源于覆盖率的较大差距。另一方面,覆盖率水平相当的中央台专业频道和强势的省级卫视的竞争力也存在分化现象,这就反映出抛开渠道效率这一决定因素以外仍然存在着其他影响媒体实力的因素,例如内容的整合力度、市场营销的力度等都会造成竞争实力的进一步分化。

随着频道覆盖效率的增加,越来越多的省级卫视加入到全国强势频道的阵营,在这样的竞争形势下,如何获得并保持"忠实的观众",则需要在内容效益方面拓展自身优势。以人均收视时间为代表的观众忠实度是人均收视段数和人均每段收视时长二者的乘积,2007年我国城乡电视观众每天人均收视段数14.2段,人均每段收视时长14.5分钟,这个"双15法则"进一步告诉我们:观众收视选择只集中于有限多个频道(15个左右),同时观众每段收视时长又表现为特定的15分钟节奏。总体来看,观众收视选择有限且趋向于忠实地选择频道,因而渠道效率的变化会越来越影响观众收视选择的规律。因此相同覆盖水平下,若要寻求进一步突破,则需在内容效益上下工夫,内容的比较优势带来观众忠实的比较优势。

二、渠道多元化促进市场细分化,渠道与内容面临新平台上的整合

当前国家广电总局正在推进多元化的频道覆盖:无线、有线、卫星、互联网等技术平台都可以成为视频内容的传播渠道,而且这些渠道之间相互补充,互为支撑,增加了受众在多种场合接收电视的可能性。这预示着一个正在形成的多元化的频道覆盖格局:城市中,在逐步形成固定的家庭有线数字电视全覆盖的情况下,以地面移动接收为代表的小众化接收会有所增加,借助互联网进行电视节目收看的群体也会逐渐扩大;在农村,直播

卫星和村村通工程的发展，为上星频道和数字付费频道在广大农村地区的覆盖提供了契机，加之原有的无线覆盖以及有线网络向城市外围的延伸，更多频道将会进入到农村。在这样的一个平台上，城乡观众将会看到越来越多的和传统频道不同的付费和视频点播节目，并且增加更多的互动功能，更多的电视内容会进入收视选择。电视也从简单的看电视变成用电视，不仅可以进行节目查询、收看节目预告，而且能通过电视了解当地的生活服务信息，并可以接入网络后台进行视频点播(表1)。

表1　数字电视用户最常使用的服务

目前最经常使用的服务	百分比%
看电视	99.50
节目查询	27.40
节目预报	22.40
生活服务信息	15.00
点播节目	14.70

数据来源：CSM媒介研究

多元化的频道覆盖不可避免地会逐渐分流传统频道的市场份额，从而形成不同特征的细分市场，我们不仅可以按照频道定位的不同进行市场细分，同时还可以按照频道传输所面向的不同用户群体进行市场细分。在此基础上，进一步挖掘细分市场价值，面对细分市场寻找能获得有效回报的内容资源成为必然。对于传统的内容资源，如电视剧、新闻、体育、综艺等，由于在更多的平台上传输，因此需要针对不同的细分群体重新进行编排和制作，以形成更多的、面向细分领域的供广告、节目运营和开发的有价值的市场，实现在新数字技术条件下渠道和内容的重新整合。

三、新媒体改写广告格局，电视增长向多元化发展

渠道多元化与市场细分化不仅对内容市场产生影响，而且这种影响已经进一步扩大到广告市场。随着新媒体形态逐步分流广告份额，传统媒体的广告效果受到置疑，传媒进入一个新的营销时代，多元化发展成为电视增长的必然趋势。

2007年中国广告市场的营业额达到1741亿元，比上年增长10.7%。其中电视台的广告营业额为443亿元，比上年增长9.6%，这一增长幅度低于总体广告市场营业额的增幅。与此同时，包括户外广告在内的新媒体广告增速加快，2007年户外广告的营业额达到181.37亿元。随着新媒体形态对广告的分流成为必然，整个传媒产业的广告市场也被重新划分。根据清华大学出版的《中国传媒产业发展报告》，2007年中国传媒产业总产值4811亿元，比2006年增长13.6%。移动媒体和网络媒体在整个产业中的规模占比估计在27%左右，这已经超过了电视的17%(图2)。新媒体靠渠道扩张所带来的广告回报正日趋赶超传统媒体多年经营的价值回报。这些新媒体目前不是靠内容取胜，而是靠渠

道扩张来取胜，所以电视渠道传输的多元化对传统媒体来说仍是一个机会。

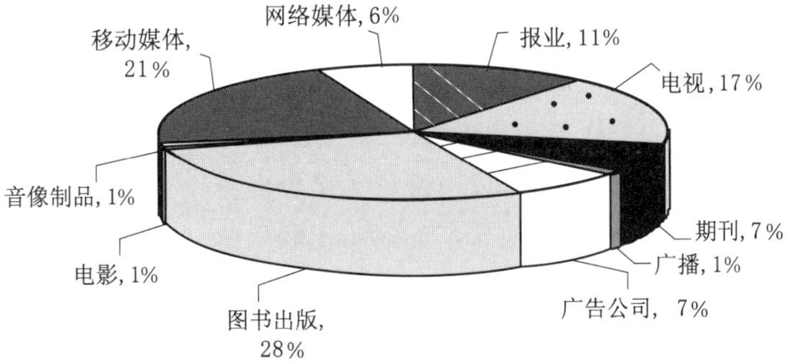

数据来源：《中国传媒产业发展报告(2007—2008)》

图 2　2007 年中国传媒产业格局

带来这种变化的原因在于投资者对新媒体广告效果优势的看重以及对传统媒体广告效果有效性的质疑。新媒体细分市场的优势，特征人群的优势，渠道的优势，互动和个性化的优势，精准投放的优势，广告的丰富多样性以及广告创意的无限性，等等，这些都是传统电视的短板。因此，传统电视和新媒体相竞争，在渠道多元化后做细分市场是非常必要的，而在此基础上的营销升级也势在必行。传统电视的优势在于大众营销，新媒体则已经开始强化分众营销和精确营销。面对新媒体的竞争，传统媒体如果只做大众营销必然面临丧失优势的危险。随着数字电视平台进入家庭，电视作为分众营销平台的效果会越来越好，在此基础上甚至可以试行精确营销，利用建立的用户数据库定向送达广告。

新的媒介环境要求传统电视必须迎头赶上，必须面对新的环境做更多的商业模式的探讨，电视增长必须逐步转向多元化发展。首先，要从简单的广告售卖发展到全方位的营销，如活动化的营销、独播剧等资源的营销以及品牌的营销，但随着环境的变化，必须考虑渠道环境变化后的调整，做更多的整合。其次，要进行市场细分，挖掘潜在价值，从而提高定价能力。频道的专业化和编排的一些细分手段实际上都是市场细分的方式。整合资源，做大产业也是电视媒体将来所必须面对的，这种整合包括三种方式，既有向上游整合把内容市场变成自己产业链中重要环节；还包括向下游整合进入消费市场，从广告推介变成物流、资金流、信息流整合的一个营销平台；同时也可以利用跨媒体联合发展进行横向整合。最后，多元化发展还可以通过提升技术平台，跨界向新媒体发展，从内容到渠道全面提升。

四、渠道与内容交织下的路径选择，从整合调整到战略升级

综上所述，在渠道多元化背景下，随着新媒体不断加入到竞争中，传统媒体基于现有的价值平台，必须进行相应调整，进而实现渠道和内容相交织的战略升级。这主要包括：强势频道整合优质内容，强势频道形成均衡价格和调整电视发展战略、实现可持续增长

等三个方面。

1. 强势频道整合优质内容

从前面分析我们已知，观众纳入到收视选择中的频道数量是有限的，在这样的前提下，强势频道要保持其竞争优势和垄断地位，必须占有强势的资源，强势频道与电视剧的联姻成为必然。强势频道为了赢得以电视剧为基础的竞争，一方面增加电视剧播出量，另一方面提升对电视剧优质资源的垄断而建构比较优势。这种做法虽然激励了电视剧制作市场，但仍不能够回避多频道市场下电视剧供求不均衡的矛盾。由于电视剧供求的不均衡，优质电视剧资源匮乏，但同时有更多的频道想进入强势频道阵营，强势频道对电视剧资源的掌控反而成为它自身发展的瓶颈。对电视剧的过度依赖必然导致对市场的过度依赖，但摒弃电视剧资源又会导致收视的急遽下滑，从而使保持竞争优势的压力不断加大，在这样的情况下，如何使用、挖掘电视剧的价值成为强势频道发展的一个重要问题。

2. 强势频道形成均衡的广告价格

当竞争到达一定阶段后，市场开始进入良性发展。就目前 15 个强势上星频道格局而言，中央台和省级卫视在数量上各占一半，收视份额的对比约为 30%对 15%，广告收入对比约为 90 亿对 40 亿。除了中央台综合频道优势较大以外，中央台的专业频道和强势省级卫视进入市场后，广告定价均衡之势已经逐步形成。在这样的情况下，强势频道要实现新的广告增长，必须寻求新的突破点。要从卖收视强化为卖品牌，卖具有更高附加值的产品。媒体的公信力、影响力、吸引力也会带来广告变现能力，从而提升广告价值。

3. 调整电视发展战略，实现可持续增长

可见新形势下电视台有必要进行相应的战略调整，要从覆盖战略转向观众忠实战略，从集中战略转向细分战略，从平价战略转向溢价战略，从播后战略转向播前战略，最终实现资源整合条件下的可持续增长。具体来说，即：(1)从覆盖战略到观众忠实战略。随着传播渠道的扩张，频道覆盖差距会越来越小，覆盖优势直接转化为收视效果面临挑战，这种情况下就要注重渠道效率，内容为王而不是渠道为王。为了突出自身内容和观众忠实，要坚持差异化和品牌化：差异化的内容培育忠实观众，品牌化策略拉动观众忠实。(2)从集中战略到细分战略。忠实观众的规模有限，且和市场细分相关联。细分的目的是提高资源回报率，以有限的投入换回更高的回报。为了实现这一目的就要考虑细分市场的收益合理性。例如，频道专业化是细分战略选择之一，根据观众特征进行节目或者时段细分也是一种选择，改进编排策略也可以提高市场细分效率，电视剧类型化编播是有效的市场细分策略选择，这些都是有益的尝试。(3)从平价战略到溢价战略。差异化和细分化意味着对产出预期的提高，意味着单位价值产出的提升。观众忠实是稀缺的,这意味着有更高的价值和比较优势;优质资源总体上也是稀缺的,这种稀缺的资源在强势频道中可以得到更多的保护和垄断。电视的广告效果由于受到新媒体的冲击,亟待在细分市场得到证明。现在的广告售卖更加强调真实的有效,反过来,真实的有效的广告效果意味着更高的市场定价。只有具有特色和差异,具有别人不可比的东西,才会凸显更高的价值。因此,广告溢价是一个趋势,在收视点增量有限的情况下,扩大广告市场必须要提高广告定价。因为广告效果有滞后性,所以溢价的实现很大程度上有赖于营销。(4)从播后战略到播前战略。在渠道差别不大的情况下,为了强化内容优势,就需要对内容产业进行全方位渗透,特别是对优质内容进行优先地占有和使用。在这一过程中必须运用科学的手段。播后评估为播前内容遴选和编排服务,市场前测则是降低编播风险、提高市场回报的有效手段,不仅对节目研发非常有帮助,同时可以帮助节目进行广告预售,实现收视率预估,从而为广告售卖赢得机会。

五、结语

随着中国媒体产业的发展,增长、整合、全球化和所有权集中四个关键词可以用来概括传媒产业未来的发展趋势。面对新媒体的冲击,传统电视的增长除了要借助市场细分来提高广告定价之外,还需要和新媒体进行整合,通过资本市场的兼并和收购使自身变得强大。新媒体巨头可以跨界收购,通过经营多媒体进行平行整合,传统媒体同样可以。除此以外还可以通过掌控生产和销售的不同阶段来进行垂直整合。伴随全球化进程,未来的频道竞争将不仅局限于国内强势频道之间的竞争,境外媒体内容会通过互联网和移动多媒体终端等渠道进入中国市场从而加入到竞争行列。谁掌握渠道、谁掌握内容的所有权,谁就会拥有不可替代的竞争优势。具有核心竞争优势的媒体集团不断整合壮大,并推动所有权集中,从而形成传媒市场的寡头垄断。

节目创新价值周期与观众收视行为影响的分析

郑维东　左瀚颖

在中国电视产业化和市场化的发展过程中，电视台在保证导向正确和履行社会功能的前提下，开始和大多数企业一样，尝试通过最大化产品和服务的销售收入，来寻求现金流的持续增长，从而为媒体的进一步发展提供资金保障。在中国电视产业现有的盈利模式下，电视台最主要的现金流入源自于广告投放，而电视台依赖于节目播出所汇聚起来的注意力资源则是其赢得广告投放的交换条件。由此，为在日趋激烈的市场竞争中获得社会功能和经济功能的双赢，电视台将节目摆在了竞争力的核心位置，凭借对优势节目资源的占有和合理利用获取更大的市场份额成为电视市场竞争的焦点，品牌节目资源成为电视台维持稳定观众流的“金牛”。

不过，中国电视市场正处于不断成熟和多元的发展过程中，观众媒体消费习惯的变化和消费选择的增多使其对单一节目的选择度和耐受度降低，电视节目的生命周期缩短，任何“金牛”节目都不可能在一成不变中常居强势，越来越多的电视台开始考虑如何进一步优化现有资源，提高节目资源的更新能力，创新在行业中蔚然成风。值得注意的是，尽管电视台创新的根本目的在于追逐价值，但业内却很少有人关注创新的价值走势以及观众市场变迁对创新价值的影响。本文将节目价值研究与产品生命周期和创新扩散理论相结合，初探观众市场变迁与节目创新价值周期演变的关系，以期业内人士在关注节目模式创新和节目编排创新之余，能更多地考虑如何在遵循市场规律的前提下实现创新价值的最大化。

一、节目创新与节目创新的价值周期

营销大师菲利普·科特勒(Philip Kotler)指出，“创新并没有被普遍认为是重要的或者是值得的，因为总有一些人不喜欢变革”，但在人类社会发展的过程中，创新一直是推动生产关系和社会关系发展的原动力。不同研究者基于自身的研究视角和需求对创新进行了不同的界定，其中美国经济学家熊彼特(Alois Schumpeter)提出的“创新是指把一种新的生产要素和生产条件的‘新结合’引入生产体系从而创造新的生产函数”和管理大师德鲁克(Peter F. Drucker)提出的“创新就是赋予资源以新的创造财富能力的行为”，比较明确地指出了创新与价值生产和创造的关系，对在市场化环境下分析电视节目创新极有参考意义。

1. 节目创新价值最直观地体现为新节目的经济价值

电视台进行节目创新最根本的目的在于在激烈化和同质化的市场竞争中，寻求与竞争对手的差异化，寻求与市场需求的最佳契合点，以最大化节目资源的价值创造能力。为达成这一目的，国内不少电视台一方面在“重组”生产要素方面大做文章，推出“时期性”、“主题性”和“季播”节目表，另一方面则积极尝试“再造”资源的价值创造能力，不断创新和改良节目形态。

节目创新是对节目内容和形态要素的再造和重组。电视台在创作和播出创新节目时，必须投入一定的人力、物力和财力等形式的运营成本，同时还面临放弃播出成熟节目的机会成本，新节目必须创造出高于创新运营成本和机会成本的价值才能实现较好的投入产出比，推动电视媒体的成长。基于市场规律，对节目创新的价值进行预估和评定，把握节目创新的价值周期，有助于电视台更有效地选择节目创新和跟进的时间点，充分发掘节目资源的价值。

节目创新的价值最直观地体现为新节目的价值。作为文化产品，电视节目价值是其经济价值和社会价值的综合体现。鉴于节目的社会价值体现于其对社会及个人精神欲求和兴趣的满足，是一种抽象和主观的价值，更多依赖于主管部门、业内专家以及观众的主观评价来衡量，难以量化；因此，对节目创新价值的研究更多地侧重于对新节目经济价值的研究。在中国的电视市场上，节目的经济价值主要体现为其广告盈利能力，也即节目在广告市场上所具备的交换价值。节目所能汇聚的观众注意力是其交换价值的承载。观众注意力的规模（观众人数和收视时间）和质量（观众的消费力）是广告主衡量节目交换价值时重点考虑的两大因素，与节目的交换价值之间均呈现正相关关系，故而节目创新的经济价值可以归结为：

$$V=\alpha\times R\times L\times I$$

其中 V 代表节目创新的价值，R 代表创新节目的到达千人，L 代表创新节目的观众忠实度，I 则代表观众的收入水平，α 则为调整系数[①]。

2. 节目创新的价值周期受创新扩散影响

与任何一种技术和产品创新一样，节目创新所提出的全新内容和形式要素的结合必然会经历早期采用、扩散、成熟和被其他创新所取代的过程；创新节目作为一种产品，在市场上同样也会经历导入、成长、成熟和衰退几个阶段。结合美国营销学者西奥多·莱维特（Theodore Levitt）提出并为后人所广泛发展的产品生命周期理论（Product Life Circle，PLC）和美国媒介学者埃弗里特·罗杰斯（Everett M. Rogers）提出的创新扩散理论（Diffusion theory），依据节目发展过程中观众到达率和忠实度变化的一般规律及其对节

---

① 由注意力规模和质量相乘所得出的节目交换价值是以“虚拟币”反映的节目价值，它与电视市场的实际交换价格之间存在差距，可以通过以“虚拟币”反映出来的节目交换价值规模与广告市场实际交易规模之间的拟合，来求出两者之间的换算系数，以便较客观地估计出节目创新的实际市场价值，α 即为此换算系数。

目创新经济价值的影响，本文尝试提出节目创新经济价值周期模型，如图 1 所示。

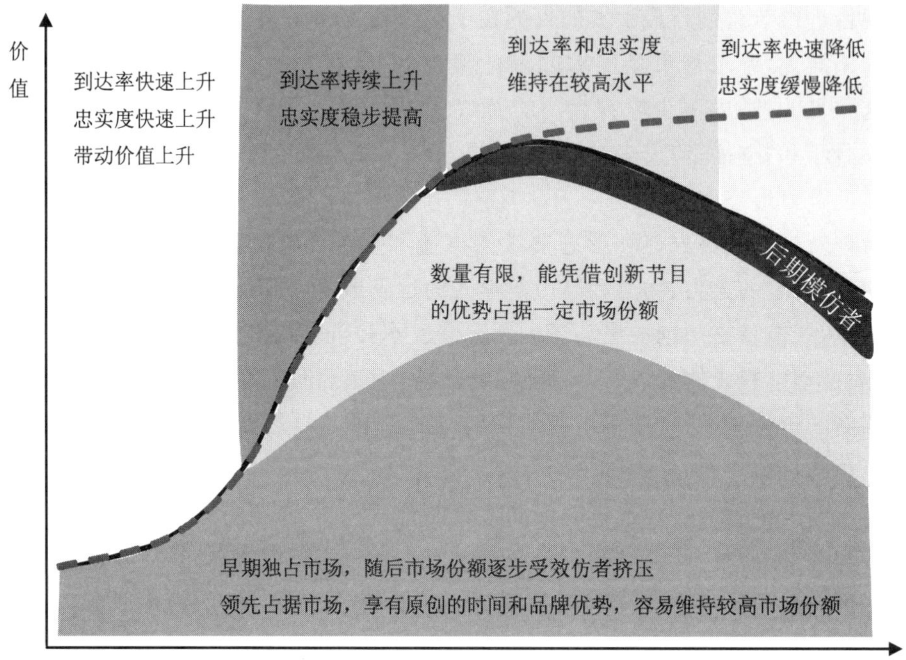

图 1　节目创新经济价值周期模型

在这个以时间为横轴，以价值为纵轴的模型中，节目创新价值大致呈现出一个“S”型的曲线。在节目创新推出的最初阶段，也即新节目的导入期，观众的数量(R)和观众收视时间的长度(L)处于累积和上升阶段，受此影响，节目创新的经济价值也迅速攀升。创新者在市场上所取得的收益引致了竞争者的效仿和跟随，市场效果突出的创新节目模式很快就会被较具竞争实力和市场洞察力的电视台加以采纳和发展，节目创新进入了成长期；在这一时期由于有更多电视台打造创新节目，拓展了新节目的覆盖，带动了节目观众数量(R)的进一步提升，与此同时，电视台通过在细节上对创新节目模式进行固化和发展，推动了新节目形态的成熟，使更多观众将其纳入日常收视的范畴，由此也带来了节目收视时间长度(L)一定程度的增长，节目创新经济价值的进一步攀升。

当然，任何新节目都有一定的目标观众定位，其观众数量和收视时间总有一定的上限；因此，观众数量和收视时间的成长并非无限度，节目创新的价值曲线也不可能一直上扬，随着新节目模式的稳定，节目创新赢来了其交换价值的顶点，并在一段时期内维持相对稳定的水平，进入成熟期。此后，由于节目的长时间播出会引致观众的“审美疲劳”，新节目的观众规模和收视时间都会逐步走低，引致节目创新交换价值的减退，节目创新的经济价值进入衰退期，开始寻求新的突破性变革或者被其他创新节目所取代。

对节目创新价值周期的理解，离不开对创新节目扩散以及由此引起的价值竞争的关注。在节目创新推出市场的早期，创新者面临着较大的市场风险，在被成熟节目分据割占的市场上,竞争者对创新节目更多地持观望态度,创新者基本独占创新所带来的所有价值。任何创新节目都有一定的目标观众定位,根据其目标观众的规模、收视时间和收入水平,可以确定出节目创新潜在的市场价值规模,当创新节目在获取潜在的市场价值中表现突出时,竞争者往往会在权衡潜在市场价值规模的基础上选择是否跟进。美国媒介学者弗里特·罗杰斯经过多年的实证研究指出当一项创新产品或服务在其潜在市场中扩散到10%—25%的时候,扩散率会急剧加速,早期采用者的增多会为创新达到价值顶点带来冲刺。

对电视节目创新而言,虽然早期模仿者选择进入市场的时点会因创新节目的类型和潜在市场规模而各异,但毋庸置疑的是当创新节目表现出开发潜在市场的能力时,竞争者会选择跟进并摊分创新者的价值份额。在节目成长阶段进入的数个早期模仿者在市场竞争中会更多地享有节目创新的优势,甚至凭借自身的改良和发展,有与创新者一较高下的能力;不过在大多数情况下,创新者凭借先入为主的时间优势和品牌优势,更容易维持较高规模的价值份额。在创新节目进入成熟阶段时,仍然有部分竞争者会选择跟进,不过由于此时创新节目的潜在市场已基本被开发殆尽,且进入者在时机上已无优势可言,故而在大多数情况下,后期模仿者所能获取的价值份额相对有限。总体来说,在节目创新的价值周期中,创新者和早期跟进者更容易享有更大的价值收获,在电视市场竞争中,把握时机,保持创新者和领先者的地位对电视台极为重要。

二、观众收视行为改变对节目创新价值周期的影响

从上述模型可以看出,节目创新的价值周期明显受到观众行为的影响。电视节目作为一种特殊产品,在固定的节目模式下,每一期节目都是对上一期节目的创新和发展,因此,创新节目的价值曲线不见得会像上述曲线所呈现出的完美和平滑;与此同时,观众对不同类型和市场领域的节目创新会有不同的反应,不同节目创新的价值曲线会在周期和波动幅度等方面存在差异,因此,也不存在一条固定的广泛适用的节目创新曲线。电视台要对节目创新的价值周期进行预估和判断,需要针对特定的节目类型和市场范围,借鉴观众数量、收视时间以及人均收入水平等历史数据来进行。电视节目种类繁多、形式多样,本文难以对各类节目创新的价值周期做出具体的分析,不过,近几年我国媒体市场和观众市场的变迁对各类节目创新的价值周期产生了普遍性的影响,明显改变了节目创新价值周期的特点,值得电视台在进行节目创新的过程中予以关注。

1. 节目创新价值曲线面临压缩

节目创新为电视台提供了新的产品,对节目创新价值周期的分析实际上是对产品成长和消费生命周期的分析。美国营销学者弗兰克·M.巴斯(Frank M. Bass)提出的经典扩散分析模型——Bass模型对产品在整个生命周期中的价值创造潜力进行了分析,在此,我们借鉴Bass模型进一步细化节目创新价值模型,深入了解节目创新价值曲线的特征。

正如前文所指出的那样，任何创新节目都有一定的潜在市场规模，在此，我们以 R 代表可能收看创新节目的观众总数，L 代表可能达到的最高观众忠实度，I 代表可能获得的最高的观众人均收入水平，则节目创新潜在的最大价值 $V=\alpha\times R\times L\times I$，而节目创新在特定时期所获得的价值 $V_t=\alpha\times R_t\times L_t\times I_t$。

在电视市场上，观众收看一种电视节目可能受到两种因素的影响，其一是观众自由的浏览选择；其二则是在大众媒体或者周围观众的影响下，选择收看某个电视节目。在此，我们将通过自己浏览选择某个节目的观众称为创新采用观众，将因为媒体传播或者观众的“众口相传”而收看某个节目的观众称为传染采用观众。

将创新采用观众和传染采用观众在还没有收看某节目的观众中所占的比例分别设为 p 和 q，将前一期收看但在后一期选择不收看的观众设为 R'，则在某一期选择收看某个节目的观众数量 $R_t=R_t-1+p_t\times(R-R_t-1)+q_t\times(R-R_t-1)-R_t'$，由此创新节目在某一期的价值可以表述为 $V_t=\alpha\times[R_t-1+p_t\times(R-R_t-1)+q_t\times(R-R_t-1)-R_t']\times L_t\times I_t$。研究者利用不同产品的营销数据探索产品的生命周期，把新产品分为低创新低传染、高创新低传染、低创新高传染和高创新高传染四类，并分别为其拟合了如图 2 所示的生命曲线。

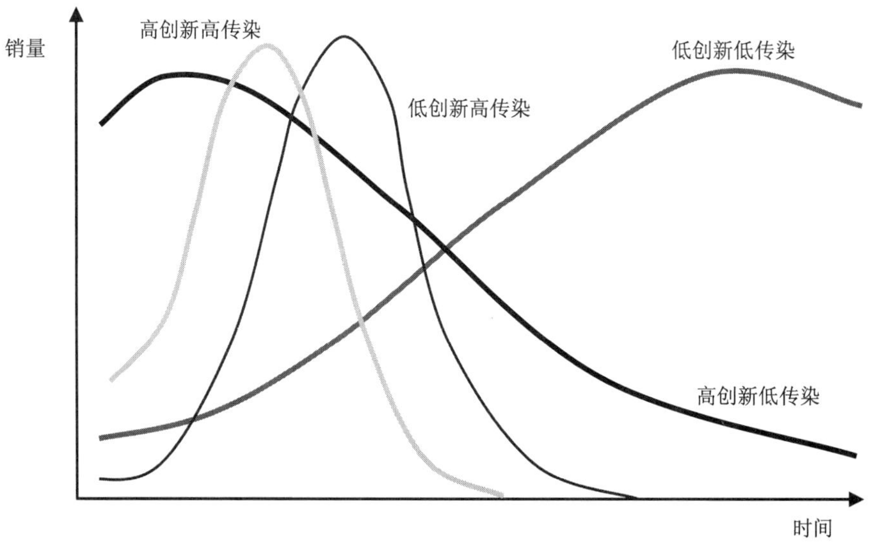

图 2　四类产品的生命曲线

电视节目创新价值与其销量，也就是与观众规模及收视时间存在着正相关关系，因此，电视节目创新的价值曲线与普通产品的生命曲线有很大的相似性。电视节目凭借电视台广泛的信号覆盖，有效到达消费者的通路，观众在自主浏览中选择新节目的概率不低，与此同时，创新电视节目很容易成为媒体关注的热门话题，也容易成为观众茶余饭后的谈资，观众之间的“传染性”比较强。因此，电视节目更接近于高创新高传染产品，其生命周期曲线呈现出波峰较陡、周期较短的特征。近几年来，随着我国媒体市场的成熟和观众市场的变迁，电视节目创新这条陡峭的价值曲线面临压缩，出现了如图3所示的几个较显著的变化趋势：

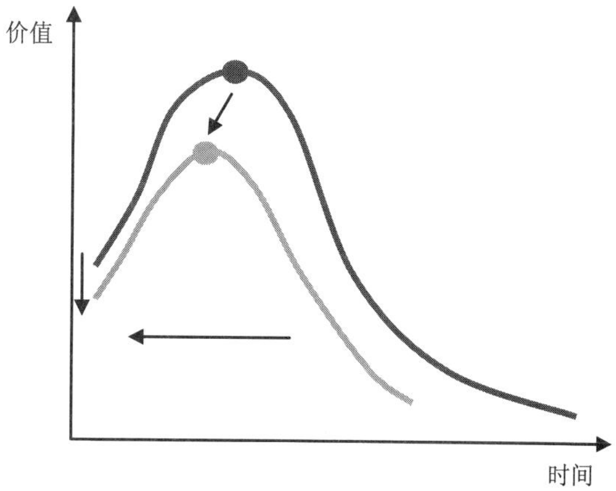

图3　节目创新价值曲线面临压缩

其一，创新价值曲线起点缩水。近几年，伴随着我国电视市场的成熟，以及数字电视新技术和新服务的推广，观众收视行为发生了明显变迁，其中被业内人士反复强调的是观众选择的主动化和细分化。有业内人士指出数字电视等新服务为观众提供了更多的频道选择，无形中加重了观众节目选择的时间成本，更多观众可能会通过定制电子节目菜单等方式，将自己的收视选择固化在细分的内容领域。CSM媒介研究的相关调查则显示，观众中自主设定收视菜单或者固定收看少数频道的不在少数，这就意味着观众通过自主浏览去发现创新节目的可能性有所降低。当更多观众开始强调收视的个性化和自主性时，因媒体宣传和观众之间相互交流而选择收看某节目的观众比例也会出现下降。当创新节目的创新采用者和传染采用者比例都出现下滑时，创新节目的价值起点就会降低。举一个比较典型的例子，即便近几年电视台耗费巨资打造了不少独播大剧，并进行了大规模的推广营销，但任何一部电视剧想要像20世纪80年代播出的《上海滩》《射雕英雄传》和《红楼梦》等剧目那样一经开播就万人空巷，已不太可能。

其二，价值创新曲线上升期缩短。美国媒介学者埃弗里特·罗杰斯经过多年的研究，指出影响创新扩散的因素主要包括四个方面，即创新本身的优势、传播渠道、时间因素和社会环境。电视节目自身的特殊性，以及中国电视观众市场和媒体环境的变迁，使得电视节目创新扩散加速，由此也使得价值创新曲线上升期的斜率变大，上升期缩短。引致节目创新价值曲线上升期缩短的因素主要可归为两点：

首先，随着我国受众市场研究的成熟，创新节目的市场潜力能够比较直观而迅速地被反映出来，面临观众市场上份额竞争的压力，竞争者对创新者的追随速度相当快，当众多电视台一哄而上开发某种创新节目资源时，此类创新节目的边际效益会被迅速挖掘，价值潜力会较早被开发殆尽，使创新曲线的上升期变短。在近几年美国各大电视网进行的“选秀”大战中，某电视网负责人毫不讳言地指出集中开发“选秀”节目，是电视网为尽快将竞争对手创新的这个节目样态“做旧”，缩短其生命周期，以为本电视网的创新节目提供更好的市场空间。值得注意的是，国内电视台对新节目的迅速跟风，并非是美国商业电视网所采取的针对性竞争策略，而是电视台在市场竞争压力之下的一种无奈之举、被动之举，其后果只能是减损节目创新的市场效果，增加节目创新的时期压力。

其次，目前我国尚缺乏对节目模式的版权保护体系，创新节目一经出炉，很容易通过各种渠道进行传播，其节目内容、形态乃至组织方式等会通过大众媒体报道以及线下人际交流等途径，为竞争对手所了解，加速了创新扩散的进程，缩短了创新扩散的周期。在这种情况下，创新者的利益无法得到有效保护，其获得创新价值的空间有所减损，这一方面会抑制创新者的创新积极性，另一方面则会使创新面临极大的时间压力。在各个电视台频频推出新节目，打出创新旗号的背后，实际上存在着市场因利益因素和时间因素而缺乏系统性和全面性节目创新研发的隐忧。

再次，创新价值曲线顶点萎缩。近几年，我国电视收视总体规模已经进入大致稳定期，成长空间有限，与此同时，类型节目收视细分化的趋势正日益明显，传统的电视剧和新闻/时事节目的优势地位正逐步被综艺、专题和体育类节目所追赶，利基市场（Niche Market）开始吸引更多观众注意力。细分节目类型的兴起，使得观众注意力越加分散，单个节目所能汇聚的注意力规模明显下降，观众对单个节目的忠实度也有所降低，这可以通过近几年来年度收视率最高的节目的收视率水平逐年下降得以证明。虽然随着我国社会经济的发展，观众的消费力不断获得增长，但观众注意力的分化如此明显，使得单一节目创新所能获取的潜在市场价值降低，创新价值曲线顶点萎缩。

总体来说，观众电视收视的细分化，以及互联网等新媒体对观众注意力的分散，使得节目创新的价值潜力空间萎缩；而对创新毫无限制和广泛地复制模仿，则使得创新节目的生命周期缩短，创新的投资回报率降低。在激烈的市场竞争中，节目创新价值曲线的萎缩，加大了节目创新和跟进节目创新的风险，也突出了在开发和跟进新节目之前，进行更系统和全面的市场调研分析的必要性。

2. 节目创新价值曲线出现分化

电视台进行节目创新的根本目的是为了获取价值，而电视台借以交换广告收入的观众注意力则是一种稀缺资源，电视节目创新能够创造多大的价值关键在于其对注意力这种稀缺资源如何进行把握。前文已经指出，对注意力资源的关注分为量和质两个方面，近几年来，我国观众的收视规模基本维持稳定，从量上来看，注意力这种稀缺资源并没有发生萎缩；然而，如果细探观众结构，则可以发现电视受到互联网等新兴媒体的冲击，在其观众中最具消费实力和消费活力的中青年群体从规模上和收视时间上都在发生萎缩，如图4和图5所示。电视观众的老年化不仅仅是一个攸关电视媒体发展前景的问题，而且是一个直接影响电视节目当前交换价值的问题。

年轻消费群体注意力规模的流失，更强化了其稀缺性，也使其在市场交换中更具价值。对稀缺资源的把握，是节目创新获取超额价值的重要途径，部分电视台开始在节目创新时将更多注意力投向了细分群体内容需求尚未得到充分满足的空白市场。CSM媒介研究的相关分析显示，年轻群体和高收入群体对于综艺、体育类节目的收视需求强于中老年和低收入群体，而高教育程度和高收入群体则对专题节目有优于其他群体的偏好。近几年来，部分电视台在综艺、体育和专题节目制作方面的频频创新，大都赢得了广告主的认可，较好地实现了节目创新的价值。

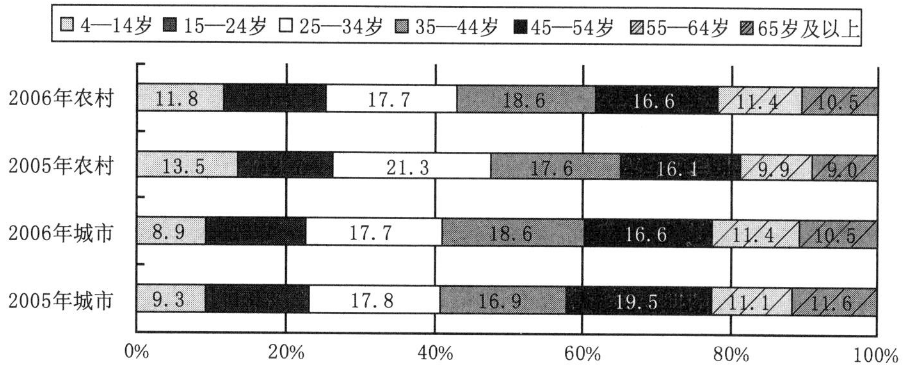

数据来源:CSM媒介研究

图4　2005年和2006年全国市场观众年龄构成(%)

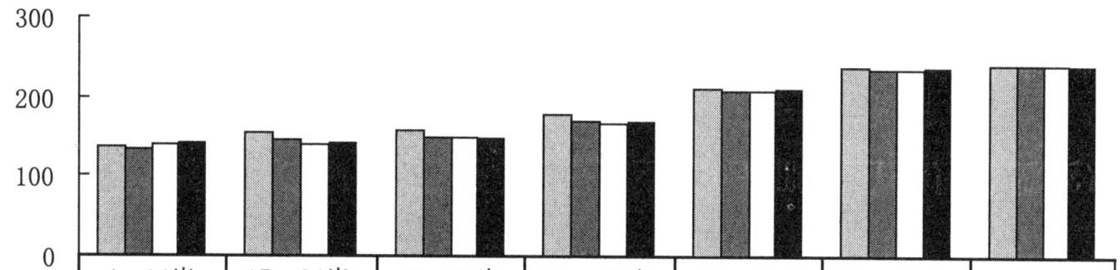

	4—14岁	15—24岁	25—34岁	35—44岁	45—54岁	55—64岁	65岁及以上
2003年	137	154	156	177	211	239	240
2004年	135	146	150	170	209	234	240
2005年	141	141	150	166	208	236	242
2006年	144	142	148	168	210	237	241

数据来源:CSM媒介研究

图5　2003—2006年不同年龄段观众人均每日收视时间

电视台在开发大众节目的同时,将更多目光投向利基市场,使电视节目创新价值曲线出现了类型的分化。电视节目创新价值 $V=\alpha\times R\times L\times I$,由于大众节目和小众节目的到达率、忠实度以及观众消费力的水平和变化趋势各异,而形成了两条差别明显的节目创新价值曲线,如图6所示。其中,大众类型的节目目标观众规模大,其潜在的市场价值规模偏高,节目创新价值曲线的波峰较高;不过由于大众类型的节目种类繁多,竞争激烈,且观众注意力较为游离。因此,大众类型节目创新价值曲线呈现出

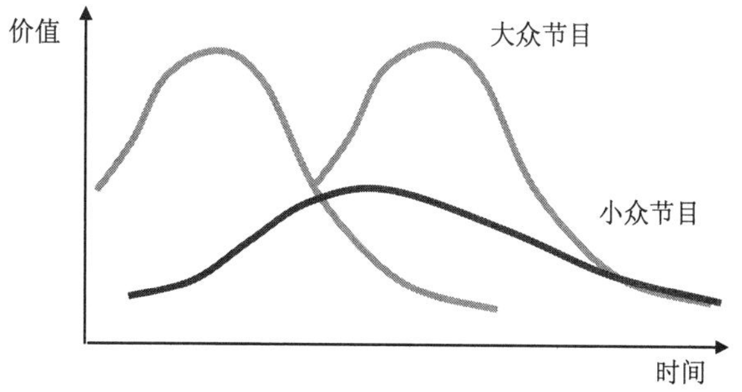

图6　大众节目和小众节目的价值曲线

周期短的特征，说明大众类型节目在创新方面面临更大的时间压力。相比较而言，小众类型节目虽然在观众到达R上明显处于弱势，但此类节目的观众忠实度比较高，也比较稳定，加之小众类型节目的目标人群大都拥有较强的消费力，因此小众类型节目拥有一条相对平缓，但周期较长的价值曲线。虽然创新节目的潜在价值规模是决定创新扩散的重要因素，大众节目比小众节目更容易成为创新和模仿的着力点。但综合考虑创新周期长短和竞争激烈程度等因素，创新和开发小众节目的经济投资收益率不见得低于大众节目，而小众节目在培养品牌和塑造影响力等方面的独特优势则更值得媒体重视。在进行节目创新的过程中，综合考虑自身的实力和市场地位，选择大众和小众节目创新开发相结合的战略，对媒体规避风险、把握机遇或有益处。

三、结语

同制作任何电视节目一样，在进行电视节目创新之前，都必须经历周密的构思过程。在这个过程中，媒体需要考虑节目所要提供的信息、节目所采取的格式，以至于节目所要播出的平台，而这一切构思都必须以对市场的充分了解为前提。与开发并营销任何一种新产品一样，节目创新不总是成功的，在市场竞争中，必然面临着诸多的风险和挑战。基于历史数据，充分考虑节目创新的市场潜力、价值发展周期，寻找节目创新合适的进入点，有助于电视台更有效地配置资源，这些值得业内人士进行更深入的研究和探讨。

观众收视行为变迁

差异化的受众与市场:深入理解观众收视选择及其变化

郑维东　张天莉

在新的传播技术进入之初,对传播渠道的占有是媒体在市场和受众领域扩张的基本要件。但是随着新技术的普及应用,新的传播平台搭建完成,传媒的竞争从渠道竞争升级为内容竞争——这是一个伴随着技术进步而呈螺旋上升的竞争形态变迁过程,而内容始终是媒体竞争的核心。

频道数量日渐丰富,电视观众耐心渐失,频繁的转台使之停留在单一频道的连续时间越来越短。CSM媒介研究的全国调查数据显示,观众的人均每段收视时长近年连续下降。面对缺少耐心且拥有更多选择的观众,无论是电视媒体还是广告主都期望能够找到忠实的收视群体或者深刻洞悉每一类特定观众群的行为、心理、态度与价值取向——即使他们是缺少耐心的。

作为媒介传播中最有价值的群体,忠实观众是存在于细分市场中的、非均衡分布的稀缺资源。社会转型与传播技术进步加速了受众的碎片化,为了重新找到忠实观众,实践者与研究者们不断尝试,以期从行为、心理及生活形态等方面重新聚类"碎片化"的电视观众。

一、忠实观众只存在于细分市场

观众收看电视并不是单一的行为过程,而是同时伴随着观众的认知、态度反应和心理活动,如在看电视时与家庭成员就节目内容、角色等的评价和对情节设置的抱怨等。而另一方面,越来越多的人习惯于在看电视的同时从事其他活动,电视由此成为伴随状态下的背景化存在。

是什么影响了观众收视或内容选择?无论以何种理论为思考的进入点,都应全面考虑存在于电视节目从生产到送达观众的过程与环节中的各层面因素。由于受众与电视媒体通过收看行为在传播过程中建立起最直接简短的关系,他们总是最先成为考察收视行为成因的对象;而文化环境、技术因素、行业发展策略、行业进程等宏观背景对媒介与受众的影响也不容小觑;这些看似独立、外在的环境因素不仅构成了受众、媒体赖以生存发展的文化和技术平台,还凭借其强大的渗透能力对受众和媒体产生着细微而深刻的影

响。如果将观众的收视行为与外部环境结合起来,不难发现影响收视行为的受众因素包括:[1]

- 社会背景和社会环境,如观众是生活在传统社会中还是现代化都市中;
- 个人特征,如性别、年龄、文化程度、职业等;
- 与媒介相关的需求,如希望收看新闻资讯还是只想娱乐消遣;
- 个人品味和偏好,如是喜欢小资情调,还是崇尚朴实自然,品味与偏好包含着群体文化及阶层内涵;
- 闲暇时间的媒介使用习惯,如喜欢读书、看报还是看电视,在电视收看时习惯于仪式性收看还是工具性收看;
- 媒介使用的具体环境,如随着电视内容接收终端的多样化,电视收看的空间选择自由度增大,继而将影响受众的使用模式与内容选择;
- 时机,观众收看到某一节目在时间和空间上的可能性,这种可能性的现实性转化在于电视节目的编排与观众时间安排的巧合等因素。

同样,影响观众电视收看的媒介因素也包含了多个层面的内容,如媒介系统的社会功能定位以及与之相适应的媒介供给结构。媒介结构决定于宏观的制度安排,从西方国家的传媒经验来看,以公营电视为主的电视系统会提供更具多元化选择的节目,而在商业电视主导的电视供给结构中,媒体更倾向于提供具有高收视潜力的大众性节目。由此延伸的另一个影响因素表现为观众可获得的内容选择,这决定于很多更具体的内容,如是否能收到某个频道,能看到什么样节目——有时即使不喜欢某类节目,但因为没有其他的选择而使观众不得不"被动选择"不喜欢的节目,哈耶克曾用"穿越田野的人行道"来喻指那些没有人代表他们的特殊观众。[2] 此外,媒介宣传、节目的时间安排及其呈现方式等也会对观众的电视节目收看在相对微观的层面产生更为直接的影响。

以上勾勒了收视行为是怎样产生的,这些基于社会文化环境与传播过程中的影响因子说明,观众收看行为有其必然与偶然的原因。通过获知其必然性因素,则有可能准确定位忠实的观众。

媒介效果研究传统形成之初,受众被认为是缺少理性的、被动的乌合之众,在这种理念下,观众是没有忠实与不忠实之分的。然而随着研究的深入和"新媒体"(这里指当时是新媒体而如今已成为传统形式的电影、广播和电视)在生活中的日常化使用,人们发现受众远不是最初想的那样。当媒体的强效果模式成为过去式,主动的受众观被普遍接受。主动的受众最有可能在自我意识与需求的支配下成为频繁转台的电视观众,同时也最有可能在收视需求被充分满足的前提下成为最忠实的群体。在相关探讨中,人们很难确定到底是媒体提供的某种内容激发了受众的某种潜在需求,还是受众的需求引导媒体提供了满足前者需求的内容?正是基于观众的自发需求与媒介创造的需求的关系类型,

---

① 参见〔英〕丹尼斯·麦奎尔著:《受众分析》,刘燕南等译,中国人民大学出版社2006年版。

② 哈耶克在其著作《科学与反革命》第4章中写到此例,并在《科学方法与社会研究》中进行了发挥与阐释。转引自英国学者约翰·基恩:《媒体与民主》,刘士军译,社会科学文献出版社2003年版。

丹尼斯·麦奎尔(Denis McQuail)在宏观与微观的操作层次上将受众分为:社会群体或公众、媒介或渠道的受众、满足群组和特定媒介内容的受众等四种类型。麦奎尔同时从受众收看模式出发,将电视观众行为分为“仪式性”收看和“工具性”收看,前者指习惯性地、频繁地收看电视,这部分观众与电视的关系非常密切;后者指那些有目的地、有选择地收看电视的观众,被归入主动型观众之列。①

对电视观众类型及其行为模式的调查研究和种种努力,通过媒介活动及行销实践在媒体的现实活动中得以证伪或证实。人们发现,虽然电视观众规模在新技术的惠泽下不断扩大,但电视的核心价值群体——忠实观众只存在于特定的细分市场中。

无论是在社会层面抑或商业层面,忠实观众都是传播中最有价值的群体。但是,忠实观众作为稀缺资源并不是无差别地分布在总体人群中的。行之有效的观众类型定位方法多样,在电视领域,人们经常依据观众的人口特征及其收视行为来发现不同的观众类别。如基于观众年龄和性别的特点,通过对观众收看频率及收视深度(指收视时长)的指标分析(图1),区分出重度观众、稳定观众、轻度观众、游离观众四种类型;在忠实观众的界定上,重度观众和稳定观众可以归属其中。此外,将观众年龄与其人均收视段数、人均每段收视时长对应起来,可以发现不同年龄观众的电视收视模式,总体来讲,年龄越大的观众,其看电视时的忠诚度越高。这些方法的共同特点在于:都是通过对观众人口统计指标、接触频次、收看深度等的细分,在各种组别或类型划分中找到忠实观众。

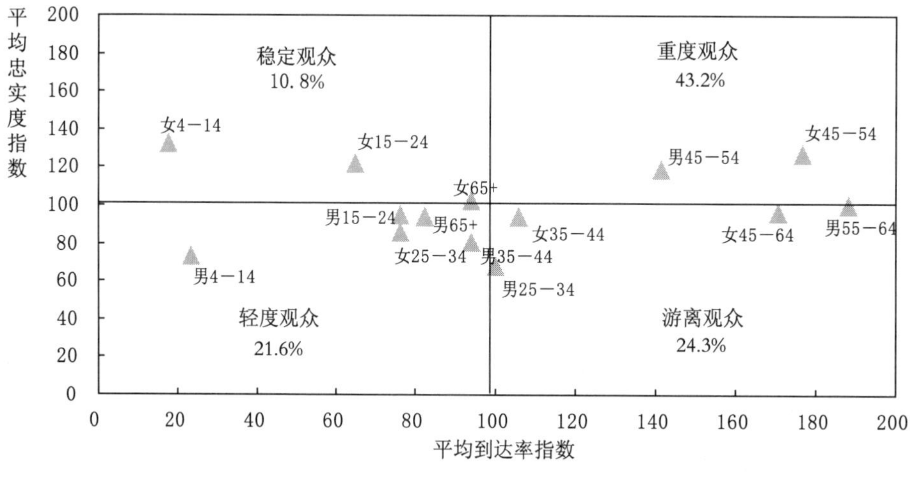

数据来源:CSM媒介研究

图1 基于忠实度与到达率指数的观众分类

然而媒介环境的变化正在影响电视观众的收视行为及忠实观众的稳定性。媒介市场的变化首先来自于新媒体如网络的主流化。新媒体与传统媒体的共存引起了媒体受

① 参见〔英〕丹尼斯·麦奎尔著:《受众分析》,刘燕南等译,中国人民大学出版社2006年版。

众市场的分化,在这个过程中,受众有限的注意力被分散到越来越多的媒介源中,这使处于垄断地位的电视媒体不得不面临市场萎缩的窘境。CSM 媒介研究 1997—2008 年历年所有调查城市的收视数据显示:城市观众收看电视的时间在波动中下降,从 1997 年的 185 分钟下降至 2008 年的 175 分钟,表现出观众被其他媒体分流的趋势。另一方面,新媒体在分流传统媒体受众同时,也在吸引自己的新受众。一个侧面的例证是,CSM 媒介研究在 2008 年基础研究中发现(图 2),在 90 多个城市中,受众平均使用单种媒介的时长相对稳定;当人均使用的媒介种类增加时,人均每天使用媒介的总时间则呈现出增加的趋势。虽然乐观者认为多元的媒体共存将使受众的媒体及其内容使用出现最大限度的多元化和个性化,但在媒介竞争中,电视观众自身的分化及其向新媒体分流已是不争的事实。

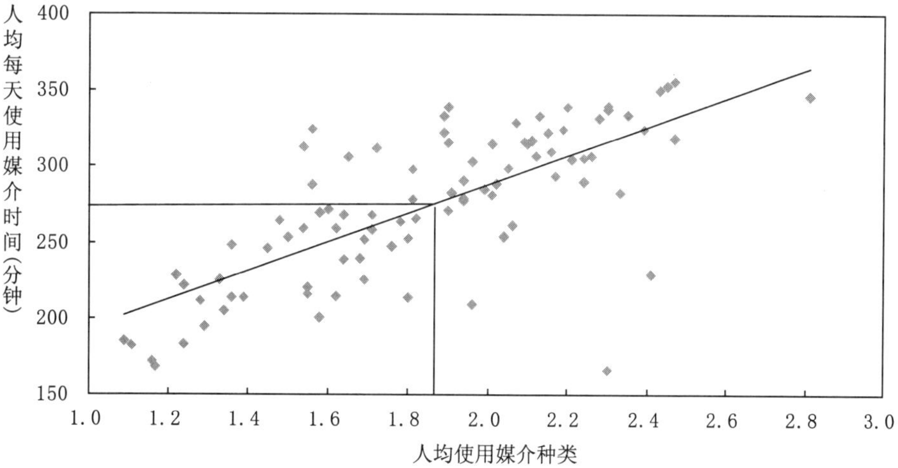

数据来源:CSM2008 基础研究

图 2 多元化媒介增加受众的媒介消费时间

二、寻找忠实观众:观众的多维属性及其分化

人是一切社会关系的总和,在文化的时空结构与多元社会关系中立体地认识观众,会发现隐形于电视机前的观众所具有的多维属性。基于这种认识,将观众行为与生活形态结合分析才有可能实现对受众市场的有效细分,从而行之有效地找到非均衡分布的忠实观众。

在传统的受众研究与媒介的相关活动实践中,观众细分通常基于地理因素、社会人口统计因素、心理因素与行为因素这样几个变量。其中心理因素体现于观众的自我生活方式与个性特点。值得一提的是,社会阶层划分历来观点众多,作为社会学研究的一大主题,社会阶层研究形成了不同的流派并由此产生了各自的划分标准,其划分的依据包括职业声望、经济资源、组织资源、文化资源等。

在上述的每一个定性或定量的视角下，受众都绝非整体划一地存在。细分思路的前提是对观众作为社会人的多维属性的认同。另一个不可忽略的现实境况是，观众分化，这种分化缘于新传播技术的扩散使用效果，另一方面则在于中国社会转型时期存在的文化断层危机及社会阶层分化与重组。

在电视实践活动中，观众差异化的节目选择或媒体使用现象越来越清晰，很容易从日常的电视收视反应中看到观众的分化。如不同年龄段的观众在电视收看时间分配上的非均衡性，这不仅体现在某个时期内的时间分配，还反映在不同年龄段观众对节目类型的选择与相应的时间分配上；如果同时考虑到地理因素，如区别城市与乡村，电视观众在不同区域市场的分化则以另一种形式表现出来，那就是城市观众的老龄化趋势远高于乡域观众；电视观众的老龄化普遍存在，但城乡的差异说明这不单纯是一个城乡用户年龄结构差异的问题，更进一步的原因可能还存在于城乡的生活习惯及相关社会制度安排的差异。对不同家庭规模中的电视收看研究表明，家庭规模的小型化将有助于收视时间的增加。根据 CSM 全国测量仪调查数据，处于单身生活状态(1 人户家庭)的城乡观众在电视上花费的人均时间最高，为 216 分钟，高于全国城乡观众平均水平的 154 分钟，随着户规模的扩大，人均收视分钟数逐渐减少，6 人及以上户规模家庭的人均电视收看时间只有 106 分钟。此外，从观众的受教育程度、收入状况等都可以清晰地看到类似的差异化存在。

在网络技术快速渗透的今天，以网络为代表的新媒体虽然普及率远低于电视，但其互动性、自主性使之在年轻一代中获得了快速提升的使用地位，CSM 媒介研究调查发现，互联网用户与电视观众在年龄结构上形成了互补的格局，30—39 岁成为两种媒体用户特征的分水岭，30 岁以下的网络用户比例为 67.1%，而电视观众中这个年龄段的群体只占 30.6%；30—39 岁群体成为较平衡的力量，在电视与网络媒体的用户比例中分别为 16.3%和 17.6%。

在电视使用中，观众在社会地位、教育及经济环境上的差异会引起知识沟的扩大，在网络时代，以新技术为基础的新媒体应用将首先在某个群体中发生，那些拥有较高的社会地位、受过良好教育、经济实力雄厚的用户将优先获得接近新媒体的便利。以观众收入为切入点，可以发现，高收入观众的电视到达率较低收入者明显下降(图 3)，一种可能的解释是，除电视以外，高收入观众拥有更多替代性的文化消费途径和方式。

针对电视观众在新媒体环境及转型期社会进程中的分化，生活形态调查进入了受众研究的视野。基于观众生活方式与个性进行的细分实践综合了社会学、心理学及其交叉学科的研究思路与成果，是对电视观众进行的更为深入的研究。它更多着眼于生活在一定文化习俗中、受社会心理影响、具有一定心理特质的个人，旨在从文化和心理的角度把握观众细分的特点，发现忠实观众。生活方式是人的社会化的一项重要内容，决定了个体社会化的性质、水平和方向；作为一个内容相当广泛的概念，它包括人们的衣、食、住、行、劳动工作、休息娱乐、社会交往、待人接物等物质生活和精神生活的价值观、道德观、

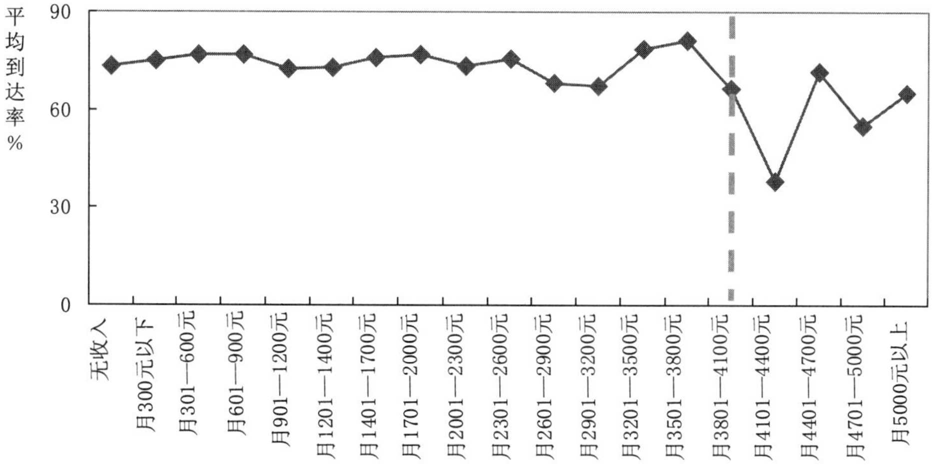

数据来源：CSM 媒介研究

图 3　高收入观众优先分化

审美观，这些方式可以理解为在一定的历史时期与社会条件下，各个民族、阶级和社会群体的生活模式。

对生活形态的研究广泛应用于媒介行销中，以期更精准、有效地定位目标市场。美国加利福尼亚的 SRI 国际公司开发的 VALS(Value and Lifestyle)细分法，现已被全球 200 多家公司和广告代理商运用于行销当中，并在实践中更新为 VALS2。它以消费者的态度、兴趣、意见(AIO)为基础，基于 35 个态度问题和 4 个人口统计变量进行因子分析和聚类分析，从而获得了 8 种类型的细分群体：现实者、满足者、成就者、经验者、信仰者、斗争者、生产者、奋斗者。①

CSM 媒介研究在 2009 年的基础研究中也对媒体用户进行了生活形态的调查，在北京地区的调查分析显示出北京电视观众中存在着意见领袖型、奋斗型、跟随型、适应型、压抑型等六种生活形态分类。在总体中占 20.5%的跟随型受众更易被说服，同时对广告也表现出更高的关注与信任，而比例为 18.4%的压抑型受众对广告则关注度低、态度淡漠。

对行为因素的考察同样也有助于区分观众的不同类型，并定位具有忠实属性的目标群体。RFM 行为细分是解决方案之一。在 RFM 行为分析中，R 表示最近一次消费(Recency)，F 意为消费频率(Frequency)，M 指消费金额(Monetary)；三个变量分别指：最近一天收视率、时期平均到达率和时期平均忠实度，由此可以通过聚类分析而划分出不同的受众行为类型。考察变量的设定往往是根据特定的行销或研究目的来确定的，因此即使是在同一个逻辑框架下，当设定的变量不同时，观众的行为类型划分也具有差异性。

Bigresearch 公司针对美国媒介消费行为的研究将媒介使用时间、共时性媒介使用程

① 参见 Martha Farnsworth Riche, *The new VALS psychographic system could be a boon to marketers and advertisers in the 1990s*, American Demographics, July 1989.

度、个人获取或者给出建议的需求、传递信息媒介源的速度等四个因素作为聚类变量，从而界定了四种媒介消费者特点：①

- 零群体(Zeros)：这类消费者不是主动的媒介消费群，这些人在调查中表明他们主动避免暴露在任何媒介下，在美国人中约占22%。
- 传统群体(Traditionals)：以很传统的方式使用媒介的人群，他们习惯性地逐个处理信息，倾向于一个时间使用一种媒介，在美国人中约占38%。
- 信息狩猎群体(Information Hounds)：他们多层次地处理信息，是媒介重度使用者，这群人自称"信息提供者"，他们搜罗信息并传递给他人，在美国人中约占17%。
- 网络创造者(Network Creators)：这些人多层次处理信息(类似于"信息狩猎群体")，但是相对于第三个群体来说，他们获得信息主要是为了供他们自己使用，在美国人中约占22%。

除了生活形态研究外，对观众收看电视的行为及其使用感受也受到关注，这很大程度上源于使用一满足的效果研究思路。这些对电视收看心理效果的研究帮助人们扭转了一些看似合理的误解。一般认为收看的时间越长，观众就越忠实，因为看电视能彻底娱乐自己。然而，瑞士科学家对电视着迷程度与生活满意度之间的关系进行了研究，②他们整理研究了《欧洲社会调查》项目中关于看电视时间和生活满意度的资料，这一调查涉及22个欧洲国家共4.2万人；结果发现，每天看电视少于1.5小时的人比其他人的生活满意度更高，当看电视的时间多于每天2.5个小时时，这一差距会更加明显。这一数据支持了过度观看电视让人们生活更糟的假设，原因可能在于过度使用会带来自我控制的问题和对未来的错误预期。由此可见，当电视的娱乐功能在市场化的逻辑中日益强化时，观众的收看行为与其忠实质量之间也产生了微妙的变化。

观众所具有的多维属性使细分成为必要，而新媒体环境与社会转型使受众在原有的属性特征基础上加速了分化。因此，有效的传播要求对观众在行为、心理、文化等诸多因素上加以综合分析以实现类型划分，生活形态研究旨在从观众的心理及文化因素出发，找到更具内在稳定性的忠实受众。

三、碎片或者聚合：观众与电视的未来

传播渠道的多样化增加了社会监督与社会控制的困难，新的媒介使拥有多维属性的受众享有了更多的选择空间、可能性与自由度，数字技术对社会和受众的碎片化影响越来越明显，这种影响甚至被认为是"超越碎片化的不可预期的未来"。与此同时，转型时期的社会特点又将另一重"碎片化"施加于作为"社会人"的观众。

---

① 参见 Don E. Schultz, etc., *Media consumption and consumer purchasing*. ESOMAR 2006.

② 参见洪晔编译，《调查发现看电视时间过长可致生活满意度下降》，《中国青年报》2008年3月24日。

从社会学及其与文化研究的交叉视野中，可以较宏观地把握转型期社会出现碎片化的深层原因。当社会处在由传统社会向现代社会转型的过渡期时，社会呈现的基本特征就是“碎片化”。具体表现为传统的社会关系、市场结构及社会观念逐渐瓦解、社会态度的利益化和个人化发展导致的意识形态碎片化；碎片化分割形成了离散的利益群体和差异化的文化群落，他们各自拥有不同于传统社会的价值观、信用体系及消费结构与模式。社会领域的“碎片化”，首先是阶层的“碎片化”，传统的阶级或阶层分化成许多社会地位和利益要求各不相同的小群体，而且并未显示出重新集聚为几个大阶级或阶层的迹象。[①]中国正处在社会转型过程中，传统的二元社会结构由此受到冲击，新的社会阶层在结构尚不稳定、边界尚不清晰的特征中逐渐形成；电视观众置身其中，群体分化乃至碎片化趋势无可避免。

理解电视观众的碎片化不是认识的终点，而是要找到聚合的起点。整体性社会的解构形成了许多受传者群落的“碎片”，在此情境下，传播致效的一个基本前提就是了解碎片化的群体特征，以及单一消费者的个性和心理需求，这种洞察的意义在于从“分众”的景观背后重新实现“聚众”的可能，亦即从面目模糊的社会大众中，细分出相对清晰的个性化小群落，发现其共同的价值信念、文化偏好与生活模式，然后以某种传播手段和内容平台将之聚合到一起。

回到那些在新媒介时代最先受益的高收入观众群体，他们凭借丰厚的经济资源，在数字技术普及和日益加深的数字鸿沟中成为得利者，从而率先从电视这样一个大众化、通俗化、预设语境及意义的传统媒体中分化出来，那么他们是否将被网络、手机等新媒体碎片化了？如果是，他们如何重新分配其从电视收看中节省下的休闲时间，他们的替代性娱乐活动是否还存在一致性？CSM媒介研究在2009年的基础研究中发现，这个正在从电视收看中分化的群体，虽然有着个性化的闲暇时间分配，但仍有着趋同的活动选择，大学及以上受教育程度群体，个人收入2901元以上群体，家庭收入7001元以上群体选择较多的前10位的大众休闲活动趋同，包括餐馆就餐、逛街购物、阅读、聊天聚会、去公园、听音乐、卡拉OK、看电影、球类运动、游戏电玩。而以年龄为变量观察受众的休闲活动，也仍能在分化中找到处于不同阶段或层次的受众聚合点，CSM媒介研究2009年的基础研究发现，年轻人选择休闲活动的频次相对较高，这种现象随着年龄增加有所降低，55岁以上的老年群体选择休闲活动频次有所增加；在每个年龄层选择最多的前10项活动中，15—24岁、25—34岁选择较为趋同，35—44岁呈现过渡特征，45—54岁、55岁以上休闲活动有相似性；15—24岁首选“听音乐”，25—54岁首选“逛街购物”，55岁以上首选“去公园”。由此可见，碎片化的受众群落中依然存在共同性，后续的问题是如何在更加纷繁琐絮的时间分配中找到其共同的价值认同、生活理念，及其由此延伸的时间分配规则。

理解与重视受众“碎片化”的现实意义在于，它启发我们如何将这些碎片重新归聚起来。先细分，再归聚，这样我们拥有的将是特征明确的目标传播对象群体，从而以最小的

---

① 李培林、李强、孙立平等：《中国社会分层》，社会科学文献出版社2004年版。

传播代价获取最大化的传播效果，将浪费掉的传播资源及传播效能重新寻找回来。

当受众在媒体传播过程中的地位得以确立，媒介研究者与实践者便一直试图最接近真实地描绘出类型化的受众群像。在社会转型与技术变革的进程中，受众的分化、碎片化与聚合总是处于过程之中。传统的观众类型分裂后，经过整合而产生的新的观众类型，或许能弥补旧类型的消失，这一分分合合的变化既影响着传播也是传播本身的特征；对于电视来讲，越过了渠道竞争之后，最终仍是要通过传播内容来聚合碎片化的观众，而聚合的根本在于，如何通过节目中承载的某类群体的认同来吸引存在于细分市场的忠实观众。

从个体到群体——受众结构与收视差异浅析

周欣欣

从广义层面上讲，受众(audience)是指大众传播所面对的无名个体与群体，它不仅仅是大众传播效果的核心概念和考察效果的基点与立足点，而且在由媒介、社会与人的复杂关系建构起来的大众传播理论中，受众是一切问题的交叉点。① 对这些无名个体与群体的研究，无疑为受众研究提供了两个不同的方向，个体研究将目光聚焦于那些特色鲜明、个性十足的典型受众，而在此基础上群体研究则侧重对受众整体结构及变化的洞察。本文将分析的视角锁定于后一个研究领域，力图通过对电视受众作为一个群体其自身结构的分析解读，探索隐藏于种种收视表象背后的受众影响因素。

一、我国电视观众结构及变化趋势

根据梅尔文·L.德弗勒(Melvin L. De Flewr)的受众社会分类论，受众可以根据年龄、性别、种族、文化程度、宗教信仰以及经济收入等人口学意义上的相似而组成不同的社会群体。这些因人口学因素相同或相似而结成的群体，又有着相似的性格和心理结构，在人生观、价值观等方面也有着较为一致的看法。因此，统一群体中的成员在传媒的选择、内容的接触甚至对信息的反应上都会有很多统一的地方。这样，就可以把受众分成不同的群体来加以研究。② 在目前广泛采用抽样调查方法对受众收视行为进行的研究中，以受众的社会分类为基础进行研究，既可以使研究视线不囿于个体之间的差异从而将群体内部的统一性最大限度地挖掘，同时可以将研究的焦点集中于群体之间差异，有助于从整体上把握受众的结构特点以及变化趋势，从而也为我们进一步探求收视表象背后受众结构的影响提供了前提条件。

以 2008 年我国电视观众的总体结构为例，按照性别、年龄、学历和收入水平四个标准将受众划分为不同的群体，可以看出目前我国的电视观众以中年群体、中等学历群体以及中低收入群体为主，其中 35—54 岁观众所占比重接近 40%，初高中学历的观众所占比重超过 60%，个人月收入 1200 元以下的观众所占比重超过 70%(图 1)。在电视传播实践中，按照上述社会类别划分的受众群体结构及其变化常常被作为制定传播策略的重

① 参见〔英〕罗杰·迪金森等著:《受众研究读本》，单波译，华夏出版社 2006 年版。
② 参见〔美〕梅尔文·L.德弗勒、埃弗雷特·E.丹尼斯著:《大众传播通论》，颜建军等译，华夏出版社 1989 年版。

要依据。在目前我国电视观众的这样一个总的结构当中，根据近10年的收视数据，在受众整体格局大致稳定的前提下，我们发现存在着两个变化驱动力。第一个驱动力是社会经济发展及教育体制改革，伴随而来的是受众收入水平及受教育程度的提高。月收入600元以下的观众所占比重由2000年的70.1%降至2008年的42.1%，月收入1200元以上的观众则由2000年的4.6%增至2008年的27.4%。大学及以上学历观众所占的比重，2000年为10.9%，2008年已增至13.7%。另外一个驱动力则是媒体自身结构的日趋多元化，由此产生的新媒体数量增多且发展迅速，对传统电视的受众形成一定程度的分流，主要表现为男性观众及年轻观众的不断流失。2000—2008年，4－14岁的观众所占比重由11.8%减少至8.7%，15－34岁的观众所占比重由31%下降至26.3%，与之相反的是，45－54岁的中年观众由15.3%增至20.8%。而从男、女观众所占比重的变化趋势来看，近年来男性观众有逐年减少的趋势(排除2008年北京奥运使部分男性观众回流这一特例)，女性观众则逐年增加。

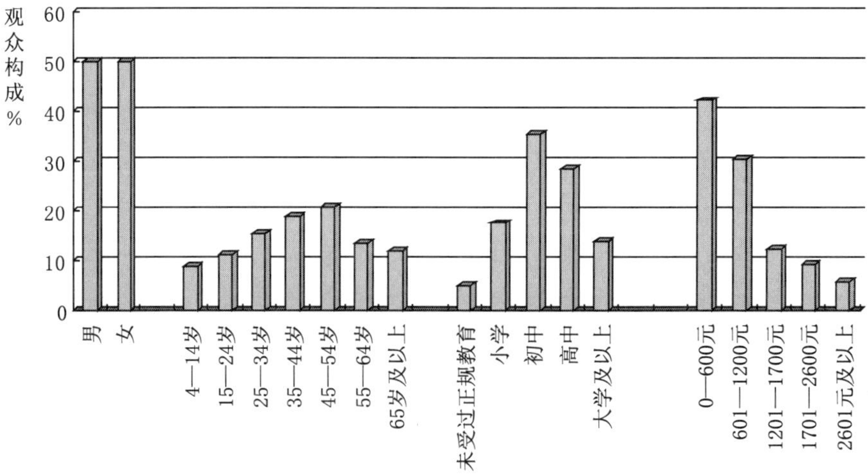

数据来源:CSM媒介研究

图1 2008年所有调查城市观众构成

二、受众结构与时段收视

(一)全天收视走势与受众结构

不同年龄、不同学历、不同收入水平的受众群体，基于各自的生活规律和收视偏好，在全天不同时段会表现出不同的收视规律，凸现细分受众收视差异的一面；与此同时，表现出不同收视变化的受众，基于其自身在总体受众中的构成或权重的不同，其增减变化方向及大小对于整体收视结果的影响也有所不同。在下面的分析中，我们从年龄、学历和收入水平三个维度，对不同细分受众全天时段收视变化进行分析，同时结合各细分受众在总体中的构成特点，力图探求受众结构对整体收视变化的影响。

1. 中老年观众拉动收视提升，年轻观众收视下拉力量相对势弱

以不同年龄层受众全天的收视走势来对全天收视进行解读，不难发现45岁以上的中老年观众(46.1%)，尤其是55岁以上的老年观众(25.3%)，对整体收视保持了较为一贯的较高的贡献，而由于该类观众本身所占比重已经接近一半，因此其较高的收视水平对整体收视的提升作用非常明显；15－34岁的青年观众(26.3%)，则在各时段的收视明显低于平均水平，因其所占比重也在四分之一左右，因此对整体观众收视有一个向下的力量，但较中老年观众的收视向上推动力量要势弱一些；4－14岁的儿童及少年观众(8.7%)，在19:00前的收视率与平均水平基本保持一致，但在19:00后由于其特定的作息规律则开始偏离所有观众平均水平，20:00后更是急遽下降，因其所占比重不高，因而在晚间时段较早的收视下降对整体收视影响不大；35－44岁年龄组的观众(18.8%)，其全天收视走势与四岁以上所有观众的平均水平相对最为接近。综合各类观众收视水平及所占权重，可以看出中老年观众对整体收视向上提升的拉力要高于年轻观众对整体收视向下的拉力，少年儿童观众晚间黄金时段对整体收视也有一个向下的作用力，但由于其本身所占比重不高而影响不大，最后的收视结果体现了不同年龄段观众基于其各自的收视规律和权重大小而对全天收视影响的合力(图2)。

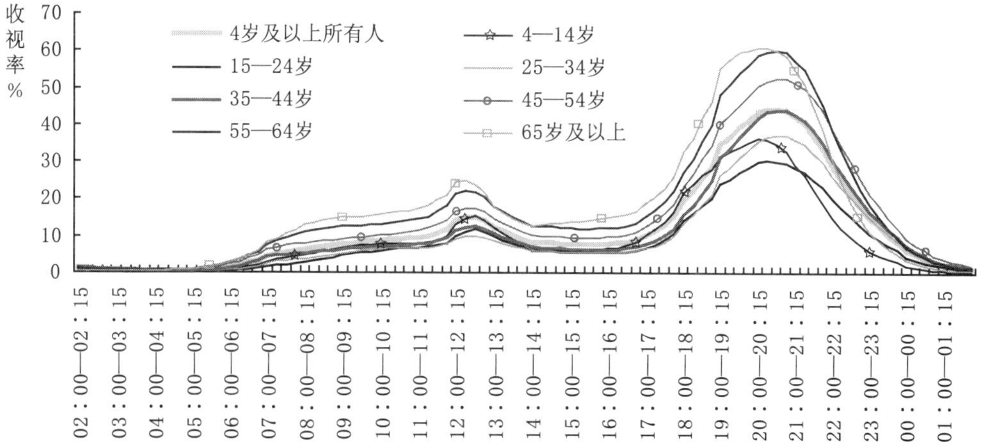

数据来源：CSM媒介研究

图2　2009年上半年所有调查城市不同年龄观众全天收视走势

2. 中低学历观众拉动收视上升，高学历观众延缓晚间收视下滑

不同学历水平观众的全天收视变化较不同年龄层观众的收视变化更为复杂。总的来看，高中学历水平的观众(28.5%)，其全天收视走势与四岁以上所有观众平均水平更为接近，由于其所占比重超过四分之一，因此对于整体收视水平的稳定存在不小的影响；

小学及初中学历水平的观众(52.8%)在全天多数时段收视较平均水平明显更高，由于这一群体已经占据了总体受众的一半以上，因而对于整体收视水平提升的影响力较大；而大学及以上学历水平的观众(13.7%)的全天收视走势明显最低，但其晚间收视高峰持续时间明显更长，从收视高峰下降的速度也较慢，这一群体以13.7%的权重对整体收视产生一定向下的影响，但其在晚间后黄金时段的持续收视对整体收视曲线下滑部分的后移起到了一定的作用；未受过正规教育的观众群体(5.1%)，其中可能包括了部分学龄前儿童和一些老年人，其在中午至下午时段收视低于平均水平，而在傍晚17:00开始收视率明显提升，在20:00后开始急遽下降，但由于其所占的比重较低，因而对整体收视走势的影响不大(图3)。

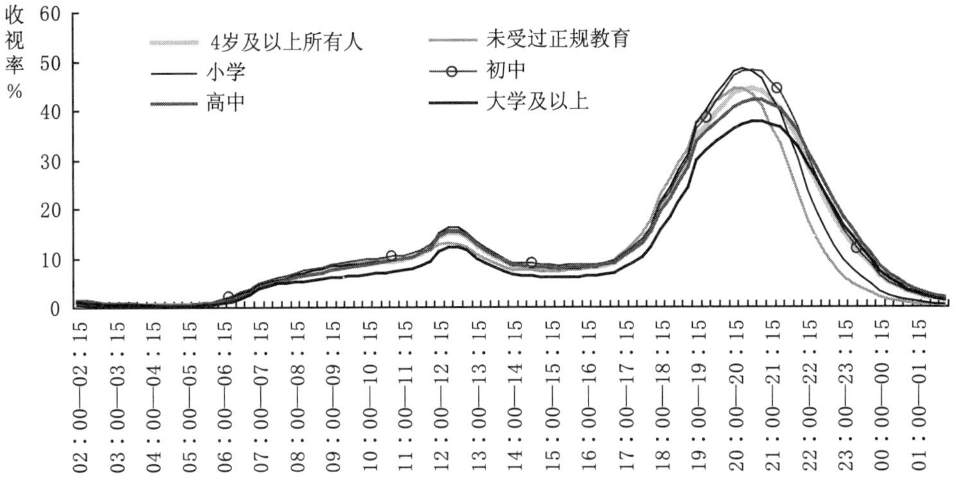

数据来源:CSM媒介研究

图3　2009年上半年所有调查城市不同学历观众全天收视走势

3. 中等收入观众主导全天收视向上，低收入观众晚间黄金时段收视下滑明显

不同收入水平的观众，对全天收视的贡献也不同。其中，个人月收入601－1700元的观众(42.8%)，在全天多数时段的收视率明显高于四岁以上所有观众的平均水平，由于其在整体观众中的比重已经超过40%，因而对于全天收视水平向上提升的影响作用较大，但这一群体晚高峰结束后收视下滑的速度较快，因此对于晚间后黄金时段的收视维持贡献相对不大；个人月收入2601元以上的高收入观众(5.7%)，在全天多数时段的收视率则明显低于平均水平，由于其所占比重较小，因而对于整体收视向下的拉力也不大，但这一群体晚间高峰出现的时间晚于其他群体且高峰持续时间明显更长，因而与高学历群体类似，都对整体收视曲线下滑的推迟有所影响；个人月收入600元以下的观众(42.1%)，虽然在白天时段收视基本与平均水平持平，但晚间时段收视开始走低，拉开了与平均水平的差距，由于其所占比重较高，因而对晚间黄金时段收视下拉力量较大；相对而言，个人月收入在1701－2600元的观众(9.3%)，其全天收视曲线与四岁以上所有观众的平均水

平最为接近(图 4)。

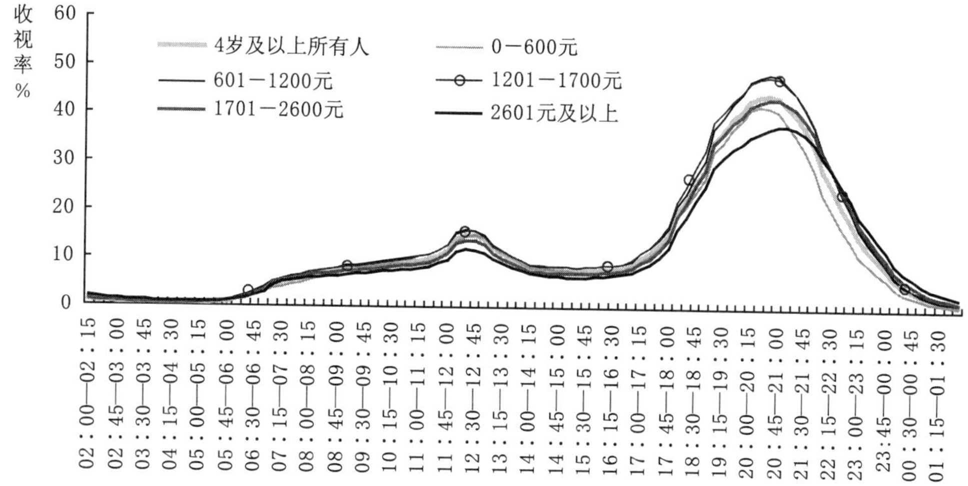

数据来源:CSM 媒介研究

图 4　2009 年上半年所有调查城市不同收入水平观众全天收视走势

(二)节假日收视与受众结构

假日经济对消费市场的拉动作用毋庸置疑,同样,在电视节目制作和编排中,针对受众节假日期间收视改变的特殊编排也已经走过多年的实践。一般来说,受众在节假日期间由于拥有更多的闲暇时间而会增加收视时长;但随着媒体分化的加剧,受众的娱乐方式更趋多元化,对不同细分受众来说,节假日期间收视时长是否增加,以及增减变化的幅度如何,仍是值得探讨的一个问题。以 2008 年为例,我们选取了元旦(1 月 1 日－3 日)、春节(2 月 6 日－12 日)、五一(5 月 1 日－3 日)和十一(10 月 1 日－7 日)四个代表性的节假日,将不同目标观众在这些节假日期间的日均收视时长与其全年平均日收视时长进行比较,从变化的方向和幅度两个方面对结果进行说明。

可以看出,在四个典型的节日当中,放假时间较长的春节和十一,观众的收视时长增加更为明显,而放假时间较短的元旦和五一,除了少数几类观众收视略有增长外,多数观众的收视时长反而是下降的,与我们平时的"常识"有所不同。其中,春节是各类观众收视增长幅度最大的一个节日,年轻、高学历及高收入观众深度回归,尤其是 4－24 岁的观众在春节期间日均收视时长较全年平均水平增长 40 分钟以上;在五一和十一两个节假日,男性观众、4－24 岁年轻观众、大学及以上学历观众及个人月收入 1701 元以上的观众,其收视时长都较平均水平有大幅度提升,而平时收视较多的中老年、中低学历及中低收入水平的观众,其收视时长较平均水平反而是下降的(图 5)。

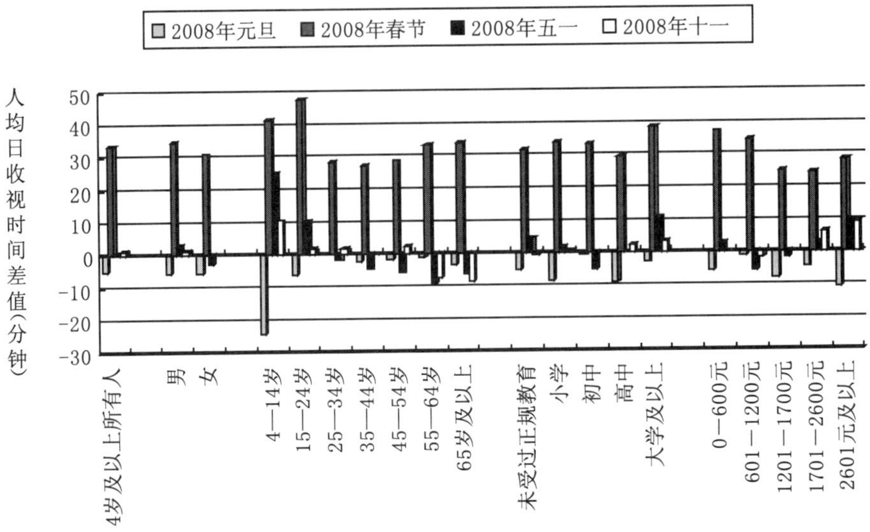

数据来源:CSM媒介研究

图5 2008年不同目标观众节假日与全年日均收视时长差异(所有调查城市)

三、受众结构与节目收视

从媒介内容对受众需求满足的角度来看,受众的形成常常以相同的个别需求、品味与兴趣为基础,而这些需求、品味与兴趣似乎也都具有社会或心理方面的起源。这种典型的需求包括信息、娱乐、交往、消遣或是逃避。特定媒介或各种媒介内容的受众,常常可以根据此种广泛的动机形态来加以区分。[①] 同样,在对电视这一特定媒介进行研究时,从不同类型节目对受众需求满足的角度来看,不同细分受众对于特定类型节目的收视,也常常是因为其更能满足自身的某种需求。因此,研究不同受众对于各类节目的收视差异是我们了解受众结构对收视影响的另外一个角度,借此洞悉节目市场的细微变化。

1. 女性观众节目收视偏重娱乐与生活,男性观众节目收视更注重信息与知识

有研究显示,男性观众更喜欢收看反映实际生活的电视节目,而女性观众则更喜爱虚构类的电视节目,这种差异源自于不同性别观众社会心理需求的不同。而从目前我国各类电视节目在男性观众和女性观众中的份额分布来看,在电视剧、新闻/时事、体育和电影类节目中,均实现了较为明晰的性别区分,节目收视的结果在一定程度上反映了男性观众和女性观众不同的收视心理需求。电视剧更吸引女性的收视关注,有相关研究显示女性在电视剧的收视中更容易从剧中人物的人生经历中获得启示,通过在日常生活中无法感受到的间接经验得到自我表达,这也是女性通过电视剧的收视来满足娱乐放松与增加生活体验的一个反映。新闻/时事类节目则以其较大的信息量和时效性满足了男性

① 参见〔英〕丹尼斯·麦奎尔著:《大众传播理论》,崔保国等译,清华大学出版社2006年版。

观众对信息和知识的需求。男性在体育节目收视中份额更高，与男性观众对体育运动本身的喜好度高有关。电影也是虚构类的节目，但较电视剧更简短、精练，避免了电视剧过于冗长而耗费时间的弊端，更受男性观众的喜爱(图 6)。

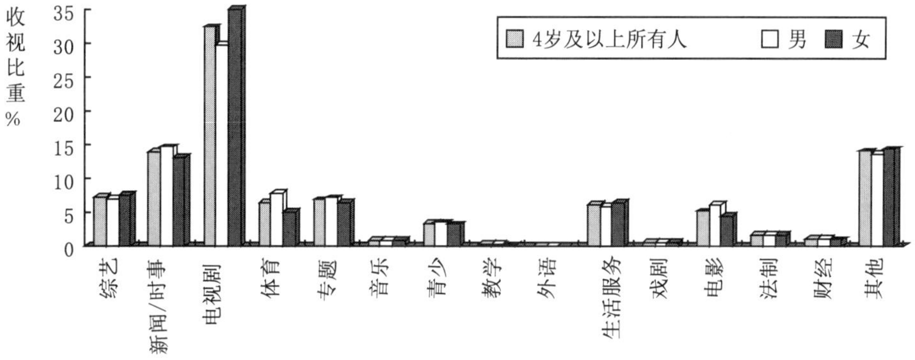

数据来源：CSM 媒介研究

图 6　2008 年不同性别观众对各类节目的收视比重(所有调查城市)

2. 年轻观众节目收视偏重趣味与娱乐，老年观众节目收视更注重信息与知识

不同年龄层的观众，对电视节目收视需求与其所处的生命周期的生理、心理及社会责任密切相关。相对而言，低龄观众的电视节目收视需求更侧重于趣味、知识和情感满足，老年观众的需求侧重于信息、交流、陪伴等方面，对于处于事业发展关键阶段的中青年收视群体，其收视需求更偏重于对信息的了解以及对生活工作压力的释放。

从目前我国各类电视节目收视中不同年龄段的受众所贡献的收视比重来看，新闻/时事、青少和电影类节目的受众年龄区分较为明晰，而其他类节目各年龄段观众所占的比重则差异不大。新闻/时事类节目在不同年龄层观众中的收视比重，形成了一个随年龄增长收视不断递增的阶梯结构，反映出随着年龄的增长，受众更倾向于通过电视这一传统媒体满足对知识、信息的需求。在青少类节目的收视中，4－14 岁的观众所贡献的收视比重也非常突出，反映出目前我国的电视青少类节目较好满足了这一群体对趣味和娱乐等方面的收视需求。电影类节目的收视，15－44 岁的中间年龄层观众成为主力，低龄和高龄观众所占收视比重相对不突出，反映出 15－44 岁的中青年收视群体面对不断增强的工作、学习和生活压力而需要将其释放的心理需求，而电影恰以其相对较高的艺术性和相对较短的篇幅满足了这一群体的需求(图 7)。

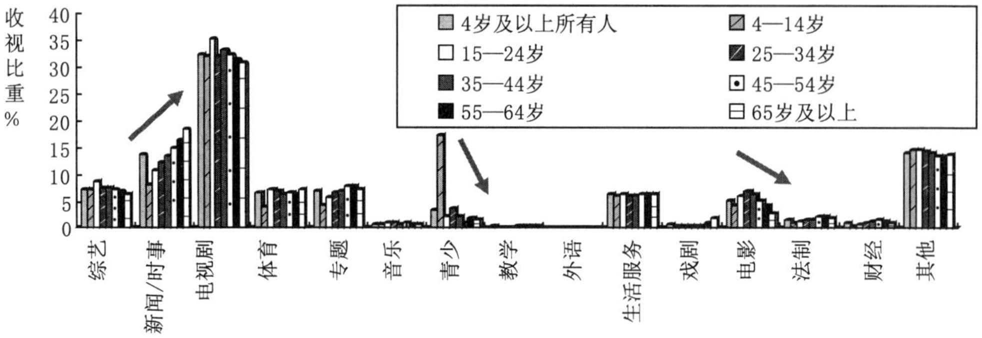

数据来源:CSM媒介研究

图7 2008年不同年龄观众对各类节目的收视比重(所有调查城市)

3. 低学历观众节目收视更重放松与消遣,高学历观众节目收视更注重信息与知识

在我国的电视观众结构中,占据最大比重的是初中及高中学历水平的观众,共占超过六成的比重,小学及以下的低学历观众所占比重在20%以上,大学及以上的高学历观众所占比重不足15%。基于这样的受众学历结构,对于大众收视需求和欣赏品味的满足,成为电视节目制作的一个主导思想。近年来随着广告主对高端收视群体的关注增加,细分节目类型中也有越来越多的节目开始将目光投向具有较高传播价值的高学历受众,捕捉其对信息、知识和娱乐的需求。

从2008年我国不同教育程度观众对各类节目的收视比重来看,新闻/时事、电视剧、体育和青少类节目的收视中形成了较为明晰的受众教育程度区分。正如上文所说,新闻/时事节目具有丰富的信息和较强的时效性,而随着受众教育程度的提升,其对信息的需求也不断增加,因而新闻/时事节目的收视形成了随教育程度上升而不断增长的趋势。电视剧作为大众文化内涵最为丰富的节目类型,在反映社会生活和时代变迁时更为细腻和深入,与百姓的生活最为贴近,对受众教育程度的要求不高,观众对其收视比重随教育程度下降而不断增加。体育类节目的收视,与以往的受众研究反映出相同的趋势,受众的收视比重随教育程度提升而不断增长。青少类节目,由于其目标受众群是青少年儿童,因而也表现出随教育程度降低而收视比重上升的现象(图8)。

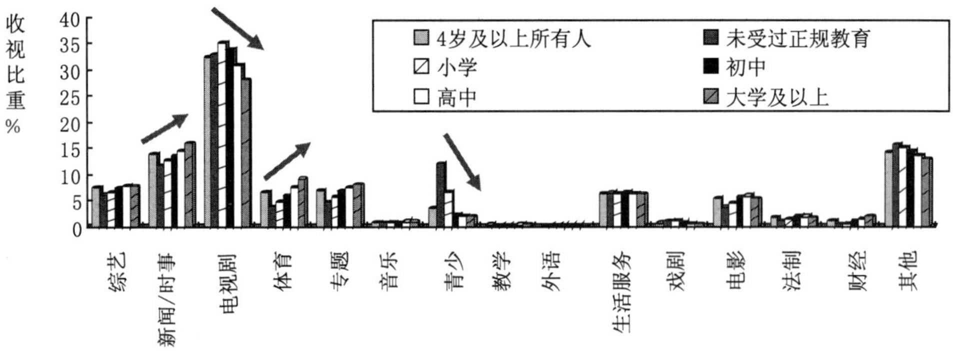

数据来源:CSM媒介研究

图8 2008年不同教育程度观众对各类节目的收视比重(所有调查城市)

4. 低收入观众节目收视偏重消遣与娱乐，高收入观众节目收视更注重信息与知识

我国电视观众的收入结构中，个人月收入在1200元以下的中低收入水平观众占据绝对的多数，所占比重超过7成，个人月收入2601元以上的高收入观众，仅占5%左右的比重。从不同收入水平观众的收视需求差异来看，中低收入群体对消遣、娱乐方面的需求更加强烈，而中高收入群体的电视节目收视则更侧重于对信息、知识等需求的满足。

从2008年不同收入水平的观众对各类节目的收视份额来看，电视剧、体育和专题类节目的收视中形成了较为明晰的受众收入区分。电视剧类节目的收视比重，随受众学历的下降而不断上升，这与上文分析的电视剧类节目富于大众文化内涵、与百姓生活更为贴近等不无关系。体育类节目和专题类节目，受众的收视比重则随收入水平提高而不断上升。专题类节目由于拥有较强的知识性，更能满足受众随收入水平提高而不断增强的对知识、信息的需求(图9)。

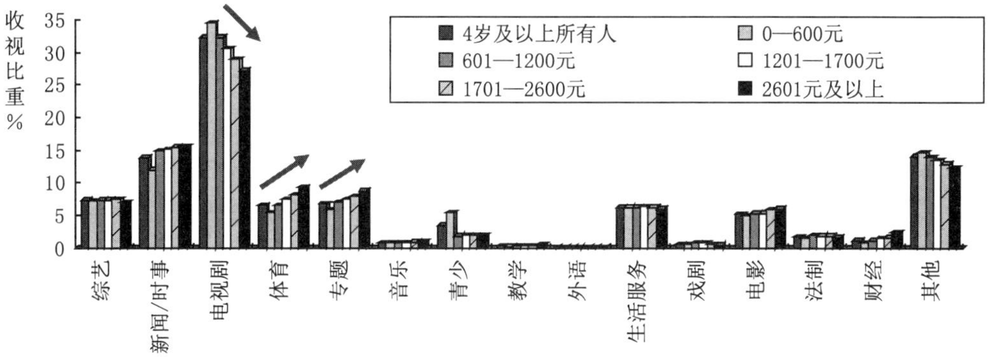

数据来源：CSM媒介研究

图9 2008年不同收入水平观众对各类节目的收视比重(所有调查城市)

四、结语

根据受众构成的结构主义研究方法，媒介使用会受到社会结构和媒介结构两方面因素的影响。社会结构包括诸如性别、年龄、学历、收入、居住地等“社会事实”，媒介结构则是在特定的时空中可得的内容、渠道和选择。本文仅从受众社会结构的角度，对电视受众结构与收视市场时段及节目的收视变化及关联进行了探讨。而随着媒介渠道多样化与专门化趋势的不断加强，随着媒介内容的不断组合和丰富，媒介结构对于受众结构的影响会逐渐加深，受众结构与收视的变化会更趋丰富多元，有待我们做更深入的分析。

观众连续收看多长时间转换频道？
——观众连续收看及转换频道行为分析

陈晓洲

频道和节目的收视率，是观众收视行为量化测量的结果。观众收视行为，从操作步骤上，可以分为频道选择和频道收看两个步骤。首先观众在频道间穿梭浏览，根据播出内容和自己的需求选择某个频道，完成频道选择；之后，在该频道停留一段时间，完成对该频道的一段收看行为。此后，又会转换频道，继续浏览选择、收看其他频道。如此循环往复，最终形成了节目、广告和频道的收视率。分析观众频道转换行为、连续收看某一频道的时间，对于深入研究观众收视行为、改善节目和广告编排、提升收视效果以及优化广告效益都具有十分重要的意义。

根据上述对观众收看行为的分解，我们可将观众收看行为分为多个连续的“收视段”，每选择一次频道、停留收看一个频道超过 30 秒作为一个“收视段”，在该收视段收看的时长作为“每段收视时长”。人均收视段数和人均每段收视时长两者的乘积即为收看电视观众的人均收看时长①。收视段数反映观众收视的分段特征，连接不同收视段的是观众的频道转换行为，因此收视段数可反映观众转换频道的次数；每段收视时长反映观众连续收看的行为，可反映观众在转换频道之间的时间间隔。例如，每段收视时长越短、收视段数越多，则观众停留在某一频道连续收看时间越短，转换频道越频繁。

一、晚间黄金时段观众频道收视粘性高

在 CSM 媒介研究 2009 年采用测量仪进行收视调查的 22 个直辖市和省会城市中，每个电视观众一天内的收看行为平均由 20 个收视段组成，平均每段收看 13.3 分钟。收看时长和收看段数在每个小时的观众中基本保持一致，每个小时收看电视的观众平均收看 3.6 段，每段收看 11.1 分钟，其中比较突出的变化出现在凌晨 02:00—05:00 和晚间 19:00—23:00 时段(图 1)。

凌晨收看电视的观众连续收看时间较长，较少转换频道，在 02:00—05:00 期间，每小时的收视段数在全天之中最少，低于 3 个段，每段收视时长在全天中最长，达到 14 分钟。众所周知，晚间是观众收看电视最多的时段，收看电视的时间明显增多，从频道选

① 注：“人均收视段数”、“人均每段收视时长”都是基于分析时期和时段内收看电视的观众，而并非所有推及人口，相乘计算的结果“人均收视分钟数(观众)”为该时期、该时段内收看电视的观众的平均收看时长。

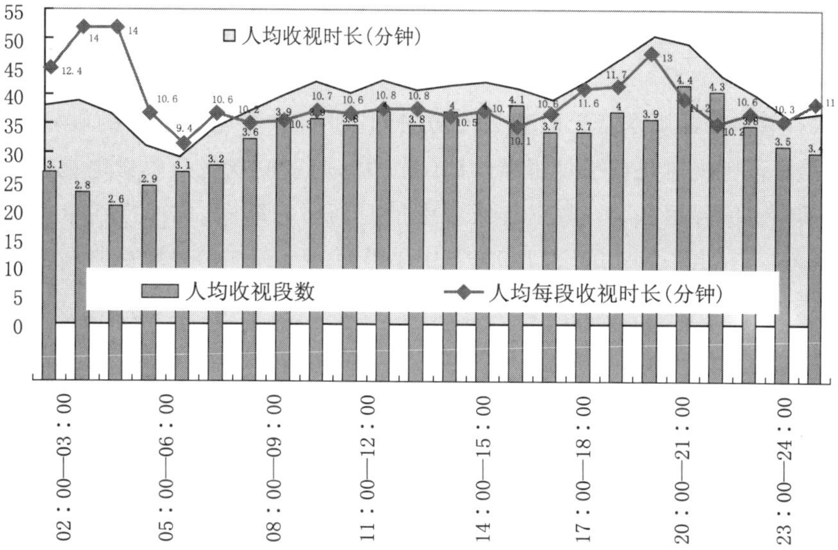

数据来源:CSM 媒介研究

图 1　每小时人均收视段数和人均每段收视时长(测量仪直辖市和省会城市,2009 年 1—8 月)

择行为来看,19:00—24:00 之间的收视增多呈现较为明显的两阶段特征。在 19:00—21:00 晚间黄金时段内,观众每段收看时间明显增长,20:00—21:00 达到 13 分钟,收视段数 3.9 段,每个观众收看时长为 50 分钟。晚间黄金时段的电视节目数量最多、质量最优,对于观众的吸引力最强,而且黄金时段的广告量管理相对严格,广告量相对少(图 2),观众连续收看时间较长,转换频道频次相对较少。21:00 之后,虽然在 1—2 个小时内观众收看量依然较大,但是观众收视段数增加和每段收看时间缩短都较为明显。随着节目的变化以及广告的增多,观众被频道和节目吸引停留连续收看的时间缩短,转换频道次数比黄金时间更多。

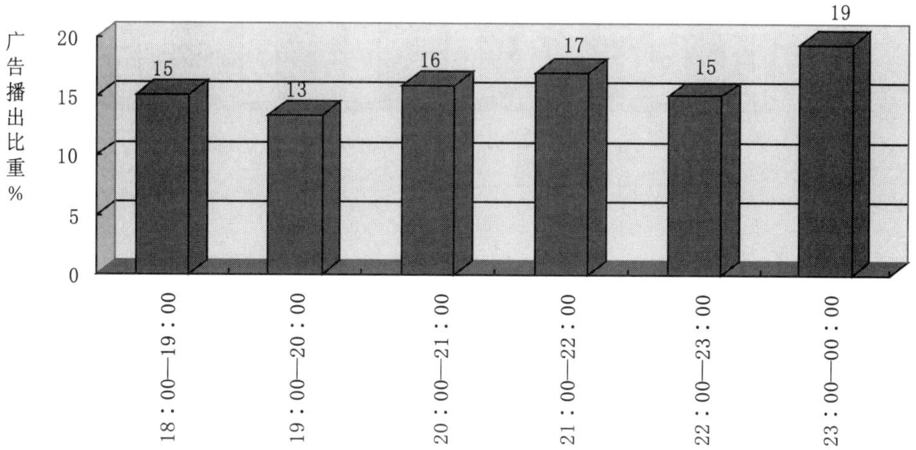

数据来源:CSM 媒介研究

图 2　晚间每小时广告播出比重(测量仪直辖市和省会城市,所有频道,2009 年 8 月)

二、周末比平日观众连续收看时间更短

周末收看电视的观众全天收看 280 分钟，比平日收看电视观众的收视时间长近 20 分钟，但是每段收视时长比平日短半分钟(图 3)。周末电视观众收看电视总时间增长的同时，转换频道间停留在某一频道连续收看的时间略有缩短，此特征在全天各个时段都有所体现，其中在上午(09:00—11:00)至中午(11:00—13:00)表现更明显(图 4)。

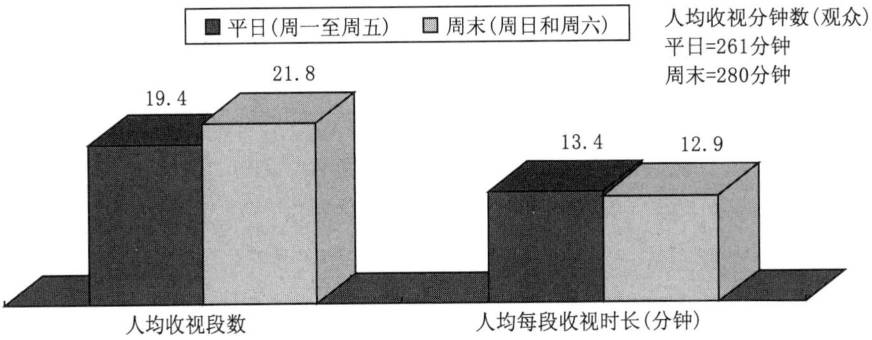

数据来源:CSM 媒介研究

图 3 平日及周末人均收视段数和人均每段收视时长
(测量仪直辖市和省会城市,2009 年 1—8 月)

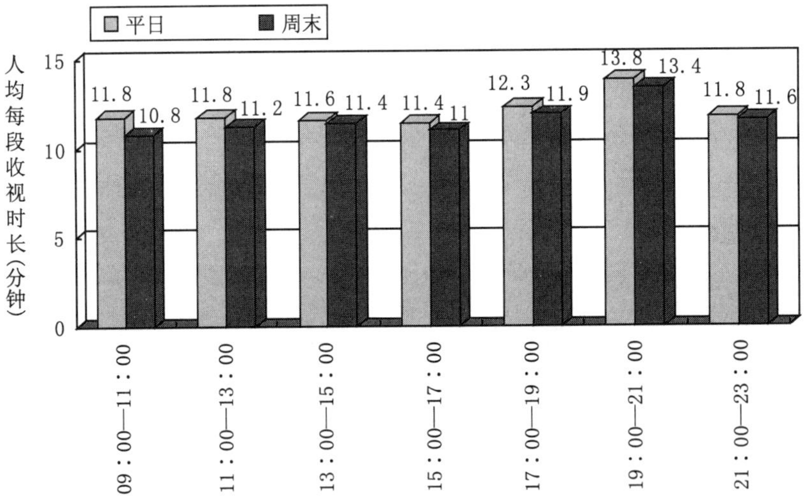

数据来源:CSM 媒介研究

图 4 平日及周末主要时段人均每段收视时长
(测量仪直辖市和省会城市,2009 年 1—8 月)

三、北方观众连续收看时间更短、频道选择更分散

不同城市观众每段收视时长和人均收视段数对照分析(图 5)显示，收视段数较多、每段收视时长较短的多为北方城市，例如北京、西安、郑州、济南和长春等，观众连续收视时间更短、转换频道次数更多；每段收视时长较长、收视段数较少的多为南方城市，例如南京、广州、长沙、武汉和合肥等，观众一段时间内对某一个频道收视相对稳定，频道转换间隔时间较长。

由于收看段数和每段收视时间相乘即为观众的总收视时长，收视段数和人均收看时长的异同与观众总收视量关系密切。例如，每段收看时长相近的属于不同地区的长春、天津、福州和重庆，人均收看段数相差较大，观众连续收看的忠实度接近，造成观众收看电视总量不同的主要是收看段数的多少。另一方面，区域不同的南昌、太原、成都和上海，人均收看段数相当，转换频道次数相近，上海观众每段收视时长更长为 14.3 分钟，太原观众每段收视时长为 12.1 分钟，对应于上海每个观众收看电视 291 分钟高于太原观众的 251 分钟。

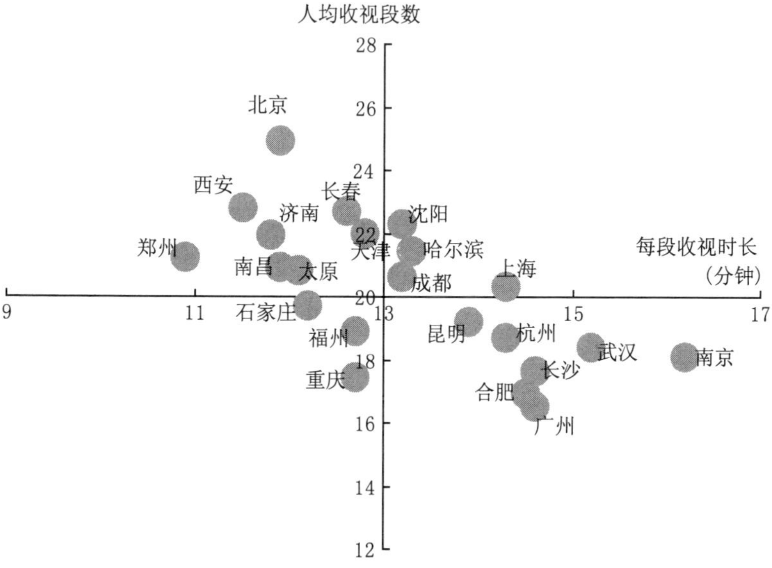

数据来源：CSM 媒介研究

图 5 不同城市人均收视段数和人均每段收视时长

(测量仪直辖市和省会城市，2009 年 1—8 月，全天)

观众在不同“收视段”可能收看不同的频道，或也可以收看相同的频道，例如每次频道转换都停留收看不同的频道，或几次频道转换后又回到最初的频道收看。所以，结合分析收看段数和收看频道数，能够了解观众频道转换和频道选择的特点。如果收看段数多但收看频道数少，那么观众虽然多次转换频道，但总是在少数几个频道间逡巡，频道选

择相对集中;如果收看段数多同时收看频道数多,那么观众不但转换频道频繁,而且频道选择相对分散。不同城市的收看段数和收看频道数分布(图6)同样显示了特征突出的南北地域差异,北方城市观众不但人均收视段数多,转换频道更频繁,而且收看频道数也更多,观众的频道选择更分散。即使收视段数相近,北方城市观众的收视也分散于更多频道。例如,南昌和郑州,一南一北,人均收视段数相差无几,分别为20.9段和21.2段,但是收看频道数分别为9个频道和11个频道。两个城市的观众转换频道次数相近,南昌观众在9个频道间转换收看,郑州观众在11个频道间转换收看,郑州观众的频道选择更加分散。

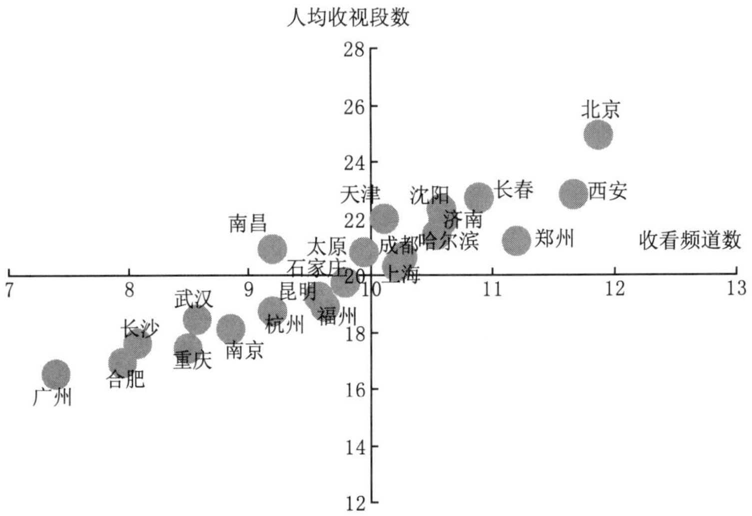

数据来源:CSM媒介研究

图6 不同城市人均收视段数和人均收看频道数
(测量仪直辖市和省会城市,2009年1—8月,全天)

观众收视行为是在频道选择中实现的,选择、收看、转换频道等,不但与观众收视习惯有关,与频道的内容和编排相关,也与同时可接收到的"备选"的频道和节目相关,竞争因素对于频道和节目的收视结果影响重大。可选择的频道越多,诱使观众转换频道浏览选择的可能性越大,频道间争夺观众注意力的竞争越激烈。以每日平均到达率超过5%和10%的频道数比较各城市观众日常收看的主要频道范围,与上述的观众频道选择特征恰为对应,相比于南方城市,北方城市观众日常收看的主要频道数目相对更多。收看时段数和收看频道数更多的北京、西安和长春等,超过50个频道在当地观众中取得了5%以上的日平均到达率,而取得同等到达率水平的频道在广州、合肥和长沙等地刚至40个甚至少于40个。平均到达率超过10%的频道,在北京、西安、济南和沈阳等地超过了30个,而在广州、长沙、武汉和合肥等地仅有20个左右(表1)。

表 1 各城市平均到达率大于 5%和 10%的频道数（2009 年 1—8 月）

城市	频道数		城市	频道数	
	平均到达率>5%	平均到达率>10%		平均到达率>5%	平均到达率>10%
北京	55	31	沈阳	48	31
长春	53	29	石家庄	46	31
济南	53	33	成都	46	32
太原	53	28	昆明	45	24
西安	51	43	南京	43	29
南昌	50	27	重庆	42	29
天津	50	26	杭州	42	28
郑州	50	37	武汉	42	22
哈尔滨	49	33	合肥	41	21
福州	48	33	广州	37	17
上海	48	27	长沙	32	23

数据来源：CSM 媒介研究

四、女性、老年人、中低教育程度观众连续收看时间更长

频道选择收看行为从一个侧面反映出不同目标观众的收看习惯和特点（表 2），4 岁及以上观众全天收视段数为 20.1 段，每段收看 13.3 分钟，收看电视的观众平均每人每天收看 266.6 分钟。与此相比，女性观众的总收看时间更长，而且收视连贯性更强。女性观众平均收看 272 分钟，比男性观众多 10 分钟，收看时段数却少于男性观众，平均每段收视时间更长，女性观众选择频道后，停留收看的时间长，换台次数更少。

中老年观众一天之中收看电视的时间明显多于年轻观众，而且随着年龄的增长，不换频道连续收看的时间越来越长，15—24 岁观众平均收看 11.7 分钟后转换频道，45—54 岁观众平均收看 13.7 分钟后转换频道，65 岁以上观众连续收看时间达到 15.3 分钟。

在不同教育程度观众中，教育程度越高，每段收视时长越短，转换频道的时间间隔越小。小学及以下观众每段收视最长达到 14.3 分钟；初中高中观众每段收视时间相近，为 13 分钟；大学及以上教育观众每段收视时间最少，为 12.5 分钟。

表 2 目标观众人均每段收视时长和人均收视段数

目标观众		人均收视段数	人均每段收视时长(分钟)	人均收视分钟数(观众)	推及人口比例
4 岁及以上所有人		20.1	13.3	266.8	100%
性别	男	20.6	12.7	261.7	50%
	女	19.6	13.9	272.1	50%
年龄	4—14 岁	19.5	12.3	239.7	10%
	15—24 岁	20.1	11.7	234.8	14%
	25—34 岁	17.4	12.9	224.6	19%
	35—44 岁	19.4	12.2	236.2	17%
	45—54 岁	21.2	13.7	289.2	19%
	55—64 岁	21.9	14.4	315.0	12%
	65 岁及以上	21.6	15.3	330.8	8%
教育程度	小学及以下	17.9	14.3	255.9	20%
	初中	21.1	13.1	277.6	29%
	高中	20.9	13.2	275.6	31%
	大学及以上	19.6	12.5	245.3	21%

数据来源:CSM 媒介研究

五、家中拥有多台电视机观众、一人独居观众、无线家庭观众连续收看时间更长

在本文分析所用数据的直辖市和部分省会城市中,目前电视家庭以 2—4 口之家居多(比例占 83%),一家一台电视机的比例为 58%,电视仍然主要作为“家庭用品”而非“个人用品”,“家庭行为”仍然是电视收看的主要特征。同时,仍有 15%的家庭有 5 人及以上共同居住,另一方面,也有 2%的人单独一人居住。随着家庭经济条件逐步改善,拥有两台电视的家庭比例达到了 39%,而且有 3%的家庭拥有三台及以上电视机。一家之中不同成员收看需求和收看行为不同,在不同人数、不同电视机台数的不同收看环境下,频道选择和收看呈现出一定的趋势性特征(表 3)。

一人独居观众收看电视的总时间显著长于多成员家庭,在这相对较长的收看时间内,收看段数较多,每段收看时间也较长,达到 15.3 分钟;2—4 人家庭和 5 人及以上家庭中每个观众人均每段收看时长相近,分别为 13.1 分钟和 13.6 分钟,多人户家庭的观众,转换频道的间隔时间比一人独居观众短 2 分钟左右。

家庭拥有一台或多台电视机的观众,总收看时间基本相同,为 267 分钟左右,在相近长短的电视收看时间内,一台电视机家庭中的观众每段收视时间最短为 13.1 分钟,收视段数最多为 20.4 段。拥有两台和三台电视机家庭中的观众,每段收视停留时间渐次增

长，三台电视机家庭中的观众，每段收视时长接近15分钟，转换频道次数相应最少。多台电视机为不同家庭成员根据各自需求收看节目提供了更多便利，观众可以更主动、更专注地收看自己选择的节目，极致的情况即独居的观众独立选择收看电视节目，连续收看时间更长，在相同时间内，转换频道次数更少。

在构成收视环境的各因素中，除了家庭结构和收看设备以外，接收频道情况对于观众收看选择也有直接的影响。目前，接收频道差异主要为有线和无线接收方式导致，有线网用户普遍可以接收到中央台、主要省级卫视、各地省市台频道等多达几十个频道，无线用户通常仅能接收中央台一套、二套、七套、本地省市台主频道等为数很少的几个频道。虽然本研究中涉及的直辖市和省会电视家庭中有线户比例达到94%，但仍有个别家庭不能通过有线网接收电视信号，通过对比分析，可以了解接收条件对于观众收视行为影响之一斑。有线家庭户观众接收频道多，一方面，为观众带来了丰富的节目内容，观众收看电视时间长；另一方面，为观众提供了众多的频道选择，观众每段收视时间比非有线家庭观众更短，转换频道的间隔更短。从电视频道经营的角度，有线家庭中频道竞争更激烈，收视更分散，频道获得连续收看的难度更大。

表3　不同收视环境观众人均每段收视时长和人均收视段数

目标观众		人均收视段数	人均每段收视时长（分钟）	人均收视分钟数（观众）	推及人口比例
4岁及以上所有人		20.1	13.3	266.8	100%
户规模	1人	20.6	15.3	316.3	2%
	2—4人	20.4	13.1	268.2	83%
	5人及以上	18.5	13.6	252.5	15%
电视机数	1台	20.4	13.1	266.8	58%
	2台	19.9	13.4	266.8	39%
	3台	17.9	14.9	267.1	3%
接收方式	有线	20.6	13.1	270.5	94%
	非有线	13.0	16.0	208.1	6%

数据来源：CSM媒介研究

六、影视剧节目观众连续收看时间更长

节目的播出时长、内容和编排不同，观众对于不同类型节目的收看需求不同，不同类型节目观众的收视习惯不同，都是不同类型节目观众收看行为差异的可能原因。收视数据显示（图7），无论全天还是晚间，观众对于电视剧和电影节目的连续收视时间都是最长，达到9—10分钟，其次为戏剧节目，观众收看戏剧节目每段时长8—9分钟。对于生活服务及广告为主的其他节目，观众连续收看时间最短，不到2分钟。除此之外，多数节目类型观众的每段收视时间在6—8分钟范围内。

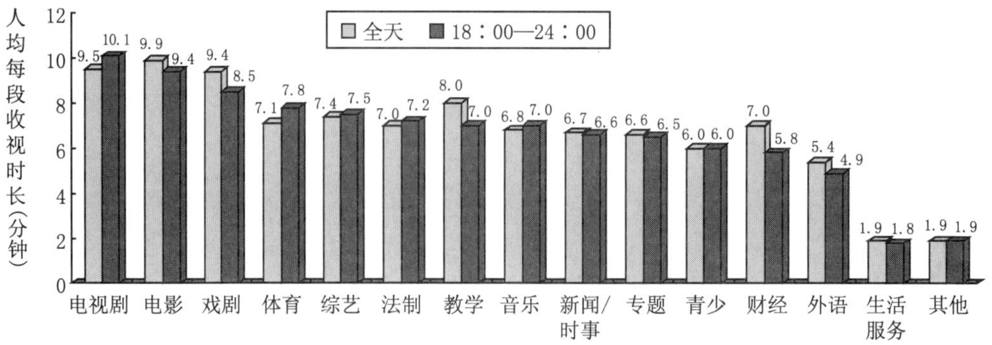

数据来源:CSM 媒介研究

图 7　不同节目类型观众人均每段收视时长(分钟)
(测量仪直辖市和省会城市,所有频道,2009 年 4—5 月)

影视剧是观众基础最为广泛的节目类型,尤其晚间时段的电视剧更是电视频道交换观众注意力和广告投入的重磅筹码。节目类型的自然属性决定了影视剧播出时间相对较长,晚间对于频道收视的重要性决定了晚间影视剧的质量相对更优、吸引力更强;同时,很多研究都显示影视剧的忠实观众为中老年观众,本文上述分析显示他们连续收看时间长、转换频道相对少。无独有偶,另一个每段收视时间较长的节目——戏剧节目,也是中老年观众特征突出的节目类型。在不同地区制作的电视剧中,以日韩剧为主的“亚洲其他国家”电视剧吸引观众连续收看时间最长,达到 12.2 分钟。

吸引观众每段收视较长时间的节目多为电视剧、电影、综艺和法制等大众化节目,其中晚间体育节目的观众连续收看时间也相对较长,体育节目尤其是体育比赛往往节奏紧张、悬念迭生,吸引观众集中注意力收看。晚间的体育节目中,环环相扣的台球、半场时间长大众最为热衷的足球和快节奏的搏击是观众每段收视时间最长的体育比赛,观众每段收视时长分别为 12.9 分钟、12.8 分钟和 10.5 分钟。

当今,观众可以更加便捷地使用遥控器在众多频道间转换搜索,广告商和广告公司可以更加娴熟地利用各种评估工具在众多频道间评估筛选。但是,机会的增多和工具的便捷终究是一个过程,目的是优化观众注意力资源和广告投入资源的分配。在资源有限性前提下的资源分配和频道竞争将强者愈强的规律清晰地展示于现实中。连续收看和频道转换交错中观众的注意力资源是有限的,频道的收视竞争集中体现在对于份额的争夺,高收视份额的频道在强者愈强的市场规律中获得更多的利益和各方面更顺畅的互动共赢,本文分析的收看段数和每段收视时间长两个方面也显现出与市场份额呼应的特征。基于分析涉及的测量仪调查的直辖市和省会的地面频道在各自当地的收视表现,市场份额高的频道获得更多的收看段数,获得更长的每段收看时间(图 8、图 9),从连续收看时长和收看段数两个角度同样看到了强者愈强的竞争图景。

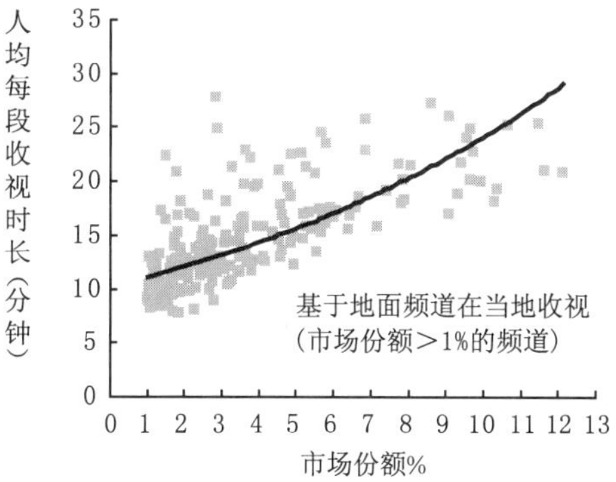

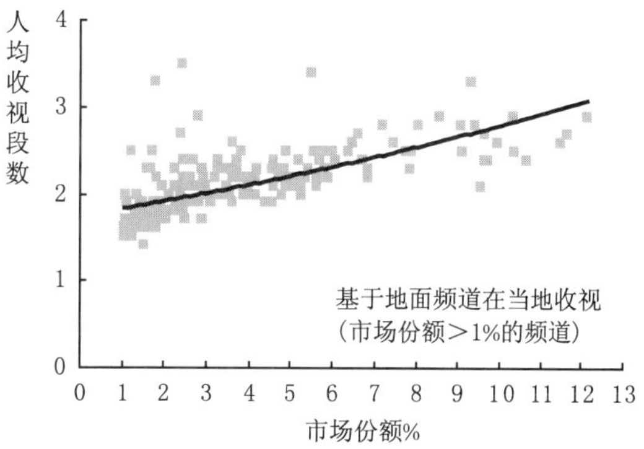

数据来源：CSM媒介研究数据来源：CSM媒介研究

图8 地面频道市场份额和人均每段收视时长（测量仪直辖市和省会城市，2009年1—8月）

图9 地面频道市场份额和人均收视段数（测量仪直辖市和省会城市，2009年1—8月）

对于观众日常选择范围内的主要节目和主要频道，既需要被观众多次看到多次选择，也需要观众在选择后停留尽可能长的时间，累积收视竞争份额。观众连续收看的时间可长可短，再次选择可留可走，短时间收看、经常转换频道等增加了观众流失的风险。观众选与不选、停留时间长短最终引起了收视的差异。观众连续收看时间长短、是否转换频道的原因很多，涉及节目内容、环节设置、节目中桥段的衔接、节目与节目的过渡、广告段的时机和长度安排等诸多因素，也与观众的收看需求和收看心理相关。在众多频道和节目中“出位”，需要给予观众“停留”的理由，不但能吸引观众停下，而且要吸引观众留下，并尽可能留下更长时间，争取被观众更多次选择。成效如何，比拼对观众收视行为研究的台下工夫，考验节目内容制作和节目及广告编排的台上功力。

编播策略创新

受众市场变迁与节目编播调整

左瀚颖

在电视的二元市场中，受众的注意力既是电视节目播出的市场目标，也是电视广告销售的交换资本，是市场争夺的核心对象。节目内容是电视台汇聚注意力的关键资源，电视节目编播，包括节目内容选择、编排、推广和评估，均会对受众注意力规模产生影响，顺应受众市场的变化选择节目内容、调整节目编排和策划节目推广对电视台改善市场表现至关重要。

在我国电视业半个世纪的发展历程中，随着电视业产业性质的逐步明确，受众在电视市场上的地位日益凸现，对包括电视节目编播在内的各个行业运作环节产生了重大影响。本文基于CSM媒介研究多年的受众市场研究经验及其他行业和学术研究成果，对我国受众市场的发展变迁进行梳理，分析受众市场变迁如何引致电视节目编播的再结构，探讨在日益复杂的媒介竞争环境中，电视节目编播的发展方向。

一、电视受众市场的阶段性发展

电视受众市场的发展变迁受行业内外多重因素的影响。从行业内的环境来看，电视业自身实力的成长、电视市场供求的变化、电视经营模式的转变以及电视行业性质的变迁都与受众市场的发展密切相关；从行业外的环境来看，媒介市场的结构性变动、社会经济水平的发展以及社会心理变革也对受众市场的重构产生了深远影响。

自新中国建立以来，我国的政治、经济、技术和社会文化都经历了阶段性的发展历程；与社会的阶段性发展相对应，在20世纪50年代末期我国第一家电视台开播之后，电视业和电视媒介消费行为也表现出明显的阶段性发展特征；根据电视业及媒介市场的变迁，以及受众市场地位的变化，可以将我国的电视受众市场发展分为如下四个阶段(图1)：

第一阶段是我国受众市场的初步发展阶段，指1958—1991年的30多年时间。在这个阶段中，我国的电视业经历了最初的艰苦创业、文化大革命时期的挫折发展以及改革开放后的全面崛起，逐步实现了基础设施体系的完善和电视媒体消费行为的普及。在这30余年中，我国电视台的数量由20世纪60年代初期的20余座增长到1990年的509座，平均每周的电视播出时间由1958年的3小时增加到1991年的22,298小时，电视的覆盖范围也由最初的中央和国家领导人群体扩大到占全国人口79.40%的城市和农村人口群体。这一阶段是我国受众市场的形成和初步发展期，受众处于相对无意识状态，对电视台的节目编排几乎不构成影响。

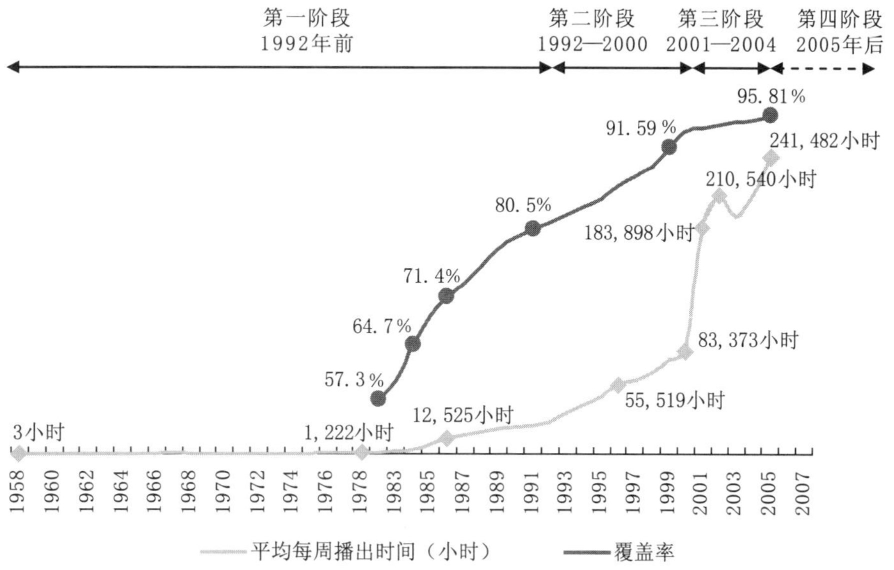

数据来源：国家广播电影电视总局网站

图1　我国电视受众市场的阶段性发展

第二阶段是我国受众市场的规模累积阶段，指1992—2000年的9年时间。在这一阶段中，我国电视业的产业化性质日渐明确，电视广告经营也取得了长足发展。得益于各地经济实力的增强和政府早期提出的“四级办电视台”的政策支持，电视台和电视频道的数量进一步增加，到2000年底分别达到354座和1206套；电视节目平均每周的播出时长由1992年的26,432小时增加到2000年的83,373小时；电视在全国的人口覆盖率也已达到93.65％。在这一阶段，电视作为第一大众媒体的地位已经确立，观众在面对更多的频道和节目选择之后，逐步加强了收视的选择性和流动性，与此同时，电视广告销售也开始日渐以观众为导向，受众在电视经营中的地位日渐凸现出来，电视台开始注重观众调研，并逐步将观众的行为和意愿作为电视台节目选择和编排的参考指标。

第三阶段是指2001—2004年的4年时间，受众市场在这一阶段表现出了明显的游离和分散倾向。在20世纪末和21世纪初的一段时间中，在市场化和产业化浪潮的推进下，我国电视业出现了集团化、规模化的发展倾向。2001年，我国电视频道的数量飞升至2194套，较2000年增加了近一倍，而电视的全国人口覆盖率以及观众人均每日收看电视的时间并没有明显的增长，使得电视台之间对观众注意力的争夺日趋激烈。此外，随着网络信息技术的普及，受众获取信息和娱乐的渠道进一步拓展，受众在媒体消费中的主动性进一步增强，由此导致受众媒介消费行为的细分化和碎片化，加剧了电视收视行为的游离和分散倾向。在受众市场分化和电视产业化推进的双重作用下，电视台与观众的市场地位发生了转移，观众的需求逐步成为电视台节目选择和编排的主导因素，基于科学的受众调查进行媒体经营和管理逐步在国内电视市场中蔚然成风。

第四阶段则是指2005年以来的近两年的时间，在这一阶段中，受众在市场中的地位被提升到前所未有的高度，媒体在关注受众规模的同时，日益强调受众的忠诚，忠实受众日渐成为媒体在市场竞争中的重要资本。经过近半个多世纪的发展，到2005年之后，我国的传统电视市场已经基本成形，受众市场在规模和范围上难有进一步突破，市场变化主要来自于媒体环境本身。自2005年全国数字电视转化加速进行以来，中国的电视业面临着前所未有的机遇和挑战。数字电视、网络电视和手机电视等新技术和新媒体带来的收视效果的改善、市场结构的调整、经营模式的转变和收视行为的变迁，让各级电视台都亟须未雨绸缪、积极应对。在媒体市场整体发生变迁的过程中，受众的市场地位再获提升，任何技术、内容和机制的创新都将以受众需求作为导向，电视节目的选择和编播也不例外。

随着受众在市场中的地位的变迁以及受众媒体消费行为的变化，我国的电视台亦在不断的调整自己的节目编排和营销意识，接下来，我们将以受众市场发展的四个阶段为线索，探讨近半个多世纪以来我国电视节目编播的发展变化情况。

二、第一阶段(1958—1990年)：缺乏营销意识的节目编播

第一阶段是我国电视受众市场的产生和初步发展期。在20世纪50至60年代的中国，电视还远非一种广泛普及的大众媒体形态，电视台的观众主要限于党和国家的领导层，普通老百姓只有通过购票等方式，在集体或公共场所观看电视。由于电视台的数量有限，电视节目制作力量也相对薄弱，因此，当时的电视节目主要以新闻节目为主，辅以少量的直播电视局和与政治活动相关的文艺晚会。鉴于电视媒体可能产生的巨大影响力，在相当长一段时间内，政府都将电视业作为宣传事业、文化事业的一部分，在电视台的经营管理和电视内容的选择和播放上予以了较为严格的控制。

进入20世纪80年代之后，随着我国改革开放政策的推进、社会经济水平的发展和人民生活水平的提高，看电视逐步成为民众习以为常的媒介消费形式。在政策的扶植和鼓励下，电视台和电视频道的数量迅速增长，电视机的每户持有量也迅速提高，“看电视”逐步取代“听广播”，成为受众，尤其是城市受众的首要媒介消费行为；伴随着《春节联欢晚会》等大型综艺节目的出现以及《渴望》《红楼梦》和《西游记》等电视剧的流行，看电视已经不再单纯是观众获取信息的一种方式，而更多地成为观众文化生活和休闲娱乐的一部分。此外，自20世纪70年代末电视广告恢复经营之后，电视的经济价值也逐步得到了社会的广泛认可，电视台开始重视观众对电视台的反馈，在社科院和中央电视台等一批单位的组织下，截面性的受众调查得以诞生，并开始影响电视台的内容选择和编排。

尽管同电视业发展初期相比，在改革开放之后，我国电视业发展已经取得了实质性突破，但总体来说，电视仍然是一种稀缺的媒介资源。随着电视机的普及，受众市场对电视节目的需求日益增大，而电视台所提供的内容选择又相对有限，由此造成了电视收视

市场上节目内容供不应求的局面；与此同时，由于电视台的产业性质尚未完全确立，电视台所扮演的主要角色仍然是党和政府的舆论喉舌，因此电视台对受众市场的实际需求重视程度较低。在这些因素的共同作用下，该阶段的受众市场还处于相对的无意识状态，电视台在市场中占据绝对的主导地位，电视台的节目编排从某种意义上决定着观众的内容需求，受众尚无意识也不具备能力影响电视台的决策和意志。

总体而言，在这一时期中主要依赖政府财政拨款为生的电视台并不是非常看重观众的实际需求；收视市场上供不应求的供给状态进一步加强了电视台在市场中的主导性和优越感。由于缺乏市场盈利的动力和诱因，电视台在节目开发和编排上没有明显的创新积极性，节目的内容和样态比较单一，节目编排也缺乏策略性，评价节目编播成功与否的标准主要是电视台是否成功地完成了宣传任务以及基于专业标准对电视节目质量的衡量，从市场经营的角度来讲，电视台的节目编播处于缺乏营销意识的阶段。

三、第二阶段(1991—2000年)：以满足市场需求为导向节目编播

在1985年4月经由国务院批转的《国家统计局关于第三产业的统计报告》中，广播电视业第一次被列入了第三产业，在此之后，电视产业化的呼声不绝于耳；自1992年邓小平南巡讲话之后，我国电视业“喉舌”和“市场主体”两种角色进一步相互交织，随着市场化进程的推进，市场主体的属性日渐鲜明，电视业的市场化运作也随之展开。

1991年至2000年是我国电视业产业化过程中重要的规模积累期，在这9年中，电视业不仅实现了电视频道数量、电视节目产量和电视节目播出时间的增长，使电视人口覆盖率突破90%大关，而且也迎来了电视广告经营的高速增长阶段，使电视业的整体经济实力达到了前所未有的水平。这一阶段也是电视业产业化进程中重要的转型期，转型的一个突出标志就是电视不仅仅被作为一种意识形态的产物和艺术作品，而更以一种具有精神价值的特殊商品的特征接受市场的检验，逐步具备了“产业化”功能。电视频道和电视节目要通过市场的检验，在广告销售中占据更有利的地位，就必须最大限度地满足受众市场的需求，由此形成了电视台在运作中以满足市场需求为导向的营销策略。

电视台在这一时期奉行的以满足市场需求为导向的营销策略深合60年代以来国际上流行的由麦卡锡提出的“4P”的营销策略，产品(Product)、价格(Price)、渠道(Place)和促销(Promotion)是电视台在进行节目选择、编排和播出中比较注重的几个方面。

对于电视台而言，最重要的产品自然是电视节目，在电视产业化的变革过程中，电视节目的生产和供给也逐步走上了市场化道路。在1991年至2000年的9年间，我国的电视节目制作有了长足的进步，以中央电视台、上海电视台和湖南电视台为代表的一批电视台针对观众日益勃兴的信息需求和娱乐意识，在借鉴国外先进节目模式的基础之上，开始尝试在新闻、娱乐和电视剧等多种节目形态上的研发和创新。以《东方时空》《焦点访谈》《实话实说》和《第7日》等为代表的新闻栏目，以《综艺大观》《快乐大本营》和《玫瑰之约》等为代表的综艺娱乐节目以及各种涉及现实、历史、神怪、情感、战争和侦破等为题

材的电视剧，充分体现了电视台对受众市场需求的关照和回应。此外，在20世纪90年代末期，随着政策的逐步放开，大量民营资本开始涌入电视剧和综艺娱乐节目的制作领域，为电视台提供了更丰富的内容选择，有助于电视台更好地满足多元的受众需求。

在这一阶段电视台在编播营销中比较重视的另一点则是渠道，电视台在渠道方面的工作主要在于加强频道建设和扩大覆盖范围。在受众市场发展的第二阶段中，有两件事对电视台的渠道营销发挥至关重要的影响：其一是我国有线电视网络建设的推进，使电视台在各地区，尤其是城市中的传播质量得以大幅提升；其二是在政策的引导下，各省级电视台陆续开通卫星频道，使全国电视市场的供给状况有明显改善。依赖于政策和技术的发展，各级频道开始确立和扩大自身的影响范围，使观众的收视选择空前丰富。渠道是内容到达观众的前提，频道传播质量的提高和覆盖范围的扩大是我国电视台在政策推动下迎合日益增长的收视市场需求的又一表现。

价格和促销虽然不是这一阶段电视节目编播的发展重点，但电视台对这两方面同样也有所关注。在以"注意力换广告"的商业模式普遍流行的情况下，观众收看电视节目的主要代价即为观众为收看电视所付出的时间成本，电视台要在价格方面获取优势，最重要的策略就是要让观众在付出收视时间时，有"物有所值"的感觉，归根结底，电视台还是把节目内容作为了节目编播的营销重点。在促销方面，由于在20世纪80年代的受众调查表明在收视前"看了较详细的节目内容介绍"是吸引观众选择收看某专题、文艺或影视剧节目的重要原因(表1)，因此，电视台开始越来越多地通过新闻播报、节目导视等方式让观众先睹为快，以《电视你我他》为代表的节目导视节目红火一时。

表1 电视观众选择收看专题、文艺、影视剧节目的因素(%)

类型	看了较详细的节目内容介绍	听别人说不错	从节目名称上判断自己是否感兴趣	看自己是否有空闲时间	偶然碰上了，觉得不错就看下去了	没有喜欢看的，只好看下去	只要有，就一定看
专题节目	29	12	15	20	27	13	9
文艺节目	34	24	23	22	30	8	18
影视剧	51	35	31	24	31	7	28

数据来源：根据1987年的全国观众抽样调查结果整理

由于电视台和广告主在市场运作中日益强调以观众行为为参照，因此，在20世纪90年代中后期，以央视市场调查、央视－索福瑞媒介研究、尼尔森等为代表的一批公司开始在中国大陆的电视市场中进行连续性的受众调研，其调研结果逐步成为电视台节目编播的参照。不过，在这一阶段，电视台依据受众的实际需求进行节目选择和编排还处于最初的探索阶段，对频道和节目的推广和营销亦处在尝试期。电视台的节目编排仍然是以产品，即电视内容为导向，以满足市场整体需求为目标，而非以个体消费者为导向，不太重视电视观众的分类需求满足。

四、第三阶段(2001—2004 年):以追求观众满意为目标的节目编播

受众市场发展的第三个阶段虽然只有短短 4 年时间,但却对电视台的市场运作产生了深远影响。在电视市场竞争加剧、观众内容需求日渐细分和碎化、媒体环境日趋复杂的情况下,电视台已经深刻意识到依据受众市场需求进行节目编播的必要性,逐步习惯于依据受众市场调研数据进行科学的经营管理。

2001 年是我国电视市场的一个飞跃期,在短短一年中,电视频道的套数从 2000 年的 1206 套增长到 2001 年的 2194 套,全年电视节目的制作时间也由 2000 年的 87 万小时猛增至 2001 年的接近 158 万小时的水平(图 2),使电视市场的供给状况有了明显的改善。不过,频道和内容供给的增加并没有伴随着收视需求的增长,CSM 媒介研究近年来的收视率监测数据显示,从 2000 年到 2001 年,我国观众平均每日收视时间并没有明显增长,相反,在市场供给不断改善的情况下,在 2002 年至 2005 年期间,观众的收视时间却有略微的走低趋势(图 3)。迅速增加的竞争者数量和基本恒定的收视市场需求,使得电视市

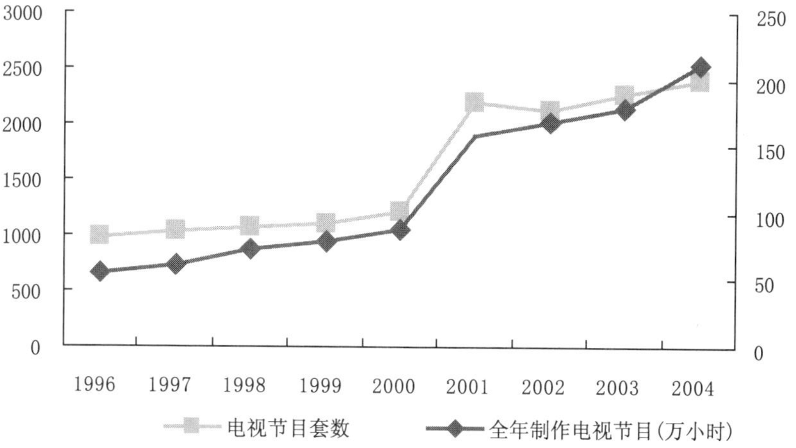

数据来源:国家广播电影电视总局网站

图 2 1996—2004 年我国电视节目套数和全年制作电视节目时间(万小时)变化情况

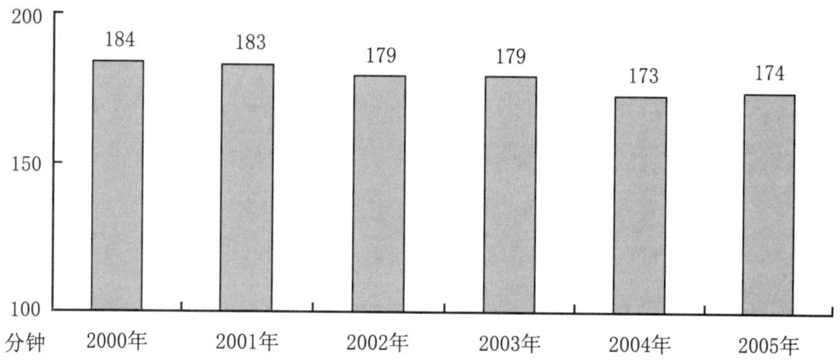

数据来源:CSM 媒介研究全国收视率调查

图 3 2000—2005 年我国观众人均每日收视分钟数变迁

场进入了此消彼长的“份额竞争”阶段；供求关系的转换，使电视台走下了传播者的神坛，以普通供给者的身份服务于观众的收视需求。

在电视市场内部竞争格局发生急剧转变的同时，电视业所处的整体媒介环境也在发生变动。在进入新千年之后，随着各类细分媒体的出现以及网络媒体的普及，受众的媒介消费行为发生了重大变迁。媒体资源的丰富和互联网的应用，让受众开始尝试有目的、有方向地寻求媒体消费内容，并主动控制和安排媒介消费行为。这种变化的直接结果即为受众迅速向各种细分的媒介形态和载体分流，反映在电视消费行为上，则表现为部分群体的传统电视收视时间缩短(图 4)和电视频道选择的分散。

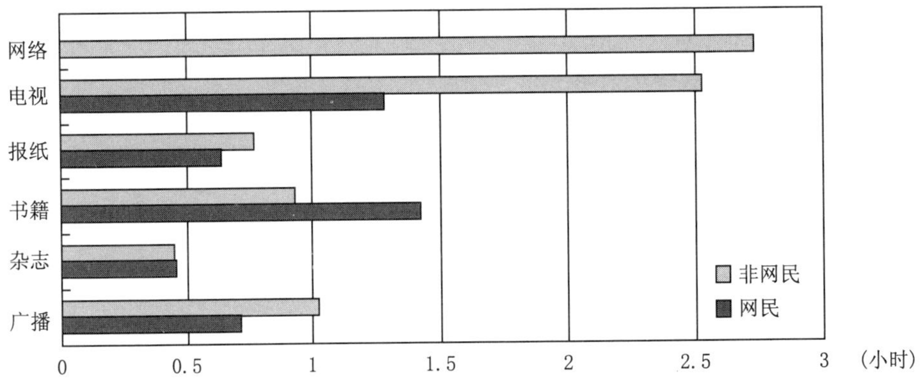

数据来源：中国互联网研究报告 2005

图 4　网民和非网民的媒介消费习惯(平均每日媒介消费小时数)

此外，在经历了十余年的粗放经营之后，中国的各行各业逐步走上了集约、科学的经营道路；对于电视业来说，这一转变最大的影响就在于在电视台日益以广告为主要利润来源之际，广告主开始摒弃传统的、随机的广告投放，而引入大量定量和定性的指标对电视广告的传播效果进行衡量。自 20 世纪末期以宝洁为代表的广告主将收视率等受众研究指标引入广告效果评估之后，以收视率调查为主要代表的受众市场调研开始在全国范围内广泛展开，收视率成为了电视市场上的通用货币，受众调研结果则日渐成为电视台节目编播和广告销售的重要参考，电视节目的编播走上了数据化、科学化的道路。

在市场竞争加剧、观众注意力游离和市场运作科学化的共同作用下，电视台逐渐意识到节目编播的意义不仅仅只在于选择符合市场需求的节目，更在于以适宜的方式将单个节目串联和播出，以提高观众的满意度，减少观众的分散和流失。由此，电视台的节目编播逐步走上了以观众满意度为核心的营销阶段，与美国营销学者劳朋特(Robert Lauterborn)提出的 4C 营销理论，即消费者(Consumer)、成本(Cost)、便利(Convenience)和沟通(Communication)，有不少相通之处。

受众在这一阶段的节目编播中开始占据了主导地位。得益于相关市场调研公司的数据积累，电视行业开始对我国电视观众的内容偏好、收视习惯和规律有了定量的、直观的了解，并基于此制定和评估节目选择、编排和播出策略。

在节目内容选择方面，电视台清楚地了解到电视剧、新闻和综艺娱乐节目是引领我国电视受众收视的三驾马车，其中综艺娱乐节目有较为明显的成长空间，为此，电视台根据自身的市场地位和实力，采取了不同的内容研发、制作和购买策略，开发出诸如《南京零距离》类的方言新闻和《雾都夜话》类栏目剧等多种新的节目格式。在这一时期，被收视率数据证明为成功的节目格式被各级电视台广泛复制和模仿，推动了我国电视节目的更新换代，并带来了新一轮的节目创新和研发高潮。

在节目编排和播出方面，电视台已经掌握了观众每日、每周和全年的收视曲线，对观众每日收视的“黄金时段”，工作日和周末不同的收视需求，以及在全年各个季节和时期的收视规律有所把握。针对这些规律，电视台不仅仅开始加强每日“黄金时段”的编排，以抢夺日常竞争的先机，同时还针对观众在周末和节假日的特殊收视习惯推出“特殊编排策略”，希望通过贴近观众适时需求的内容选择和编排来赢得观众的满意度。数据显示，部分电视台在这一阶段针对观众在春节、寒暑假、“五一”和“十一”长假推出的“特殊编排”策略取得了一定的市场效果，保证了电视台全年收视的阶段性高峰。

传播学的使用满足理论指出，受众对媒体传播的满意度既与其对媒体内容的满意度有关，还与其获得媒体内容的成本大小和难易程度有关。为减少观众获取节目内容而需付出的时间成本，加强观众节目搜索的便利性，进而以细分的节目内容提高观众的满意度和忠实度，不少电视台都在这一时期推出了频道专业化的策略。频道专业化是导致2001年我国电视频道数量激增的重要原因之一，它是电视台适应观众分化的收视需求而进行的渠道细分，在丰富观众收视选择的同时，降低了内容搜寻的成本，提升了节目收视的便利性。

当“沟通”成为提升收视的重要营销手段之时，电视台开始放弃“酒香不怕巷子深”的主导姿态，不遗余力地为自己的频道和内容“吆喝叫卖”，由此形成了这一阶段电视频道形象和品牌建设的高潮。在进入2001年之后，各级电视台，尤其是中央台和省级卫视都纷纷利用自己的渠道优势，塑造和传递自身的频道形象，希望通过塑造明确的频道定位和培育观众的价值认同，实现与观众之间的有效交流。诸如湖南电视台的“快乐中国”、安徽电视台的“电视剧大卖场”等形象逐渐深入人心，加剧了电视市场的分化与重构。

总体而言，顺应受众市场碎片化、细分化和自主化的发展趋势，在受众市场发展的第三阶段，电视节目编播逐步走上了以满足观众收视需求为核心、以降低收视成本和方便收视选择为辅助、以品牌沟通和交流为支撑的道路。多方位提升观众满意度是电视台在这个阶段谋求竞争优势的主要方式。这一阶段的节目编排改变了前一阶段以内容为导向的编排方法，将观众的满意度放在了节目编排的优先考虑位置，这实际上是与观众在该时期享有更高的市场主动性有关，是电视节目编排由电视台主导向观众主导的一次重要转变。

五、第四阶段(2005年之后)，以培育观众忠诚为目标的节目编播

2005年以来电视市场最大的变化体现在两个方面：其一，在国家政策的推进下，数字

电视转换迅速进行，付费频道业务逐渐展开，网络电视开始尝试商业运行，观众的收视选择进一步丰富；其二，电视市场份额竞争加剧，电视台纷纷抛出独播剧、首播据、大型电视活动等“重磅炸弹”来提升自身在电视市场的影响力。面对众多的收视和服务选择，观众的收视行为在分散化的同时，也透露出忠诚化的倾向：CSM媒介研究在数个城市的专项调查显示，在进行数字电视转换之后，70%以上的观众仍然习惯性地固定收看几个频道（图5），绝大多数观众停留在单个频道上的时间没有明显变化（图6），观众忠实度的价值凸现。

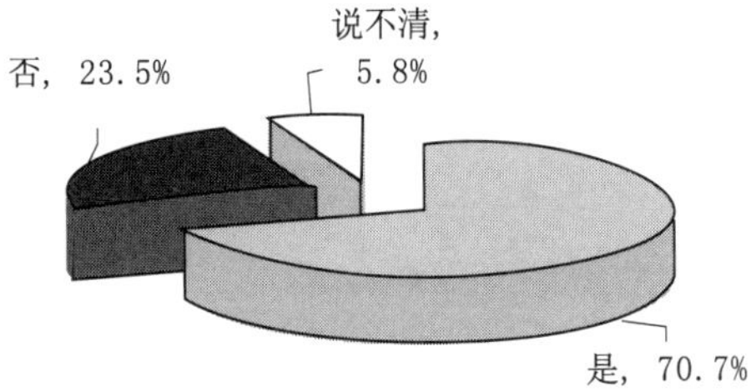

数据来源：CSM媒介研究

图5 10城市电视用户数字电视转换后是否只固定收看几个频道

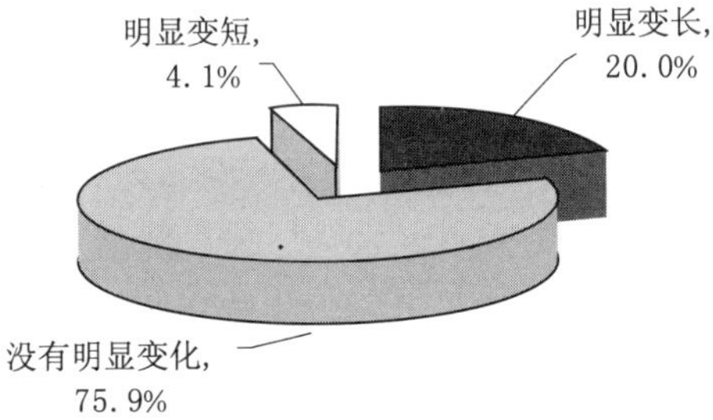

数据来源：CSM媒介研究

图6 10城市观众数字电视转换后单频道停留时间

在受众市场发展的第三阶段，电视台在收视率数据的指导下进行“注意力”量的积累，以短期的优势节目或特色编排赢得游离观众为不少电视台赢得了经济效益；然而，在“到达率”和“忠实度”的双虞效应的作用下，电视台的分化日渐明显，全国20%的上星频道逐步囊括了70%的收视份额，短期的注意力积累不足以保证长期的市场地位，电视台在节目编排过程中，开始更加强调以培育观众忠诚为目标的关系营销（图7）。

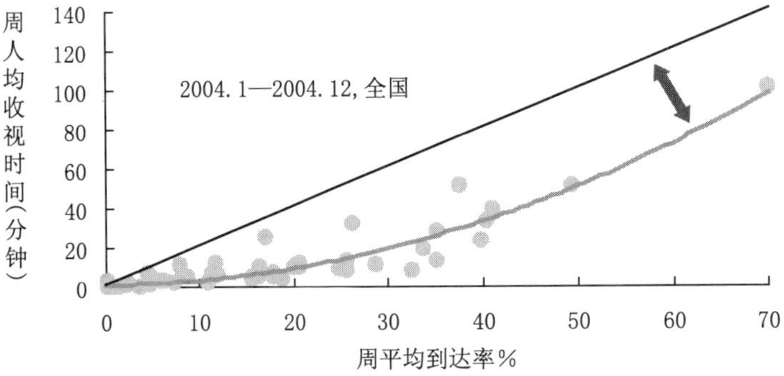

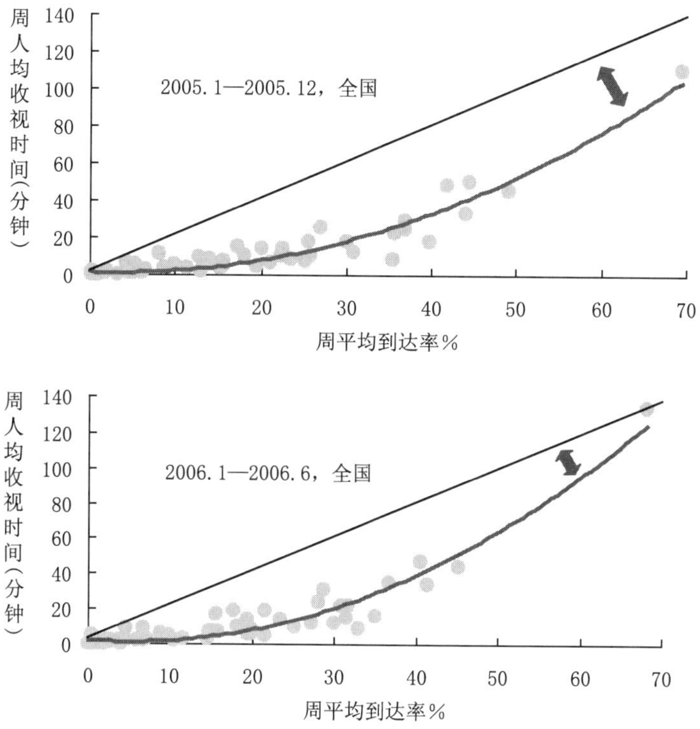

数据来源:CSM 媒介研究

图 7　在 2004—2006 年上半年中,电视台日渐强调追求观众忠实度

在关系营销中最具代表性的理论即为美国学者舒尔茨(Thodore W. Schults)等人提出的 4R 理论,4R 分别是指关联(Relativity)、反应(Reaction)、关系(Relation)和回报(Retribution)。这一理论应用在电视节目编播中,则主要强调电视台需要在观众收视需求不断变化的动态市场中建立电视频道与观众的长期互动与关联,防止观众流失,以忠实观众群体稳定自身的市场地位;面对迅速变化的收视需求,电视台应该通过全方位的市场调研,了解观众的意愿,发觉观众的不满,并通过及时快速的反应对观众的态度做出反馈;在捕获游离受众之后,电视台应该通过电视频道和节目与观众之间的情感联系,建立起电视台与观众之间的朋友关系,基于这种情感关系为观众提供承诺与服务,以实现观众的忠诚和重复收看;最后,电视台应该利用优质的节目或其他形式的互动,对忠实观众的收视予以回报,从而保持观众的收视积极性。

在这种理念的指引下,近两年来,各级电视台进一步基于内容建设加强自己的品牌塑造。2005—2006 年期间,以中央电视台、安徽电视台、湖南电视台和浙江电视台为代表的一批实力派在“独播剧”和“首播剧”方面大做文章,希望凭借频道过人的经济实力,拉开频道与竞争对手之间的差距,在电视剧市场上独树一帜。与此同时,中央电视台二套、湖南卫视和上海东方卫视则在活动类真人秀方面引领风骚,通过新形态娱乐节目的引入与开发,彰显频道在开拓市场、引导市场方面的潜力。电视台试图通过上述内容制作和购买策略，与受众的需求变化和心理变化形成关联。在品牌建设日趋成熟的电视市场上，节目内容的竞争已经同品牌的竞争、关系的竞争紧紧相连，使市场竞争的氛围骤然浓烈。

为加强节目编排与观众的关联，不少电视台开始尝试将短时期的“特殊编排”向长期性、连续性的“季播”发展。以中央电视台二套为代表的部分频道开始以五大节假日为支柱，制定贯穿全年的季播编排策略，这是电视台顺应观众收视需求的一种反应，同时也是电视台积极培育观众收视习惯，强化电视台与观众关系的重要手段，这种特殊的编排策略与电视台的内容优势相结合，将进一步推动电视台的品牌建设。

季播性编排是电视台强调编排策略完整性的一种表现，对非黄金时段编排的重视则将这种完整性扩展到每一天的编排策略上。CSM 媒介研究近几年的调研数据显示，在行业内和行业外竞争的持续挤压下，晚间黄金时段的电视收视情况已经出现了萎缩（图8），电视台不应该将节目编排的眼光局限于有限的黄金时段中，而需在分析观众全天收视需求的基础上，采取差异化的节目编排策略，全天候满足观众不断变化的收视需求，培育顾客关系。

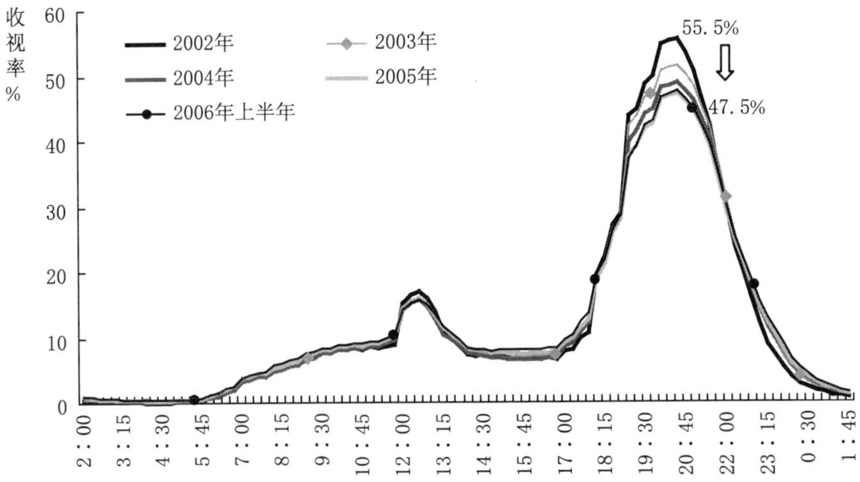

数据来源：CSM 媒介研究

图 8 2002—2006 年每日收视率变化趋势

除了在内容和编排上加强频道与观众之间的关联之外，电视台还通过在电视节目中设置观众互动环节和观众抽奖环节来加强电视台对观众的回馈。这种互动和抽奖既可以出现在电视台策划的大型活动中，也可以附着于在播的某个电视节目或电视剧上。得益于现代通讯技术的发展，这种互动和参与已经被电视台和观众广泛接受，成为电视台吸引收视和培育忠实观众的重要手段之一。

在受众市场发展的第四阶段中，电视节目编排实现了由追求顾客满足为导向向培育顾客忠诚为目标的转变。这种转变表明电视台已经清楚地意识到在电视市场中不仅仅存在着顾客，还存在着竞争对手；电视台在寻找和满足消费者需求的同时，还需要冷静地分析自己在竞争中所处的优势和劣势,在竞争的框架下探讨科学的节目编播策略。基于关系营销而采取的节目编播策略是电视台对市场竞争的一种回应,它表明在受众市场日趋成熟的情况下,电视台已经不能再满足于被动地适应观众的需求,而需以主动建立顾客忠诚、培育观众收视习惯为更高的目标,寻求电视台与观众的双赢。

六、小结

纵观我国电视受众市场近50年的发展历程和电视节目编播的多次变迁,不难看出随着我国电视业产业性质的确立和受众市场的变迁,我国的电视节目编播实现了由电视台主导向观众主导的转变。随着电视市场化的推进,电视节目编排首先由无营销观念阶段向以满足市场需求、累计观众规模为目标的阶段发展,再从简单满足观众需求的阶段向细分满足观众需求、追求观众满意度的阶段演进。进入2005年之后,在行业内外的竞争压力下,电视台意识到短期的注意力汇集并非长久发展之计;在竞争环境下综合考量受众调研数据,在满足观众需求的同时培育观众的忠诚,在实现电视节目基本使用价值之余开发电视台的多元顾客价值,这应该是电视节目编播的未来发展方向。

我国电视节目“无缝编排策略”应用分析

李红玲

电视媒体按时间顺序线性传播的特性决定了电视节目编排需要讲究策略，而激烈的竞争、多变的市场需求要求电视媒体经营思路必须紧随市场需求，不断优化节目编排。确保高收视率是目前电视媒体普遍希望得到的核心竞争力之一，因此，如何防止观众有意识、有规律地在广告时段换台已经成为保障节目收视的关键环节，如何安置导致观众大量流失的硬版广告更是编排工作的重中之重。而无缝编排策略则提供了一种切实可行的解决思路。

2006 年 8 月，CSM 媒介研究有限公司成立十周年的客户会上，来自上海文广新闻传媒集团(SMG)的鲍晓群博士所作《SMG 节目研发与创新的实践》的演讲给与会者留下深刻印象，其中提到“格式化播出”的“无缝编排策略”，不少客户表示很感兴趣，愿闻其详。由是，CSM 根据掌握的资料，结合 CSM 调查数据，对“无缝编排策略”的概念、设计、播出方式及收视效果进行浅析，以飨客户。但是，由于资料有限，无缝编排策略在国内实施范围不广，对其研究尚属空白，因此，本文难免粗糙，谨做抛砖引玉。

一、相关概念及应用概况

“无缝隙策略(Seamlessness Programming)”是指通过尽量缩小两档节目之间的“破口”，让上一档节目顺利导入、过渡到下一档节目，以避免观众转台、控制观众流失的编排策略。其具体做法是，“缩短两档节目之间的广告，或下一节目的开始紧跟着上一节目的结束，两档节目之间无缝过渡；或者一档节目结束后，先播放后续节目的一些快节奏、吊人胃口的情节，以便留住观众，至于节目名称和演职人员名单则晚几分钟再播出。”①

其实，无缝编排早已不是新鲜事物了，是国际上比较流行的一种播出方式。美国两位学者苏珊·泰勒·伊斯特曼(Susan Tyler Eastman)和道格拉斯·A. 弗格森(Douglas A. Ferguson)，出版了《电子媒介节目设计与运营：战略与实践》(《Broadcast/Cable Programming：Strategies and Practices》)②，书中提出了黄金时间电视节目编排的十项策

---

① 刘燕南著：《电视收视率解析》，北京广播学院出版社 2000 年版，第 177 页。

② 此书第一版于 1981 年问世，题目为《无线节目设计与运营：赢得电视和广播受众的战略》，《电子媒介节目设计与运营：战略与实践》是此书的第六版。

略[①]，其中一项就是无缝隙策略，书中指出：在20世纪90年代，美国无线电视网"转向一种新战略，以加快节目间的观众流动。以NBC为首，其他电视网竞相效仿，纷纷取消了重要节目之间的空隙。在节目与节目之间的两分钟是观众使用遥控器最频繁的时间，所以在前一个节目结束时马上开始下一个节目可以避免观众使用遥控器换台。这被称作无间隙转移(seamless transition)，其目标是保证一旦观众开始收看某个电视网的节目，他们就会一直不停地收看下去。"[②]

在我国，相对于带状策略、板块策略、吊床策略、搭帐篷策略等的高密度使用和广泛的普及程度，无缝隙策略目前尚属新鲜事物，但也已经被部分频道开始采用。从2004年11月1日起，南方台综艺频道（TVS－3）率先在内地推出"无缝播出"方式[③]，随后，从2005年1月1日起，昆明电视台影视频道全部采用无缝隙策略，2006年起昆明新闻频道也开始在晚间黄金时段启用该策略。而上海文广新闻传媒集团(SMG)下属的上海生活时尚频道、上海电视台纪实频道、上海东方电视台少儿频道等，也相继采用了"格式化播出"的策略，让节目之间实现无缝播出。另外，浙江经视频道、四川卫视等频道也开始推行这种编排策略。可以预见，不久的将来，无缝编排策略将会受到更多频道的重视。

二、设计、播出要素

与其他编排方式相比，无缝编排的设计及播出要素显得较为复杂、繁琐。我国实行该策略的频道，其做法总的原则是："前后节目首尾相连，打碎广告见缝插针"。即两档节目形式上紧密相连，充分发挥节目预告片或上下集剧情回顾、预告片花的作用，以稳定观众注意力，重新配置广告时段资源，取消原来时间较长、生硬插入的硬版广告，将广告时段分割、细化，有机溶入节目之内，减少观众反感，提升忠实度。而美国ABC的做法是，让制片人减掉所有冗长的片头和片尾部分(很快被其他电视网效仿)，在节目的结尾部分将屏幕分割，一部分播放演职人员名单等内容，一部分继续播出节目的精彩镜头，从而将观众的注意力保持到下一个节目中去。

目前在国内媒体创新研究方面走在前列的上海文广新闻传媒集团，正在实施"格式化播出"，其中最为核心的一点就是推行无缝编排。其格式化播出有三个要素，笔者在此略加介绍，以供大家参考：

- 要素一：整点播出。节目开始于整点、半点，便于观众记忆节目。
- 要素二：节目与节目间连接。(1)节目片尾处预告即将播出的节目内容，可采取：a.或口播预告下一个节目；b.或在片尾演职员表上叠加下一个节目内容预告；

---

① 刘燕南著：《电视收视率解析》，北京广播学院出版社2000年版，第174页。

② 〔美〕苏珊·泰勒·伊斯特曼(Susan Tyler Eastman)，道格拉斯·A.弗格森著：《电子媒介节目设计与运营：战略与实践》，谢新洲译，北京大学出版社2005年版，第176页。

③ 参见《"开心电视"开"无缝播出"先河，节目间衔接处再不见"烦人"广告》，http://news.sina.com.cn/o/2004－10－29/09134074952s.shtml。

(2)节目与节目间少插或不插广告，紧接着在形式上马上出现下一个节目的内容(而不是频道或节目宣传片)，a. 直接连接下一节目片头；b. 直接连接下一节目主要内容预告，然后片头和演播室，以使观众马上进入期待。

● 要素三：节目内间隔和节目预告。(1)最理想的节目内间隔的播出内容顺序是"节目＋后面内容预告片＋广告＋频道或节目宣传片＋节目"。而比较理想的电视节目内间隔是，15－18 分钟节目处插入广告，广告时间在 3 分钟左右。(2)节目预告。预告片信息包括节目播出时间、频道和节目卖点、精彩内容等。其中播出频道和时间信息最重要。节目预告片要有针对性，比较理想的方式是，节目预告片在节目间隔中均匀出现、全频道均匀覆盖。

节目与节目间格式化播出的最理想状态是：状态一，节目与节目之间无任何其他无关内容，前一档节目结束直接过渡到下一档节目；状态二，在前一个节目结束后紧跟后一个节目的预告片，实现两个节目的无缝"跨接"。做到无缝跨接的有两个做法：一是可以口播预告下一个节目；二是在片尾演职员表上叠加下一个节目内容的预告。

上海文广新闻传媒集团在无缝编排策略方面做出了有益的探索，并取得了一定的成效，为其他媒体采用该策略提供了一种思路。

三、收视效果分析

由于无缝编排是基于照顾观众"收视情绪、收视心理"的策略，很大程度上避免了大段广告的骚扰，确保了节目间的顺畅衔接播出，既可以吸引观众长久"驻留"在频道内，又可以吸引频道外观众在其他频道广告时段换台时进入该频道，从而实现观众的"顺流"和"入流"，既能确保老观众的忠诚，又能吸纳新的观众、扩充规模。因此，无缝编排通常能够取得较好的收视效果，长此以往，对频道的品牌建设大有裨益。

笔者挑选了目前正在实行该类编排策略的上海生活时尚频道和昆明电视台影视频道，对其无缝编排实施后的收视表现进行分析。然而，值得注意的是，由于影响收视率波动的因素十分复杂，单纯把收视率升降归结于编排这一点，是有失偏颇的。因此，这两个案例谨供参考。

● 案例一：上海生活时尚频道

上海生活时尚频道在全天主要时段基本采用了无缝播出的策略，晚间黄金时段尤为明显，笔者随机截取了 2006 年 8 月 8 日 20：00－23：00 时段的节目编排。

表 1　上海生活时尚频道晚间节目播出及观众流出情况(2006. 8. 8 日)

节目名称	类别	开始时间	时长 (mm：ss)	结束时间	流出至下一个节目(000)	流出至下一个节目%
对决 06	综艺	20：00：01	0015：32	20：15：33	34	30.7
广告	其他	20：15：33	0001：59	20：17：32	34	77.3
对决 06	综艺	20：17：32	0015：01	20：32：33	72	49.5

续表

节目名称	类别	开始时间	时长 （mm：ss）	结束时间	流出至下一个节目(000)	流出至下一个节目%
广告	其他	20：32：33	0002：00	20：34：33	91	100.0
对决06	综艺	20：34：33	0005：37	20：40：10	116	76.8
广告	其他	20：40：10	0002：00	20：42：10	107	76.2
对决06	综艺	20：42：10	0009：07	20：51：17	133	91.1
广告	其他	20：51：17	0002：00	20：53：17	133	95.3
对决06	综艺	20：53：17	0006：44	21：00：01	253	72.8
月星家居心灵花园	专题	21：00：01	0000：05	21：00：06	316	100.0
广告	其他	21：00：06	0000：05	21：00：11	316	100.0
月星家居心灵花园	专题	21：00：11	0007：28	21：07：39	344	72.3
广告	其他	21：07：39	0003：00	21：10：39	349	96.3
月星家居心灵花园	专题	21：10：39	0010：59	21：21：38	354	67.3
广告	其他	21：21：38	0003：00	21：24：38	354	100.0
月星家居心灵花园	专题	21：24：38	0010：08	21：34：46	415	69.2
广告	其他	21：34：46	0002：55	21：37：41	390	93.9
月星家居心灵花园	专题	21：37：41	0007：33	21：45：14	477	81.5
广告	其他	21：45：14	0003：35	21：48：49	400	82.4
月星家居心灵花园	专题	21：48：49	0011：12	22：00：01	288	48.3
广告	其他	22：00：01	0000：01	22：00：02	340	100.0
今日印象	生活服务	22：00：02	0000：16	22：00：18	340	100.0
广告	其他	22：00：18	0000：07	22：00：25	340	100.0
今日印象	生活服务	22：00：25	0008：18	22：08：43	365	71.6
广告	其他	22：08：43	0000：02	22：08：45	365	100.0
今日印象	生活服务	22：08：45	0006：51	22：15：36	274	68.6
广告	其他	22：15：36	0000：03	22：15：39	280	100.0
今日印象	生活服务	22：15：39	0005：59	22：21：38	221	69.7
广告	其他	22：21：38	0002：50	22：24：28	182	78.8
今日印象	生活服务	22：24：28	0012：59	22：37：27	157	46.0
广告	其他	22：37：27	0002：45	22：40：12	154	72.4
今日印象	生活服务	22：40：12	0009：31	22：49：43	171	70.5
广告	其他	22：49：43	0001：00	22：50：43	155	90.6
今日印象	生活服务	22：50：43	0006：44	22：57：27	133	60.2
广告	其他	22：57：27	0002：20	22：59：47	55	34.2
今日印象	生活服务	22：59：47	0000：10	22：59：57	55	100.0
广告	其他	22：59：57	0000：07	23：00：04	55	100.0
天天气象	生活服务	23：00：04	0002：00	23：02：04	36	65.4

注：流出至下一个节目(000)：观看某节目的观众中继续收看下一个节目的千人数。

流出至下一个节目(%)：观看某节目的观众中继续收看下一个节目的千人数占某节目到达千人的百分比。

数据来源：CSM媒介研究

从表1我们可以看到，综艺节目《对决06》之后紧随专题访谈节目《月星家居心灵花园》5秒钟片头，该节目之后播出的是生活服务类节目《今日印象》，基本上做到了节目与节目之间的直接跨越。

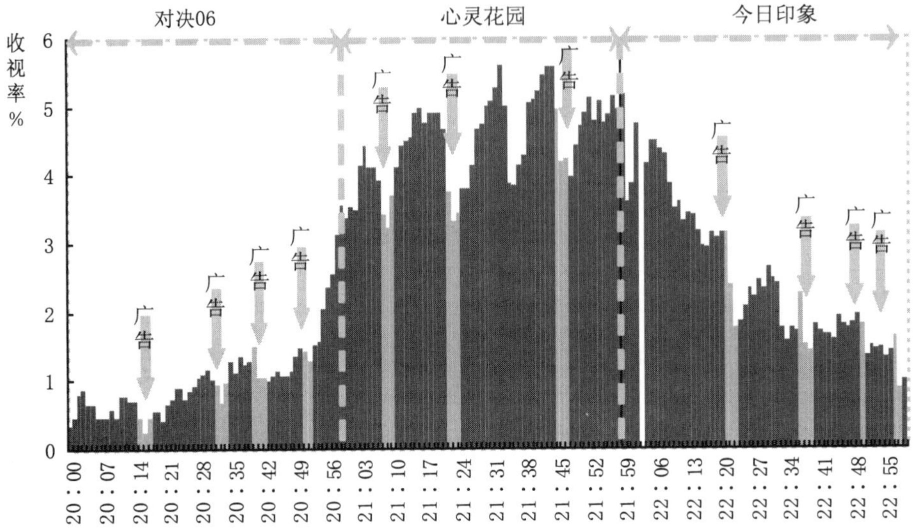

数据来源：CSM媒介研究

图1 上海生活时尚频道20:00—23:00时段收视率走势(2006.8.8)

广告呈现“散点化、碎片化”，被分插在各档节目中间，广告时长最长3.5分钟，被打断的节目片段最长跨度是15分钟。从观众流动来看，这种无缝编排取得了一定成效，虽然广告时段收视率略有下降，但基本上保证了稳定而流畅的观众顺流，保证了广告的收视率。

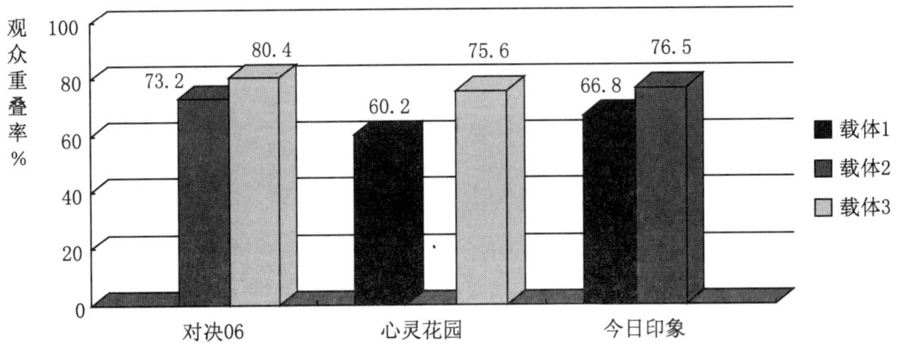

数据来源：CSM媒介研究

图2 上海生活时尚频道20:00—23:00时段各档节目观众重叠率(2006.8.1—2006.8.18)

注：观众重叠率(000)是指两个载体之间的重复观众人数，观众重叠率%则是指两个载体中重复的观众人数占所考察载体观众总量的百分比，反映了两个载体(时段/节目)之间观众群的相似程度，也是反映观众忠诚程度的指标。

无缝编排对确保节目观众"顺流"有比较好的效果，这一点可以从观众重叠率得出。我们把《对决 06》作为载体 1，《心灵花园》作为载体 2，《今日印象》作为载体 3。《对决 06》73.2%的观众顺流到《心灵花园》，《心灵花园》进一步扩大了观众规模，但 60.2%的观众仍来源于《对决 06》；《心灵花园》75.6%的观众顺流到下一档节目《今日印象》，而《今日印象》的观众中，66.8%看过《对决 06》，76.5%看过《心灵花园》。由此可见无缝编排确实起到了一定的"牵桥搭线"的作用。

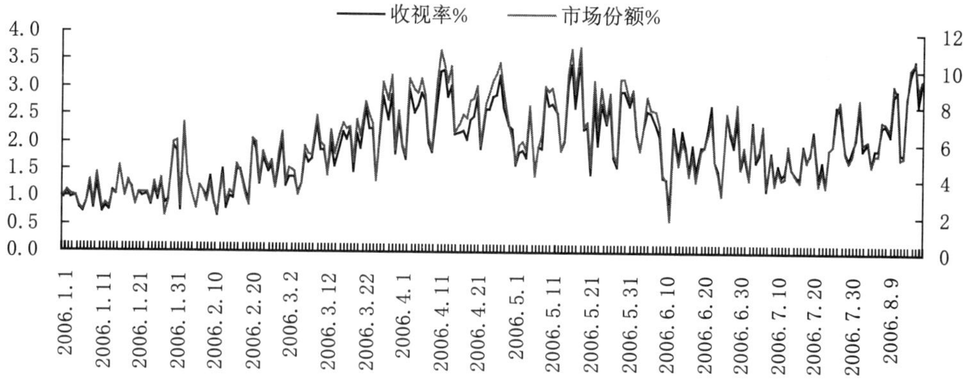

数据来源：CSM 媒介研究

图 3　上海生活时尚频道 20:00—23:00 时段收视率周走势

长期推行无缝编排策略，在确保节目质量的前提下，提升了频道的竞争力，上海生活时尚频道所在 20:00—23:00 时段，无论是收视率还是占有率都有良好的成长性，巩固了观众收视惯性，维系了频道的品牌。

● 案例二：昆明电视台影视频道

表 2　昆明电视台影视频道节目编排表(2006.7.3 日执行)

播出时间	节目时长	内　容
17:30:00	1:00:00	精选剧场(上)
18:30:00	0:57:30	精选剧场(下)
19:27:30	0:02:30	天气预报
19:30:00	1:00:00	我剧场(1)
20:30:00	1:00:00	我剧场(2)
21:30:00	1:00:00	K5 片场(上)
22:30:00	1:00:00	K5 片场(下)
23:30:00	0:02:30	天气预报
23:32:30	0:30:00	《明星》
0:02:30	0:20:00	《电视剧风云榜》

数据来源：CSM 媒介研究

昆明电视台影视频道是昆明台的主频道，采用的是晚间黄金时段节目间广告全部取消并分插到节目间的做法，实现剧场间"首尾相连"、整点播出。《精选剧场》与《我剧场》之间、《K5 片场》和《明星》之间，插入一档 2 分钟的百姓关心的《天气预报》。

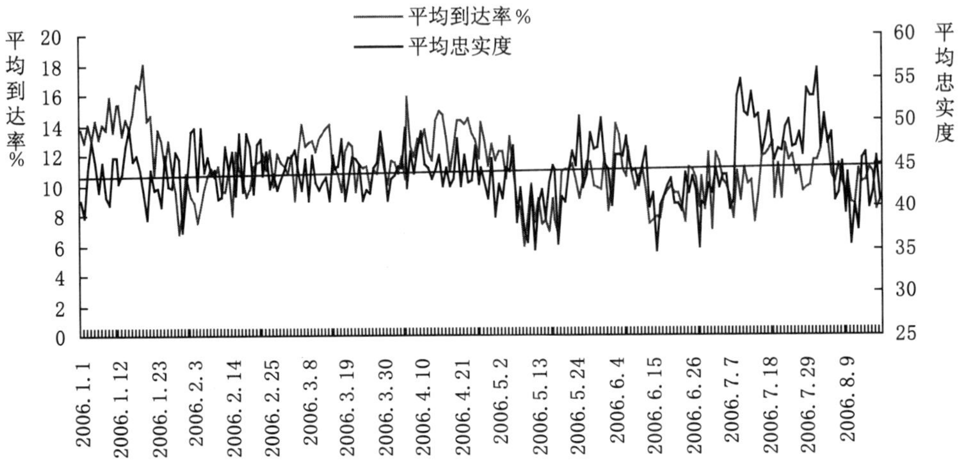

数据来源：CSM 媒介研究

图 4 昆明电视台影视频道 20:00—23:00 时段收视表现

无缝编排策略最大的优势在于，避免节目淹没在大段广告中，依托通过紧凑的节目编排，尽量凸现节目本身的吸引力，并通过播放快节奏的节目精华片段制造悬念，促使观众欲罢不能，牢牢锁定频道，从而确保了观众忠实度。2006 年以来，昆明台影视频道 20:00—23:00时段观众规模和观众忠实度都保持在稳定状态，显示了这种编排稳定收视的效果。

四、关于无缝编排策略的两点思考

无缝编排策略涉及节目资源和广告资源的重新配置，从目前的实施情况来看，出现了广告时长与广告频次之间的矛盾、广告部门与节目部门协调的矛盾。

思考一：关于广告频次的控制

上文笔者已经提及，无缝播出的最理想状态是节目与节目之间直接对接，但在实际操作上会有变形。问题在于虽然引起观众反感的大段广告被打碎、分散，表面上看广告更短、更易于接受了，但同时也出现了广告频次过多的问题。这是因为，"事业单位、企业运营"的电视媒体需要广告运营收入来维持生存、发展，因此就需要确保广告的播出量。

我国目前的媒体广告管理政策对电视媒体的广告时长进行严格的控制[1]。但是,不可否认,伴随媒体产业化的深入,广告时段仍是目前绝大多数电视台赖以生存的根本,在单位价值难以提升的前提下,拥有最大化的广告时长自然就成为确保最大化收益的必要前提。而无缝编排策略的关键在于做到节目与节目的"零距离",取消广告或尽量缩短插播广告时长,这与完成广告总播出量出现了矛盾,解决矛盾的方法只有多插广告。尤其是"17号令"颁布之后,为了弥补电视剧插播广告取消造成的损失,很多频道一方面单位提价,一方面设置片头片尾、剧情间广告段位来变相延长广告时长,以增加广告创收空间(总局的政策并未规定电视剧片头片尾与正式剧情间的广告属于插播)。

目前来看,无缝编排虽然解决了广告时段过长的毛病,但是过频的电视广告同样会让观众觉得烦不胜烦,引起反感、不满,而过于频繁的中断节目收视,最终会损害媒体品牌信誉和忠实度。这个问题已经在实施无缝编排策略的频道显现出来,如何解决已经超出无缝编排策略所能解决的范围。

思考二:关于部门间的协调

无缝编排策略凸现出节目地位,使广告回归为节目的附属品,这就牵涉制作人、广告运作与节目宣传推广部门的协调,是否能够完全意义上地执行,是对频道执行力的一种考验。实际情况是,目前我国许多电视台节目部门与广告部门之间缺乏有效互动,各自为政的现象还很普遍。传统意义上,制片人就是把节目制作好,广告由频道广告部运作,节目编排由总编室负责。但是会出现总编室、广告部对节目不太了解而制片人对编排陌生的情况,导致一个好的想法在实际操作中变味、变形。无缝编排策略强调节目的衔接,势必对原有的广告编排、广告价位等提出挑战,因此需要多个部门进行有效配合。

五、全面推广思路

政策的限制、竞争的升级、观众的反感,这一系列不利因素迫使频道改变以往单纯依靠增加广告时长来增加广告创收的粗放型经营方式。而无缝编排策略有助于媒体经营方式从粗放型向集约型、精细化的转变。根据已经目前推行该编排策略媒体经营者的经验,通常从以下两方面入手,以应对无缝编排策略所带来的风险——

第一,增加单位时间内的价值。在广告时间固定的情况下,要产生更多的经营效益,需要"开源节流","开源"就是增加单位时间内的价值,来变相延长、增加广告时间;"节流"就是控制经营的成本。对于电视媒体来说,节流固然重要,但是要从根本上缓解媒体的经营压力、实现媒体经营效益的突破,开源尤为重要。部分实行无缝编排策略并取得

---

① 2003年9月15日,国家广电总局发布《广播电视广告播放管理暂行办法》(国家广播电影电视总局令第17号),规定"广播电台、电视台每套节目中每天播放公益广告的数量不得少于广告总播出量的3%……每天播放广播电视广告的比例,不得超过该套节目每天播出总量的20%。其中,广播电台在11:00至13:00之间、电视台在19:00至21:00之间,其每套节目中每小时的广告播出总量不得超过节目播出总量的15%,即9分钟……除19:00至21:00以外,电视台播放一集影视剧(一般为45分钟左右)中,可以插播一次广告,插播时间不得超过2.5分钟"。

良好效果的频道，走的就是提升单位价值和服务水平、塑造媒体品牌的途径，从而带来客户忠诚度的提高。

第二，创新广告形式，强化传播能力。目前多数推行无缝编排策略的媒体通过广告形式的创新，来减弱电视观众对广告的不满情绪，顺利实现企业品牌的广告传播。冠名、特约、栏目广告、贴片广告等都是适合无缝编排策略的广告形式，不仅可以最大化地开发广告资源，而且可以实现单位时间内媒体传播效益的增值，为广告主创造更多传播机会，带来媒体广告经营的突破，实现广告主、媒体的双赢。

总之，在我国，无缝编排策略还是一种新兴理念和竞争策略，其目的是通过节目资源的合理配置创造效益和新的增长点。一方面，其兴起是电视媒体面向激烈竞争、更加关注市场、注重观众收视心理变化的结果，是媒体经营策略的一种转变；另一方面，我们还需要注意的是，任何一种编排策略都有其适用范围，并不能包治百病，并非所有频道都适合运用、都能取得理想的效果，因此，需要警惕"一刀切"。同样，无缝编排策略的实施是一个系统工程，需要优质的节目内容、各部门的有机配合、资源的合理分配及运营能力的保障，这些都直接或间接影响收视效果。

对于无缝编排策略的收视效果我们还在关注之中，其能"走多远"、能给媒体、广告主带来多少实质利益，最终是由"观众"这个终端市场所决定的。让我们拭目以待。

国内卫视频道电视剧编排策略及收视效果分析

李红玲

随着众多频道竞争的加剧，电视剧的编排正日益成为提升竞争力的“软生产力”。通常，编排创新比节目开发见效要快，可以在不增加节目资源的情况下，通过节目资源要素之间的调整、组合，在短期内可以提高收视率，实现增值。不同的电视剧编排策略会获得不同的收视效果，并由此导致频道竞争力的变化。近两年我国卫视频道的电视剧出现了一些引起业界关注的特色编排，对电视剧编排方面的探讨也逐渐成为一个热门话题。本文基于CSM媒介研究35城市收视数据，重点对2007年上半年卫视频道的电视剧编排策略进行分析，探讨导致收视成功的编排规律，以期抛砖引玉。

一、电视剧编排成功的几点基本原则

如今，绝大部分卫视频道都实行了电视剧剧场化运营，通过固定化、风格化编排，在一定程度上削弱了因为不同剧目之间的差异而导致的收视剧烈波动；因此，电视剧编排的竞争实际上也可以算作不同剧场之间的争夺。纵观历史数据，依托电视剧成功跻身市场前列的卫视频道大多遵循以下几点编排原则：

原则一，追求电视剧场和所在时段目标观众的统一

结合观众在不同时段的收视特点，合理设置不同时段的剧场，播出不同内容细分的电视剧，是比较稳妥的电视剧编排策略。不同类别、层次的观众在全天的收视兴趣点分布存在一定差异。根据观众的这些收视特点，在剧场定位和设置上，就可以实行一定程度上的差异化编排和初步细分。我国部分卫视频道已经进行了相应的剧场设置。如江苏卫视推出了特色鲜明的温情剧场、星情剧场、亲情剧场、情感剧场和激情剧场。安徽卫视全天剧场编排也密切配合了频道自身观众收视习惯的变化——从不同时段各类观众的影响力来看，和平均水平相比，在性别比例上，早晨男性观众的影响力较其他观众更强。下午时段，女性观众影响力强。从年龄层看，15—34岁的年轻人在中午、下午和深夜23:00之后的时段，收视影响力较其他年龄段观众明显。55岁以上的老年人在19:00—23:00晚间黄金时段的影响最强(图1)。

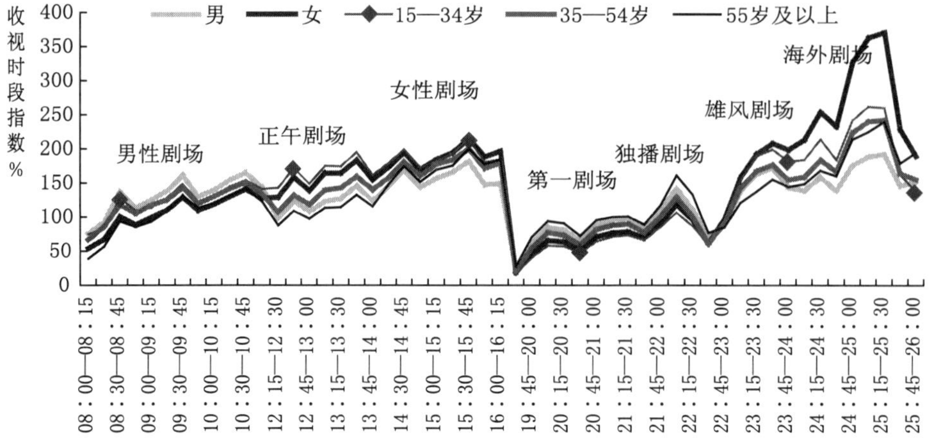

数据来源:CSM 媒介研究

图 1　安徽卫视剧场设置及收视时段指数(2007.1.1—2007.5.19)

注:收视时段指数(TBIndex%)是指同一频道的特定时段的市场占有率与同一频道参考时段的市场占有率的百分比值。通常,所考察的特定时段包含在参考时段内。该指标描述了特定时段的市场竞争力对参考时段市场竞争力的影响。

原则二,追求电视剧场和频道定位的有机统一

目前,大多数省级卫视频道以“电视剧+自制节目”作为提升收视率、塑造频道品牌的节目最佳组合方式,其中,电视剧的作用是用于确保收视规模的最大化,有效扩大频道覆盖面,而自制特色节目才是塑造频道品牌的独有核心内容资源。但实际上,从长远发展的角度来考虑,栏目化了的剧场也应该考虑到自身定位和频道定位的一致性。这是因为,剧场作为占据全天最大时段的一种固定化的栏目,对频道整体收视份额的贡献是不容忽视的。剧场遵循频道定位原则,围绕频道主题特色,有选择地进行剧目编排,既有利于迅速促进观众对剧场的认知,更能强化频道整体品牌形象的完整性和独特性。

从收视数据来看,2006 年以来收视表现上佳、处于上升通道的卫视频道几乎都在剧场上狠下了一番工夫。单从名称所营造的区隔来看,基本上都做到了根据观众的特定需求和特定观众的需求,将剧场和频道定位较好地统一在了一起。如广西卫视在“女性”关注的题材上做文章,特意设置了七大女性情怀剧场:幸福、丽人、温馨、新新、欢乐、魅力、好梦等剧场,精选富有女人味和适合女人品味的电视剧集。而江苏卫视所设置的五大情感类剧场,很好地契合了其“情感天下”的频道定位。四川卫视通过一系列“经典故事会、情感故事会、合家欢故事会、英雄故事会”,合力突出“中国故事特色频道”的形象。湖南卫视一向在塑造统一的品牌形象上功夫颇深,虽然晚间黄金时段退出电视剧竞争,但其他时段的竞争一直在加强,2007 年突出“独播”概念,对原有剧场进行了调整,独播剧场有偶像独播、超级独播、金鹰独播等,加上阳光剧场,和其年轻、娱乐、时尚的频道特色相吻合;其所播的电视剧,从《还珠格格》《情深深雨濛濛》《大长今》《火花游戏》等,基本上符合湖南卫视的频道特性与观众喜好,稳定了频道的全天收视表现(表 1)。

表 1 2007 年部分主要卫视频道剧场设置

卫星频道	频道定位	分时段剧场						
		上午 6:00—12:00	午间 12:00—14:00	下午 14:00—17:00	傍晚 17:00—19:00	晚间 19:30—22:00	晚间 22:00—24:00	深夜 24:00—26:00
江苏卫视	情感天下	温情剧场	星情剧场	亲情剧场		情感剧场	激情剧场	
广西卫视	——	幸福剧场	丽人剧场	温馨剧场	新新剧场	欢乐剧场	魅力剧场	好梦剧场
四川卫视	中国故事特色频道	经典故事会	情感故事会			合家欢故事会		英雄故事会
重庆卫视	故事中国 人文天下	剧义天下剧场	剧汇风云剧场			雾都剧场		午夜大剧汇
湖南卫视	快乐中国	阳光剧场	偶像独播剧场	超级独播剧场		—	金鹰独播剧场	纪实剧场
河南卫视	——	晨光剧场	阳光剧场		霞光剧场	星光剧场		月光剧场
江西卫视	——	风云剧场	怀旧剧场	激情剧场	家家乐剧场	首选剧场	明星剧场	不夜剧场

注:该表根据 CSM 的节目监播和频道的节目编播表整理而成。

固然,剧场和频道定位完美统一是一种较为理想的编排策略,但是对于像江西卫视、河南卫视等尚无明确定位的卫视频道而言,同样可以通过频道内部剧场之间完整统一的资源配置和运营而实现了收视目标的跨越。河南卫视根据一天天气的变化特色而设置了“晨光、阳光、霞光、星光、月光”剧场,尽管不能反映频道定位和特色,但自成体系,加之所选剧目较好地迎合了不同观众的需求,大大提升了频道的整体竞争力,较好地完成了频道的既定目标,做出了新的突破,使河南卫视成为 2006 年省级卫视市场中的一匹“黑马”。

原则三,理顺剧场和上下游栏目之间的承接关系

同一频道各个电视剧场之间不仅要统一为频道品牌做出贡献,而且剧场和上下游之间的栏目之间也要互相勾连、相互承接,形成一个大板块以确保观众流在频道内的顺畅流动。这种板块编排策略利用观众的沿袭效应,将剧场也作为市场规模最大的一类节目和前后同类节目安排在一起连续播出。这种策略应用的前提是,必须使各个栏目或剧场作为不同的元素,从各自角度围绕、烘托统一的频道定位和主题。各个元素之间呈现层层递进关系,推动观众持续、稳定地沿着频道的时间轴波动前进。

如江苏卫视频道,设置了一系列情感栏目和情感剧场来塑造情感频道的定位:白天6:00—17:30时段横向打通,分别设置“温情、星情和亲情”三大剧场,形成电视剧大连送的超长板块,满足老年人、年轻人和家庭主妇等不同类型观众的需求。17:45—19:00 时段接连播出社会新闻《1860 新闻眼》和时政类新闻《江苏新时空》,大力吸引下班回家的社会主体人群,形成了全天第一个收视高峰。转播 CCTV 新闻联播之后,很快播出重点打造的黄金档《情感剧场》,目标仍以大众收视目标为主,播出重点、热门、首播剧,形成全天第二个长跨度的收视高峰。而大型情感专题栏目《人间》随后播出,构成第三高峰。22:55开始的《激情剧场》尽管遭遇开机率锐减的问题,却也获得了和白天差不多的收视效果(图 2)。

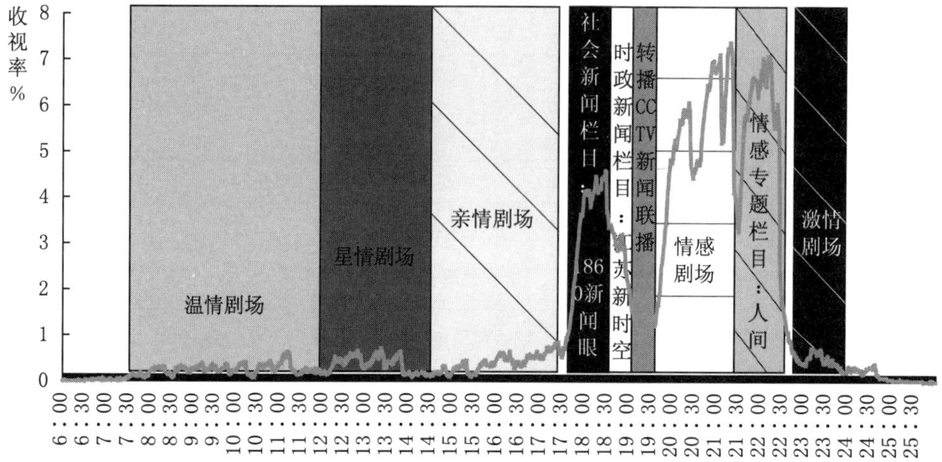

数据来源：CSM媒介研究

图2 江苏卫视剧场编排及收视情况(南京,2007.05.13周,平时)

对于目前绝大多数省级卫视而言,无法回避的现实是:大量的电视剧场充斥全天时段,用以彰显自身核心内涵和特色的自制栏目比例并不高,因此,利用剧场的优势引导观众在频道内顺流和入流,实现剧场和栏目之间的互动,意义深远。

原则四,协调好卫视和台内其他频道的关系

卫视频道和台内其他频道间的配合、协调,历来是困扰电视媒体的一大难题。但随着各卫视频道定位的逐渐清晰、细分,以及各媒体运营能力的提升,难题正逐渐被有效化解。一个重要思路是:以台或集团为单位,集中调配优秀剧目资源,做到剧目和主打卫视频道之间的定位/特色的互相匹配。如中央台一套主播国计民生或大型古装等主旋律大剧,中央台八套则重点播出娱乐性更强的风格灵活多样的剧目。

省级媒体中,如江苏广播电视总台有三个主要频道消费国产电视剧,为了配合频道品牌定位,台内节目采购部对电视剧资源进行细分,将符合情感定位贴近百姓的情感大剧留在"情感天下"的江苏卫视播出;将直面现实的当代题材电视剧放在地面新闻综合频道的江苏城市频道播出;把适合年轻观众收看的偶像剧、武侠奇幻剧放在"制造快乐"的江苏综艺频道播出,并在"剧场定位和频道定位相一致"理念的总体指导下,对具体的电视剧进行微观层面上的"有主题、类型化编排",在集团各主要频道之间实施错位播出,取得了百花齐放的收视效果,江苏总台电视剧的收视份额也因此得到提升。①

许多省级台逐渐确立了优先树立、确保省级卫视频道的发展战略,将省级卫视作为面向全国树立地方大台形象的重要载体,优先供应竞争力较强的剧目。如河南电视台实

① 参见石卫平:《打造剧场品牌占领电视剧竞争的制胜舞台》,http://media.people.com.cn/GB/22114/70684/77782/5344896.html。

行“一大多强”的发展方针，优化资源配置，实现结构性调整，收视率大幅提升。

二、电视剧编排常用策略

策略一，主题化、类型化、规模化编排

2006年以来，利用演员或节目类型形成主题，对电视剧进行主题化（类型化、规模化）编排，成为一些电视台提高电视剧收视的重要策略和电视剧编排创新的一大亮点。其实这并不是新鲜事，中央台早在几年前已经提出并运用过该策略，但真正成为业界注目的焦点则是经过安徽、湖南等地强势省级卫视频道的推广宣传，如今已成为一种方兴未艾的特色节目编排方式。主题化编排围绕一个特定主题，对节目内容进行集纳式编排，既可以增强节目内容的连续性和整体感，形成节目的组合效应，提高目标观众的忠诚度，又可以增强编排板块的识别度。

2006年上半年，安徽卫视大量采取“主题化”的电视剧编排方式。连续推出了四大主题系列：三月份“春天幸福计划”（《守望幸福》《家有九凤》《幸福像花儿一样》）；“抗日传奇系列”（《双枪老太婆》《江塘集中营》）；“危情出轨系列”（《出轨》《危情杜鹃》）；“婚姻三部曲”（《哑巴新娘》《半路夫妻》《再婚家庭》）。这些电视剧都是按照贯穿儿部剧的同一主题进行编排和推介，其中尤以“幸福三部曲”的收视效果最为明显。2007年，安徽卫视延续这种编排，推出了以女性情感为主题的系列剧《错爱》《女人不哭》《决不妥协》等，形成了一股竞争的合力，使频道的电视剧品牌进一步鲜明。湖南卫视也于2007年“至渝爱情、感动春天”系列剧之后，推出“不屈命运、坚强女人”三部曲，包括《九指新娘》《苦恋花》《悠悠寸草心》等。

在晚间黄金时段播出新版本或相关大型活动，在其他时段播出旧版本或前几部戏进行立体的延展和相互拉动也是提升收视率非常有效的方式。如北京卫视借“红楼梦中人”大型选秀活动，周末活动直播，平时则在晚上黄金时段相继重播了《红楼梦》、《曹雪芹》等与红楼有关的剧目。

主题化编排虽然具有显著优势，但在实际操作过程中比较困难。最大难题在于，具有系列主题概念的电视剧需要卫视频道提前购入，有时很难“凑”编在一起，需要卫视频道较强的节目购买实力，而节目购入之后，对编排和宣传推广也提出了挑战。

策略二，晚间播出时段提前，抢在《新闻联播》之后播出

一个越来越普遍的现象是晚间黄金时段的电视剧播出时间提前了。对于所有卫视频道而言，晚间绕不开的一个节目是CCTV《新闻联播》，而19:59左右开播的央视大戏也充满竞争力。如何避开央视的强劲锋芒、开创自身的收视空间，是诸多卫视频道必然要面临的问题。而将电视剧提前抢先播出不失为一种明智之举，因此，越来越多的卫视频道采用了这种避其锋芒的竞争型编排对策。

表 2 2007 年 19:00 之后 20:00 之前播出的卫视剧场

频 道	剧场冠名	开播时间
中央台八套	黄金强档	19:30
江西电视台卫星频道(一套)	雅士利首选剧场	19:30
天津卫视	小洋人恐龙总动员阳光生活剧场	19:32
青海电视台综合频道	电视剧	19:32
浙江卫视	浪莎黄金剧场	19:33
福建省广播影视集团东南电视台	上海长江医院影视大看台	19:33
内蒙古电视台卫视频道	合家欢剧场	19:34
贵州卫视	贵州百灵金感康剧场	19:35
辽宁电视台卫星频道	黄金剧场	19:36
山东教育台	电视剧	19:36
江苏卫视	南山倍慧奶粉情感剧场	19:36
四川卫视	太子奶集团合家欢故事会	19:37
安徽一套	伊利纯牛奶第一剧场	19:37
吉林卫视	修正斯达舒剧场	19:38
重庆卫视	恩威制药雾都剧场	19:38
山东卫视	新日电动车黄金故事剧场	19:40
陕西卫视	和氏乳业华夏剧场	19:40
福建海峡电视台	电视剧	19:40
黑龙江电视台卫星频道	电视剧	19:42
河北卫视	板城烧锅酒黄金剧场	19:43
北京卫视	电视剧	19:44
旅游卫视	三精都市阳光剧场	19:55
宁夏卫视	经典剧场	19:57
湖北卫视	浪莎剧场	20:00

数据来源:CSM 媒介研究

据笔者统计,2007 年,共有 22 个省级卫视频道的主打剧场在 20:00 之前播出,像江西卫视、天津卫视、浙江卫视等几乎在《新闻联播》结束之后马上播出主打电视剧(表 2)。这种编排的调整一方面消除了原来因时间差而导致的正面冲突,另一方面也造成大量电视剧在同一时段扎堆播出的另一种竞争局面。

策略三,开拓非黄金时段,全天候编排竞争

根据我们的研究发现,观众看电视的一个重要趋势是,观众收看电视剧的时间呈现扁平化分布,黄金时段和非黄金时段的界限进一步模糊。反映到编播上,省级卫视的电视剧播出量在全天各时段的分布也更加分散了(图 3)。

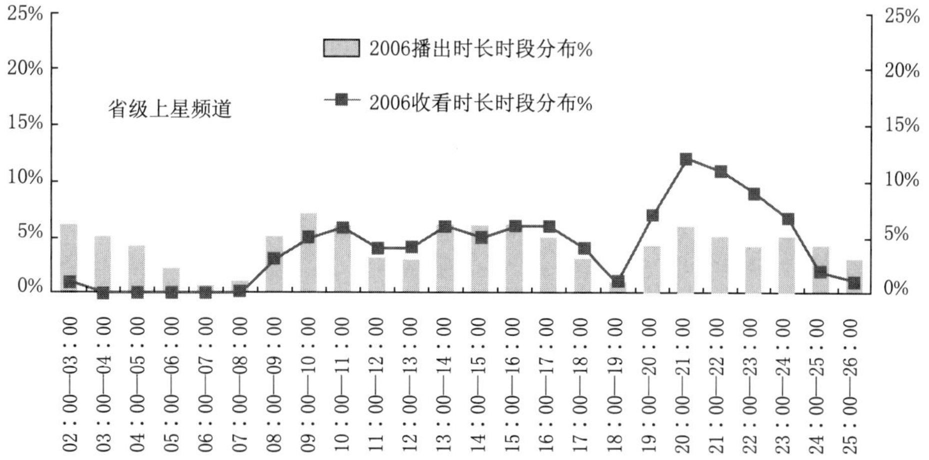

注:播出时长时段分布%是指每小时内电视剧播出时长占全天电视剧播出总时长的比例;
收看时长时段分布%是指每小时内电视剧播出时长占全天电视剧收看总时长的比例。

数据来源:CSM 媒介研究

图 3 2006 年省级卫视频道电视剧播出比重和收视比重的时段分布

因此,除加强黄金时段的剧目吸引力以外,很多电视台将新增长点放在非黄金时段开发上,一方面在白天时段进行多档编排或大版块多集连播,如安徽卫视周末大版块多集连播的做法已成为一些台的日常编排方式。另一方面适应观众夜生活延长的趋势而加大深夜时段的挖掘,纷纷设置了 22:00 档甚至更晚的深夜剧场。如山东卫视的《白金故事剧场》、浙江卫视的《大宝星空剧场》等。许多卫视还将独播剧放在 22:00 之后播出,创造了次黄金时段的收视热点(表 3)。这种编排调整所带来的影响是,使原先集中在晚间黄金时段的电视剧竞争上升到全天候、全方位的竞争。

表 3 2007 年部分卫视频道 22:00 之后播出海外剧的频道和剧场冠名

频　道	冠　名
中央台八套	海外剧场
山东卫视	白金故事剧场
浙江卫视	大宝星空剧场
辽宁电视台卫星频道	星光剧场
江西电视台卫星频道(一套)	明星剧场
湖南电视台卫星频道	金鹰独播剧场、超级独播剧场
江苏卫视	激情剧场
安徽一套	独播剧场、雄风剧场
天津卫视	金牌剧场、通宵剧场
上海东方卫视	精品剧场
重庆卫视	午夜大剧汇
河北卫视	剧场
深圳卫视(新闻综合频道)	好剧场

策略四，长假特殊编排，营造“小编播季”

长假是卫视频道一年当中电视剧编排的重头戏，也是最容易创新的地方。随着“编播季”这一舶来概念的西风东渐，国内卫视媒体逐渐将“五一”、“十一”和春节为一个小的编播季来设置节目，电视剧编排呈现出和平时不同的特色，通常采用的手法有以下两个：

一是实行剧海战术全天多集连播。长假期间电视剧全天候、密集的多集连播已经成为惯例。安徽卫视的经营策略很有代表性。每逢长假，安徽卫视就会推出特别节目，全天时段除新闻节目占去少量时间外，几乎全部都用在了电视剧的多集联播上。这种多集连播的形式让观众一次看过瘾，使感兴趣的观众实现了频道内的顺流，收视率得到了保证。因此，许多卫视频道也采取了这种方式。中央一套也确定了电视剧规模化的编排思路。2006 国庆期间，早中晚三个剧场都采取了 3 集连放的方式。上午编排了主旋律电视剧《天高地厚》，中午编排了青春偶像剧《嗨，上班女郎》，晚间编排了古装剧《皇后驾到》。晚间黄金时间特别选择了反映农村题材并有人气正旺的喜剧明星范伟主演的轻喜剧《乡村爱情》。一向以综艺节目为主要内容的央视三套也打出了电视剧牌。早中晚各编排了收视效果一直不错的《小兵张嘎》《西游记》和《大宋提刑官》。

二是剧目和活动营销互相配合，凸现频道特色。一些频道会选择在假日期间播出契合自身定位的某一类型剧或热播剧，巧妙结合假日期间的大型活动，集中播出以巩固、打造频道形象和品牌，这种编排较无主题无方向地“盲播”显然更胜一筹。所播剧目以经典老剧、前期热播剧、首播剧和独播剧(包括海外剧)等为主。如湖南卫视 2007 年“五一”以“闪亮黄金周”概念为主打，以“2007 快乐中国仁和闪亮快乐男声”贯通全线，《鹿鼎记》《火花游戏》《恰同学少年》首尾呼应，不同风格展现众多精彩片段，满足不同欣赏口味的观众需要，同时“金鹰剧场”于 5 月 5 日推出独播大戏“不屈命运、坚强女人”系列，展示鲜活生动的坚强女人形象。重庆卫视则实行“黄金假日特供”，“五一”期间播出首播剧、独播剧、特制栏目剧、定制情感剧，加之明星云集、亮点缤纷的《娱乐星工厂》《情感龙门阵》等栏目，以及直播晚会《城市奥运行》，在“大戏当前”的主线之下，营造出一种“众星捧剧”、“剧”和“星”交相辉映的态势。

三、热播电视剧编排收视效果分析

1. 独播剧：集中在 22:00 档的编排竞争

对优秀电视剧的争夺正成为近年来卫视频道间资源激战的一大主题。独播剧和首播剧是其中争夺最为激烈的核心资源。独播剧因其播映权、发行权等相关权限都被买断，买方拥有独家资源、只在特定播出平台上播出，而身价最为昂贵，只有少数资本实力雄厚的卫视媒体才能染指其中，如央视、安徽卫视、湖南卫视、江苏卫视、浙江卫视、东方卫视等。固然，独播剧是独家专享资源，有利于频道快速树立品牌形象、提升广告创收，但是高收益往往伴随高风险。一旦高价买断的独播剧没有收到预期的市场效果，高昂的成本就会转变成惨重的损失。除了内容的选择要对观众口味之外，如何编排至关重要。

从收视表现而反观编排得失的角度来看，独播剧在编排上需要注意的很重要的一点是要契合、顺应社会热点，把握合适的播出时机。独播剧的本身强弱、播出平台、营销推广力度和播出时机等因素是独播剧收视好坏的重要影响因素，缺一不可。因此，卫视频道在独播剧的编排上更为小心谨慎，目前常见的编排有：

一是在针对长假或暑期观众推出，结合社会热点话题。长假期间，尤其是春节期间，卫视频道通常会精选一部开年大戏晚间黄金时段播出，以博得“开门红”。如安徽卫视在2006年国庆长假期间，播出了独家买断的港剧《我的野蛮婆婆》。2007年春节，安徽卫视提出“五大独播剧”垄断全国贺岁档，精选内地、港台、韩国五部收视冠军剧集全国独家播出。浙江卫视晚间黄金大戏首开四集联播，全力推出春节大戏《乔家大院》。央视一套在春节期间也没有放弃电视剧的强力拉动，雪藏五年的历史大剧《秦始皇》，在除夕夜借助《春晚》的热潮走向观众。央视八套大型神话武侠剧《大旗英雄传》除夕之夜闪亮登场。暑期也是推行独播剧的较佳时期，如安徽卫视在2006年暑假期间连续播放幽默搞笑、青春浪漫的《我的野蛮婆婆》、《王子变青蛙》，针对的正是暑假期间收视猛增的青年学生观众，取得了较好的收视效果。

二是放在晚间22:00之后播出。如2007年伊始，安徽卫视、湖南卫视、上海东方卫视都在晚间十点档开辟了独播剧场。放在这个时段的好处在于，不仅可以播放独播国产剧，更可以播放独播海外剧。众所周知，海外剧囿于政策的限制一直被中央台八套、湖南卫视等放在此时段播出，一定程度上已经培养出喜爱海外剧的观众的“约会意识”，此时段已经具备良好的观众基础，释放了绝对黄金时段播放的高风险。湖南卫视还在全天设置了三档以“独播”命名的剧场：12:50偶像独播剧场、16:00超级独播剧场、22:10金鹰独播剧场，将独播竞争扩散到大部分时段。

2. 首轮四家上星剧：晚间黄金时段的竞争

2005年国家广电总局出台的同一电视剧集不能同时在四家以上上星频道中播出的规定，引发了省级卫视对电视剧首轮卫星播映权的争抢。2007年1月1日至2007年5月19日，卫视同时推出的首播剧有《婆家娘家》《玉卿嫂》《湘西往事》《天高地厚》《错爱》(2006年广东卫视独播)《我爱我夫我爱子》《天下第一媒婆》《中国母亲》《靠近你温暖我》《更年期的幸福生活》《像风一样离去》《接触》和《将门风云》等。这些剧目除了上述后5部之外，其余8部均在同一日期开播，但每部剧在每个卫视的结束时间有所不同(表4)。

表 4 2007 年部分首轮四家上星剧

名 称	频 道	各频道开播日期	各频道结束日期
婆家娘家	河南卫视、安徽一套、吉林卫视、山东卫视	1.11	1.24、1.22、1.26、1.20
玉卿嫂	河南卫视、重庆卫视、安徽一套、江西卫视	3.1	3.10、3.8、3.11、3.13
天高地厚	黑龙江卫视、吉林卫视、四川卫视	3..5	3.17、3.17、3.13
湘西往事	重庆卫视、贵州卫视、江西卫视	3.14	3.20、3.23、3.27
我爱我夫我爱子	安徽一套、江苏卫视、浙江卫视、重庆卫视	3.21	4.1、4.6、4.4、3.29
天下第一媒婆	重庆卫视、云南卫视、山东卫视	4.24	4.27、4.30、4.30
错爱	河南卫视、重庆卫视、安徽一套、山西卫视	4.16	4.24、4.30、4.26、5.7
中国母亲	贵州卫视、云南卫视、浙江卫视	5.13	5.19、5.16、5.19
靠近你温暖我	贵州卫视、福建东南电视台、广东卫视	1.19、1.13、2.8	1.21、1.28、2.23
更年期的幸福生活	深圳卫视、四川卫视、辽宁卫视、北京卫视	1.21、1.10、1.1、1.15	1.31、1.12、1.12、1.26
像风一样离去	贵州卫视、云南卫视	2.22、3.13	3.1、3.19
接触	河南卫视、深圳卫视、吉林卫视	3.12、3.12、4.21	3.20、3.22、4.30
将门风云	河南卫视、吉林卫视、云南卫视、江苏卫视	4.2、4.3、3.1、3.1	4.13、4.20、3.12、3.19

数据来源:CSM 媒介研究

有专家认为,和独播剧相比,这类剧是在全国各省市地面频道播完一轮后才上星播出,而且是四个卫视频道同时播,从而并不具备资源独有性,在卫视全国收视竞争日益激烈的态势下,因此对播出平台的编排、宣传推广的配合要求较高。从 2007 年的收视效果来看,获得成功的首轮四家上星剧编排上有两个鲜明特点:

一是“同时播出,比拼速度”。四家同时上星的首播剧由于不具备资源的独有性,对于感兴趣的观众而言,播出速度最快的卫视频道显然成为首选,因此,谁能在第一时间以最快的速度完成播出,谁就能占得先机,所以,三集联播的编排成为多数卫视的选择。有些卫视频道还会经常调整自办节目的播出时间,为首播剧让路,采取超常规举措。

以 2007 年热播剧之一《玉卿嫂》为例,国内 4 家卫星频道均于 3 月 1 日播出。其中,重庆卫视打破常规编排,并于开播当天提早于 17:03 开播至 24:12 结束,一口气连播 5 集,在播出节奏上绝对领先,获得市场认知之后,剩余剧集则安排于次黄金时段 21:30—24:20播出,每晚 3 集连播;安徽一套在晚间 19:36 播出,每晚 3 集,周五 1 集,周六 2 集;江西卫视则于 19:30 播出,每晚稳定在 2 集连播。河南卫视在播出时间上有所滞后,于 20:05 播出,但也是 3 集联播。从收视效果来看,不同的编排策略带来了完全不同的收视走势。该剧前 11 集,四家卫视竞争激烈,格局动荡剧烈,但很快收视走势趋于明朗:抢先播出的重庆卫视几乎步步走在其他三家卫视前列,平均收视率名列前茅。而安徽一套一开始依托强大的品牌影响力和较快的播出节奏而紧随重庆卫视之后。但 3 月 9 日—3 月 10 日(周五、周六)播出集数减少之后就收视走低,被河南卫视后程赶超。稳播稳打的江西卫视收视率走势也较为平稳,和其他三家卫视相比之下有所逊色(图 4)。

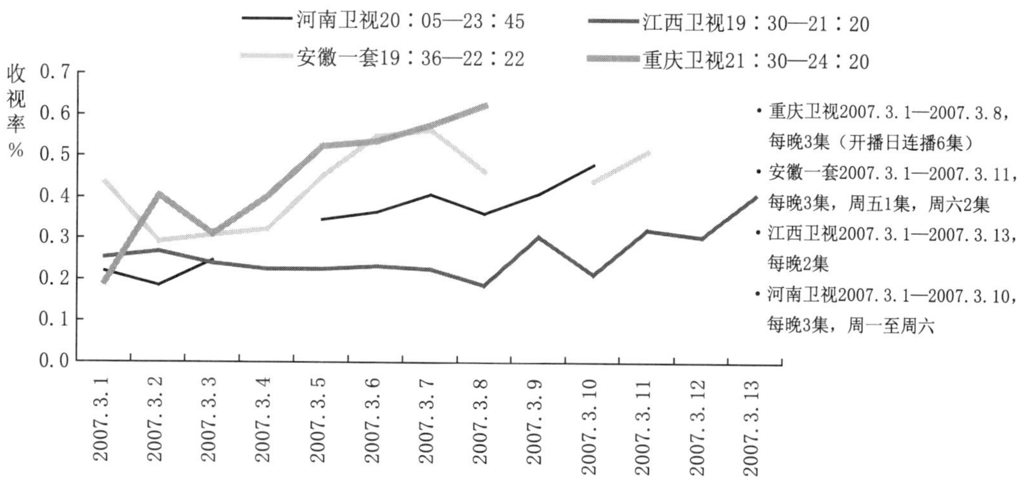

数据来源：CSM媒介研究

图4　2007年首轮四家上星剧《玉卿嫂》收视比较

二是“同日播出，比拼时段编排”。首先是比谁开播早，仍以《玉卿嫂》为例。3月8日，河南卫视和安徽一套均播出了该剧的第19—21集。河南卫视开播时间晚于安徽一套半个小时左右，加上安徽卫视剧行天下的频道品牌优势，导致河南卫视整体处于被动地位，从其分钟走势可看其基本都处于下风（图5）。

图5　《玉卿嫂》安徽一套、河南卫视时段走势收视比较（2007.3.8）

其次是比广告插播技巧。每当安徽一套出现大的中插广告时段时，收视率就会被正在播出该剧的河南卫视追平。而且两个频道下降幅度最大的两个低谷都处于换集之间，安徽卫视最长的广告插播时长高达9分钟，河南卫视也长达7分钟，其间造成了观众数量的大量流失（表5）。

表 5 《玉卿嫂》广告插播比较(2007.3.6)

频道	1分钟以上的中插广告段数	广告总时长	每段广告平均时长	最长广告分钟数
河南卫视	8	31.5	3.9	7
重庆卫视	10	31.5	3.2	4
江西卫视	7	17.5	2.5	5
安徽一套	7	33.0	4.7	9

数据来源:CSM 媒介研究

3. 二轮剧:全天候的竞争

随着卫视频道阵营的分化和首轮剧、独播剧等稀缺影视资源的垄断加剧,上星频道在电视剧领域的争夺趋于白热化,对经典剧、热播剧的挖掘、编排也在不断深入,2006 年以来出现了老剧重播的热潮。CSM 统计发现,占电视剧播出总数 1%的电视剧被 30 多个频道播出,同时近 80%的电视剧仅在少于 9 频道播出,内容竞争向少数优质电视剧高度集中。历经时代考验的优秀精品剧凭借过硬的质量深受欢迎,在各卫视频道纷纷重播,既可以多次利用节目资源,又可能取得不错的收视效果。

二轮剧的编排特点有以下三点:

一是较之首播剧和独播剧更为灵活、机动。由于经典老剧已经经历过岁月的沉淀和收视的考验,编排失败的风险也较小,所以,在全天的分布可谓"遍地开花",尤其是支撑白天时段收视率的主要内容。而且在晚间黄金时段 18:00—24:00,也出现了多家卫视重播老剧的现象——2006 年,《铁齿铜牙纪晓岚》被广西卫视、黑龙江卫视、吉林卫视、内蒙古卫视、山西卫视多次重播。湖南卫视独自播出了《阿信》《鹿鼎记》《梅花三弄》,广西卫视播出了《乌龙山剿匪记》、《情深深雨濛濛》等老剧。

二是配合社会热点、流行主题、大型活动、长假特色而重播相应老剧。如多次被重播的老牌经典剧《西游记》在 2006 年"五一"期间又被河南卫视、江西卫视播出,"十一"期间由中央台三套、山东卫视、浙江卫视、广西卫视播出。由中央台八套首播而一炮走红的《武林外传》,2006 年"五一"期间又被四川卫视、江西卫视、上海东方卫视、深圳卫视播出,"十一"期间被中国教育台三套、广西卫视、福建东南电视台、黑龙江卫视反复播出。2007 年春节期间,《火玫瑰》《济公》《武林外传》《天地有情》《神雕侠侣》等一批老剧和热门剧配合各自频道的迎春主题重播。2007 年 5 月"母亲节"期间,多家卫视播出了《母亲》等与女性有关的电视剧。红楼梦中人决赛期间北京卫视晚间黄金时段播出了《曹雪芹》等与《红楼梦》有关的电视剧。

三是同一热播剧目被同一频道反复大量轰炸播出,以"榨净"电视剧的剩余价值。最典型的案例是江西卫视的《亮剑》,2006 年在不同时期、不同时段重播了 7 次之多,并获得了不俗的收视效果,被称为"救市"良方(表 6)。

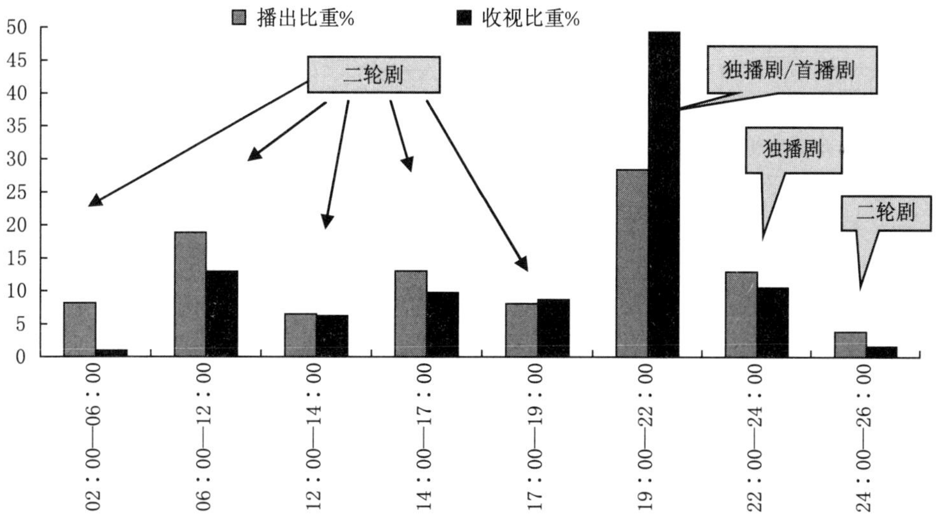

数据来源:CSM 媒介研究

图 6　电视剧在各时段的播出与收视比例分布(2007.1.1—2007.5.19,TTV,全国 154 市县组合)

表 6　江西卫视各轮《亮剑》播出时间

播出日期	播出时间	集
2006.1.29—2006.2.4	07:00—11:35	4 集 / 天
2006.6.26—2006.7.5	19:30—21:30	2 集 / 天
2006.6.26—2006.7.5	24:00—25:30	2 集 / 天
2006.7.10—2006.7.18	14:45—18:00	4 集 / 天
2006.10.1—2006.10.6	10:00—14:30	5 集 / 天
2006.11.26—2006.12.9	19:30—21:30	2 集 / 天
2006.11.26—2006.12.9	24:00—25:30	2 集 / 天

数据来源:CSM 媒介研究

4. 自制剧的编排特色

随着频道经营能力的增强和实力的扩充,部分电视台不再满足于充当营销者的角色,而是开展全面发力、多点布局攻势,加强自主版权运营,逐步从电视剧产业链下游的播出端进入到上游的生产环节,自制电视剧成为其扩张生产能力的内在需求。卫视频道的自制剧大致可以分为三类:传统电视剧、栏目剧和情景喜剧。传统电视剧成本高、收益好,如湖南台投拍的《还珠格格》系列,而栏目剧和情景喜剧则属于小成本制作、富有特色的电视短剧类型。卫视频道编排方面,自制传统电视剧和外购首播剧或独播剧没有大的区别,而栏目剧和情景喜剧则有自己的一些特点:

一是播出方式灵活。绝大部分自制剧在晚间黄金时段播出,控制在 17:30—22:30 左右,但具体播出时段根据卫视频道的不同情况而定,由于节目时长多在 20—45 分钟之间(表 7),短小精悍,作为一个独立的时段小板块调整起来就比较容易,对频道整体收视率也不会造成特别重大的影响。如重庆卫视的老牌栏目剧《雾都夜话》原来固定在 20:02—20:30 播出,2007 年 4 月则调整为 17:30—18:15 播出。

表 7 部分卫视频道自制剧编播及收视效果(2007.1.1—2007.5.19)

名　称	频　道	播出方式	开始时间	结束时间	单集节目时长(分钟)	收视率%	市场份额%
爱情魔方	湖南卫视	周六	21:10	21:45	25	0.94	2.40
阿亮的烦恼生活	浙江卫视	五一期间播出	17:33	17:53	20	0.04	0.29
博客奇谭	广东卫视	周一至周四	22:00	22:27	25	0.13	0.46
红男绿女	吉林卫视	周一	21:30	22:14	40	0.12	0.35
湖北佬	湖北卫视	周六	20:00	20:30	26	0.05	0.12
欢乐一家亲	重庆卫视	周一至周四	17:33	18:15	42	0.11	0.67
新三言二拍(已停播)	江苏卫视	周三	19:36	20:13	33	0.37	0.94
低头不见抬头见	山东卫视	日播	19:40 左右(07.4.1 起)	20:46	54	0.13	0.40
雾都夜话	重庆卫视	日播	17:30	18:15	45	0.21	0.58
杨光的快乐生活第 3 部	天津卫视	日播	19:30(春节前)	21:20	45	0.76	2.11

数据来源:CSM 媒介研究

二是每天 1—2 集或一个单元,采用“细水长流讲述故事”的播出方式。绝大部分自制剧是一集一个故事,独立成章,单位容量小,但整体容量大,不少栏目剧、情景喜剧动辄上百集,如山东卫视投拍的大型情景喜剧《低头不见抬头见》长达 365 集,就以每天 2 集的速度播出。这种编排方式的好处在于而如果收视表现良好则会牢牢维系固定观众,栏目走势相当稳定,有利于广告品牌的长期投放,但劣势在于一旦失败,承担的风险就非常巨大,而栏目剧由于融合了电视剧和电视栏目的共同特点,在编排上也具有栏目稳定播出的特点,基本上是一天一个故事。

三是注意和其他自制节目的编排配合,拉动收视率。在全国首创“定制式”营销模式的天津卫视,其津门都市系列喜剧《杨光的快乐生活》系列、《小房东》等剧在业内产生了巨大的影响,并以《杨光的快乐生活 3》作为“2007 天津卫视大剧独播年”的开年序剧。编排上,开辟了 19:30 档的“阳光生活剧场”,周一至周六全部打通,并采用了“自制电视剧+自制节目+电视剧”的架构,利用吊床原理,将自制栏目带收视托起,形成观众在频道内的顺畅流动,在一定程度上形成了自己的差异化编排的竞争策略(图 7)。

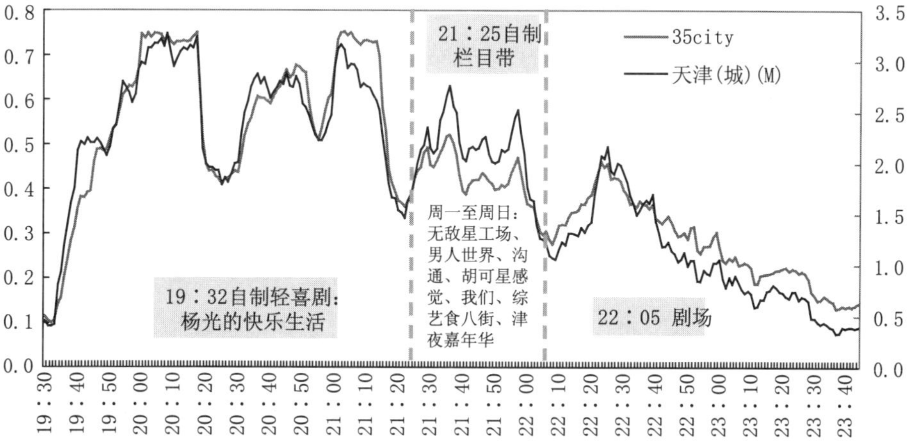

数据来源：CSM 媒介研究

图 7 天津卫视晚间收视率分钟走势及节目编排(2007.05.13 周)

四是季播型的播出方式悄然兴起。自制剧由于是利用台里的力量设备自己设置，在进度控制、节奏把握方面得天独厚，可以根据市场的反映和特定时期的需求而灵活机动地选择是否进行下去，大的时期编排上就可以采用按“季”播出的方式进行。目前，我国卫视频道有两种风格突出的季播方式——

方式一：湖南卫视《爱情魔方》的主题系列模式，每季所有剧情都有一个主题。2006 年 7 月底推出了“彩色清凉系列”，主题是“给你一个缤纷清凉的夏天”，所有剧集统一被整体规划为 5 个小的系列，在 8 月的每周一到周四晚上 7:30 呈带状播出，每周四集一个小系列，共 5 周。每个小系列的主题分别是：第一周，七彩清凉，让观众体验彩虹般梦幻的爱情经历；第二周，橘色清凉，来看超级爆笑的一对对滑稽恋人；第三周，白色清凉，在生离死别之间感悟真挚恋情；第四周，绿色清凉，提醒观众在酷热中享受一抹无厘头的薄荷香味；第五周，蓝色清凉，倾听这一夏最动人的悲情恋歌。这种创新编排方式结合了时代口味的变化，更易受观众欢迎。

方式二：上海东方卫视《青蛙王子》的互动季播方式，该剧是为“好男儿”量身定做的互动偶像栏目剧，其大胆模仿美剧、令人耳目一新的播出模式最值得称道：首先，一周播一集，以季播连续剧的形式，每周播一集，第一季共 12 集，这在我国尚属首次尝试；其次，该剧采取边拍边播的形式，在每集结尾设置情节悬念，开放竞猜，被抽中的幸运观众可以去片场探班。而剧中热点情节的发展，则完全由观众投票来决定。观众的投票不仅决定剧情走向，同时也决定现实中 5 位“好男儿”的命运：每周票数最高者成为该周 MVP 最有价值演员，票数每周累计，全季票数最高的选手将成为下一季的男一号，而票数最低的好男儿将被淘汰，失去第二季的机会。其独创的新颖之处还在于每集播出前设置了 30 分钟演播厅环节，让剧中演员与观众进行现场互动，极大地调动了观众对下面剧集的收视热情。这一创新的播出模式打破了传统电视剧闭门造车的编播模式，真正做到了让观众走进电视、直接参与电视创作。这种模式在日韩、欧美早已普及，但对于我国电视剧市场而言，效果究竟如何，还需市场检验。

总之，编排是一门技术含量很高的、涉及节目购置、部门协调、资源配置的“艺术”，其最终目的是，从业者通过节目资源的排列组合，使节目满足观众的收视需求，形成一个强大的整体效应去战胜竞争对手。在竞争白热化的全国市场，电视剧编排至关重要，不同的选择策略其效果是千差万别的。

尽管编排创新见效快、易操作，但需要强调的一点是，影响收视率的因素有许多，与节目质量、推出时机、演员阵容等都有密切关系，编排只是主要影响因素之一。

采用何种编排策略本身也受到诸多因素的影响，需要各卫视频道根据实际情况灵活变通。编排不过是节目资源的重新配置，并不是真正的灵丹妙药，优质的内容才是市场永远的主角，是编排成功的活水源头。因此，“优秀的精品剧目＋高超的编排技巧”，才是驱动电视剧收视率增长的双翼。

电视节目“应季”与“映季”播出探讨

左瀚颖

随着电视收视市场份额竞争的加剧，频道管理者已不再将眼光拘泥于一城一地的得失，深度整合频道资源、制定长效竞争策略成为经营者关注的焦点。为此，各级频道从内容开发、节目编排、频道营销、渠道拓展和内部管理等多个方面进行了创新和尝试。其间，顺应观众时期收视行为和偏好而推出的“季播”策略不仅能在短期内实现“注意力”的聚集，还有可能在长期运作中培育出观众的“忠诚”，故而备受业内人士的青睐，颇有火热荧屏之势。

季播是舶来的概念，是美国商业电视网在经年的摸索之后，针对观众的时期收视习惯而形成的年度节目编排方式。在中国，针对观众在不同时期的特殊收视需求和偏好进行特殊节目编排也并不鲜见，寒暑假的老剧重播、春节的晚会盛典想必已成为不少频道策划人的惯常思路，因此，当部分频道将自己的特殊节目编排冠以“季播”之名时，有业内人士认为这只是“新瓶装旧酒”，是对舶来概念的炒作。

不可否认，部分频道对季播概念的应用只是貌似神异，仅仅追求编排形式的相似，而忽略美国电视网围绕季播进行的资源整合和节目营销，让季播脱不开“特殊编排”的影子，无法从长远改善频道市场地位；不过，以央视二套和湖南卫视为代表的卫视频道在季播上所做的积极尝试，确实表现出中国电视业对季播的期待并不止于概念，而是对更理性、更市场化的节目编排和运作方式的渴求。

要更好地借鉴和利用季播，并根据中国电视市场的实际情况进行本土化，就必须对季播的概念有深入的理解。本文在汇总和分析国内外资料的基础上，根据国内外季播的不同特点，将季播分为“应季”播出和“映季”播出两种形式，深入探讨两种季播形式的差异和特征，分析差异产生的缘由，对两种季播形式的效果特点和投入产出进行对比，进而提出在中国特殊的市场环境下“应季”和“映季”两种形式的共生模式，供业内人士探讨。

一、季播的概念及“应季”和“映季”播出两种形式

所谓季播，是指电视网/台根据观众在全年不同时期的收视习惯和偏好进行节目编排。无论是在季播已臻成熟的美国，还是在初尝季播的中国，季播中的“季”均是指观众的“收视季”。在美国，电视网根据观众夏季收视时间较短、其他季节收视较长的特点，将每个收视年度划分为“淡季”和“旺季”两个部分。其中“旺季”通常指每年 9 月(不同电视

网对时期的界定略有不同，例如福克斯《FOX》就把旺季的起点设在了8月中下旬）至次年5月，共计40周，是电视网的“黄金收视季”；淡季则是指5月底至9月初，共计12周，电视网对这一时期的重视程度相对较弱。①

和美国电视网对“收视季”的二分相比，中国对于“收视季”的划分略显复杂。根据收视率调查机构多年对收视市场的监测，中国的电视台习惯于将每年的春节、寒暑假以及“五一”和“十一”黄金周作为收视“旺季”，进行特殊节目编排；而将夹在节假日期间的其他时期作为普通季节，进行日常节目编排。

在季播发展的不同阶段，根据电视网/台在季播过程中所处的地位，可以将季播分为“应季”播出和“映季”播出两种形式。所谓“应季”播出是指顺应收视季的播出。无论是美国商业电视网在黄金收视季还是中国电视台在节假日采取的季播编排策略，都是电视网/台“顺应”观众的“收视季”而采取的竞争策略，都具有“应季”播出的性质。“应季”播出只是季播最浅层、最基本的形态，采用这种形式的电视网/台还处于被动顺应市场需求的阶段，它只是电视台在短期内捕获大量观众的一种节目编排战术，因此“应季”的季播实际上是节目编播季(Programming Season)。

“映季”播出是指在固定的电视节目放映季节的播出。在季播的发源地美国，季播也以“应季”播出为最初形态，不过在半个多世纪的季播操作中，电视网经过多次的尝试和调整，通过固化电视季播的细微环节和培养节目交易市场及广告市场的时期交易习惯，已经将电视台的“应季”节目编排深深地植入观众的收视习惯以及节目供应商和广告主的交易习惯中，季播已经从被动顺应市场的“应季”播出变成了主动影响市场的约定俗成，成为观众市场、节目市场和广告市场广泛认同的节目播映季(Broadcast Season)。

划分“应季”和“映季”最基本的标准就在于电视网/台在季播中的地位，即电视台是在被动顺应“收视季”，还是已经通过主动引导季节性收视，将电视网/台的“播出季”培育为观众的“收视季”和电视市场的“交易季”。目前，国内的季播还处于被动顺应收视的阶段，电视台推出的季播策略多是为了把握短暂的收视高潮，属“应季”播出；相比较而言，美国商业电视网通过长期的季播运作，在电视节目和观众之间培育出了“收视约会”意识，培育出观众的固定收视习惯，属“映季”播出。

“应季”和“映季”并非两种相互独立、相互剥离的季播形式。任何一种季播形式都必然以顺应观众的收视需求为基本出发点，具有“应季”的特征；当电视网/台意识到观众收视习惯的可引导性和可塑造性之后，它就不会再单纯地迎合和满足观众，而是会通过整合电视网/台资源及其他相关的市场资源，利用优势的节目编排提高观众的“忠实度”，重塑观众的收视季，实现向“映季”的转换。从某种意义上说，“应季”的节目编排只是季播的形，而让季播扎根于观众、扎根于市场的“映季”播出才是季播的神。

目前，部分国内频道提出的季播策略之所以会被称之为“新瓶装旧酒”，最根本的原

---

① Susan Tyler Eastman and Douglas A Ferguson, *Broadcast/Cable/Web Programming: Strategies and Practices*, Peking University, 2004, P121.

因就在于其节目编排仅仅具有美国电视网"应季"编排的形,而不具备其"映季"播出的神;季播的过程中未能实现对频道和市场资源的整合利用,和"特殊编排"别无二致;未能察觉"应季"和"映季"两种形式的区别是部分电视台在推行季播策略时的一大误区。

在国内,季播除了指按照"收视季"进行节目编排和播出的策略之外,还指与"日播"和"周播"相对的一种节目播出方式。在美国,以电视剧和真人秀为代表的系列电视节目(Series)的播放通常都与电视台界定的"映季"相结合,安排在播出季的特定时期规律性播出,每个播出季播出的节目被称为一季(a season)。国内部分电视台看到了季播节目在塑造频道品牌和提供创新空间方面的优势,开始在季播节目的开发和制作上进行尝试;值得一提的是,部分电视频道仅仅注意到了季播节目一年一播的表面形式,未将季播节目与"收视季"相结合,也不注重季播节目的延续性和规律性,这有可能会阻碍季播节目优势的发挥,成为国内电视台推行季播策略的第二个误区。

可见,目前国内部分业内人士对季播的理解还不够全面,频道要利用季播策略来培育稳定观众和塑造频道品牌,就必须对"应季"和"映季"两种季播形式有深刻了解,明确中美季播编排和季播节目的差异,以及导致这种差异的深层次原因。

二、"应季"与"映季"播出的运作模式

"应季"和"映季"播出对市场的影响力和引导力大相径庭,很大程度上是由于两种形式在运作模式上的差异。这里所指的运作模式既包括电视网/台对节目编排本身的运作,还包括电视网/台在季播过程中与产业链上下游的合作。由于目前中国大多数的季播还处于"应季"编排的状态,而美国的"映季"播出则比较成熟,因此,本文将以中美两国的季播为例,从节目编排和产业链合作两个方面对"应季"和"映季"播出的运作模式进行对比。

(一)"应季"与"映季"的节目编排

任何一种节目编排都包括四个主要的部分。首先,电视网/台必须选择适当的节目来构建自己的"播出阵容";其次,电视网/台需要将选中的节目进行合理的排期,以便吸引最大规模的观众进行收视;再次,电视网/台需要对自己的节目和特殊编排进行推广,让观众对电视网/台的节目播出计划有所期待;最后,电视网/台需要对节目编排进行评估,通过观众的收视行为和其他反馈信息,对节目编排进行调整。这四个部分相互结合,最终决定了电视网/台的观众规模、构成及观众的收视行为(图1)。"应季"和"映季"播出在这四个方面都存在着区别,由此影响了观众市场对这两种季播形式的反应。

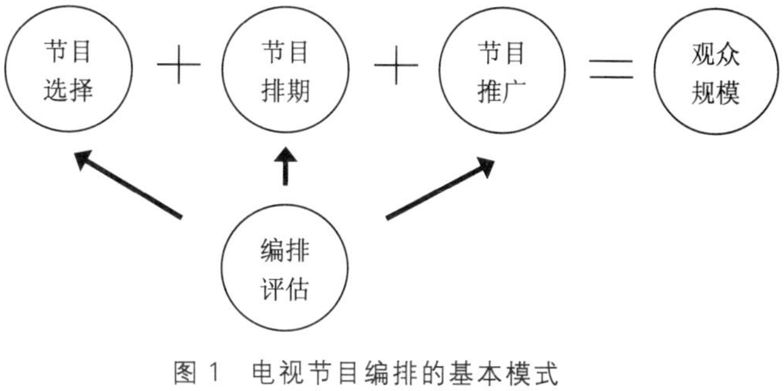

图1 电视节目编排的基本模式

1. 节目资源的组合与节目资源的开发

"应季"播出主要是针对观众在特殊时期的收视需求和偏好而采取的编排策略。由于"应季"播出的目标大多是要在短期内捕获大规模"注意力"，又要避免为短期收益承担过高的成本，电视网/台往往会选择对现有的优质资源进行组合或开发"应季"性节目。比较有代表性的"应季"节目选择模式就是经典老剧重播或制作栏目集锦。

以2006年春节期间中国各省级卫视的"应季"编排为例，为了把握中国观众在春节和寒假期间的收视高峰，在2006年元旦和春节期间，各大省级卫视纷纷出炉了自己的"应季"节目编排表。在春节期间收看晚会已成为了中国观众的收视传统，几乎所有的电视台都为春节量身打造了综艺晚会类节目，这算得上是对资源的开发性利用；不过综艺晚会节目不足以支撑全天的收视，因此，在过去几年的电视市场上有良好收视表现的《大长今》、"还珠格格系列"、"猪八戒系列"等再次成为电视台的香饽饽，为电视台赚取了不少"眼球"。除此之外，不少电视台还为高收视的品牌节目制作了集锦，实现对现有资源的二次利用。

和"应季"播出相比，"映季"播出的节目选择不单纯以吸引注意力为目标，更重要的是要培育和塑造观众的收视习惯。大杂烩式的资源组合已不能满足"映季"播出的需求，电视网/台需要选择和开发优质的节目资源来培育观众的忠诚，提升观众的收视预期。在"映季"中播出的节目大多是针对"映季"而开发的、既有规律性又不断调整创新的节目。

在数十年的季播运作中，美国的商业电视网通常会选择在每年9月份观众收视时间回升期播放新节目或系列节目的新一季。为了在"注意力"争夺中获胜，电视网往往会经过复杂的筛选程序，从众多的创意和制作中挑选节目，并斥重金打造，因此，美国商业电视网在每年黄金季中首映的节目质量通常较高，容易引起市场的强烈反响。诸如《疯狂主妇》和《迷失》等在美国电视收视市场和节目评奖中叱咤风云的节目几乎都会选择在9月前后首播，观众深知这一规律，对黄金季的节目有明确的期待和预期，促使"应季"的节目编排向规律性的"映季"转变。

观众的收视行为是可以引导的，"映季"也可以培养，中外不乏电视网/台通过创新性资源开发，培育出新的"映季"。在美国，作为后起之秀的福克斯电视网(FOX)就在"应季"的节目编排上寻求创新。该电视网针对每年1—5月份和5—7月份这两个相对不受重视的播出时期推出了创新性节目，在年初播放《美国偶像》，在暑期播放一季仅有10集的系列剧(通常情况下，一季系列剧为24集)，在美国青少年群体中培育出一个新的收视旺季。与此相似，近两年来，以央视二套、湖南卫视和东方卫视等为代表的省级卫视在暑期推出了大量活动选秀类节目，且收视表现不凡，如果各家电视台能够不断加强对此类节目的创新和开发，并逐步稳定节目的播出规律，则极有可能培育出中国观众在暑期收看真人秀节目的习惯，无形中将暑期的"应季"播出推向"映季"。

2. 短期孤立的编排与长期连续的编排

“应季”的节目编排通常着眼于观众的时期收视高峰，其季播节目表往往是短期的，与周围的日常节目表缺乏连贯性。以中国的“应季”播出为例，由于中国观众在元旦、寒暑假、春节和两大黄金周的收视时间明显高于平时，且观众构成和收视偏好都与平时明显不同；因此，电视台往往会针对观众的时期需求制定有明显时期特色的节目表(图 2)。虽然这种以观众需求为出发点的节目编排能在短期内提升电视台的收视表现，但电视台往往将其作为“应时”、“应景”的策略，很少将其与日常节目编排相结合，致使“应季”编排无法长效服务于电视台的频道经营和品牌建设。

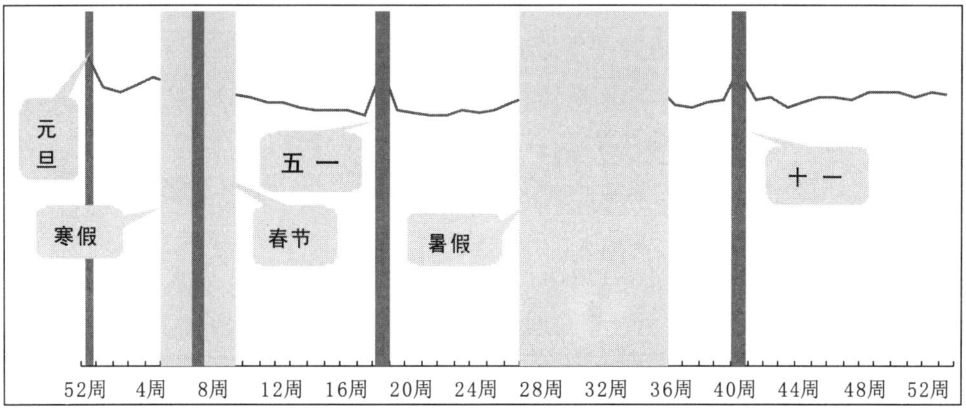

图 2　中国短期孤立的“应季”节目编排策略

“映季”的节目编排是一种长效的、连续的、跨越整个播出年度的节目编排。在美国，商业电视网根据电视观众的收视习惯将全年分为“旺季”和“淡季”，并针对观众的连续性收视习惯进行节目编排。通常，每年的 9—12 月被当做是电视网的秋季首映期，在这个阶段，电视网纷纷推出本收视年度的重磅节目，展开电视剧和综艺节目的收视大战；在每年的 12 月底至次年的 1 月初，电视网则会针对圣诞和元旦之机推出“应季”的特殊编排；随后，电视台以“应季”为契机，对节目编排进行调整，在新年之后的 1—5 月，电视网要么继续播放高收视节目，要么用新节目取代低收视节目，并不失时机地开始对下一个收视年度的节目进行宣传；5 月底之后，电视网迎来了全年的收视淡季，通常，电视网会在这个时期播出一些库存节目，或者对高收视节目进行重播(图 3)。在对常规节目进行编排的同时，电视网还会考虑到 NBA、Super Bowl(超级碗橄榄球联赛)和 MLB(棒球联盟杯)等大型体育赛事，对每一个映季的节目编排进行调整，以取得更好的收视效果。

“映季”播出长效、规律性的节目编排有利于其植根于收视市场以及节目和广告销售市场，不过，电视网的节目编排并不会完全受到“映季”划分的限制。事实上，美国商业电视网对“映季”的利用相当灵活，并不失时机地对“映季”进行重塑。它们都认为映季虽然已经成为美国电视收视和交易市场的一种模式，但它并非一种限定标准，正如美国马里兰大学传媒历史和经济学教授道格拉斯·戈梅里(Douglas Gomery)所说的“只要有观众

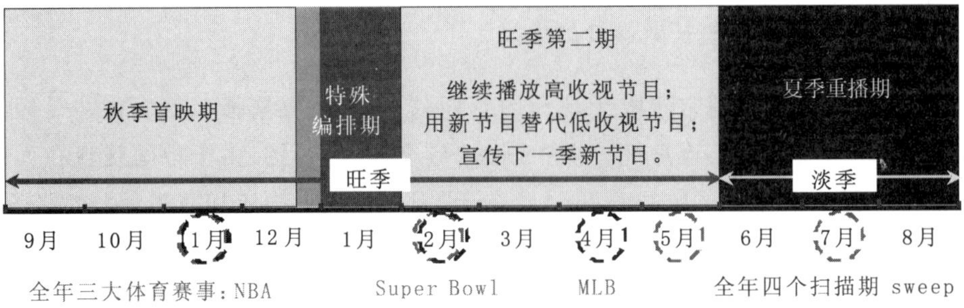

图3 美国长期连续的"映季"节目编排策略

喜爱收看的电视节目，一年中的任何一天都可以是映季"[①]，美国的商业电视网都会根据自己的力量和特色对"映季"进行差异化利用。

以美国三个电视网 CBS、ABC 和 FOX2006—2007 年收视年度的节目编排策略为例。根据美国收视调查机构尼尔森的界定，2006 年的收视"旺季"开始于 9 月 18 日，不过，各大电视网并没有将 9 月 18 日作为"映季"编排的唯一始点。CBS 选择在 9 月 14 日和 17 日分别开播其王牌真人秀《幸存者（Survivor：Cook Island）》和《急速前进（Amazing Race 10)》的新一季，并于 9 月 18 日晚上 8∶00—11∶00 之间隆重推出《犯罪现场：迈阿密（CSI：Mami)》等新收视年度的主打电视系列剧。ABC 选择在 9 月 12 日开播其王牌真人秀《与明星共舞（Dancing with the Star)》，并在 9 月 18 日以后的一周内相继开始播出新一季的《绝望的主妇（Desperate Housewife)》和《迷失（Lost)》等强档剧目。

CBS 和 ABC 在"映季"编排上还略为相近，后起之秀 FOX 的"映季"节目编排则有明显创新。自 2003 年以来，FOX 就开始寻求在"映季"编排上与其他电视网的差异，2006 年，该电视网将热门剧目《越狱（Prison Break)》和《无影无踪（Vanished)》的首播日定在了 8 月末，以避开 10 月份开始的棒球联盟杯对电视收视的影响，同时，该网络还将被传统电视网忽略的 1 月至 4 月（中间季，Midseason）作为编播重点，推出其热门选秀节目《美国偶像（American Idol)》和艾美奖获奖系列剧《24 小时（24 hours)》。电视网在遵循"映季"的普遍规律的情况下根据市场的实际需求和竞争状况不断创新，让"映季"在保持规律性的同时也保持了活力（图 4）。

"应季"和"映季"在编排上的差别不仅仅体现在时期编排的特征上，更体现在电视网/台如何在季播节目编排中应用节目资源。在"应季"播出的形式下，电视台为了在短期内获得收视效果，会将优质节目在短时间内集中播出。例如，中国的电视台就惯常于以日播的形式在数周内将一部电视剧播完，在收视高峰期内，经常会推出四集联播、五集联播的模式，在短期内用尽节目资源，无法取得长效收益。与此不同，在美国的"映季"节目编排中，电视网通常会选择以周播的形式播出电视剧，在每周的固定时间播出 1 集（偶尔为 2 集）电视剧，

① Fox again leads the charge into new TV season. http://www. baltimoresun. com/entertainment/tv/bal — ae. fox20aug20,0,7509185. story.

用精彩的剧情吸引观众在很长一个收视时期内连续关注该电视网的节目(图 5)。这两种形式的出现,与中美两国迥异的电视市场结构密切相关,后文将进行详细分析。

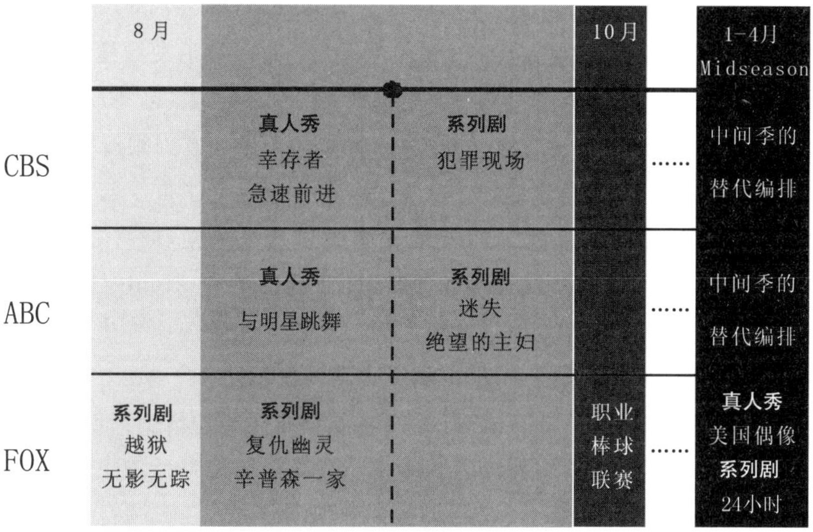

图 4　CBS、ABC 和 FOX 的差异化映季编排①

图 5　美国 ABC 电视网 2006—2007 年秋季首映期节目编排表②

---

① 资料来源:www.abc.com,www.fox.com,www.cbs.com。

② 图片来源:http://abc.go.com/primetime/schedule/2006-07/index.html。

3. 提升收视的营销与培育品牌的营销

“应季”编排的节目选择和编排大都着眼于短期效果，电视台对“应季”编排的宣传推广多以获取短期收视改善为直接目的。在中国，由于大多数卫视频道都会针对节假日进行特殊编排，因此，每到节假日前夕，各大电视台都会就自己的“应季”节目编排进行大力宣传，精美的片花、精彩的预告对电视频道应对竞争、汇聚注意力很有好处。

和“应季”编排不同，电视台/网对“映季”编排的宣传更注重于与自身的品牌宣传相结合。美国的商业电视网都会拥有自身的品牌栏目和系列剧，通常在每年的 4 月底，电视网会完成下一收视年度的节目选择和编排，并在纽约的 Upfronts 上对观众、媒体和广告商发布自己的“映季”节目编排表，随即展开全方位营销和推广，让观众和广告主对未来一个收视季中的主流节目有所了解。

除了对具体节目进行推广之外，电视网还会对编排表本身进行推广。以美国商业电视网 FOX 对自身“映季”节目编排的宣传为例，FOX 并非将自己的宣传重点放在对单个节目的推广和营销上，相反，自 2003 年以来，该电视网就一直强调自己区别于传统三大电视网的节目选择和编排方式，强调自己会顺应观众的实际需求而打破常规，增强自身与目标观众群体的贴近性。FOX 将主打电视剧目提前到 8 月底播出，并在 1—4 月的中间季播出热门真人秀和电视剧的做法，已经为 FOX 赢得了特立独行、富于创新的声誉；该电视网以此为卖点，全力进行营销和推广，使其编排方式逐步得到了市场的认可，到 2005 年，该电视网在美国市场上拥有的 18 岁至 49 岁的观众群体规模已居各大电视网首位。①

由于“映季”编排节目表有效期往往为一个收视年度，因此，电视网/台除了会将“映季”宣传与品牌塑造相结合之外，还会选择更多的渠道对“映季”编排进行推广。在美国，针对越来越多的中青年观众开始选择在网上收看电视节目，NBC 和 CBS 等都开始尝试在网络上提供“映季”节目的预演片，并提供网络下载，让观众可以将节目样片下载到 iPod 等便携式收视装置上进行收看；CBS 还在美国航空公司的客机电视上推出自己新一季节目的预告片，扩大“映季”编排的影响力。由于在美国电视剧集或者电视节目的首播权往往被商业电视网买断，并保留数年，因此，热播的电视剧集往往都烙上了商业电视网的印迹，用各种渠道对主打剧目进行宣传，无形中也提高了电视网的知名度和影响力。

4. 单纯的收视评估与复合的市场评估

播后评估对电视台/网调整季播策略至关重要。在每年春节、寒暑假等收视黄金收视季节后，国内各类频道都会对自己的时期收视表现进行盘点，收视率的升降、市场份额的增减往往是判定“季播”效果的主要因素；至于“应季”的节目编排策略是否对频道的品

① Fox again leads the charge into new TV season. http://www.baltimoresun.com/entertainment/tv/bal－ae.fox20aug20,0,7509185.story.

牌建设和长期发展带来了影响，则很少有人进行评估。

“应季”编排采用单纯的收视评估与其短期的编排目标相契合，是电视台调整编排策略最直接、最简便的参考标准。正因为收视率几乎成为判定“季播”编排优劣的核心标准，在黄金季中收视率较高的节目形式和编排方式成为电视频道竞相模仿的对象。在中国，如果某个电视台在暑期重播《西游记》效果不错，随即便会有多家电视频道蜂拥而至，《西游记》、《红楼梦》等经典老剧占据了许多电视频道的日间时段。又如央视二套和湖南卫视推出的活动选秀类节目在2005年夏天火爆荧屏，到2006年夏季，即有数十个电视频道对此进行模仿；虽然各频道的节目在环节设置、比赛形式等方面略有差异，但都脱离不开活动选秀的实质。部分电视台为了模仿高收视节目，甚至不顾节目是否与自身频道定位相符，这有可能对频道的品牌资源造成伤害。

美国电视网在进行“映季”节目编排时，也把收视率作为重要的评估标准，不过节目编排对电视网整体发展的影响则更受关注。为了树立、明确自身的品牌形象，部分商业电视网会容忍一些收视率较低，但与频道品牌相近的节目的存在，以树立电视网在市场上的独特形象，培育忠实观众群体。

虽然，美国的商业电视网在进行“映季”节目编排时，同样会选择模仿收视率高的热门节目，例如FOX《美国偶像》的火爆让CBS、NBC、ABC相继模仿推出《搜星秀(Star Search)》、《名利场(Fame)》和《美国超女(All American Girls)》等节目，但他们并不会把这类节目作为自己在“映季”中的主打。从各大电视网2006－2007年的节目编排表来看，它们都有自己可以倚重的王牌节目，例如CBS的《幸存者(Survivor)》和ABC的《与明星共舞(Dancing with the Star)》，并通过各自的编排策略，和其他电视网进行差异化竞争。由于对“映季”编排的评估既包括对收视表现的评估，也包括对频道建设的评估，因此，电视网在“映季”节目编排的过程中既不乏对热门节目形式的开发，又不乏对自身品牌的关注。

“应季”和“映季”播出在节目选择、编排、推广和评估等环节存在的差异，是导致这两种编排形式产生效果差异的重要原因。除此之外，电视台/网在季播编排中与产业链上下游的合作程度和合作方式也会影响市场对季播的认同，一定程度上决定了电视台/网在市场中所具备的主动性。

(二)“应季”与“映季”的产业链合作

在电视产业链中，节目制作商、电视网/台和广告主都在为捕捉观众“注意力”不懈努力，观众的“注意力”是电视产业链各个环节进行交易和合作的基础(图6)。电视台/网在推行“应季”和“映季”播出的过程中，与产业链上下游环节的合作程度不尽

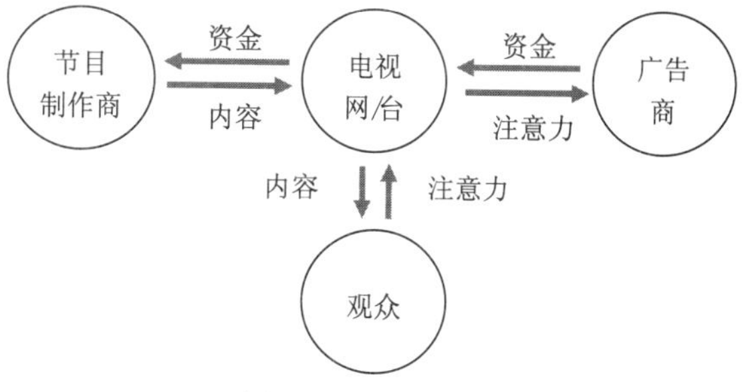

图6 电视产业链的合作模式

相同，由此，这两种季播形式对市场的整体影响也存在差异。

1. “应季”和“映季”对节目制作的影响

由于“应季”是短期的节目编排策略，其对节目资源的利用通常是对电视台和频道现有资源的重新组合，很少影响到电视台内部以及整个电视市场上的节目制作流程。在中国，“应季”编排比较倚重的节目类型是电视剧和综艺娱乐节目。为在短期内有收效，电视台通常会选择播放已经有较好收视表现的经典剧目，或者针对观众在特殊时期的心理和情感需求，制作特别节目，无法对节目制作市场产生长期的影响。

“映季”播出则与此不同，在美国，商业电视网的“映季”节目编排已经影响到节目制作从创意到制作的各个环节。由于商业电视网通常会将强档节目安排在每年 9 月份秋季首映季播出，因此，节目撰稿人、制作人和节目公司的日程大都以满足电视网的“映季”需求为目标。在美国，电视节目概念创意和脚本写作通常集中在夏季之前进行，除了某些知名的编剧和作者之外，电视节目的脚本写作大都需要在 11 月完成；进入 1 月份之后，电视台会从众多脚本中选择部分有潜力的节目进行试映和开发，这个过程通常从 1 月份一直持续到 4 月份；到 5 月份，节目制作市场才会逐步明晰在新的收视季中，电视台将选择播出哪些剧目，并进行全面的开发。

和“应季”短期鼓励的编排策略相比，“映季”长期性、连续性的编排不仅仅让观众对收视有所预期，还能让节目制作人对电视网的收视表现有相对稳定的预估，有利于提高节目制作人对电视台的信心，也使得节目制作人愿意配合电视台的“映季”编排开发节目，加速了电视产业链的垂直整合。

2. “应季”和“映季”对广告销售的渗透

对广告主来说，任何一种可汇聚大规模“注意力”的季播形式都具有较大的广告传播价值，所不同的是“应季”播出只能让广告主预期短期的收视效果，而“映季”播出则能让广告主对年度的收视走势有所预估，受此影响，“应季”和“映季”编排对电视广告交易的影响也表现出短期性和长期性的差别。

在中国，除了中央台等少数电视台对自己的强势播出时段（例如中央台综合频道新闻联播前后的广告时段）进行预售之外，大部分电视台的广告销售都是根据电视台在短期内的节目编排计划（尤其是即将播出的电视剧、特别节目等）来进行。根据中国观众在春节和黄金周等时期明显增加电视收视时间的情况，广告主对电视台的“应季”性编排颇有兴趣，不失时机地在特殊编排时期用硬板广告、冠名广告等多种形式来增加自身的影响力；不过广告主并不能根据特殊编排的节目表预计“应季”播出之后电视台的收视走向，因此，较难做出长期的广告投放决策。

相比较而言，在广告销售方面，几段与“映季”密切相关的时期构成了美国广告投放的基本架构：首先是圣诞节，圣诞节前后的 11 月初到元旦后的两个月时间，是休假、购物和广告销售非常重要的时期，美国商业电视网也进入特殊编排时期；其次是 6 月至 8 月的夏季时期，这是美国人整体休假期，户外活动的增加导致了电视收视的减少，对广告销售产生影响；其三是每年11月、2月、5月和7月这4个全国收视率调查扫描期，美国的电视广告销售很依赖这四个季的报告；此外，全年的三大体育赛事——NBA、Super Bowl和MLB会吸引大量观众收视，也对广告销售，特别是体育赞助广告造成了影响。

"映季"顺应美国人的生活习惯和收视习惯而诞生，美国的电视广告销售市场根据"映季"的时期安排分为四种类型：首先是"季"前市场，即在每个黄金季之前的广告销售，通常在每年的4—5月进行；在这个市场上，广告主根据各大电视网公布的节目编排计划，先选频道，再选节目进行投放，由于广告主可以根据电视台的"映季"节目编排对其收视表现进行比较有把握的预估，因此65%—75%的广告都是通过这种方式完成。其次是零售市场，其销售方式类似于机票售卖的"最后一分钟"(Last Minute)，即购买临近播出前还有空余的时间段位，和季前销售相比，这些时段因时间紧迫而被"贱卖"，虽然对广告主来说这是一个颇为划算的买卖，但因无法对单个节目进行预估，因此也是一个非常不确定的机会，通常，大广告主都会提前购买时段，而不会冒此风险。其三是反季节市场，处在淡季的反季节市场通常会有很多优惠政策吸引广告投放，这个季节即指暑期的收视淡季。最后是机会市场，就是随机地进行广告投放。

（三）对"应季"和"映季"的解析

综合"应季"与"映季"在节目编排和产业链运作的表现来看，"应季"尚处于资源分散利用和被动填充节目表的阶段，而"映季"则发展为对频道和市场资源进行主动开发和整合利用的阶段(图7)。

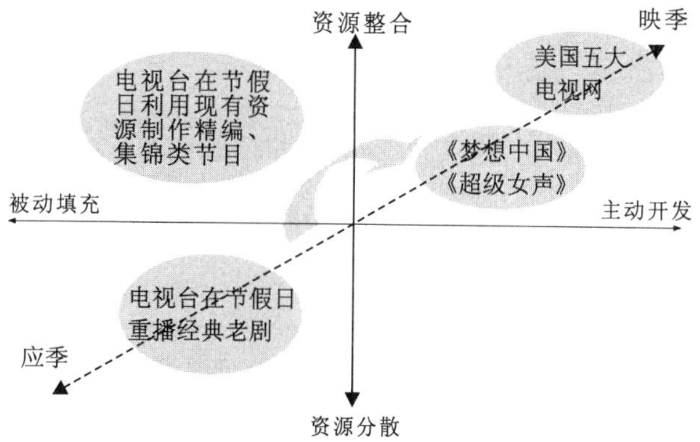

图7 对"应季"和"映季"的解析

虽然目前中国的大多数电视剧台还处在"应季"播出的阶段，仅仅把眼光局限于在收视高峰期用现有的优势资源对观众进行集中"轰炸"，但也有不少电视台已经开始通过对资源的整合利用和对收视行为的引导，开始向"映季"播出过渡，其中最明显的就是电视频道在去年夏天以电视选秀节目为主打而培育出的暑期收视季。

总体来说，美国的"映季"节目编排已经对节目制作和广告销售产生了深刻影响。"应季"和"映季"播出对产业链上下游不同的渗透程度，以及两种季播方式在节目选择、编排、推广和评估上所采取的差异性策略，致使其市场效果不尽相同。明确这两种季播形式的效果差异对我国产业界追求更合理的季播策略颇有好处。

三、“应季”与“映季”播出的效果分析

只要节目选择和编排策略得当，再配合以适当地推广和营销，“应季”和“映季”两种季播形态都能够为电视频道带来更大的收视和广告收益。不过，由于两种季播形式的着眼点不同，其实际的市场效果还是有明显差异，本部分将以我国电视市场的收视数据和美国电视市场的实际表现，来探讨“应季”和“映季”的实际效果。

（一）“应季”播出的市场表现

“应季”播出是电视频道顺应观众收视的时期性变化而推出的收视策略，在每年观众的收视高峰时期采用特殊编排，有助于电视频道在骤然增大的注意力规模中多分一杯羹，取得明显的短期市场效果。从收视市场上来看，应季播出的实际效果主要表现在如下几个方面：

1. 改善频道的收视表现

中国观众在每年春节、寒暑假、五一和十一期间的人均收视分钟数较平时有明显的上升，“应季”编排策略能够应合观众收视需求的变化，帮助电视台把握住收视上扬的趋势，借以“水涨船高”，实现收视率的提升（图 8）。

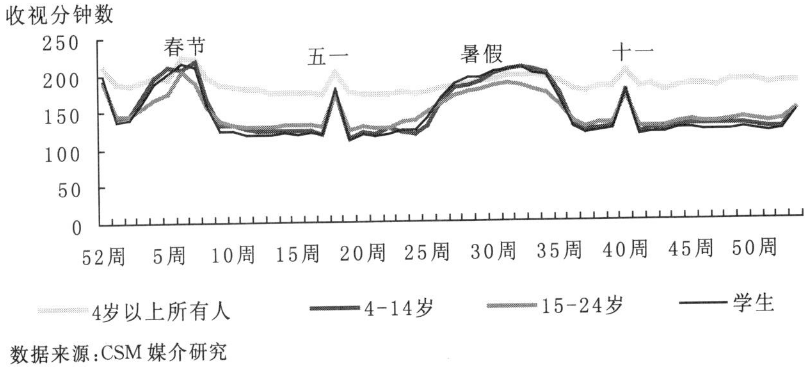

图 8　2005 年 35 中心城市人均收视分钟数全年走势

对各电视频道在这几个特殊时期的应季节目编排表加以分析，不难发现电视台在收视高峰时期的节目编排策略均有明显的群体针对性，尤其以寒暑假最为明显。由于在每年的寒暑假时期，4—24 岁的群体、学生群体的收视时间较平时有非常明显的上涨，因此电视频道寒暑假的“应季”节目表通常会更注重满足 4—24 岁学生群体的收视需求（图 8）。正是因为电视台能够把握住特殊群体的收视变化规律，电视台才能借助季播改善整体收视。

2. 提升频道的市场地位

随着我国电视市场的日趋成熟，观众的注意力资源规模已经难有大幅度的扩大，频道之间的竞争已经转入胶着的份额竞争时代。受到收视市场双虞效应的影响，频道竞争日渐呈现出"强者越强、弱者越弱"的态势，频道要改善和突破自己的市场地位，实属不易。部分频道借助"季播"编排策略，兵行奇招，在短期内汇聚大量游离"注意力"，实现了频道市场地位的改善。

以重庆卫视为例，自 2005 年以来，重庆卫视一直在倡导优化、集约和抗衡，将编播季的概念应用于实际操作。2006 年春节期间，重庆卫视推出"黄金月·中国节"的春节特别编排，利用本土原创电视节目《雾都夜话》、《龙门阵》等开发特别贺岁节目，并在白天时段安排优秀节目重播，实现了优势资源的重组，取得了一定的市场效果。2006 年"五一"，在总结先前"应季"播出经验的基础上，重庆卫视推出了"集约编播"策略，在顺应观众收视变化的基础上，对频道架构做出"改版性"调整，使重庆卫视不仅实现了收视率绝对值的提升，还改善了该频道的相对市场地位，市场份额有所提升(图 9)。

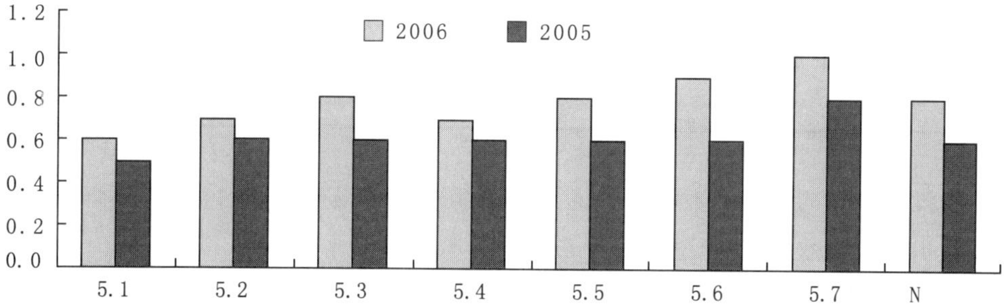

数据来源:CSM 媒介研究

图 9　2005 年和 2006 年五一期间重庆卫视市场份额对比

3. 提升节目类型的使用效率

观众的收视高峰期与节假日相联系，不同的节假日又与不同的传统相联系，由此导致观众心理需求的时期差别，影响类型节目的收视。例如新春佳节合家团圆，老少皆宜的综艺娱乐节目更适合全家收视的需求，综艺晚会和与春节氛围相符的厨艺大赛等更符合观众需求；又如暑假期间青少年收视时间增加，适合青少年与家长共赏的神话类、喜剧类电视剧更受欢迎。"应季"节目编排将观众需求纳入考虑范围，适时增加特定类型节目的播出比重。从 2006 年的收视情况来看，电视台针对季节性需求进行的"应季"编排因顺应了观众的收视需求而带来特定节目类型资源利用效率的明显改善。在春节和五一期间，综艺节目的资源利用效率大大提升；而在世界杯期间，体育节目的资源利用效率更是达到了近 500%的水平(图 10)。

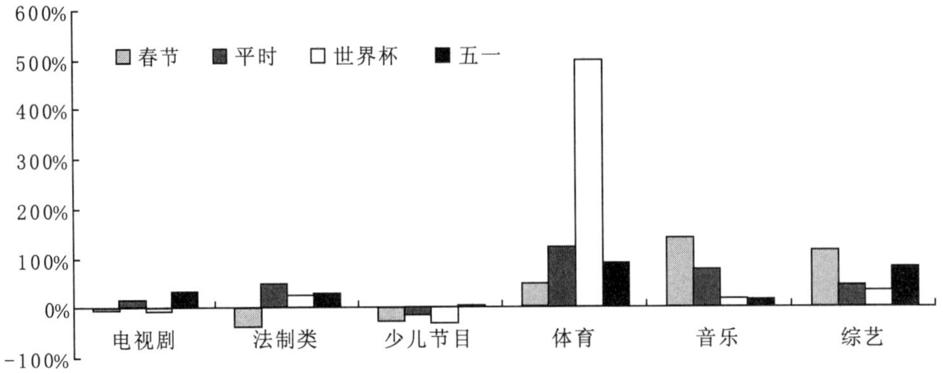

数据来源:CSM 媒介研究

图 10　2006 年春节、五一、世界杯和平时主要节目类型的资源利用效率

“应季”编播可以在短时期内聚集大量的“游离”观众,改善频道的收视表现,提升频道的市场地位和广告业绩。不过,“游离”观众终究不是电视频道可以耐以发展的基础,他们可能在这一时期被某频道的特殊编排所吸引,又可能在下一个时期被另一个频道的季播所笼络。“应季”编播要将自己在短期内获取的优势长期化,就必须将游离观众转化为忠实观众,而这正是“映季”编排的长项。

(二)“映季”播出的市场表现

虽然没有具体的收视率数据来验证“映季”播出的市场效果,不过从美国商业电视网“映季”播出的长期效果来看,这种播出形式至少有如下三个效果:

1. 可预期性编排引导观众收视习惯

“映季”播出最大的特点就在于节目播放的可预期性。虽然在美国商业电视网半个多世纪的运作过程中,经历了多次类型节目的创新和更迭,发生了多次市场整合和重构,“映季”播出也因此进行了多次变化和调整,但这种调整通常是在相对较长的时间内的逐步变化,让观众在潜移默化中得以适应。

例如在 20 世纪 50 年代,美国商业电视网的电视剧播出通常会跨越整个主体收视年度(9 月份—次年 5 月份的 40 周时间),每季播出 40 季;到 20 世纪 70 年代初,单集节目制作成本提高,促使电视台将系列节目的集数减少到每季 32 集,并在随后的时间内安排重播;随后,节目的制作成本还在继续提高,日益多元的收视选择和游离的观众注意力又让电视剧集的“死亡率”迅速增加,到 20 世纪 80 年代末,系列节目的集数已经被压缩到每季 26 集,到 90 年代初则进一步压缩到 22 集。电视剧每季集数的减少,使得每个收视黄金季多出近 20 周的时间“无剧可播”,电视台不得不寻找大量的“填充节目”,故而,每年的 1—5 月逐步变成了高收视节目重播和新剧试播的时期。将 20 世纪 50 年代和现在相比,电视网系列剧的播出编排已经发生了巨大变化,不过由于这个变化是在 50 年中逐步推行的,电视观众得以逐步适应和调整,保持着“映季”编排的可预期性。

美国电视网之所以能够让"映季"编排保持可预期性,关键就在于在引入变化的同时,对电视编排的许多细微环节进行固化,例如系列剧的首播期(每年秋季8月—10月),系列剧的播出时段(晚间8:00—10:00)等等。虽然具体的节目内容在不断地变化更替,但黄金收视季和黄金时段的编排在很大程度上保持了规律性和可预期性,有助于在满足观众收视的基础上引导和培育出观众的收视惯性。

2. 品牌节目播出锁定忠实观众群体

随着越来越多的无线电视台、有线电视网、卫星电视台和网络电视加入市场竞争,美国的商业电视网越来越重视通过产品定位建立起自己的品牌形象,着力展现自己与竞争者相比的不同凡响之处。对于以内容传输为核心业务的电视台来说,内容的与众不同是树立其品牌形象的关键因素。放眼目前的美国电视市场,各大电视网都拥有自己特色鲜明的品牌节目,例如ABC的《谁想成为百万富翁》、NBC的奥运转播、CBS的《老大哥》、福克斯的《美国偶像》等等,这些品牌节目加上各大电视网的热播系列剧,让"映季"的整体编排有明确的电视网品牌特色,有助于电视网圈定特定的目标观众群体。

"映季"编排的长期性和连续性,让电视网得以在整个收视年度中持续关注与频道品牌相吻合的节目。以FOX电视网为例,从1987年该电视网开始播出节目以来,为与传统的三大电视网争夺观众,经过精确的市场调查,FOX把目标观众锁定在30岁左右的年轻都市男性观众身上。从2006—2007年度FOX的年度节目计划来看,在全年的秋季首播期、黄金季第二期和夏季重播期中安排了包括《越狱》《辛普森一家》和《24小时》等多档可以吸引年轻男性观众眼球的节目,此外,该频道还通过在1月份差异化播出热门真人秀《美国偶像》而进一步稳固了年轻观众的注意力。正是由于FOX有明确的定位,并在"映季"编排中始终贯彻这种定位,该电视网才得以树立起"年轻人媒介"的形象,在美国30岁左右的年轻群体中培育出大批忠实观众,引得广告主为之侧目。

3. 节目季播提供创新和可持续发展空间

前文提及在美国的"映季"编排中,除新闻节目和少数其他类型的日播栏目之外,大部分节目都采取周播的方式,播出时长跨越收视季中一个相当长的时期(通常为20周左右),这即是业内人士熟知的节目季播。节目季播除了有助于培育观众的连续收视行为,保证电视网在较长时间内的收视稳定之外,更重要的是为节目提供了足够的创新和发展空间。虽然国内也不乏周播的节目,但和国内的周播节目相比,美国的季播节目是非栏目化的系列节目,播出周期为一段时间,而非全年。正是由于系列节目的播出周期为固定的20周左右,它有足够的时间(30周左右)来鉴定和评估上一期的收视表现,预估和评测下一期的收视前景,并开始新一季的节目开发和制作,因此,许多季播节目得以顺应社会经济的发展和社会心理的变迁,不断更新调整,保持数十年的生命力。

正是由于"映季"节目编排的可预期性、可期待性,使得电视网在应对日渐激烈的市场竞争的同时,维持了自己的忠实观众群体,保持了相对稳定的市场表现。这种稳定性使得广告主对电视网的前景有较为明确的预期，愿意与之保持长期的合作，使电视网拥有相对稳定的收入保障。

四、中美产生"应季"和"映季"差异之因

对比"应季"和"映季"的运作方式和市场效果，可以看出"应季"播出是一种"投资少、风险小、回收快"的短期编排战术，它能够在短期内捕获大量游离观众，实现电视台的短期目标；"映季"播出则是一种"投资大、风险大、回收慢"的长期经营战略，它能够为电视台培育出稳定的忠实观众，有助于电视台长期的品牌塑造。从电视台长远发展来看，"水涨船高"的短期收益显然不如持续增长的"源头活水"有吸引力，"映季"播出似乎应该是中国电视业发展的更好选择，但实际上中美两国截然不同的市场结构决定了中国不可能照搬美国的"映季"播出方式。

（一）中美两国电视产业结构的差异——颠倒的三角

中美两国的电视市场结构近似于两个颠倒的三角。在中国，由于政策上一度鼓励四级办电视台，目前全国共有 300 家以上的电视台和 2300 个以上的电视频道；从电视台的数量来看，中国的电视市场结构为一个正向的三角形，顶部为中央级电视频道，中间为省级电视频道，底部则是大量的地市级频道。在美国，以 CBS、ABC、NBC、FOX 和 CW 五大电视网为代表的全国电视网旗下拥有大量的地方附属台，在市场上拥有巨大的影响力；付费的有线电视网因提供专业化的内容，而在细分市场上大放异彩；不附属于任何电视网的独立无线电视台面对全国电视网和有线电视等的竞争压力，显得较为乏术，市场影响力局限于地方；由此可见，美国的电视网呈现出一个倒三角形（图 11）。这两个颠倒的三角形市场结构，加上两个电视市场的不同操作规则和习惯，直接影响到电视网/台对整个市场的影响力，也影响到两个市场上季播策略的实施效果。

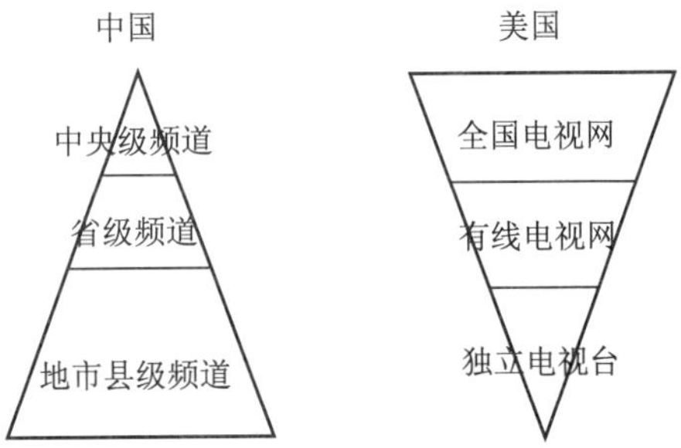

图 11 中美两国的电视产业结构——颠倒的三角

1. 差异的市场结构

在中国，中央级频道、省级频道和地市县级频道大都采用"广告支撑电视"的商业模式，各级电视台在全国、地区和地方市场上为争夺"注意力"和"广告资源"而相互角逐。由于中国并没有真正意义上的全国电视网，电视市场上的争夺实质上成为频道与频道之间的竞争。各个频道针对全年不同的时期进行时期性节目编排，没有固定的章法和规律，更多的是短期的战术和偶然性的决策。虽然中国的中央电视台和部分省级卫视在全

国的影响力和美国的全国电视网相差无几，但从数量上来讲，它们并非市场的绝对主力。由于各级频道都在不同层面上进行争夺，差异化、特色化成为频道更高的追求，中央电视台和省级卫视的"季播"策略难以对地方台的操作产生影响，2000多个频道之间几乎不可能协调统一，因此"应季"的节目编播不太可能转化为一种行业的操作规范，仅仅是"应时期"的编排方法。

在美国，以广告为主要收入来源的商业电视网和以"收视费＋广告"为主要收入来源的有线电视网以各自的方式聚集观众的注意力。对于有线电视来说，到达特定的细分观众群体比汇聚大规模观众更有价值，诸如ESPN、MTV和TNT等有线电视网更注重通过细分节目的开发和编排，培育忠实、稳定的观众群体，对季的概念相对不敏感，也无意与电视网在广告市场上展开正面的争夺。相对于有线电视，五大全国电视网旗下拥有数千个电视频道，再加上广告电视的"免费收视"模式，其在电视市场的影响力都明显强于有线电视网。在几十年的商业运作过程中，五大电视网已经在"映季"播出上形成了共识，将"收视季"作为一种相对稳定的运作规则，让"映季"从一个适应观众习惯的偶然事件而变成了一种引导观众习惯的约定俗成。

由此看来，中国的中央台和地方台之间是竞争关系，而美国的全国电视网和其地方附属台之间则是合作关系；中国中央台在全国的影响力来自于单频道的覆盖，而美国全国电视网的影响力则来自于在全国范围内的附属台的数量。相异的竞合关系，相异的覆盖方式，是中国电视频道和美国电视网在季播形式上产生差异的重要原因。

2. 不同的市场运作

虽然中国的中央电视台和美国的全国电视网都是全国性覆盖，但单个电视台对电视市场的影响力显然不如多个电视台组成的电视网；中央台和电视网对市场运作的不同参与程度同样会影响季播形式。

中美不同的市场运作方式首先表现在节目交易上。虽然中国的中央台和部分省级卫视具有较强的经济实力和资源优势，开发了大量优质节目，不过还是有相当一部分电视剧、综艺娱乐及其他非新闻类节目需要外购。在中国的节目交易市场上(例如各种电视节的节目展)，供交易的多为已经制作好的电视节目，电视台购买的多为节目成品。与此不同，在美国，虽然大多数全国电视网都有自己的制片机构，但他们还是会向独立的节目制作结构购买节目，只不过他们购买的多为节目的脚本和样片。

正因为节目交易的方式不一样，中国的电视台和电视网对节目制作的参与程度也不一样。在中国，虽然部分电视台也会通过合拍等方式参与到节目制作当中，但大部分只限于资金上的合作。在美国，从电视网购买了电视节目的草稿和样片之后，电视台对节目制作的参与程度会明显增大；通常在节目交易的初期阶段，电视网会凭借播出经验从数以千计的脚本中选择少量脚本，投入一定资金进行试拍；试拍出来的样片会进行新的一轮选择和淘汰，被选中的节目能够获得电视网的支持得以进一步的开发(包括委派更好的制作人、导演和提供更多的资金)；在经过几轮淘汰之后，有少量节目能够进入电视网黄金季的节目表，这时电视网会采取有限定制的方法，定制少数几集的节目（通常每次订购 6 集），准备在黄金季进行播出；节目播出之后，电视网会根据节目的实际收视率情况对节目投资进行调整，收视好的节目会得到整个季的订单，甚至能够优先进入下一季的节目表，收视不好的节目则在每年 1 月的特殊编排期之后被淘汰。

此外，两国的节目交易规则也大相径庭。在中国，节目制作商为了最大限度地利用节目资源，通常会选择将节目先卖给地方台，然后再出售给上星频道上播出；虽然近两年来部分实力派卫星频道频频采取独播剧、首播剧策略，借以控制市场上的优势节目资源，但总体来说，观众还是可以在地市级电视频道上看到许多首播的电视剧，对优秀剧目的播出频道和播出时间缺乏预期。相反，在美国，电视系列剧要在全国电视网中播放数年，累计集数达到 100 集以上才能进入辛迪加节目交易市场，有线电视网和地方台无力支持高额的节目制作费用，大多数时候会选择从辛迪加市场购买节目，由此，观众形成了一种共识，即优秀的剧目都会在电视网的“黄金季”中播出，对节目的播出平台和播出时期都有明确的预期。

可见，在中国，节目的交易和制作都没有以季播的时期安排为导向，有实力的电视频道也没有独立打造出“映季”收视习惯的能力，因此，观众和广告主难以预计电视台的长期播出安排和效果，电视市场上主要的三方还处于分离的状态。

（二）中美两国电视市场认同的差异——离合的三方

由于两国电视市场结构和运作方式的不同，即便是在中国市场上占据主导地位的电视台也无法通过一已之力将自己的季节性节目编排表变成整个电视市场的一种操作规范，观众和广告主不可能根据某个电视频道的季节性节目编排来确定自己的收视习惯和交易习惯，致使中国电视市场对季播的认同还存在着“离”与“合”的区别（图 12）。

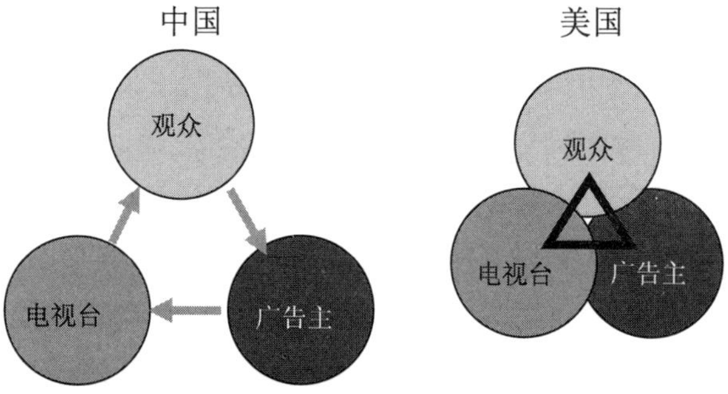

图 12　中美两国电视市场对季播的认同——离合的三方

在中国，电视台虽然也会按观众的时期收视需求进行节目安排，并对将要播出的节目进行预告和推广，但这种编排和推广通常是短期的、临时的、个别的，观众无法据此对整个电视市场的总体节目编排走势有所预期，收视行为比较随机和分散。正因为电视台的播出计划和观众的收视行为都缺乏可预期性，因此，广告主宁愿选择根据产品自身的营销季节和电视台短期的节目编排进行购买。

在美国，电视台顺应观众收视需求进行的节目编排已经得到了观众市场和广告市场的认同。观众对电视台的编排计划有大致的预期，形成了收视“约会”心理，虽然美国电视市场的竞争也日渐激烈，但观众的收视行为还使在“映季”编排的引导下，呈现出一定的规律性。节目播出和观众收视的可预期性，让广告主对按“映季”投放广告颇有信心，故而，大广告商们非常青睐根据电视网的“季播”节目表进行“季前购买”。

是否能获得市场各方的认同，让电视台从被动顺应观众收视变为主动引导市场运作，这是区别“应季”和“映季”播出的关键因素。在中国电视市场上，由于市场结构和市场运作方式的不同，让市场三方形成对“映季”的一致认同实属不易，美国商业电视网的“映季”播出不太可能全盘移植到中国。

五、中国特色的“应季”与“映季”共生

中国的经济和文化发展都面临着不可阻挡的全球化趋势，大众文化、节目形态以至于电视产业的运作规范行业模式等都会受此影响而变得国际化。不过，国际化并非是经济和文化发展的唯一趋势，在技术发展推动全球市场融合的同时，区域性的经济和文化特征日益彰显，本土化成为了与全球化相异而又并行的另一大趋势。中国的电视需要借鉴国外的先进经验和模式，但不同的市场、政策和文化环境又使得任何一种经验和模式要在中国市场上推行，都离不开本土化；具体到引进季播策略而言，适应中国市场特色的“应季”与“映季”的共生要比单纯的“映季”更适合中国的国情。

(一)借助强势媒体的优势节目培育“映季”和观众收视习惯

要实现“应季”与“映季”的共生，当然得让观众和市场对“映季”有所接受。这需要强势的电视媒体联袂用强势的节目打造具有特色的播放季，借以培育观众根据电视台的“映季”安排节目收视的习惯。就中国的实际情况来看，前一年暑假至次年春节之后的这一段时期，包含了一个黄金周、两个寒暑假和传统节日春节，在这几个支点的带动下，整体收视率要高于2—6月这四个月的时间。因此，强势的电视频道可以尝试将这一段时间进行连续编排，将观众在这几个节假日的诉求进行扩大和延伸，将目前“应季”编排的几个高峰期扩展为跨度8个月左右的中国收视市场的黄金季(图13)。

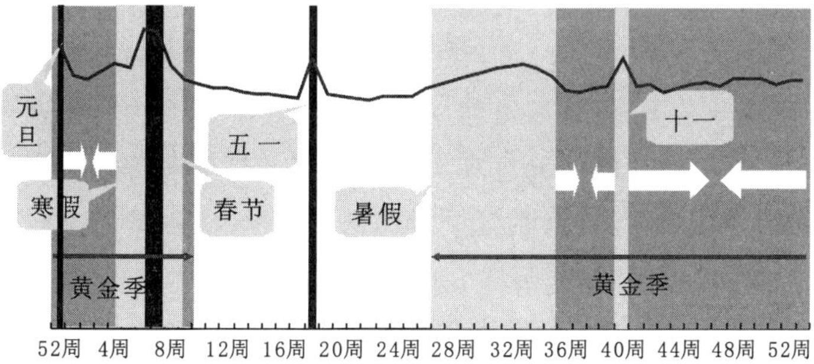

图13 基于“应季”开发中国电视市场的“黄金季”

要培育观众“映季”的收视习惯，必须有电视台的引导；在美国，观众收视习惯的培养是由数家全国电视网共同完成的；在中国，这一过程同样需要有影响力的全国性电视频道的协力。虽然“映季”播出的长期效果颇为诱人，但并非所有的电视频道都有能力推行，电视台的自身实力和电视市场本身的集中程度很大程度上决定了电视台在“映季”播出中承担的角色(图 14)。

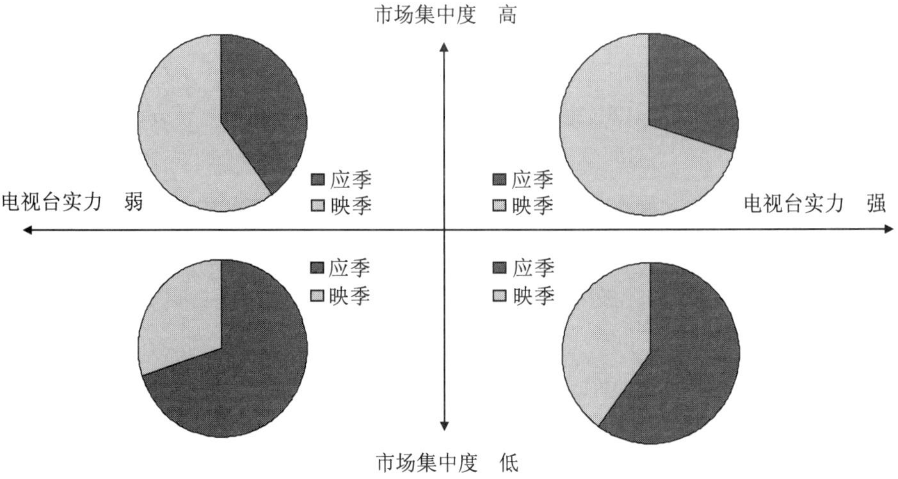

图 14　根据市场集中度和电视台实力选定季播形式

在市场集中度较高的市场中，少数实力较强的频道占据了绝大部分比重的收视份额，它们对观众收视行为和市场整体运作的引导能力很大；因此，这部分强势频道可以在培育“映季”收视习惯的过程中起主导作用，节目编排在兼顾“应季”播出的同时，更多地考虑对“映季”的培育。目前，中国的许多电视市场上都存在着明显的帕累托效应，市场中 20％的频道占据着 80％左右的市场份额，在培育中国的“映季”时，这部分频道应该扮演主导角色。

在这方面最具典型意义的是中央台和以湖南卫视、安徽卫视等为代表的省级卫视。目前在我国的全国电视市场上，20％的上星频道占据了 70％以上的收视份额，这部分频道主要由中央台的数个频道和湖南、安徽等省级卫视构成。近两年来，以中央台二套和湖南卫视等为代表的部分频道已经在培育“映季”方面做出了尝试，并且小有成效。以中央二套为例，在 2005 年的暑期，该频道利用青少年在夏季的收视增长进行特殊编排，构建了一个由大型活动牵头，在晚间安排真人秀和品牌栏目暑期特别节目的精编节目表。在《全家总动员》和《梦想中国》等真人秀节目的共同托举下，该频道 2005 年工作日的收视率较 2004 年有明显上升，使频道实现了自我成长，也有助于培育中国观众在暑期收看真人秀节目的收视习惯(图 15)。

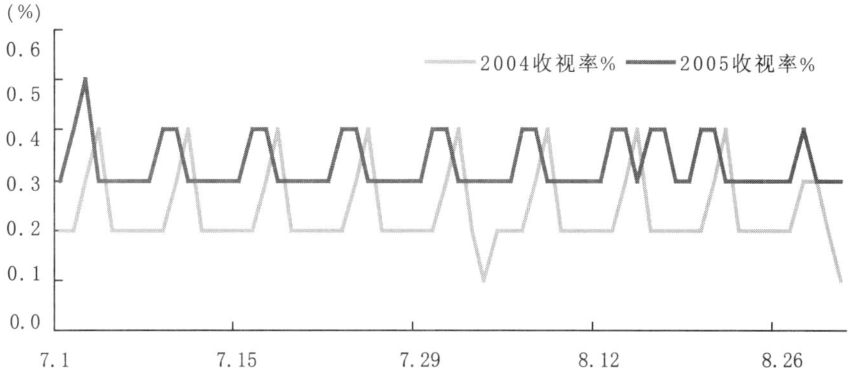

数据来源:CSM 媒介研究

图 15　2004 年和 2005 年暑期中央台二套全国 35 城市收视率对比

当然,这类强势频道在培育"映季"的同时,仍然不能放弃对资源的整合利用,借助观众的"映季"收视习惯,进一步提升频道"应季"播出的表现。以湖南卫视为例,该频道在与其他频道联手打造暑期真人秀节目收视季的同时,对"映季"的节目资源加以开发型利用,在"十一"期间再度整合超女的节目资源,取得了一定的收视效果(图 16)。

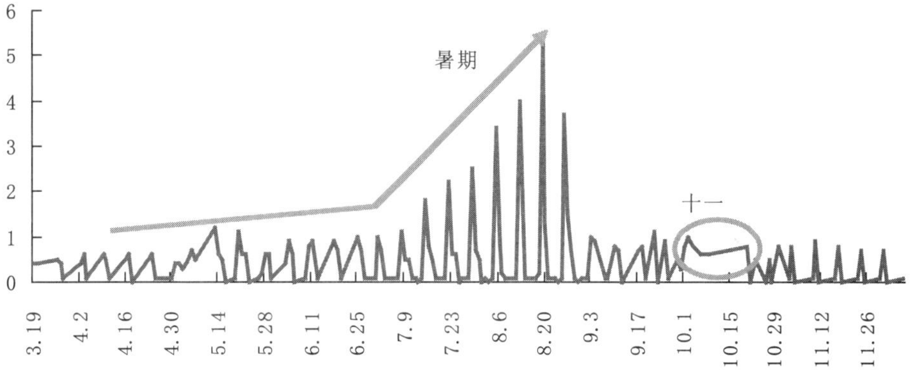

数据来源:CSM 媒介研究

图 16　2005 年湖南卫视《超级女声》全国 35 城市收视率走势

同样身处市场集中度较高的市场,但电视台本身实力较弱的电视频道则更多地可以考虑"搭便车"(free rider),在强势频道培育出观众"映季"的基础上,顺应市场的主流趋势,将"映季"编排作为自己的主要编排方式。不过,和强势频道相比,这部分频道对"应季"编排的重视度需要加强,毕竟全年的几个收视高峰期会带来观众注意力规模的大幅度提高,频道如果能够在"应季"编排中寻得差异化策略,凸现频道的品牌和特色,则有可能在特殊时期捕捉住更多的"游离观众",为频道的常规性编排打响声誉,进而改善频道的市场地位。对于目前在全国市场上排名靠后的省级卫视来说,这样的季播策略既能使其顺应市场潮流,又为其保留了咸鱼翻身的机会。

在市场集中度较低的市场中,电视频道之间的竞争比较激烈,几乎没有频道能对市场的整体运作产生影响，在这种情况下，实力相对较强的频道可以进行一些"映季"播出的尝试，树立自身的市场领导地位和形象，一旦市场的集中程度加剧，这些频道就有可能在市场上占据先机，以自身的编排对观众产生更大的影响。在这个市场上的弱势频道则更多地需要通过"应季"的特殊编排，增强自己对"游离"观众的吸引力，提高频道的影响力和知名度。总体而言，在市场集中度较低的市场上，"映季"的推行会相对困难，短期的"应季"策略对电视频道来说更加实用和有效。

（二）顺应广告主需求、与广告主合作培育"映季"广告销售

电视台的季节性编排要成为影响市场运作的"映季"，同样离不开广告主的认同和配合。电视观众收视的时期性特征与其消费的时期性特征有很大的关联。例如春节期间观众收视时间上扬的同时，观众对饮料、食品等的消费需求也有大幅度提高；又如世界杯期间男性观众的收视需求明显增加，与此同时，啤酒等产品的销量也大幅增长。广告主对于"应季"的广告投放非常有兴趣，电视台可以以此为契机，加强"映季"编排对消费市场时期变化的关照，从而赢得广告主的合作。

目前，中国的经济正处于快速成长期，市场竞争环境充满变数，市场垄断程度较低。在这种环境中，许多企业在广告经营和产品销售中并不会按常理出牌，他们会把握住任何一个机会来实现企业地位的飞跃式提升。由此，与偶然事件、个别节目相关的零时性、机会性市场显得非常有吸引力，要在中国的广告主中培育出广泛认可的"映季"广告销售周期同样非常困难。

对电视台来说，如果其大部分广告主的产品消费有明显的季节性，且广告主自身已处于成熟稳定期，对稳定的收视有明显的需求，愿意配合电视台的"映季"编排进行投放的话，电视台可以考虑加大"映季"编排的比重，同时通过少量的"应季"编排为广告主保留机会市场。这种策略对在全国电视市场上处于主导地位、广告主多为大型企业的中央台比较适用。

如果电视台广告主的产品有明确的季节性，但广告主更看重机会市场的话，电视台一方面可以通过打造良好的"映季"效果来吸引广告主进行规律性投放；另一方面，则可以加大"应季"编排的比例，让广告主有更多灵活投放的机会。对于那些广告主多为非季节性产品的电视台来说，对观众积极性收视的满足并不会对广告主的产品销售带来太大影响，这类电视台对"映季"编排的应用可以相对偏少（图 17）。

六、结语

季播策略的引入是我国电视业市场化、国家化发展过程中的一个趋势。电视台对季播的关注表明电视台已经不再满足于盲目地聚集"注意力"和单纯的"水涨船高"，它们更希望借助科学合理的节目编排方式，来深刻影响电视观众的收视行为，为电视市场开辟稳定的、长期的"注意力"资源。

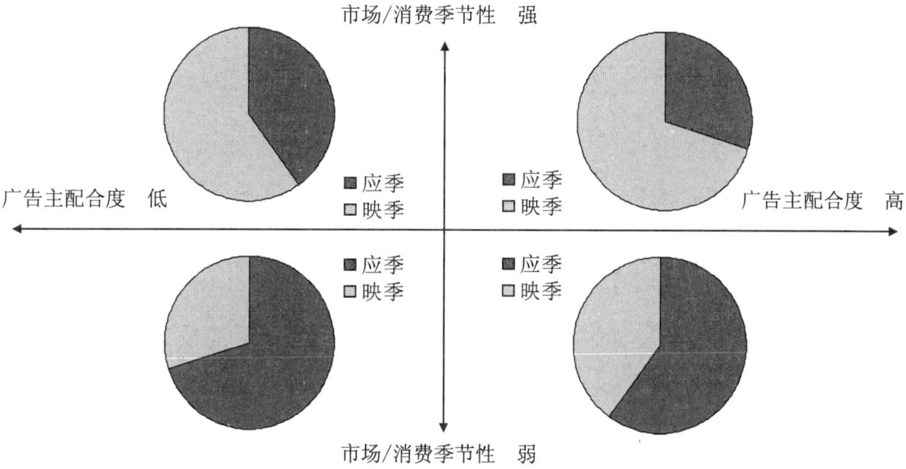

图 17 性强弱和广告主配合程度来确定季播形式

适应中国观众的收视习惯，将“应季”与“映季”相结合，能够取得“1＋1＞2”的效果。一方面，电视台可以借助“应季”的特殊编排，汇聚大量的游离注意力；另一方面，它又可以通过将“应季”时期的收视需求进行延展和扩充，培育出更长的“映季”，吸引观众长期关注，形成自己的稳定观众群。如此一来，“应季”播出的效果就不会再现于一时一季，而是会通过“映季”的连续性编排，扩展到全年，这对电视频道的品牌塑造，以至于整个电视产业的良性发展都颇有裨益。

在电视市场份额竞争加剧的时代，“应季”播出汇聚的游离注意力有利于扩大电视台的知名度和影响范围，是品牌价值的广度积累，“映季”播出培育的忠实观众则有利于加深电视台对观众和市场的影响力，是品牌价值的纵深发展。电视台在充分了解市场结构、观众需求和广告主意愿的前提下，将“应季”和“映季”有机结合，这或许才是中国电视台应该采取的季播方式。

"季播"再思考

左瀚颖

近两年,"季播"和"播出季"概念在我国电视市场上迅速升温。中央电视台经济频道自2006年暑期率先推出国内第一张暑期"季播"编排表以来,逐步打破"一年一表"的传统编播方式,成为"播出季"概念的主要倡导者;湖南卫视和东方卫视借助《超级女声》和《我型我秀》等大型活动,引进即拍即播、阶段制作的"季播"方式,并在栏目剧和电视剧的开发制作中进行了"季播"的创新尝试;重庆卫视则将观众节假日收视行为与频道的定位和资源相结合,以节假日特殊编排为契机试水"编播季"……一时间,"季播"成为电视编播创新的重要趋势,引致众多业内人士侧目。

大多数频道的"季播"策略因符合观众收视规律,且与节目创新相结合,在收视市场上颇有斩获,引致效仿者众。不过,各频道对"季播"的应用通常以自身定位、特色和优势为参照,各有侧重,并无定式,这虽然是频道差异化竞争之必然,却也让"季播"的概念变得含混不清。当数个频道从不同的角度、以不同的形式推行"季播"时,不少人会觉得"季播"只是概念的炒作,而忽略其背后深层次的市场意义。本文试图在阐释美国商业电视"季播"概念和国内"季播"实践的差异的基础上,对我国"季播"实践的效果进行总结和反思,以便拨开形式上的差异,探寻"季播"以市场需求为指针的实际内涵。

一、美国商业电视的"季播"——行业的约定俗成

在英文中,季(Season)指以天气或某种活动为特征而形成的时期(a period marked by weather or particular activities),这个概念被广泛地应用于美国社会生活的多个方面。在众多"季"中,有三类"季"对美国商业电视的实际运营有较为深刻的影响,并推动了"季播"模式的产生。其一为"假日季"(Holiday Season),以每年4月复活节、暑假和12月圣诞节为分界点,美国人的休闲生活和电视收视呈现季节性特征,其中暑假结束后的9月至次年5月为电视收视的旺季,而6月至8月则因观众大量出游而成为电视收视的淡季。其二为"收视调查季"(Rating Season),每年11月、2月、5月和7月进行的全国性收视调

查(Sweep)对全国性商业电视网的业绩评估、广告销售和维持附属台①规模具有重要影响,全国性收视调查期前后,尤其是处于收视旺季的11月、2月和5月成为了电视网编排的重中之重。其三为“体育赛季”(Sports Season),以美国职业篮球联赛(NBA)、美国国家橄榄球联盟超级碗冠军赛(Super Bowl)和美国棒球联赛(MLB)为代表的商业性赛事拥有固定的赛季和可观的电视观众,获得赛事转播权,并将赛事转播固化为电视网年度编排的重要部分,是美国商业电视网实现差异化竞争的重要策略。

受观众收视、市场调查和体育赛事等的“季节性”影响,美国的商业电视从节目制作和节目交易,到电视台的节目编排和节目评估,乃至商业电视产业链末端的广告销售相互协调、相互配合,形成了一个“产业季”(Industry Season),其中与节目编排和播出相关的“季节性”操作方法即被称之为“季播”(Season Broadcast)。尽管“Season Broadcast”一词经常出现在美国商业电视网的节目编排计划之中,且各大商业电视网也绞尽脑汁地希望用独有的节目资源使自己的“季播节目表”(Season Broadcast Schedule)与众不同,但这并不意味着“季播”对于美国商业电视网而言是一个个性化的、差异性的概念。事实上,“季播”是美国商业电视网顺应观众收视习惯和市场运作规律而产生的一种行业性的“约定俗成”,真正决定商业电视网市场表现的是其在“季播”的整体框架下,针对观众偏好和市场竞争而采取的差异化策略,如何在“合适的时间、合适的地点向特定的目标观众传递合适的节目内容”才是商业电视网最为关注的话题。

与观众收视习惯、节目制作周期和节目交易模式等相适应,在“季播”的“约定俗成”下,美国商业电视网在节目制播方面出现了一些固化特征,其中最具代表性的是节目“时期性编排”、“即拍即播”、“阶段性播出”和“固化的带状编排”。“时期性编排”是指电视网会根据观众的收视习惯和收视群体的变化,在一年的不同时间段安排播出不同类型的节目。“即拍即播”是指美国商业电视网的大多数首播电视节目(主要包括综艺节目和电视剧)采取每周播出、即拍即播的方式,制作人员会根据上期节目的收视效果和观众反馈意见对下期节目的制作进行调整(例如电视剧的剧情走向),随时保持与市场需求的一致性。“阶段性播出”是指商业电视网的大多数节目会在收视季的固定时期进行阶段性播出,在前一个“收视季”(根据观众收视习惯而确定的收视年度)有良好市场表现的节目会获得在下一季播出的机会,而收视表现欠佳的节目则会被淘汰;某节目在同一个“收视季”中播出的内容会被统称为一个“季”(类似于中国电视剧中的“部”或者电视活动中的“届”),为保证前后“季”节目收视的延续性,阶段性播出节目通常比较注重节目结构的稳定性(例如系列剧的集数)以及内容情节的连续性和悬念性。“固化的带状编排”则是指同一电视网的节目编排,尤其是晚间黄金时段,通常采取周播带状编排的方式,新节目或者老系列节目的新一季会被安排在收视旺季晚间黄金时段的整点播出,便于观众在“固

① 美国全国性商业电视网并非通过在全国各地创办或者收购电视台来实现全国覆盖,而是通过与地方商业性电视台达成契约性合作,通过在固定时段(尤其是晚间黄金时段)向地方电视台提供节目,而达成自身的全国影响。附属台的数量、附属台在本地市场的竞争力等都会影响到电视网在区域甚至全国市场的表现。在全国性收视调查中表现较好的电视网更容易赢得强势地方台的青睐。

定”的时间和地点找到自己喜欢的节目。上述固化的节目制播策略有利于吸引观众收视、培育观众忠诚，为我国部分本土电视频道所借鉴，由此掀起了“季播”风潮。

二、中国部分频道的“季播”——个性化突破尝试

和美国商业电视约定俗成的“季播”相异，目前国内部分频道所倡导的“季播”实质上是各频道借鉴美国商业电视网成功的节目制播经验，结合自身的资源和定位特点而推出的节目制播策略。由于中美两国电视产业结构存在着根本性的不同，美国商业电视网习以为常的、产供销全面配合的“季播”模式不可能全盘移植到中国；不过面对中国电视市场日渐激烈的频道竞争，部分频道率先举起“季播”的大旗，借鉴美国商业电视网的部分编播经验，融合自身在频道定位和内容资源等方面的个性化特点，更贴近和针对性地满足观众市场需求，确实是国内电视节目编播的一大进步。剖析以中央电视台经济频道、湖南卫视、东方卫视、重庆卫视和安徽卫视等为代表的电视台或频道所推出的个性化“季播”策略，可以发现各台推行“季播”的核心目标仍然在于更好地使电视节目制播与观众市场需求相契合。

作为最具创新活力的中央级频道，中央电视台经济频道在 2006 年暑假首推“季播”编排表，并在随后一年中推出四张季节性编排表，是“时期性编排”的典型代表。针对不同时期观众结构和收视倾向的变化安排不同的电视节目，对提升中央电视台经济频道的市场地位产生了明显的作用。以 2006 年暑假为例，在采取了“季播”编排表之后，频道对 4—24 岁青少年群体的吸引力明显增强，市场份额明显提高，由此也带动了频道在整体市场中的表现(图 1)。2007 年暑假，中央电视台经济频道再度推出“季播”策略，整合频道《欢乐家庭》《全家总动员》和《非常 6＋1》等优势节目资源，并针对青少年群体量身打造《影视黄金眼》。虽然从目前的数据来看，2007 年的“暑期”编排在市场相对竞争力上不及

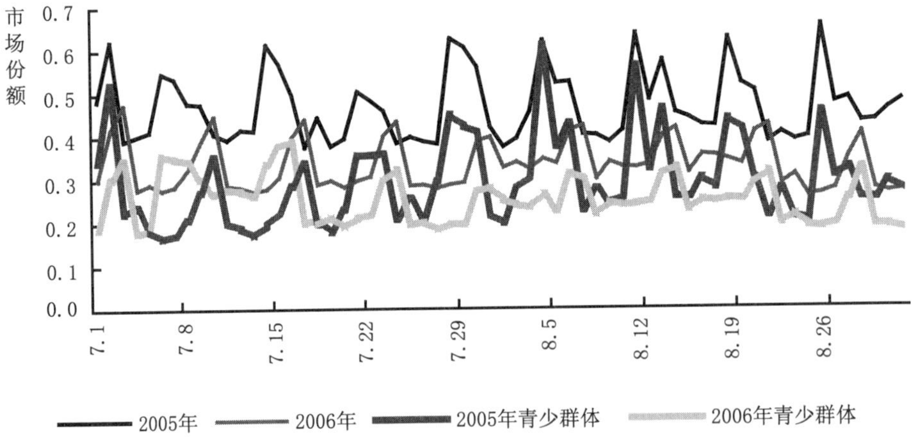

数据来源：CSM 媒介研究

图 1　2005 年和 2006 年 7—8 月中央电视台经济频道市场份额表现

2006年,但从频道集合台内资源,并为"激情夏日"量身打造主题曲的操作方式来看,依据观众时期性收视规律进行"时期性编排"在未来一段时间内仍会是中央电视台经济频道持续摸索和完善的编播策略。

中央台经济频道在整体节目编排中进行"时期性编排"的同时,还借鉴美国"季播"的经验,对自己的品牌节目制播进行了一定程度的改造。以频道的品牌栏目《幸运52》为例,2007年6月该节目在进行新一轮的改版时提出将正式引入"播出季"的概念,会根据不同的内容选题对节目进行"季"的划分。虽然作为一档常态性周播节目,《幸运52》所提出的"播出季"更多的是一种主题性、系列性的策划编排,与美国商业电视网节目"阶段性播出"而形成的"季"有明显的差别,不过节目能够根据社会热点和观众注意力的迁移而确定节目在不同时期的关注点,确实也是节目顺应观众收视需求的一种进步。

在"季播"的引入方面,湖南卫视和东方卫视是"即拍即播"和"阶段性播出"的倡导者。两大频道在近几年推出的《超级女声》《名声大震》《我型我秀》《加油!好男儿》和《舞林大会》等具备"即拍即播"和"阶段性播出"特征的大型电视活动一度在我国电视市场上掀起综艺节目收视狂潮,在推动节目形态和内容创新的同时,也让业内人士感受到了"即拍即播"和"阶段性播出"的好处。上海东方卫视《舞林大会》的制片人在介绍《舞林大会》的开创过程时就曾表示,采取"即拍即播"的方式,可以让节目制作人在节目制作过程中随时根据观众市场的反馈信息调整节目的制作动向,在节目内容选题和环节设置上不断进行创新,例如《舞林大会》本地版在制作开发的过程中,就出现过根据观众的意愿,增加复活赛环节,拓展节目周期的情况,在当地观众市场引起了巨大的反响。事实上,在近几年多档选秀节目力拼市场的过程中,不难发现节目不断根据观众意见和竞争对手表现,对活动的环节设置和规程设置进行微调的现象。"即拍即播"不仅让节目制作更贴近市场需求,也让节目制作充满了创新活力。而今,"即拍即播"已经突破了娱乐选秀节目的范围,向电视剧等节目的制作领域延伸,东方卫视播出的《青蛙王子》就是典型例证。在"2007—2008年电视剧项目推介会"上,部分电视剧制作人指出制播双方应该从电视剧制作前期就开始互通供需,体现出了电视剧制作方对市场需求的日渐看重,显示出"即拍即播"进一步发展的空间。

"阶段性播出"是大型选秀活动另一大突出的编播特征。尽管在《超级女声》等娱乐选秀之前,部分中央级频道和省级卫视也曾组织过阶段性的专业比赛或活动(例如中央电视台主办的"青年歌手大奖赛"),但"阶段性播出"并没有成为一种特色的编播策略。2005年春夏之际,《超级女声》和《我型我秀》等选秀节目的阶段性播出,打破了中国观众的常规收视习惯,某种程度上创造出了一个"选秀节目收视季",使人们看到了"阶段性播出"在引导和培育观众收视习惯方面的巨大作用;与此同时,"阶段性播出"改变了电视剧播出"一次性"和常规栏目播出"无间歇性"的弊端,既有利于促成频道在不同时期(尤其是年份)收视的连续性,也为节目的创新和改造提供了足够的时间和空间。目前,为"阶段性播出"的节目冠以"季"的名号渐成风尚,湖南卫视的栏目剧《爱情魔方》,安徽卫视的情感真人秀《第12夜》等都以"季播"为重要卖点,体现出其随时关注观众市场需求,积极创新和改进的姿态。

在进行季播实践时，湖南卫视还结合频道品牌定位突出、自办栏目众多的特点，在“带状编排”方面进行了一些尝试。2007年初，湖南卫视推出“4＋3季播编排模式”，总体编排采用“4＋3”的季播形式呈现。其中“4”是指周一至周四按月度特色活动为主的带状季播栏目（按季度播出），如《变形计》等；“3”则指周五至周日以点状活动和栏目的跨月播出模式，如《快乐大本营》《越策越开心》《背后的故事》等阶段性主题活动。从2007年第1季度湖南卫视的收视情况来看，湖南卫视的季播编排策略有得有失，其中带状即播的部分栏目，例如《快乐新年》、《好运连年来》和《超级社区》等因为缺乏收视的连续性、进程感和悬念性而未能培育起观众的习惯性收视，效果欠佳。尽管如此，湖南卫视对“带状编排”的尝试还是具有极好的先导意义，它一方面打破了我国电视市场上日渐趋同的编播常规，另一方面则引发了人们对“季播”节目的形式和内容的深层次思考。在尝试“季播带状编排”的同时，湖南卫视还在2007年年初打出“创新季”的旗号，在午间播出的节目《播报多看点》中，让《明星出戏》《我是谁》《超级社区》和《开心茶吧》等一系列新项目样片以新闻串剪、带状播出的方式试水一月，通过多种渠道收集观众市场反馈意见，与美国商业电视对系列剧节目进行试播和淘汰的操作方式有异曲同工之妙。

总体而言，我国的电视频道在引进“季播”经验时，根据自身的定位和资源条件，或以现有资源整合利用与“时期性编排”为主（例如重庆卫视），或以节目制播整体创新为形式（如湖南卫视），形成了各自鲜明的特色。尽管将美国商业电视网在约定俗成的“季播”模式下所形成的一些制播习惯或策略等同于“季播”，有些“偷换概念”的嫌疑；但在我国电视市场竞争日趋激烈的现实条件下，更密切地关注观众市场的需求变化，以打破常规的特色编排策略吸引观众“注意力”，的确推动了频道地位的提升，也让频道在收视市场和广告市场竞争，乃至自身建设和发展中都有所收获。

三、“季播”尝试的利与得——概念的力量与机制的改良

产生于美国成熟商业电视体系的“季播”经验与处于市场化进程中的中国电视媒体相对接，必然会引起利弊与得失的争论。“季播”作为美国商业电视网顺应市场环境的约定俗成，强调对市场需求的适位和满足。在中国特殊的媒体体制和环境下，对市场需求的强化往往伴随着对媒体社会功能弱化的批判，在采取“季播”策略的过程中，媒体过度地强调和迎合市场需求，成为了“季播”最可能存在的弊与失。不过，作为一种制播策略，“季播”本身并没有内容趋向和意识形态色彩，电视媒体在推行“季播”时只要能保证内容选择的导向正确，就可以更好地实现“季播”所带来的利与得。有关各频道“季播”编排的实际效果，以及“季播”具体制播策略所具备的优势，已有不少业内人士或研究者进行了精辟的分析和归纳，[①]在此不再细述；结合“季播”对媒体市场表现以及内部建设的影响，

---

① 具体可参考徐立军、袁方主编：《电视播出季——频道编播创新》，中国传媒大学出版社2007年版；王永连：《节目“季”播的优势分析》，《南方电视学刊》2007年第1期；王云峰：《电视季播模式的认识与探索》，《中国记者》2007年第8期等。

本文把“季播”的利与得概括为“概念的力量”和“机制的改良”。

中国电视市场的频道竞争已经非常焦灼，内容同质化和编排同质化的现象日趋明显，频道要在众多竞争者中脱颖而出，往往需要给观众一个特殊的收视理由，给广告主一个非传统的投放驱动。虽然“季播”并非一个概念的炒作，它在中央台经济频道和湖南卫视等电视媒体中已经进入了深层实操的阶段，但不可否认的是“季播”是一个新概念，是电视媒体更贴近地满足市场需求的一种态度表达，为观众和广告主提供了新的期待。如果细观目前较流行的“季播”策略，不难在我国传统的电视节目编排中发现“季播”的影子，例如部分频道推出的季节性编排表与传统的“特殊编排”如出一辙，大型选秀活动或电视剧中推行的“季”与传统电视节目中的“部”、“系列”等异曲同工。不过，将这些传统的编排形式以“季播”的概念加以整合，再配以更全面的市场调研、更立体的市场推广和更多元的广告营销，就可以构造出一种不同于以往的制播模式，在观众市场和广告市场上引起关注。近几年来，部分频道进行的大型选秀活动季播对观众收视习惯和期待的影响，以及部分频道以“季播”为契机与广告主达成的更深入和系统的营销合作，充分体现了“季播”作为一个新概念的力量。

在整合资源，为观众收视和广告销售提供新的“由头”的同时，“季播”策略的采用还促成了电视媒体内部的机制改良。从美国商业电视网的“季播”经验来看，“季播”效果的达成并非节目的简单组合和排列所能实现的，它必须协调节目选择、制作和节目评估等多个环节才能发挥效用。在我国大多数电视媒体中，受传统机制的限制，节目选择和制作与节目编排的关系并不紧密，节目评估相对滞后，不少频道在进行节目编排时，只是针对自己现有的节目资源“看菜下饭”，缺乏对市场需求的沟通和把握。在采取“季播”策略之后，尤其是在推行“即拍即播”和“阶段性播出”等策略之后，频道强化了对市场需求的关注，使节目制作、节目编播和节目评估形成了一个有机的整体，提高了频道的整体运作效率。以湖南卫视为例，其“创新季”策略的推出，使节目在正式面世之前就经历了市场的考验，为其节目制作和创新提供了丰富的参考信息，充分调动了节目制作人员的积极性和责任感，也减少了节目制作和开发过程中的资源浪费。

“季播”作为舶来的经验，其与中国电视媒体实践的结合必定会经历本土化和适位的过程。中美两国迥异的媒体市场结构和观众收视习惯，使“季播”的引入并非简单的形式拷贝，而是一个整合节目制作、播出和评估等多个环节的系统工程，季播“利与得”的实现还有待进一步的摸索和尝试，以及市场实践的检验。

四、对“季播”的反思与期待——“不管黑猫白猫，抓到老鼠的就是好猫”

“季播”尝试推行近两年来，业内人士对其密切关注，也提出了不少质疑。如果从概念的角度来讲，我国部分媒体推行的“季播”策略与美国商业电视约定俗成的“季播”相比，更多的只是“形似”，在资源整合利用方面也没有太明显的改善，因此部分业内人士认为现行的“季播”只是“新瓶旧酒”也实属正常。在越来越多的频道推出自己的“季播”策略，业内人士对“季播”的关注进一步升温之时，对我国“季播”探索进行反思，剖析其实质，探寻其未来极有必要。

对比我国部分频道推行的“季播”与美国商业电视网约定俗成的“季播”，最明显的一个区别就在于我国的“季播”是个别频道的行为，而非整个行业的行为。各个频道从自己的角度对“季”进行界定，并围绕“季”展开节目制播，这虽然有利于频道的差异化竞争，却并不能很好地像美国商业电视网的“季播”那样塑造出观众的媒体消费习惯和广告主的媒体购买行为。尽管美国各大商业电视网都会根据自己的定位、内容资源和目标观众制定不同的“季播”节目编排表，但总体而言，各大电视网都认同收视“旺季”和“淡季”的划分，也以实际行动认同了在9月前后推出重头系列剧/节目和晚间黄金时段带状编排等常规方法，有效地培育出了观众收视的约会意识，对广告主的广告投放和排期行为有明显影响。相比较而言，我国个别频道推行的“季播”呈现出各自为政的局面，各个频道阶段性节目播出的时期并不重叠，甚至连同一个频道系列节目的播出时期也不固定，对观众收视预期的培养更多地依赖于大规模的宣传和营销，难以形成习惯性收视约会。总体来说，目前我国尝试的“季播”策略尚不具规律性和规模性，对电视收视和广告市场的整体影响还比较小，这是我国“季播”进一步发展面临的最大的问题。

在缺乏规模性，缺乏行业的整体支撑的情况下，内容支撑薄弱成为了我国“季播”面临的又一瓶颈。在美国商业电视体系下，电视网在“季播”中固定的只是一些编排策略和节目形式，其内容选择拥有广泛的余地。以电视剧为例，在“季播”的整体框架下，美国电视剧的剧本创作、样片交易乃至后续制作等环节也具备时期性，与电视网的“季播”要求紧密配合；在收视旺季开始之前，电视网可以从数以千计的脚本中挑选出最具竞争力的进行试拍和试播，以保证在收视旺季开始时，能够在固定的时段推出最具竞争力的系列剧。择优而用的节目内容是各商业电视网“季播”编排竞争力的保障。与美国商业电视的操作方法相异，我国部分频道推行的“季播”往往在频道现有的资源或者少数为“季播”定制的节目上做文章，内容选择余地较小，市场效果难以获得保障。不管频道采取什么样的“季播”策略，“季播”终究只是一个节目编排形式，吸引观众收视的关键还是节目内容。《超级女声》和《舞林大会》等“季播”节目的成功，关键还在于其内容对观众的吸引力，而并非其采用的“阶段性播出”的形式。

虽然“季播”面临着上述的问题和困境，但作为我国电视媒体顺应市场需求的一种策略选择，“季播”在未来的电视市场上还将有一定的发展空间。必须强调的是，中美电视市场的明显差异使美国的“季播”模式不可能全盘移植到中国，最简单的一个例证就是美国电视剧一周播一集的做法在中国观众市场上根本行不通（中国观众已经习惯了电视剧连续性、大容量收视），因此，对于中美“季播”在概念上的一致性并不用太多苛求。美国商业电视网在“季播”的大背景下形成的各种制播策略，其最根本的目的还是在于在“合适的时间、合适的地点向特定的目标观众传递合适的节目内容”。中国的电视媒体在学习“季播”经验时，如果能借鉴这一目标，将观众需求作为节目制播的重要参考，就很可能在市场化过程中取得新的发展。邓小平在我国经济体制改革中曾指出“不管白猫黑猫，抓到老鼠就是好猫”，不同形式的“季播”还是值得我们期待。

节目创新与收视

节目流变，谁主沉浮

——多元因素驱动下的中国电视综艺娱乐节目发展脉络梳理

周欣欣

自1958年5月1日中国第一座电视台——北京电视台正式试播开始，包括综艺娱乐节目在内的中国电视节目已走过了五十多年的风风雨雨。而作为最受广大受众青睐的节目形态之一，电视综艺娱乐节目以其不断创新和富于变化的内容及形式，在节目播出和收视市场上逐步扩大自身的影响。2008年，电视综艺娱乐节目以3.9%的播出份额获得了7.3%的收视份额，高达84%的资源利用效率再次昭示了节目的强大适应性及生命力。作为多种电视表现手法和内容元素的集大成者，综艺节目受到了广泛的受众关注，因而在社会文化层面极易形成流行的趋势并与社会心理、社会理念及社会结构相互影响、相互作用。因此，本文对我国电视综艺娱乐节目的分析研究就具有较强的现实意义。

综观我国电视综艺节目五十多年来的发展历程，其节目形态的兴衰演变所折射出的不仅是节目制作水平的进步和节目创作水平的提高，在节目内容与形式演变的背后，社会经济转型、社会结构变动、社会心理需求驱动和电视生产方式变迁，都驱动着电视综艺娱乐节目不断发展演进。社会经济转型是电视综艺娱乐节目产生与发展的动因和推动力量，计划经济以及与之相配套的财政拨款机制，限制了电视文艺节目创作的种类和数量，市场化和商业化则为电视机构提供了新的营利模式，而经济发展的不平衡又使电视综艺娱乐节目率先在经济较为发达的地区走在了创新的前列，在追求市场利益和维持节目自身的公信力之间，电视媒体一直在寻求自身的平衡。与社会经济转型举头并进的是社会结构的变迁，社会利益和价值判断的一元化状态使电视综艺娱乐节目呈现出单一化的特点，当中国社会开始由总体性社会向分化性社会转变时，囊括多种娱乐形式和娱乐元素的“综艺”类节目则开始受到观众的推崇和喜爱。社会中间阶层的出现使他们的行为模式、价值取向和审美方式成为综艺节目展示给普通大众的重要内容，随着“大众”阶层的不断壮大以及这一阶层娱乐需求的增长，在内容上专门关注其需求的电视综艺娱乐节目则适时兴起。在社会经济转型和社会结构变迁的背后，受众的社会心理需求则像一只看不见的手，引导着电视综艺娱乐节目不断发展变化。从以传者为中心到以受者为中心，电视综艺娱乐节目沿着受众的娱乐需求的分化而不断细分、不断创新。以电视技术水平为代表的电视生产力决定了电视综艺娱乐节目制作所能运用的技术手段、所能使用的融合手法以及电视综艺娱乐节目播出所能覆盖的范围，在特定的生产力发展水平之下电视综艺娱乐节目则发挥出不同的文化功能，以适应生产力发展的需要。在不断发展的电视生产力水平和不断调整与之相适应的电视文化功能之下，我国的电视综艺娱乐节目走出了自己的发展之路。

本文针对我国电视综艺节目发展的历史脉络，从社会发展的宏观角度，结合综艺节目内容、形式和取向的变化，分析综艺节目发展背后深刻的社会、经济、文化、心理背景，从五十多年节目内容及形式的变迁中力图挖掘出我国媒介结构、媒介功能及传媒文化等的变迁，探讨电视综艺娱乐节目发展的前景和方向，以期为繁荣综艺节目、丰富节目内涵、引导节目健康发展提出相应的对策建议。

一、社会经济转型影响下的电视综艺娱乐节目

1958 年 5 月 1 日，北京电视台（中央电视台的前身）正式试播，这一年也是中国实施第二个五年计划的第一年，中国开始摆脱苏联经济建设模式，走中国自己的经济建设道路。虽然从 1949 年新中国建立到 1957 年底第一个五年计划完成，我国国民经济在战争的废墟上获得了恢复并取得了令人瞩目的成就，但总体发展水平仍然较低，在此基础上建立的各种文化设施也发展落后。与此同时，从北京台成立直至之后的 20 年间，电视台作为宣传机构，其所有开销均由国家财政和地方财政支付，收入和支出与市场完全剥离，文艺创作缺乏内生动力。因此，这一时期的电视综艺娱乐节目主要是以诗歌朗诵、独唱、独舞等为代表的演播室演出和著名表演艺术家的剧场实况转播为主。1960－1962 年三年自然灾害期间，由于对“休养生息”的需求增强，包含了相声、话剧片段、小品等的“笑的晚会”三次播出，但最终没有继续发展下去。而“文革”十年，经济衰退与政治动乱，电视综艺娱乐节目全面退化，电视荧屏只有八个革命样板戏、语录歌和三部电影（《地道战》《地雷战》《南征北战》）。在这样的条件下，加之经济发展水平所限，电视机的普及率较低，电视综艺娱乐节目的娱乐功能只能得到有限的发挥。

以 1978 年的中共第十一届三中全会为转折点，中国经济以改革开放为动力，开始走有中国特色的社会主义道路，经济进入快速发展的轨道。与之相适应的是，在电视经营领域，开始注入市场化的商业气息。1979 年 1 月 28 日 12 时 05 分，上海电视台播出了一个介绍与推销参桂补酒的幻灯片，时长 1 分 30 秒，成为我国内地首条电视商业广告，标志着中国现代广告市场的复苏。同年，中宣部发文对新闻单位播发商业广告的行文认可，广告开始成为电视台的主要盈利模式，电视台的财务体制由全额预算改为差额补助，1984 年又进一步变为预算大包干，电视机构收视开始走向自主。经过二十多年经济的高速发展，电视机构有了充裕的资金去制作娱乐节目，老百姓也有灵活的休闲时间去消费娱乐节目，我国的电视综艺娱乐节目获得了迅猛的发展。

改革开放之初，伴随着经济的恢复和发展，首先复苏的电视文艺节目在整体创作水平和舞美设计等方面都较之前上了一个新台阶。这一时期，“春晚”、《综艺大观》等凝聚了精美的舞台设计和大牌明星精湛表演的综艺晚会类节目获得了蓬勃发展。1978 年 2 月 6 日，北京电视台恢复春节晚会，虽然规模不大，但在观众中获得了巨大反响。1979 年除夕，已经正式改名的中央电视台播出了《迎新春文艺晚会》，李谷一的一曲《乡恋》传遍

了大江南北。1983 年，中央电视台播出了第一次大规模的春节联欢晚会，自此，春节联欢晚会作为一种习惯的节目形式在除夕之夜保留了下来，成为一种新民俗。1990 年 3 月 14 日，在《周末文艺》及其后的《文艺天地》的基础上，《综艺大观》正式播出了，它以稳定的主持人、短小精悍的节目和精巧灵活的编排令人耳目一新，成为非节假日播出的“小春晚”。随着改革开放的深入和经济发展水平的进一步提高，展示中国以外的外部世界的电视综艺娱乐节目开始出现，其中最具代表性的就是中央电视台与泰国正大集团联合制作的《正大综艺》，该节目于 1990 年 4 月 21 日开播，最初由世界真奇妙、五花八门、名歌金曲、正大剧场等板块组成，为观众展示其所不知的奇妙的世界，满足了观众的好奇和求知心理。

20 世纪 90 年代之后，社会经济发展的不平衡使传媒发展也出现了区域差异，在经济较为发达的沿海城市或政治经济中心城市，电视综艺娱乐节目首先转型，获得进一步的发展。1993 年，东方电视台打造了一档全民参与的游戏节目《快乐大转盘》，以“娱乐＋搞笑”的形式令观众耳目一新。1997 年，湖南卫视的《快乐大本营》以其青春、快乐的风格在中国电视娱乐版图中迅速扩张，“明星＋游戏”的模式带动了中国电视综艺娱乐节目在形式上和理念上发生了变化。

进入 21 世纪，随着市场化进程的加快，电视传媒对经济利益的追求被提到了前所未有的高度。电视综艺娱乐节目作为商品，必须要迎合电视观众消费的需求。在市场经济条件下，只有那些能够被大众所接受的综艺节目才能保持较高的收视率，赢得市场占有率，从而提高节目的经济效益。电视台作为综艺节目的生产者，更愿意生产满足大众娱乐消费需求的综艺节目，从而不断地追求节目的内容和形式新颖，真人秀类节目广泛兴起，其最早雏形是 2000 年 6 月 18 日广东台推出的《生存大挑战》。此后，真人秀类节目在我国呈阶梯式发展。第一阶段，由 2000—2003 年，电视荧屏上的真人秀节目以“野外生存挑战”类为主，中央电视台的《金苹果》、浙江卫视的《夺宝奇兵》、贵州电视台的《峡谷生存营》、中央电视台的《欢乐英雄》等纷纷亮相。2003 年 8 月 10 日在贵阳召开了“2003 年中国真人秀论坛”后，我国的电视真人秀节目开始走向多元化，第二阶段选秀类真人秀全面兴起 2003 年中央电视台经济频道的《非常 6＋1》2004 年湖南卫视的《超级女声》、中央电视台的《梦想中国》、东方卫视的《莱卡我型我秀》等。2006 年，中国电视真人秀节目进入到前所未有的繁荣期，除了上述节目以外，广东卫视《空姐新人秀》、天津卫视《化蝶》、山东卫视《天使行动》、福建东南卫视《搜狗女声》、山西卫视《男人大典》、安徽卫视《超级新秀》、重庆卫视《第一次心动》、北京卫视《红楼梦中人》、广西卫视《寻找最美丽新娘》、湖北卫视《花落谁家》、江苏卫视《绝对唱响》等真人秀节目竞相绽放荧屏。但在社会经济转型的背景下，追求市场和利益的综艺节目生产方式，一方面使电视综艺娱乐节目获得了新的发展繁荣；另一方面也导致大量同质化节目兴起引起观众审美疲劳，同时为了片面追求高收视率也导致了电视综艺娱乐节目低俗化的出现，这都使电视综艺娱乐节目自身的发展遭遇了瓶颈。

2008 年，在雪灾、地震、北京奥运等重大事件面前，电视综艺娱乐节目进入蛰伏阶段。

从第三季度开始，电视综艺娱乐节目经过调整和积蓄，开始爆发出新的亮点，游戏闯关类、K歌比赛类、魔术表演类、曲艺集锦和表演类以及综合娱乐类节目相继登场，在金融危机之下再次显现“口红效应”，电视综艺娱乐节目进入新的发展阶段。

二、社会结构变迁影响下的电视综艺娱乐节目

改革开放以前，中国社会阶层结构相对比较简单，城乡二元的社会结构限制了人们的正常流动和身份变化。在这样一个计划经济体制下的大而统的社会中，政治、经济、意识形态三个权力中心高度重叠，社会利益和价值判断趋于一元化状态。在这样的社会结构中，电视综艺娱乐节目呈现出单一化的特点，以诗歌朗诵、独唱、独舞、独角戏、笑话等形式播出，是电视媒体娱乐功能的最早体现。1958年5月1日，北京电视台正式试播的这一天，在五一座谈会之后，最早的电视综艺娱乐节目即开始上演，诗朗诵《工厂里来的三个姑娘》《大跃进的号角》，舞蹈《四个小天鹅》《牧童与村姑》《春江花月夜》是我国最早的电视综艺娱乐节目类型。1960—1962年三年困难时期，政治、思想、文化领域的政策调整使文化界出现了某种松动，三次“笑的晚会”闪亮登场。1961年8月31日播出的第一次“笑的晚会”节目内容完全是相声。1962年1月20日播出的第二次“笑的晚会”虽然仍以相声为主，但增加了如话剧片段、独角戏、洋相和笑话等其他喜剧节目。在此基础上，1962年国庆前夕，第三次“笑的晚会”播出了，此次晚会变成以小品表演为主，演员阵容强大，节目多为即兴表演，未经审查。此次晚会播出后引起巨大争议，适逢重提阶级斗争的党的八届十中全会刚刚结束，社会思潮进一步左倾，此次晚会受到批判，此后停止播出。“文革”十年，文艺界百花凋零，活跃在荧屏上的电视综艺娱乐节目仅限于革命样板戏、语录歌和革命电影。

随着文化大革命的结束和中国经济体制改革的进行，中国社会全面转型，中国的社会阶层结构也发生了很大的变化，开始由总体性社会向分化性社会转变。转型时期中国社会的阶层结构以农民的分化为起点，广泛覆盖并迅速渗透到原有的或新生的社会各阶层中去，社会利益的多元化渐趋明显。在这样的社会结构中，囊括多种娱乐形式和娱乐元素的“综艺”类节目开始受到观众的推崇和喜爱。以“春晚”、《综艺大观》为代表的集音乐、舞蹈、曲艺于一体的电视综艺娱乐节目满足了观众更加丰富的娱乐需求，在这一时期获得了较快的发展。以1984年的春节联欢晚会为例，此次晚会发生在“清除精神污染”之后，鉴于中共中央提出了“一国两制”的构想，此次晚会大胆邀请港台明星、主持人参加。在节目形式上此次晚会囊括了歌舞杂技表演、豫剧、京剧、粤曲、越剧、相声、评书等多种形式，并有海灯法师武功、侯家气功表演等节目，历时6小时，节目形式和内容都非常丰富。

20世纪80年代中期以后，随着生产力水平的不断提高，在社会中出现了一批在经济和文化上处于上升状态的“中间阶层”。所谓中间阶层，是指以从事脑力劳动为主，靠工资及薪金谋生，具有谋取一份较高收入、较好工作环境及条件的职业就业能力及相应的

家庭消费能力，有一定的闲暇生活质量；对其劳动、工作对象拥有一定的支配权；具有公民、公德意识及相应修养的社会地位分层群体。一方面，中间阶层的出现有助于社会和政治的稳定；另一方面，中间阶层在文化的生产—传播模式中占据着中心的位置，他们具有较高的文化资本和经济资本，他们的行为模式、价值取向和审美方式成为综艺节目展示给普通大众的重要内容。正是适应了中间阶层对文化品位的追求，这一时期知识竞赛类节目开始盛行，从中央电视台到各省市电视台都举办了知识竞赛类节目，《节水知识竞赛》《军事知识竞赛》《党史知识竞赛》《中学生知识竞赛》等都是这一时期知识竞赛节目的代表。这些早期的知识竞赛类节目在电视屏幕上搭建了一个模拟考场，选手之间的较量完全靠对知识的积累和运用，电视观众在收看节目的同时也增长了知识，立足于满足具有较高文化层次的中间阶层的节目同时也对普通大众产生了强大吸引力。但是由于这类单纯的知识竞赛节目问答形式过于呆板，题目内容过于专业化，在播出中缺少与观众的互动，节目逐渐失去了对观众的吸引力。到了 20 世纪 90 年代中后期，电视工作者将原来的知识竞赛节目样式经过重新包装后，集趣味、知识、奖金、幽默于一身的益智类节目全新登场。上海电视台第 8 频道于 1994 年 7 月开播的《智力大冲浪》是益智类节目的早期代表，此后中央电视台于 1999 年 12 月 26 日开播了《幸运 52》、2000 年 7 月 7 日开播了《开心辞典》、2000 年 7 月 16 日开播了《三星智力快车》，将益智类节目的人气指数迅速提升。此后，全国各大电视台纷纷推出益智类节目抢占受众市场，湖南台的《超级英雄》、上海台的《财富大考场》、江苏台的《无敌智多星》、广东台的《步步为赢》等等。新一轮的益智类节目将平民参与和物质奖励相结合，题目设置也较之前的知识竞赛类节目范围更广而难度适中，在节目制作上融合网络、声讯等高科技手段，从早期智力竞赛节目主要满足社会中间阶层对于文化品位的追求开始转向力图满足更普遍的大众对于文化品位和生活品质的双重追求。

正是由于节目制作者开始注意到普通大众对于娱乐节目的旺盛需求，这一时期，以《快乐大转盘》和《快乐大本营》为代表的互动游戏类电视综艺娱乐节目，由于更加注重观众在节目中的深度参与而获得了长足发展，无论是变成普通人身份的明星还是变成游戏主角的平民，无不体现了一种全新的娱乐视角和娱乐方式，深受大众的喜爱和追捧。这一时期的电视综艺娱乐节目虽然很大程度上仍体现了社会中间阶层对新品味与新感觉的追求、对标新立异的生活方式的建构，但在某种程度上也开始关注更普遍的“大众”的娱乐需求。

随着“大众”阶层的不断壮大以及这一阶层娱乐需求的增长，21 世纪初又诞生了在内容上专门关注其需求的电视综艺娱乐节目。这一时期，针对观众“自我展示”意识的增强，真人秀节目开始兴盛，国内首个独立制作的真人秀节目《生存大挑战》于 2000 年 6 月 18 日在广东电视台播出，节目从全国 500 名应征者中挑选出三名互补相识的“挑战者”，在 6 个月的时间内携带有限的物资完成穿越八省行程 38000 公里的旅途，节目播出后在社会上引起了较大反响，也获得了骄人的收视佳绩。此后，以《非常 6+1》《超级女声》《星光大道》《我型我秀》为代表的平民选秀节目在中央电视台和省级卫视广泛展开，充分体现了娱乐节目的草根情节，成为当时综艺娱乐节目创新中的最大热门，当然大量同质节目的恶性竞争也消耗了观众对该类节目的收视热情，广电总局也下发规定，对选秀类节目的播出时段、节目内容和播出形式等做了严格限制，真人秀类节目在短暂的辉煌后开始趋于平淡。经过1年的蛰伏和调整，2008年奥运之后，“草根”特色更加浓郁的游戏闯关节目、K歌表演节目又在2008年底和2009年初获得了新的发展，成为新一轮电视综艺娱乐节目创新中的最大亮点，该类节目进一步将参与的门槛降低，向想参与到节目中的更广泛的受众敞开大门。

三、社会心理需求驱动下的电视综艺娱乐节目

早期的传播学研究多是站在传播者的角度，就传播者如何影响受众进行分析，使用与满足理论（Uses and Gratifications）则首次把研究的焦点转移到受众，认为受众是有特定需求的个人，不是被动的信息接收者，在对媒体内容选择时具有一定的主动性和选择性，受众的媒体接触和使用行为是满足其特定的需求和动机的过程。下面我们也尝试梳理一下在我国电视综艺娱乐节目发展的过程中，受众的心理需求驱动下的节目发展演变过程。

在我国电视综艺娱乐节目发展的初期，“大跃进”成为当时社会的核心运动，在特定的社会政治背景和生产背景下，电视媒体对大众的娱乐需求存在一定程度的误解和忽视，加之当时电视技术水平的相对落后，电视综艺娱乐节目的形式单一，娱乐性不强，在演播室的文艺节目和电视转播的戏曲戏剧类节目几乎是当时电视综艺娱乐节目的全部，广大人民群众的娱乐需求只能得到有限的满足。“文革”十年，文化艺术特别是娱乐活动遭到了彻底的否定，电视成为四人帮宣传极“左”政治思想的工具，这一时期充斥电视荧屏的只是一些样板戏、语录歌和革命电影，电视观众的娱乐需求彻底被压抑。总的来说，在中国电视娱乐节目起步直至之后的20多年的时间内，电视媒体对受众的需求基本上是没有足够的重视，“我播你看”成为理所当然的选择和结果。

随着四人帮的粉碎和改革开放的推进，尤其是电视商业广告的复苏，电视媒体开始意识到受众的需求并在节目的制作和播出过程中适当考虑这一需求。这一时期，观众刚刚挣脱精神枷锁，需要通过某些途径释放内心的喜悦，这一需求成为当时电视综艺娱乐节目发展的主要推动力，以歌曲演唱为主要形式的年播大型综艺晚会——春晚适时地满足了观众的这一需求。以1983年春晚为例，在晚会播出的近40个节目中，纯歌曲演唱节目就占了12个，还不包括6个以京剧为主的戏曲演唱表演。在此次晚会上，李谷一一人连唱6首歌曲，将晚会推向了高潮，同时也昭示着我国电视综艺娱乐节目进入了一个全新的发展阶段。随着改革开放的深入，受众在物质生活不断丰富的条件下已经不满足于单一的节目形式，而是进一步渴求多元化的娱乐享受，集曲艺、音乐、舞蹈于一体的《综艺大观》，放眼外部世界同时有明星加盟的《正大综艺》，满足了观众日益丰富的娱乐需求。两个栏目均开播于1990年，为周播或隔周播出，综艺大观于周六的央视一套首播，

正大综艺于周日的央视二套首播，这就使观众可以在非传统重大节日能欣赏到常规的文艺晚会或文艺栏目，满足了其不断丰富的娱乐需求。

市场经济的迅速发展使消费主义观念渗透到文化领域，同时作为消费者的电视观众获得了自由选择的机会，电视媒体从以传者为中心开始过渡到尊重观众合理需求的以受者为中心的时代。这一时期，随着观众物质生活水平的不断提高，受众的娱乐需求也开始呈现出分化的趋势，大而全的综艺晚会类节目已无法满足观众逐渐细分的娱乐需求，单项艺术类电视综艺娱乐节目开始盛行。以相声、小品、魔术、杂技等为主要播出内容的《曲苑杂坛》最早于1991年开播，满足了观众对曲艺节目的收视需求。1993年，中央电视台举办了首届《“春兰杯”中国音乐电视大赛》，此次大赛共有参赛作品420余首，参赛单位150余家，《长城长》《好大一棵树》《长大后我就成了你》等优秀的音乐电视作品在此次大赛中脱颖而出。此后，中央电视台又举办了多届音乐电视大赛，这一时期的MTV作品在题材上呈现出主旋律性和民族性，将当时社会的热点熔铸在丰富的形式之中，人文主义色彩较为浓厚，体现了中国流行音乐在20世纪80年代繁荣后受众对更加丰富的音乐作品的需求。

步入20世纪90年代后期，激烈的竞争、不平等的生存状态等使受众面临的生存压力日益增大，心理失衡由此产生，受众需要更高程度的精神放松，以《快乐大本营》为代表的互动游戏类节目，以游戏的外化形式和特定的狂欢氛围使不同层面的观众暂时颠覆日常的生活秩序，实现平等的共通，满足了其释放压力的心理需求。《快乐大本营》开播于1997年7月11日，该节目由当红一线明星作为嘉宾，由青春、活跃的主持人主持，节目中的竞技、游戏环节又使现场观众在一定程度上参与到节目当中，明星也在游戏的过程中从高高在上变为和普通观众一样的选手，游戏的刺激性、节目的互动性以及明星的参与，使这样的娱乐方式契合了观众从观赏、参与和互动中得到放松、激励和愉悦的需求。在《快乐大本营》获得成功后，各省级卫视纷纷开播类似的以“明星＋游戏”为主要形式的电视综艺娱乐节目，成为省级卫视周末黄金档的娱乐先锋。

21世纪初期，随着我国电视观众“主体”意识和“自我展示”意识的进一步增强，只是简单的参与到游戏节目中已经不能满足观众展示自我和发挥主观能动性的需求，在欧美风靡一时的“真人秀”类节目开始登陆国内电视荧屏，并掀起一阵收视热潮。最早开启国内“真人秀”序幕的广东电视台的《生存大挑战》，灵感来自于香港亚视与日本电视台联合制作的系列节目《电波少年》，节目第一季于2000年成功推出后，国内类似的真人秀节目纷纷登台亮相。这一阶段的真人秀节目，除了湖南经济台的《完美假期》外，均为“野外生存挑战类”真人秀，这类真人秀节目虽然还没有充分满足更普遍的观众“自我展示”的需求，但是大大满足了观众的猎奇心理、接近心理以及对真实的渴望。该类节目第一次由普通人参与并完成全部的节目录制，在一定程度上拉近了节目与平民之间的距离，唤起受众的心理认同感。纪录片式的拍摄手法又将观众带入了一种相对真实的情境，满足了受众对真实的追求。而随着受众参与意识的进一步增强，充分展示自我并在一定程度上提高对于节目发展的话语权的需求进一步增强，2003年后国内真人秀全面进入“选秀”阶段。2003 年中央电视台经济频道的《非常 6＋1》和 2004 年湖南卫视的《超级女声》是选秀类真人秀节目的最早代表，这一时期的选秀节目不仅大大降低了选手进入门槛，提高了普通大众的参与性，而且在淘汰方式上充分体现了“民意为先”的精神，选手去留的最终决定权完全掌握在观众的手中，进一步满足了受众深度参与节目并充分发挥主观能动性的需求。在 2006 年电视选秀节目进入全面繁荣后，大量同质节目兴起从而在短时间内消耗了受众的收视热情，节目发展进入低潮。经过一定时期的调整和酝酿，在 2008 年奥运结束后，中国的电视综艺娱乐节目又进入了“后选秀时代”，这一时期的游戏闯关类节目和平民 K 歌类节目全面兴起，不仅将参与的门槛降至最低，更大限度的使受众的“参与”、“展示”等需求得到满足；而且受众在新一轮的真人秀节目中所追求的已经不一定是“成功”与“奖励”，受众参与节目更注重的是一种“体验”与“展示”，无论挑战的结果如何，参赛者更关注的是在参与过程中的自我展示与自我挑战，而受众也在观赏节目的过程中体味了前所未有的精神放松和压力释放。

四、电视生产方式变革影响下的电视综艺娱乐节目

政治经济学中的生产方式是指社会生活所必需的物质资料的谋取方式，在生产过程中形成的人与自然界之间和人与人之间的相互关系的体系。生产方式的物质内容是生产力，其社会形式是生产关系，生产方式是两者在物质资料生产过程中的统一。对于电视节目的生产来说，电视的生产力主要体现为伴随着电子技术的发展而不断进步的电视节目制作技术水平、电视频道的覆盖水平以及电视节目发展过程中所使用的融合手法。与各个时期相应的电视生产力发展水平相适应的是，电视节目也发挥出不同的文化功能。在下面的分析中，我们就从不同时期电视生产力发展水平的变化以及建立在此基础上的不同电视文化功能的发挥角度，对我国电视综艺娱乐节目的发展脉络进行梳理。

在我国电视节目产生初期，技术手段成为电视综艺娱乐节目生产力中最具决定性的因素。当时我国电视节目制作水平还比较落后，在演播室直播和剧场实况转播是电视综艺娱乐节目的主要播出方式。与此同时，受到电视机产量的限制，电视普及率较低，覆盖有限，电视节目的固定观众限于一些党和国家的领导人。正是与当时的电视生产力相适应，电视综艺娱乐节目更多地承载着宣传导向的文化功能，尤其在电视综艺娱乐节目产生的“大跃进”及文革时期，电视综艺娱乐节目的“喉舌”功能更加突出。无论是早期在演播室直播的文艺节目如诗朗诵《大跃进的号角》等，还是对当时流行的舞台剧目如《刘三姐》《洪湖赤卫队》《江姐》等的转播，均具有明显的政治宣传色彩和舆论导向功能。“文革”时期，电视综艺娱乐节目的这一文化功能被发挥到了极致。1966 年 10 月 1 日庆祝新中国成立 17 周年时正式推出了《领导我们事业的核心力量》《政策和策略是党的生命》《工作就是斗争》等“毛主席语录歌”。1966 年 12 月 26 日《人民日报》发表的《贯彻执行毛主席文艺路线的光辉样板》一文，首次将京剧《红灯记》《智取威虎山》《沙家浜》《海港》《奇袭白虎团》，芭蕾舞剧《红色娘子军》《白毛女》和“交响音乐”《沙家浜》并称为“江青同志”

亲自培育的八个“革命艺术样板”。这些作品描写的都是中国人民在中国共产党领导下进行武装斗争和经济建设的现代生活，被赋予了更积极的政治意义：纳入到与所谓帝王将相、才子佳人占领舞台相对立的革命文艺路线。总的来看，这一时期以样板戏、语录歌为代表的电视综艺娱乐节目更侧重于发挥电视的宣传导向文化功能，而其应有的娱乐功能则发挥有限。

改革开放至90年代初期，我国电视生产力的发展则更多地体现为覆盖网络的不断完善以及节目制作技术水平的飞速提高。1985年中央一套节目上星，初步形成天上卫星、地上微波、地下线缆互相结合的传播网络，到1990年，电视覆盖已达到78%。这一时期社会生产力的解放和发展带来了电视节目制作和播出技术的不断进步：1980年7月，中央电视台实现了节目播出录像化；1982年，中央电视台开始使用电脑自动控制系统，即录重放慢镜头、演播室灯光自动控制及各种特技效果陆续采用电脑技术；1984年播出实现自动化，等等。新技术手段的运用，一方面使电视节目录制场所的舞美、音效、灯光等硬件设施大大改善，另一方面也丰富了通过电视这一媒介所能表现的节目形式。在这样的电视生产力条件下，电视综艺娱乐节目势必需要更大限度地将其艺术审美功能发挥出来。审美经验即是人们欣赏自然、艺术品和其他人类产品时所产生的一种愉快的心理体验，而电视综艺娱乐节目通过光影、布景、情节、表演等手法，更容易将这种艺术审美功能淋漓尽致地表现出来。这一时期，以春晚和综艺大观为代表的综艺晚会所发挥的主要就是这种艺术审美功能。这种综艺晚会不仅在舞美设计上打破了之前单调、灰暗的背景，将多种声光元素综合运用其中，在节目内容的丰富性上也开创了电视综艺娱乐节目的先河，歌曲、舞蹈、相声、猜谜、诗朗诵、黄梅戏、小品、京剧、魔术、杂技、武术表演等均集中在一台晚会中播出，并随着时间的推移而不断丰富发展，电视综艺娱乐节目的文化功能也进一步得到拓展。

20世纪90年代后，在电视节目的制作技术已经发展到一定水平的前提下，电视生产力的进一步提高开始倚重于其对于多种表现手法和节目元素的融合，综合运用多种元素和表现手法的电视综艺娱乐节目开始出现。1993年，东方电视台的《快乐大转盘》开播，将“游戏”、“主持人”、“搞笑”、“互动”等元素运用到电视综艺娱乐节目当中。1997年湖南卫视的《快乐大本营》则将“明星＋游戏”的元素更充分地发挥出来。随着北京电视台的《欢乐总动员》、江苏卫视的《非常周末》、福建东南台的《开心100》、安徽卫视的《超级大赢家》等一系列以“快乐”、“游戏”等为标签的电视综艺娱乐节目不断涌现并获得成功，全国电视综艺娱乐节目掀起了一股快乐的狂潮。这类“明星＋游戏”的电视综艺娱乐节目，不仅在舞台设计上巧妙运用大屏幕画面、背景音乐、光线变幻等多种元素，更是在节目游戏环节让平时高高在上的明星和现场观众共同完成设定的游戏，在热烈的现场气氛中，观众感受到与明星的平等对话以及游戏本身的精彩刺激，观者与演者融为一体，帮助观众从日常生活的快节奏和紧张中获得解放，放松身心的疲惫。在这一轮电视综艺娱乐节目的创新中，其文化功能已经超越了单纯的艺术审美，而进一步侧重于交流对话和消费娱乐功能的发挥，将电视文化作为大众文化的特色进一步昭显，主动参与、平等交流、对话成为电视文化的核心精神。

而进入新世纪后，电视技术、通讯技术和网络技术的进步成为电视生产力发展的核心推动力，电视综艺娱乐节目的融合手法超越了之前的所有阶段，电视综艺娱乐节目真正成为多种电视表现手法和内容元素的集大成者。以《幸运 52》《开心辞典》为代表的具有中国特色的益智博彩类节目和以《非常 6＋1》《超级女声》《我型我秀》等为代表的平民选秀类节目是融合多种表现手法的电视综艺娱乐节目的典型代表。这些节目综合利用播出现场、电话连线、手机互动以及网络投票等多种元素，使观众体验到了前所未有的对节目的深度参与和极强互动，将电视综艺娱乐节目的交互文化功能发挥到了极致。观众已经不是被动接收节目所传播的信息和内容，或者仅仅作为现场观众参与节目的录制，而是开始作为挑战的主体参与其中展示自我，或者通过自己的投票而决定选手的去留，电视文化作为一种大众文化的巨大能量瞬时爆发。2008 年奥运期间，户外竞技挑战节目《智勇大冲关》在湖南卫视开播，跨栏、平衡木、单杠、吊环、篮球等体育运动项目的元素在节目中出现，进一步创新了电视综艺娱乐节目所能融合的元素。到 2008 年底，多家卫视几乎同时上演的平民 K 歌类节目则进一步将时下流行的卡拉 OK 与电视表现手法完美结合，将观众参与的深度和广度无限拓展，同时将电视综艺娱乐节目的超强融合能力以及交互文化功能进一步充分演绎。

五、结语

行至新中国成立 60 周年，我国的电视综艺娱乐节目也走过了 51 年的发展历程。所谓“千淘万漉虽辛苦，吹尽狂沙始到金”，经过时代的大浪淘沙，能始终活跃在电视荧屏的节目少之又少，我们所见到更多的是在不同时代，萌生于不同的经济土壤，成长于不同的社会结构之下，契合于不同时期受众心理需求，而在特定的电视生产力发展水平上所出现了不同的节目类型。相信随着社会的发展，新的节目形式和节目内容会不断涌现，但顺着这条节目发展的梳理脉络，每一轮节目创新的背后，都有更丰富的内涵等待挖掘。

节目创新策动收视市场变化

——奥运后省级卫视综艺娱乐节目动态观察

陈晓洲　吴凡

随着省级卫视加强对区域乃至全国市场的收视争夺，覆盖竞争、节目竞争和品牌竞争逐步升级。由于观众整体收视相对稳定，扩充整体市场空间的机会有限，所以激烈的零和竞争对于资源投入和创新提出了更高要求。近年来，省级卫视在提高覆盖率、扩大渠道渗透，以及在加大电视剧竞争力度的同时，更注重品牌节目的打造，在受众、媒体和广告市场上，省级卫视的节目竞争策略变化和战术运用备受关注。自 2008 年夏秋开始，省级卫视在综艺娱乐节目领域发力，由不断创新的节目和编排所策动的收视市场变化至 2009 年底依然活跃。

本文从观察 2009 年收视市场中省级卫视的竞争力变化入手，分析推动省级卫视收视上升的综艺娱乐节目的变化特点及收视表现，分享对节目创新方向的点滴思索。

一、综艺娱乐节目在省级卫视收视增长的重要地位

近五年来，省级卫视频道整体收视市场份额持续增长，在 CSM 媒介研究历年的所有调查城市中，省级卫视频道的市场份额每年以两个百分点左右的速度增长，2009 年达到 25.8%，超过了省级地面频道的市场份额(图 1)。

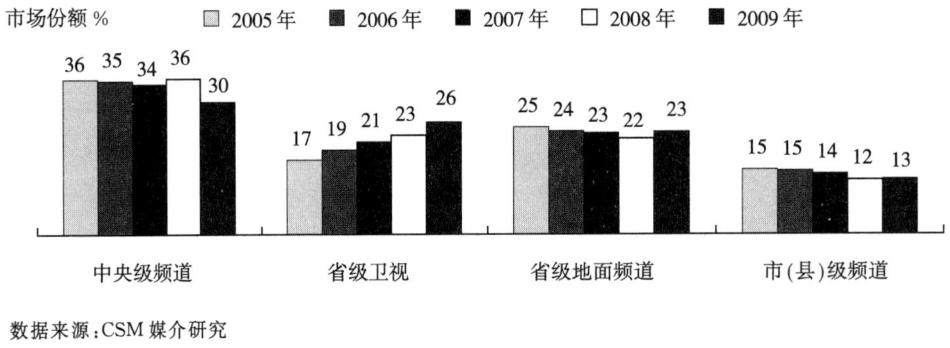

图 1　2005—2009 年各级频道收视市场份额(CSM 媒介研究历年调查城市)

在竞争激烈的大中城市节目市场，2009 年综艺娱乐节目收视中省级卫视频道收视份额达到 36.5%(图 2)，比 2008 年同期增长 10 多个百分点，也超过了娱乐选秀余热尚存的 2007 年同期，发挥综艺娱乐节目对观众的强大吸引力，成为近年来省级卫视收视战车的

主要动力源。

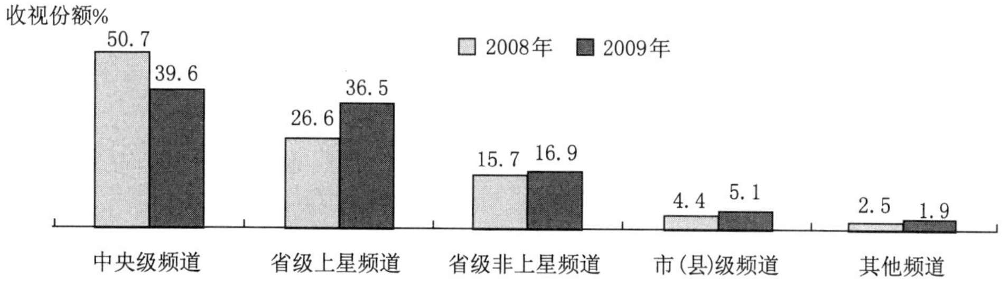

数据来源:CSM 媒介研究

图 2　2008、2009 年综艺娱乐节目市场各级频道收视份额(71 大中城市)

与省级卫视电视剧播出和收视总量相对稳定、资源利用效率趋于饱和相比,综艺娱乐节目从 2008 年下半年开始呈现收播两旺的局面,多个频道推出了新节目,甚至形成了新节目群。继 2005—2006 年娱乐选秀大潮渐落后,经过一段时间的蛰伏,省级卫视综艺娱乐节目市场再次活跃,发端于 2008 年奥运期间,兴起于 2008 年第四季度,在 2009 继续蓬勃,涌现出一批多种类型的综艺娱乐节目,播出量稳中有升,收视比重的增加明显大于播出比重增加的幅度,赢取的收视贡献大幅增长,资源使用效率成倍提升(图 3)。

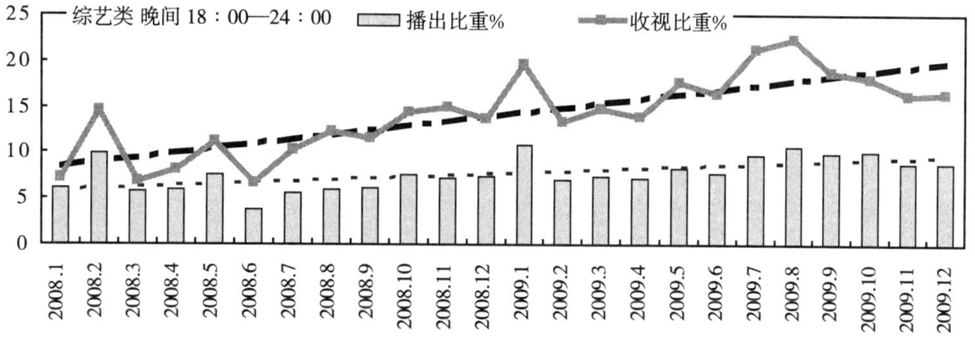

数据来源:CSM 媒介研究

图 3　2008—2009 年省级卫视晚间综艺娱乐节目播出收播比重月度变化(71 大中城市)

在收视领先且持续获得上升的省级卫视频道中,综艺娱乐节目的收视贡献突出。例如,湖南卫视晚间 19:00—23:00 综艺娱乐节目的收视贡献超过 44%,浙江卫视综艺娱乐节目收视贡献达到 38%,超过电视剧成为晚间时段的首要收视来源;辽宁卫视和上海东方卫视,一南一北,综艺娱乐节目风格不同,但同样对频道收视做出了重要贡献,收视比重为 29%左右。

二、省级卫视综艺娱乐节目的主要类型

融合多种文化娱乐元素赢得观众收视，已成为综艺娱乐节目屡试不爽的成功之道；同时，一段时间内类似新节目成群登台的现象也屡见不鲜。2008—2009年的省级卫视综艺娱乐市场再现了这两个特征，出现了多种节目类型，每个节目类型麾下又聚集了多个节目。

在选秀节目退出黄金时段后，奥运前的全民健身、体育、公益等主题丰富了综艺娱乐节目市场。奥运之后，省级卫视集中推出了多档综艺娱乐节目，从内容和形式角度观察，大致有以下七种类型，其表现尤其引人注目：

1. 游戏闯关类

游戏类节目作为最早产生影响力的综艺娱乐节目之一，随着综艺娱乐节目不断向前发展，游戏的类型、游戏参与的主体也都不断丰富。各家卫视频道都尽可能地将最新、最有趣的游戏引入到节目中，并在趣味性与竞技性之间取得最佳的平衡，从而更好地获得观众的互动。选手或是明星或是平民，游戏的娱乐性、挑战的刺激性，以及平民参与或明星效应成为收视的主要吸引力。例如，湖南卫视的《智勇大冲关》和《大家一起上》、江苏卫视的《挑战100%》、浙江卫视的《冲关我最棒》等，游戏范围包括户内和户外，参与人员包括个人、集体或家庭。游戏类节目的重复性高，容易引起观众产生的收视疲劳，在开发创新节目的同时，有的节目已注重制造热点或者更新游戏环节以吸引观众，力图在竞争激烈的市场中获得更长久的发展。

表1　2009年游戏类节目播出情况和收视表现(71大中城市)

节目名称	挑战100%	冲关我最棒	智勇大冲关	大家一起上
播出频道	江苏卫视	浙江卫视	湖南卫视	湖南卫视
开播时间	2009年5－8月	2009年7月	2008年9月	2009年7－9月
主要播出周天	周日(季播)	周二(周播)	第二季(周一至周四)， 第三季(周日)	周一至周四(季播)
播出时间	21:30－22:40	21:21－22:40	19:30－21:10	19:30－21:10
首播平均收视率%	0.82	0.76	1.37	0.95
同时段市场份额%	2.53	2.29	3.43	2.37

数据来源：CSM媒介研究

2. K歌比赛类

在2008年后期开始的风起云涌的综艺娱乐节目中，K歌类节目可谓是其中声势最大的一股力量。2009年，K歌比赛类节目在平民参与和大众娱乐的方向上继续发展，成为各播出频道重点打造的主力节目。除2007年10月开播的浙江卫视《我爱记歌词》之

外，2008 年 10 月份后出现了浙江卫视的《爱唱才会赢》、《我是大评委》，江苏卫视的《谁敢来唱歌》、湖南卫视的《挑战麦克风》等（表 2）。节目中的歌曲都是相对熟悉的老歌，熟悉的旋律勾起了很多观众的回忆，也带动观众跟着哼唱，节目的收视大都表现稳定（图 4）。其中湖南卫视的《挑战麦克风》、江苏卫视的《谁敢来唱歌》、浙江卫视的《我是大评委》三档节目都是以音准为比赛标准的节目，在节目中都引进了机器评分系统，江苏卫视引进了 SAM，浙江卫视有蓝巨星，湖南卫视则是 MR. MIC。在节目中引入机器作为辅助工具方面，将一些人为的主观评判改为机器的客观对比，成为相似节目中的又一个创新的元素。

表 2　2009 年 K 歌类节目播出情况（71 大中城市）

节目名称	谁敢来唱歌	挑战麦克风	我是大评委	我爱记歌词	爱唱才会赢
播出频道	江苏卫视	湖南卫视	浙江卫视	浙江卫视	浙江卫视
开播时间	2008 年 11 月	2008 年 12 月	2009 年 1 月	2007 年 10 月	2008 年 11 月
主要播出周天	周五（季播）	周一至周四（季播）	周六（周播）	周五（周播）	周日（周播）
播出时间	21:35—23:00	20:35—22:00 19:35—21:00	21:21—22:40	21:21—22:40	21:21—22:40
评分系统	SAM	MR. MIC	蓝巨星	—	—

数据来源：CSM 媒介研究

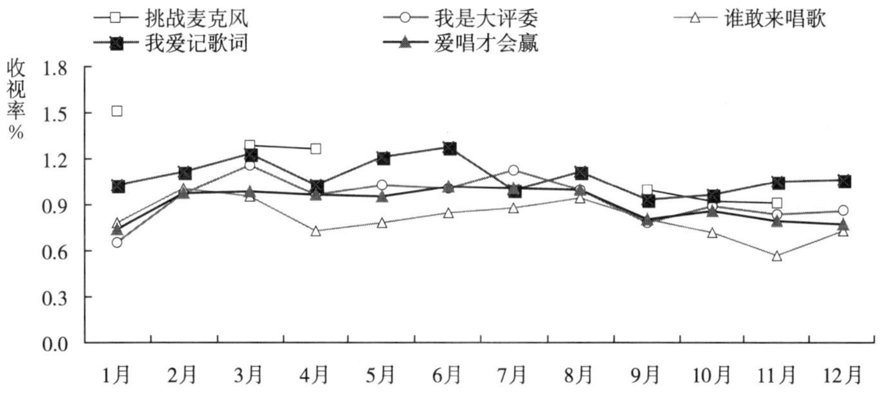

数据来源：CSM 媒介研究

图 4　2009 年 K 歌类节目收视表现（71 大中城市）

3. 曲艺集锦和表演类

相声、小品在很长的时间内都曾是国人最喜爱的曲艺节目，在经历了一段时间的相对沉寂后，这两年随着节目不断加入新鲜的元素，开始获得更多观众的关注，这类节目主要以小品相声集锦或明星笑星表演为主。前者如辽宁卫视的《欢乐集结号》，在傍晚时段播出带来收视的明显增长。后者如四川卫视的《天下笑友会》、东方卫视的《笑林大会》，以及辽宁卫视充分发挥地缘优势的以二人转为母体的《明星转起来》，以及黑龙江卫视与本山传媒在2009年5月联合推出的《本山快乐营》等(表3)。

表3　2009年曲艺集锦及表演类节目播出情况和收视表现(71大中城市)

节目名称	天下笑友会	欢乐集结号	明星转起来	笑林大会	本山快乐营
频道	四川卫视	辽宁卫视	辽宁卫视	东方卫视	黑龙江卫视
主要播出周天	周五、日	日播	周六	周日	周一至五
播出时间	20:05—21:30	17:15—18:10	20:30—22:00	20:30—22:30	21:30—22:16 21:30—22:50 (周五)
首播平均收视率%	0.43	0.45	0.83	0.42	0.33
同时段市场份额%	1.04	2.72	2.04	1.14	1.02

数据来源:CSM媒介研究

4. 魔术表演类

魔术主题的娱乐节目在省级卫视的兴起，成为显现央视春晚对于节目市场影响的又一个鲜活实例。2009年春节联欢晚会上，刘谦表演的近景魔术吸引了观众的注意，也掀起了一阵魔术节目的风潮，在一段时间内，刘谦以及其他魔术师纷纷出现在各家电视台的舞台上，围绕魔术展开的电视节目也一度是观众的收视热点。湖南卫视制作了主题魔术竞赛节目《金牌魔术团》，福建东南卫视作为省级卫视中较早制作魔术节目的频道播出平民魔术节目《全民大魔竞》，安徽卫视则是邀请了众多大牌艺人为观众带来了一场场明星魔术秀《星光魔范生》，江苏卫视、浙江卫视等也围绕魔术主题制作综艺节目，无论剪辑类还是解密，在一段时间内也获得了观众的注意(表4)。

表4　2009年魔术类节目播出情况与收视表现(71大中城市)

节目名称	全民大魔竞	金牌魔术团	星光魔范生
播出频道	东南卫视	湖南卫视	安徽卫视
开播时间	2008年7月	2009年4—7月	2009年4—7月
主要播出周天	周六(周播)	周日(季播)	周五(季播)
播出时间	20:30—22:00	19:35—21:00	21:30—23:00
首播平均收视率%	0.19	1.61	0.40
同时段份额%	0.47	4.00	1.27

数据来源:CSM媒介研究

5. 才艺展示或选秀类

曾经为省级卫视赢得广泛关注的选秀类节目和才艺展示节目，在过去几年间历经了沉浮变化。2009年几家省级卫视继承了娱乐选秀的衣钵并进行适时的调整，使得这类节目继续成为省级卫视最有特点的综艺节目之一，例如浙江卫视的《越跳越美丽》和上海东方卫视的《舞林大会》《全家都来赛》，尤其是更具有选秀风格的《快乐女声》《加油！东方天使》和《绝对唱响》《名师高徒》等。

综艺选秀节目在2009年夏天重返省级卫视荧屏，由于政策所限，播出时间在22:30之后，成为各家省级卫视开发后晚间非黄金时段策略中的重要一环。湖南卫视《快乐女声》的收视表现说明了年轻观众对选秀节目的忠实度，即使节目从晚间10:30开始播出到深夜1:00左右，放暑假的年轻观众始终保持高涨的收视热情。2009年深夜播出的“快女”，各期收视率都超过了2007年黄金时段播出的“快男”。对非黄金时段播出的选秀节目，江苏卫视和东方卫视则采取了在黄金时段套播相关综艺节目加以铺垫的方式，江苏卫视的《名师高徒》配合《飞扬新声》，东方卫视《明星学院》辅助《加油！东方天使》。除了相关节目的编排互动外，更多的宣传造势还是来自于已经成熟的全频道编播联动机制，如湖南卫视的各档节目都有快女选手的身影，联合宣传渗透在短时间实现传播效果的最大化。

6. 综合娱乐类

《快乐大本营》《天天向上》《津夜嘉年华》和《周日我最大》等相对典型的综合性强的综艺节目，围绕一个或多个主题或线索，主持人和嘉宾互动，同时调动现场观众参与，综合使用访谈、游戏、表演、现场互动等多种形式，不但考验形式和内容对观众的吸引力，而且对主持人和嘉宾表演者的要求也甚高。这类节目曾经是综艺节目的担纲者，历经综艺节目变化的各个阶段。在2009年省级卫视节目中，湖南卫视的《快乐大本营》和《天天向上》在收视高水平稳定和核心年轻观众把握两方面始终保持领先优势，两档节目累计人均收看时间达到了湖南卫视综艺节目总收视量的一半。面对综艺娱乐节目取得的出色收视表现，更多频道加入到争夺这部分收视的行列中，比如江苏卫视在2009年9月开始在每周六晚9:30推出了一档娱乐脱口秀节目《周末不加班》，节目以“职业体验”为概念，设置了年轻观众感兴趣的话题，集合了访谈、滑稽短剧、黑色幽默、明星访谈等各种综艺娱乐方式，在常规综艺节目中也表现出一定的竞争力。

7. 一次性主题节目

在省级卫视的一次性综艺节目中，跨年晚会和电影首映礼成为主题鲜明、内容形式多样的代表。倾力打造大型的跨年晚会成为强势省级卫视间新的争夺热点，其中既有与世界其他地区类似的高水平新年音乐会，例如北京卫视《2010年北京新年音乐会》和上海东方卫视《缤纷经典新年夜2010世博年柏林爱乐交响乐团全球奏响中国旋律》、天津卫视、河南卫视和旅游卫视等许多频道播出的新年音乐会，也有适合普通观众娱乐需求以流行音乐为主的跨年演唱会，例如湖南卫视和江苏卫视连续几年打造的跨年演唱会仍然表现突出，上海东方卫视、深圳卫视等频道也是跨年演唱会蛋糕的分享者。此外，“跨年”大型综艺节目还有如浙江卫视的《跨年喜洋洋中国蓝2010开心大典》等的综合晚会。跨年晚会凝聚了播出频道的几乎所有优质资源，包括制作团队资源、主持人资源、艺人资源和活动资源等等，成为集中展现频道实力突出频道特色的舞台(表5)。

表5 2009年跨年综艺娱乐节目播出和收视表现

频道	名称	播出时段	收视率%	同时段份额%
湖南卫视	快乐中国2009—2010跨年演唱会	19:30—24:49	3.45	10.77
江苏卫视	“无处不玩乐”江苏卫视跨年演唱会	19:32—24:09	3.11	8.86
上海东方卫视	迎世博上海新年倒计时	19:38—24:13	0.54	1.57
深圳卫视	“声震世界唱迎2010”深圳卫视跨年演唱会	19:55—25:10	0.44	1.40
浙江卫视	跨年喜洋洋中国蓝2010开心大典	19:30—24:16	1.61	4.54

数据来源：CSM媒介研究

随着2009年中国电影市场的蓬勃发展，在火热的电影营销中，省级卫视成为新的宣传平台，多家省级卫视与电影制作方合作或作为投资方之一举办电影首映庆典仪式(表6)，在为电影造势的同时，也为省级卫视增加了新的收视热点，取得了双方合作共赢的效果。

表6 部分省级卫视与电影合作首映庆典(71大中城市)

频　道	电　影	播出月份
江苏卫视	南京！南京	2009年4月
	建国大业	2009年9月
	十月围城	2009年12月
东方卫视	马兰花	2009年6月
	阿童木	2009年10月
	十月围城	2009年12月
浙江卫视	花木兰	2009年11月
安徽卫视	气喘吁吁	2009年8月
天津卫视	风声	2009年9月

电影首映礼的频频出现，除了省级卫视本身能够吸引年轻观众的注意力外，媒体参与电影制作也是重要的原因。电影《十月围城》的投资方中除了中影集团外，还出现了上海文广新闻传媒集团、江苏省广播电视总台、广东南方广播影视传媒集团、北京保利华亿传媒文化有限公司(旅游卫视)、天娱传媒有限公司(湖南广电集团)等五家省级电视台。在节目的宣传上，这五家电视台也为该剧提供了全方位的宣传，除了江苏卫视、上海东方卫视、旅游卫视播出的《十月围城全球首映启动盛典》外，湖南卫视、南方影视、珠江电影等频道也邀请剧组参加频道的各种综艺节目造势。

三、省级卫视综艺娱乐节目编排特征

1. 日播、季播和阶段性播出相结合

省级卫视节目季播是中国特色季播操作的重要组成部分，以湖南卫视的综艺节目季播为代表。在周五、周六晚间《天天向上》和《快乐大本营》稳定优势的同时，其他周天晚间由季播节目承接，为19:30—22:00的整个晚间黄金时段提供了稳定的平台和阶段性的热点。浙江卫视王牌节目《我爱记歌词》周五晚间全年贯通播出，期间于2009年7—9月阶段性地集中播出《我爱记歌词超级领唱全国争霸》(表7)。

表7　湖南卫视晚间综艺节目播出

周天	3月	4月	5月	6月	7月	8月	9月	10月	11月	12月
周一至周四	挑战麦克风		智勇大冲关		全家一起上		挑战麦克风		百科全说	
周五	天天向上									
周六	快乐大本营									
周日	勇往直前	金牌魔术团			全家一起上/智勇大冲关				勇往直前 2009	

数据来源：CSM媒介研究

2. 后晚间综艺栏目带渐成气候

省级卫视晚间综艺节目的编排变化是2009年的又一个突出特点。除湖南卫视继续进行综艺节目日播以外，上海东方卫视、浙江卫视每日播出综艺节目，并高调打造综艺节目带。例如，上海东方卫视晚间21:15—22:30，周一至周三播出《全家都来赛》、周四播出《民歌大会》、周五播出《笑林大会》、周六播出《舞林大会》、周日播出《明星学院》；浙江卫视在21:21—22:30，周一至周日分别播出《爽食赢天下》《冲关我最棒》《越跳越美丽》《我是大评委》《我爱记歌词》《百事群音》和《爱唱才会赢》。湖南卫视晚间黄金时间都是自办节目的舞台，周五至周六《天天向上》《快乐大本营》贯通19:30—22:00播出，其余周天晚间自办节目分为两档，21:15—22:00基本常规播出《快乐心灵说出你的故事》《背后的故事》，19:30—21:10为季播或阶段性节目的播出带，例如《勇往直前》《金牌魔术团》《智勇大冲关》《挑战麦克风》和《全家一起上》等(表8)。综艺节目带的编排，培养了观众在栏目播出时段收视的约会意识，有助于频道积累观众忠实度和保持收视稳定。

表 8 浙江卫视和上海东方卫视晚间综艺节目播出表

浙江卫视 晚间							上海东方卫视 晚间						
	7月	8月	9月	10月	11月	12月		7月	8月	9月	10月	11月	12月
周一	爽食赢天下						周一	全家都来赛					
周二	冲关我最棒						周二						
周三	越跳越美丽						周三						
周四	我是大评委			冲关我最棒		星耀中国蓝	周四	民歌大会					
周五	我爱记歌词						周五	笑林大会			明星学院		美好时光
周六	百事群音			我是大评委			周六	舞林大会					
周日	爱唱才会赢			明星学院			周日	笑林大会					

数据来源:CSM 媒介研究

不但阶段性节目在一段时期内集中播出凝聚特定观众收看,成规模的综艺节目带形成后,其受众收视结果显示不同频道综艺节目的观众区隔已经清晰显现。例如,上海东方卫视晚间综艺节目带,无论是《全家都来赛》还是民歌、舞蹈和曲艺"大会",都更为 45—64 岁观众热衷收看;浙江卫视晚间综艺节目带,每日不同的七档节目的观众共性明显,即 25—44 岁观众对之青睐有加;湖南卫视的晚间综艺节目的观众更加年轻化,25 岁以下观众的收视普遍更高(图 5)。

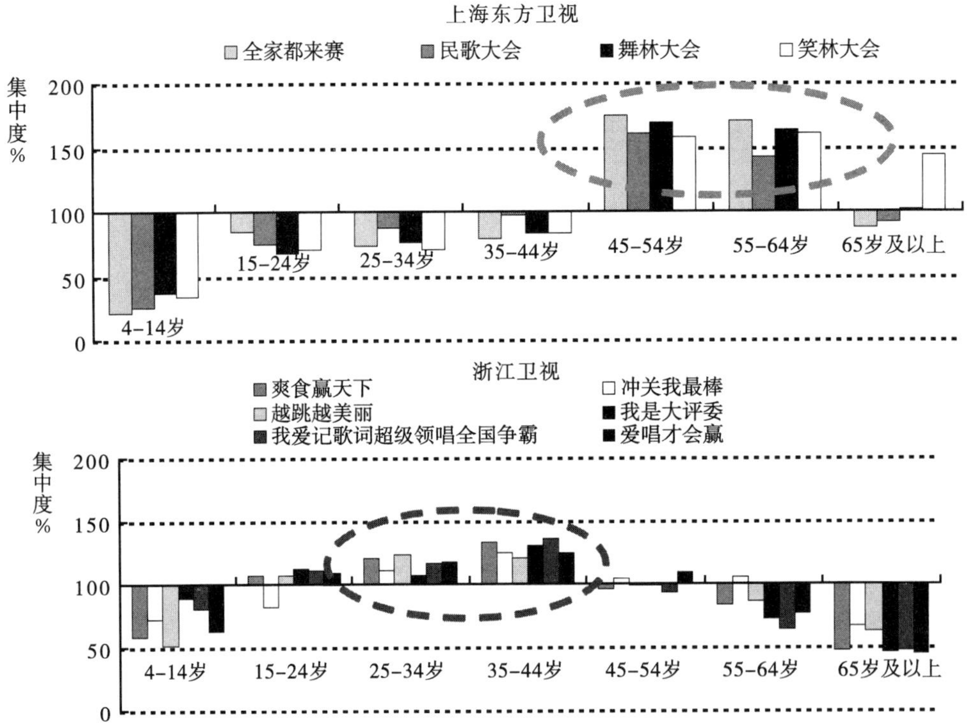

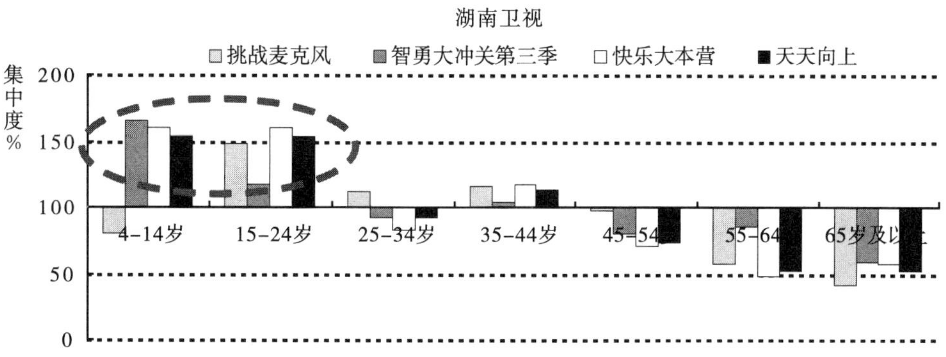

数据来源:CSM媒介研究

图5　三卫视晚间综艺栏目带不同年龄观众的集中度(71大中城市,2009年第四季度)

四、省级卫视综艺娱乐节目创新的思考

1. 省级卫视综艺节目创新特征的思考

省级卫视播出的影响力较大的综艺娱乐节目和专题节目,在各具特色的同时,也呈现出明显的共性。对于烘托省级卫视节目市场的整体气氛,笔者体会最深的是以下三个方面的变化,分享于此与各位读者探讨。

(1)“乐”在其中——创造“众乐乐”的体验

在周末晚间,省级卫视有多档名称中直接昭示“欢乐”、“快乐”、“笑”的节目,同时还有以小品曲艺幽默表演为“乐”的节目,不同的形式、内容和人物,都以创造观众快乐体验,拨动观众快乐神经来吸引收视。如湖南卫视《快乐大本营》、山东卫视《欢乐逗秀场》、四川卫视《天下笑友会》、江苏卫视《我的笑星我的台》、东方卫视《笑林大会》、黑龙江卫视《本山快乐营》、天津卫视《快乐家游战》、辽宁卫视《欢乐集结号》、黑龙江卫视的《本山快乐营》等。

而且,“独乐乐不如众乐乐”,2009年上半年“大众娱乐”表现得更加突出。从演唱选秀到K歌欢唱,从明星极限挑战到平民闯关再到全家表演,内容包括歌舞、曲艺、魔术等众多门类,省级卫视综艺娱乐节目为观众创造“众乐乐”体验,收获收视增长的回报。

(2)“人”力制胜——展现主持人、平民参与者、明星嘉宾的魅力

人物是节目的灵魂和神韵的集中体现。综艺娱乐节目的主持人是节目风格和品质的直接代表,甚至是节目的标志符号和品牌象征。打造核心主持团队、跨界邀请名人加盟主持、加强对主持人的宣传等,电视台对主持人这一节目核心资源的投入也逐渐加大。

名人明星嘉宾的号召力毋庸置疑是节目收视的重要来源之一,媒介既是明星效应的制造者,也是明星效应的受益者。请到重量级的明星到场,表演或谈话,带动收视上升的例子很多。小沈阳、孙红雷等成为很多省级卫视访谈节目的嘉宾,《快乐大本营》等久负

盛名的传播平台结合当下热点创造了明星、主持人和观众的快乐沟通。

如今的平民参与不再局限于塑造平民明星，如普通大众游戏闯关、K歌爱好者登台表演、民间能工巧匠展示才艺等，在优质明星资源相对紧俏和同质化的同时，可发掘的平民资源相对丰富，而且“平凡的人们给我最多感动”。

(3)融合塑“形”——多种手法塑造节目形式

融合多种艺术形式，整合多种表现手法，已成为省级卫视节目塑形的轻车熟路。唱歌、跳舞、魔术、曲艺等众多艺术种类，与比赛选拔、游戏、主题表演、现场互动等多种节目形式结合，再加入平民、明星和主持人等表现者，交叉组合塑造出多样的节目。能否巧妙娴熟地整合，可否将艺术门类的特点和电视表现手法的长处结合得浑然天成，是创新能否更上一层楼的关键。

2. 对于节目创新发展的思辨

(1)内容创新与形式创新共生：形式创新和差异更突出，节目内容和内涵仍需再发掘

“内容一变，形式多变”，2009年以来的节目变化多呈现为形式的“新”和“变”，节目之间的差异也多体现为形式的不同。一方面，找到一个可塑性强、吸引力大、有延展性的核心内容并非易事，而灵活运用电视表现形式和元素组合对于电视台则得心应手，形式变化和形式差异也可使观众快速识别，加深记忆。另一方面，节目内容和节目主题标志着节目品质，体现着长远发展的能力。随着观众对于形式的“审美疲劳”和欣赏水平的提高，更关注内容核心成为必然。

(2)电视表达形式与其他内容形式融合：电视节目表现方式为体，其他元素借鉴为用

融合多种内容和表现方式，如同电视节目发展在起跑阶段获得支撑力，而考验耐力和技术的途中跑以及最后的冲刺，需要发挥电视节目自身的功能特点。魔术、K歌、游戏、故事谈话等都不是电视所独有的内容。“电视表现方式为体，其他元素为用”，扬长避短，才能打造电视节目的专属品牌和独有产品。

(3)创新节目的增量与减量效应并存：节目规划和战术应用需适时兼顾短期和长期效果

多个节目共同制造或参与市场潮流，易于促成大势，使得每个参与者获得水涨船高的收益。同时，同质化和资源过度开发引起的减量后果也会波及每个参与者。例如，K歌类节目既合力点燃红火的市场，从中分别受益；也可能因为形式大同小异造成观众分流或审美疲劳而存在消减隐患。又如故事类节目增多，素材缺口扩大，收视下行压力增大。

在战术应用中，阶段性的节目安排，例如季播或“进阶”式变化，可能取得短期效果，有利于快速积累人气(观众)和财气(广告)，及时调整资源配置。同时，长期播出的经典综艺节目仍然活跃在节目市场。节目品牌和频道品牌的打造，将显示出稳定加速发展的长远效应。在为短期战术取得突出效果喝彩的同时，我更感佩那些以志向和才智致力于长远发展和长期效果的践行者。

五、结语

在节目发展过程中，创新是一贯的主题，无论是打造新节目还是革新现有节目，节目高潮往往以创新为前导，潮起潮落也一直是节目发展的主要特征之一。反映在省级卫视节目市场当中，节目调整和收视变化可显示出其阶段性和周期性。节目创新取得成绩之后，面临内、外部逐渐增大的发展压力，维持稳定性和加速度更需方向感和持续的能量。当下的繁花似锦，能否冷静发现隐患并洞察机会，把握正确方向又能适时适度调整，可能就是节目凋谢与收获的那道分水岭。欣欣向荣或蛰伏酝酿，一季盛开或历久常青，“做好节目”的意识和实践都为电视市场发展演进注入了不竭的活力。

近年来国内真人秀节目素描及趋势分析

胡波

一、真人秀节目的概念和类型

1. 真人秀节目的概念和特点

2005年,湖南卫视《超级女声》节目的推出带动了国内选秀节目的风潮。《超级女声》的节目形态最初源于美国的娱乐节目《美国偶像》(American Idol)。American Idol 在美国则属于一种节目类型,叫 Reality television①,中文翻译为真实电视,也译作真人秀。

真实电视或真人秀节目的三个主要特征是:第一,节目是真实人物的真实生活或表现;第二,节目的摄录技术是一个被动参与过程;第三,节目的情节或环节是事先被编辑或设定好的。因此,清华大学尹鸿教授将真人秀节目定义为:真人秀节目是一种新型综合性的电视娱乐节目,是假定情境中的真实展现。这里的所谓"假定情境",是指真人秀节目大的框架是事先设定的,包括奖金的设定、环境的选择、参赛者的选取和游戏规则的制定等;"真实展现",指的是节目的具体进程和细节是真实的。②

因此,真人秀节目与纪录片、电视剧和竞赛类节目既有相似之处,又有区别。真人秀借鉴了纪录片、电视剧和竞赛节目的一些要素,并融合这些要素形成了一种新的节目类型。

国外真人秀节目的发展在20世纪50年代就开始了,当时出现一些"真人秀"电视节目雏形,如《美国家庭滑稽录像》、《这是你的生活》;1973年公共广播公司电视台制作的《一个美国家庭》追踪拍摄了一个家庭一年内的真实生活;1992年美国有线音乐台推出《真实世界》等。但这些节目大多数在当时并没有造成太大的影响,直到《老大哥》、《生存者》等这些大型真实电视节目的出现,才使得真人秀节目迅速在西方世界风行。

在国外,真实电视节目被分为13种类型③(表1)。

---

① 国外真实电视的定义:Reality television is a genre of television programming in which the fortunes of "real life" people(as opposed to fictional characters played by actors)are followed.

② 参见尹鸿:《虚构与真实:电视真人秀节目形态研究》,人民网,2007年1月8日。

③ 参见"List of reality television programs",源自 http://en.wikipedia.org/wiki/List_of_reality_television_programs,25 July 2007.

表 1　国外真实电视节目的类型

	类　型	举　例
1	纪实类 (Documentary style)	*An American Family*(1973)、*The Real World*(1992)、*U8TV*: *The Lofters*(2001,*Canada*)等;
2	历史再现类 (Historical re-creation)	*The* 1900 *House*(1999)(*UK*),*The Ship*(2002)(*UK*),*Klondike*: *The Quest for Gold*(2003)(*Canada*),*Colonial House*(2004)(*US*),*WarriorChallenge*(2004)(*US*)等;
3	约会类 (Dating)	*Who Wants to Marry a Multi — Millionaire*? (2000),*Temptation Island*(2001), *for love or money*? (2003),*Cupid*(2003)等;
4	法制军事类 (Law Enforcement/Military)	*Cops*(1989),*American Fighter Pilot*(2002),*Combat Missions*(2001),*Armed and Famous*(2007)等;
5	改头换面类 (Makeover)	*Changing Rooms*(*UK*)= *Trading Spaces*(*US*)(2000),*Extreme Makeover*(2002), *Extreme Makeover*(2002) *How Clean Is Your House*? (2003)(2004)(*UK*),*The Swan*(2004)(*US*)等;
6	交换角色 (Lifestyle change)	*Faking It*(2001), *Wife Swap*(2002)(2003),(*UK*) *Trading Spouses*(2004),(*US*) *Holiday Showdown*(2004)(*UK*),*The Biggest Loser*(2004)(*US*)等;
7	奇思妙想类 (Fantasies Fulfilled)	*Thrill of a Lifetime*(1982 — 88 & 2002),*Let's Get This Party Started*(2005)(*US*),*Three wishes*(2005)(*US*)等;
8	肥皂剧明星汇(Docusoaps starring celebrities)	*The Anna Nicole Show*(2002),*The Osbournes*(2002),*The Simple Life*(2003),*Rich Girls*(2003)等;
9	幽默展示 (Hidden camera)	*America's Funniest Home Videos*(1990),*The Jamie Kennedy Experiment*(2002),*Punk'd*(2003),*Fire me please* 等;
10	真实游戏 (Reality game shows)	*Big Brother*(2000),*Survivor*(2000),*Paradise Hotel*(2003),*Mad Mad House*(2004), *Deal or No Deal*(2006)(*US*)等;
11	寻找天才类 (Talent Searches)	*Pop Idol*(2001),*American Idol*(2002),*The Apprentice*(2004) *Dream Job*(2004), *Skating With Celebrities*(2006)(*US*)等;
12	恶搞类(Spoofs)	*Real Life*(*movie*)(1979),*The Joe Schmo Show*(2003)等;
13	模仿类(Parodies)	*The Office*(*UK*)(2001),*Drawn together*(2004), *The Office*(*US*)(2005)。

数据来源:根据相关资料整理

2. 国内真人秀节目的分类

国内最早的"真人秀"节目可以说是广东电视台 2000 年的《生存大挑战 I》。《生存大挑战 I》从全国 500 多名应征者中挑选出三名互不相识的"挑战者",要求他们每人在 6 个月的时间里只带简单的行囊和极少的金钱,完成广西、云南、西藏、新疆、内蒙古、黑龙江、吉林、辽宁等八省的 3.8 万公里边境地带的旅途。整个过程,电视台派摄制组进行了跟踪报道。第一届《生存大挑战》,在国内各地乃至国外都产生了极大的影响,全国媒体的报道铺天盖地,中央电视台的王牌节目《实话实说》曾邀请 3 名挑战者到现场参加了一期《生存大挑战》专题研讨。此后,这类野外生存类节目在国内被广泛模仿或移植。如中央电视台推出的《金苹果》，浙江卫视推出的《夺宝奇兵》，贵州电视台推出的《峡谷生存营》，拇指英雄联合央视推出的《欢乐英雄》等等；早期的这些真人秀节目都仅限于野外生存或挑战，并且由于部分环节设置导致了一些争议。

2003—2004年，随着《美国偶像》节目在美国的火爆上演，国内一些节目也开始借鉴《美国偶像》的节目元素，开始了国内平民选秀的选拔活动。中央台二套2003年底推出的《非常6+1》可以说开创了国内平民选秀的风气之先。《非常6+1》开播仅1年，即成为全国娱乐市场最有影响力的节目之一，2004年人均收视时间达到82分钟，直追中央台的老牌娱乐节目《开心辞典》和《幸运52》，并由此催生了中央台三套的《星光大道》、湖南台的《超级女声》以及上海东方卫视的《莱卡我型我秀》等一大批平民选秀节目。[①] 其中，2005年，湖南台的《超级女声》真正将平民选秀推向了一个顶峰。2006年，在《超级女声》的带动下，国内选秀活动达到白热化程度。不仅有上述的平民秀，还有以《舞林大会》、《名声大震》为代表的明星秀；不仅有娱乐类真人秀，还有生活服务类真人秀、公益类真人秀以及情感类真人秀。为此，我们初步将国内林林总总的真人秀节目按其内容特征划分为以下四大类型：

（1）娱乐类真人秀。它是以娱乐为主要目的的真人秀节目，既包括演艺选秀，也包括野外生存类真人秀。其中演艺选秀节目比较有影响力的有《超级女声》《梦想中国》《我型我秀》《加油！好男儿》《绝对唱响》《快乐男声》《红楼梦中人》等，这些属于普通人实现梦想的平民秀；还有一部分是明星展示其风采的明星秀，如《舞林大会》《名声大震》《明星大练冰》等；野外生存秀有上文提到的《金苹果》《峡谷生存营》《欢乐英雄》等。

（2）生活服务类真人秀。它是以展示生活的各个层面，服务大众为目的的真人秀节目。如展示装修空间变化的《交换空间》，展示女性整容的《天使爱美丽》，展示交友婚恋的《玫瑰之约》《丘比特之箭》，展示教育帮助和跟踪的《成龙计划》，展示职场竞争和风采的《赢在中国》《创智赢家》《状元360》及其特别节目《2007劳动榜样》等。展示角色交换生活体验的《变形记》《相约新家庭》等。

（3）公益类真人秀。它是以社会公益为目的的真人秀节目。如上海东方卫视的《民星大行动》、浙江卫视的《公民行动》、安徽卫视的《幸福密码》等。《民星大行动》是东方卫视2006年结合上海这个城市的特色而策划的一档明星公益类真人秀节目；而浙江卫视的《公民行动》和安徽卫视的《幸福密码》则是平民为主角的公益类真人秀节目。

（4）情感类真人秀。它是真实记录婚姻、家庭、情感的危机，以解决情感矛盾和问题为目的的真人秀节目。如湖南娱乐频道的《为她而战》，安徽卫视的《第12夜》等。安徽卫视的《第12夜》就是一个直面危机婚姻和婚姻危机的情感真人秀节目。该节目通过12夜真实的电视拍摄，记录3个家庭30天的试离婚过程，努力探求和破解婚姻危机谜题，企图搭建起一个“让爱重生、心灵修复”的平台。此外，还有一些节目如中央台的《心理访谈》、江苏卫视的《人间》、湖南台的《真情》、上海生活时尚频道的《心灵花园》等，这些节目

---

① 胡波：《2004年娱乐节目收视回顾》，《收视中国》2005年第1期。

大多通过专家和嘉宾座谈的方式，通过当事人现场的讲述、争论以及相关的图片、拍摄等方式，寻求解决家庭、生活中的情感矛盾和危机。这些是属于带有真人秀色彩的情感类节目。

二、国内真人秀节目的收视状况

1. 娱乐类真人秀节目整体收视下降

自2005年超级女声点燃平民选秀的热潮之后，2006年各类真人秀节目风起云涌，层出不穷。有平民秀也有明星秀，有演艺秀也有生活秀，有商业秀也有公益秀，如此等等，不一而足。那么这些秀场节目的实际收视情况如何呢？是否与其浩大的声势相匹配呢？

以2006年的三大选秀节目为例，和2005年相比，《超级女声》和《梦想中国》2006年的收视率都有近50％的下降，《我型我秀》略有上升。由于这三个节目所在的频道这两年平均收视率基本持平，因此，这几个选秀节目收视的变化并不是频道整体收视变化所导致的，而是具体节目内外部因素使然①。

表2 三大选秀节目2005年和2006年收视对比(35城市，15岁以上)

节目		节目收视		同期同时段平均(5—10月)	
		收视率(％)	收视份额(％)	收视率(％)	收视份额(％)
超级女声	2005年	4.1	11.1	1.0	3.2
	2006年	2.2	6.4	1.1	3.5
我型我秀	2005年	0.8	1.9	0.3	0.8
	2006年	1.1	2.8	0.5	1.2
梦想中国	2005年	2.9	6.7	0.9	2.4
	2006年	1.8	4.4	0.8	2.0

数据来源：CSM媒介研究

2007年的选秀节目和2006年相比，继续出现了收视下滑的趋势。2006年《超级女声》35城市各大唱区的市场份额最低为3.05％，最高为11.05％，平均为7.05％；而2007年《快乐男声》各大唱区的最低份额最低为1.74％，最高为8.67％，平均为5.21％，比2006年超级女声低了近2个百分点(图1)；而上海东方卫视的《加油！好男儿》35城市2006年的最高份额为7.13％(图2)，而2007年最高份额则下降到了5.18％。

尽管娱乐类真人秀近两年在节目内部形态方面不断创新，但是由于此类节目被大量复制、模仿以及重复上演，再加上部分节目为博收视率所做的低级炒作，使得观众对此类节目产生了审美疲劳，因此收视率的下降也在所难免。

① 陈晓洲：《万花筒还是烟花弹——2006年电视娱乐选秀活动的Q&A》，《收视中国》2007年第1期。

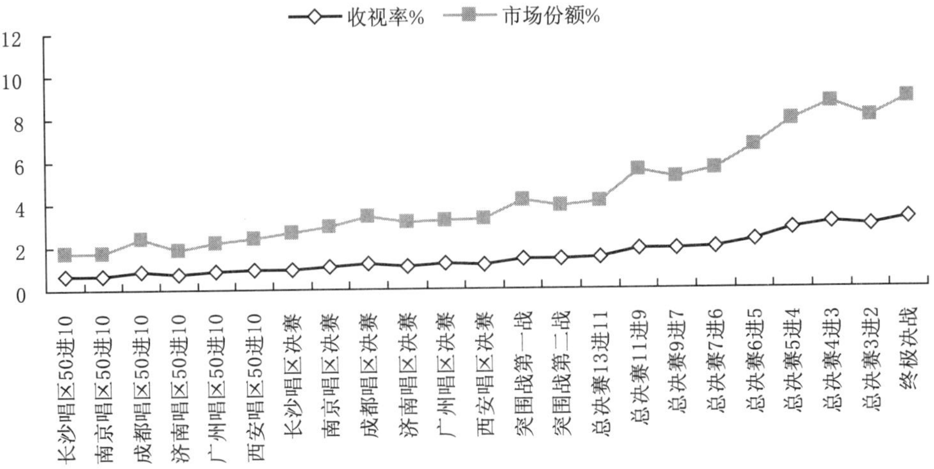

数据来源:CSM 媒介研究

图 1　2007 年《快乐男声》35 城市各大唱区收视表现

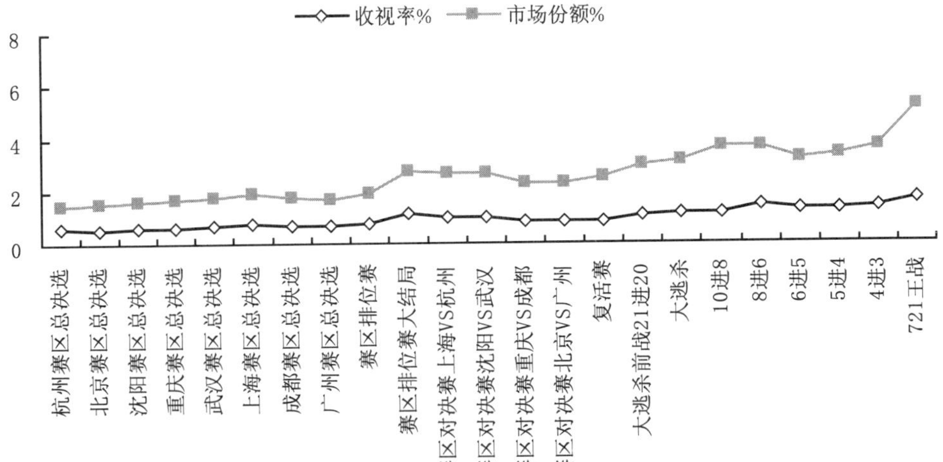

数据来源:CSM 媒介研究

图 2　2007 年《加油！好男儿》35 城市各大唱区收视表现

2. 生活服务类、公益类和情感类真人秀节目受观众欢迎

和娱乐类真人秀从火爆趋于平淡的趋势相反的是，生活服务类、公益类和情感类真人秀近年来却从默默无闻到越来越受关注，逐渐成为新的收视增长点。和娱乐真人秀注重平民和明星在演艺方面的风采不同的是，无论是生活服务类真人秀、公益类真人秀还是情感类真人秀，关注的焦点是普通人的生活本身。

除了关注的焦点不同之外，生活服务类、公益类、情感类真人秀和娱乐类真人秀的制作目的也不相同。娱乐类真人秀的目的是发掘演艺新星、打造歌坛新人或为明星做演艺宣传等，而后三类真人秀的目的却是记录生活、服务大众、回馈社会，具有明显的服务性、实用性和公益性。可以说，后三类真人秀是服务类节目、公益类和情感类节目在真人秀领域的延伸，是服务和公益过程的具体展现和细化。

正因为与一般服务节目相比，这三类真人秀更具体细化，更具有戏剧性和体验性，因此更好看耐看；而与娱乐类"真人秀"节目相比，它更有服务性和实用性，更有益于观众。因此，随着全民对娱乐真人秀的热度的下降，这三类真人秀节目逐渐受到观众的喜爱和欢迎，收视也逐渐看好。如中央台二套的《交换空间》2005 年开播仅 4 个月，35 中心城市首播平均收视率就达到 0.7%，成为生活服务类节目的佼佼者，并获得《新周刊》在"2005 中国电视节目榜"的"最佳生活节目"的桂冠。

中央台十套的《状元 360》为各行各业的高手提供一个交流、比拼职业技能的媒介平台，成为观众了解这些行业的一个特殊窗口，进而引导各行各业的人不断提高职业技能、进行自我创新。2007 年上半年《状元 360》35 城市的首播收视最高为 0.65%，在中央台十套的各栏目中位于前列。

安徽卫视新推出的情感类真人秀《第 12 夜》在安徽省网的收视率最高超过 11%，并尤其吸引中青年、高学历和中高收入观众，收视前景看好。

三、国内真人秀节目的发展特点及趋势

1. 娱乐类真人秀节目的发展特点及趋势

(1)娱乐选秀进入男色时代

2006 年，东方卫视的一档《加油！好男儿》节目一举走红，反响强烈，从而打响了男人选秀的头一炮。东方卫视的娱乐力量也凭借此节目浮出水面，成为另一支有影响的娱乐势力。2007 年 3 月，《加油！好男儿》新赛季抢先亮剑，高调启动，并采取"文化名人＋演艺明星"的"MIX&MATCH"评委阵容为好男增色；在错失 2006 年男声选秀的巨大市场前景后，2007 年湖南卫视痛下决心，停办了《超级女声》，改办《快乐男声》，打出"想唱就唱，我最闪亮"的口号；与此同时，浙江卫视娱乐体育真人秀《梦想奥运真男儿》也于 2007 年 5 月开始录制，并拉来黄健翔、张靓颖、田亮、王蓉等众多文体明星助阵。好男、快男、真男三男同时上阵，拉开了男人选秀的新时代。

尽管有人质疑 2006 年《加油！好男儿》"重色不重艺"，选出的偶像唱不会唱，跳不会跳，只是清一色的花样美男。不过，艺人出色的外表的确可以为自己带来更多的观众缘。因此，2007 年，无论是选综合实力的好男，还是强调选唱功的快男，男色已成为选秀舞台上不可或缺的风景。其实，男色也好，才艺也罢，选手的独特个性和优秀品质才是他们能够继续走下去的动力。尽管好男的麻辣评委、香港名嘴吴君如毫不掩饰对好男男色的喜爱，但她的另一段话或许对目前的男生选秀的火热做一个很好的注解。她说，在舞台上

男生所表现的友情、泪水要比女生更加真实感人，男生们的青春动感和力量让人感觉到年轻真好。这或许才是目前男生选秀更受观众欢迎的真正原因。

(2)娱乐选秀类型多样，元素丰富，环节创新

在经历了2005年娱乐真人秀的初步崛起，2006－2007年的娱乐真人秀进入一个类型多样、元素丰富的新阶段。秀完了唱歌秀，跳舞真人秀开始火拼，2007年上海东方卫视的《舞林大会》、湖南卫视的《舞动奇迹》以及北京卫视的《我要跳舞》全面开始PK；除了唱歌、跳舞，还有唱戏真人秀(如上海东方卫视的《非常有戏》、湖南卫视的《明星出戏》)、主持真人秀(中央台的《谁将主持奥运节目》、《奥运舵手选拔》)，演员选拔真人秀(《红楼梦中人》、《寻找紫菱》)等。随着2008年奥运盛会的临近，与体育和迎奥运相结合的真人秀也逐渐火热起来，有湖南卫视将明星和极限运动相结合的《我是冠军》、《勇往直前》，浙江卫视的《梦想奥运真男孩》以及天津卫视的《奥运群英会》等。

2007年，娱乐真人秀除了类型多样外，节目本身的元素使用也更加丰富，环节也更加创新。个性、明星、音乐、舞蹈、网络、恶搞、博彩等元素纷纷出炉。如2007年的《加油！好男儿》强调选个性而不是上届“好男儿”的翻版，不排除选出葛优类型的“好男儿”；2007年“我型我秀”也不再是选手上台逐个PK的比赛形式，而是举办一台大型青春励志音乐剧，音乐剧以流行音乐为元素，也融合当今流行的Hip－Hop、RAP、轻摇滚、电子音乐等音乐元素；而针对2007年如许多的“男色”选秀，江苏卫视的“绝对唱响”则坚持男女配对唱，并不重男轻女；2006年风靡一时的《舞林大会》在2007年则推出国际版，力邀更多国际明星参与；湖南卫视新推出的《舞动奇迹》则不分舞种，涵盖街舞、爵士、中国舞等舞蹈类型，让明星尽情发挥；北京台的《我要跳舞》则突出平民跳舞的特色。2007年的很多选秀还纷纷增加了网络赛区，希冀吸引更多的网民参与到节目中。此外，一直领娱乐风气之先的湖南卫视还在真人秀——《勇往直前》节目加入了恶搞的成分，如参加节目的艺人会在完全不知情的情况下接受提前设置的高难度挑战：与3万只蜜蜂亲密接触、鳄鱼亲吻、触摸毒蛇、潜水喂鲨鱼等等；北京八套的《动感秀场》则复制了美国著名博彩节目《成交不成交》(Deal or no Deal)的部分环节，但是由于彩头受国情所限，因此反响不大(表3)。

除了赛制缩短、晋级制度、PK内容有所不同外，2007年娱乐选秀节目进一步加强了真实节目的成分。有别于以前的比赛和生活花絮，2007年的娱乐真人秀则开始直接24小时监控选手行动。如《加油！好男儿》全国十强住进了王子城堡后就开始24小时在监视器下的生活；快男们则入住男声学院，同样也是24小时全天候被监控。当然，和国外的24小时监控不尽相同，这些监控只是部分赛制时间，隐私空间也不会有监控。但是这些监控环节使得选手的性情个性暴露无遗，也为观众进一步了解选手提供了机会。

表3 2006—2007年部分娱乐真人秀节目列表

类型	节目名称	播出频道
唱歌	梦想中国	中央台二套
	超级女声	湖南卫视
	快乐男声	湖南卫视
	名声大震	湖南卫视
	绝对唱响	江苏卫视
	名师高徒	江苏卫视
	我型我秀	上海东方卫视
跳舞	舞林大会	上海东方卫视
	舞动奇迹	湖南卫视
	我要跳舞	北京卫视
	星空舞状元	星空卫视
	星随舞动	东南卫视
	与星共舞	浙江卫视
唱戏	非常有戏	上海东方卫视
	明星出戏	湖南卫视
主持	谁将解说北京奥运	中央台五套
	CCTV奥运舵手选拔	中央台新闻频道
	CCTV全国主持人大赛	中央台二套
体育	我是冠军	湖南卫视
	勇往直前	湖南卫视
	挑战冠军	上海东方卫视
	国球大典	湖南卫视
	明星大练冰	上海东方卫视
演员选拔	红楼梦中人	北京卫视
	寻找紫菱	湖南卫视
	天使任务之天使任我选	山东卫视
	超级新秀	安徽卫视
	第1次心动	重庆卫视
综合才艺	加油！好男儿	上海东方卫视
	全家总动员	中央台二套
博彩	动感秀场	北京台八套

数据来源:根据相关资料整理

2. 生活服务类真人秀节目特点及发展趋势

(1)服务面广,实用性更强

随着娱乐类真人秀节目的盛极而衰,一些新的生活服务性质的真人秀节目逐渐受到观众的关注和喜爱。这些生活服务类节目采用真人秀的节目模式,将节目的过程更加细节化、具体化和体验化,使观众更加了解和参与此类服务,具有很强的实用性。而且随着我国真人秀节目的运作模式和经验的越来越成熟,这类生活服务类真人秀的服务面越来越宽广,涉及生活的方方面面,也越来越受到观众的欢迎。除了以前就有的美食真人秀节目之外，家居美化、整容、婚恋交友、教育、职场、生活体验等各方面的真人秀节目都纷纷出炉，全方位服务观众，收视表现也不俗。如中央台二套的家居装饰装修真人秀节目《交换空间》，2005 年开播仅 4 个月，35 中心城市首播平均收视率就达到 0.6%，成为生活服务类节目的佼佼者，被《新周刊》在“2005 中国电视节目榜”评为“最佳生活节目”；中央台二套的《赢在中国》，走高端节目线路，通过真人秀的方式赢取高额创业基金（最终 5 名优胜者将分别获得注册资本不低于人民币 1000 万元、700 万元和 500 万元的新设企业经营权），引起了青年观众的极大热情；而中央台十套的《状元 360》以及其特别节目《2007 中国劳动榜样》则通过真人秀方式，全方位展示各行各业的绝技绝活和劳动者风采，受到了一致好评。

整容减肥和婚恋交友类真人秀节目在中国也拥有巨大的市场，但是由于这两类节目特别容易掉入血腥和低俗的陷阱中从而受到观众的非议和不满。真人秀节目之所以受观众欢迎，就是因为其真实记录事件进程和选手反应。但是由于我国国情和观众价值观念与西方国家的差异，我国真人秀的节目尺度不可能与西方国家一样。照搬西方国家的节目模式也是行不通的，如湖南卫视模仿法国《阁楼男女》的《完美假期》节目中途夭折就是一个例子。因此如何做到既真实好看，又能去除血腥暴力低俗的成分是未来我国真人秀节目的一个挑战。表 4 中列举了部分电视台播出的生活服务类真人秀节目。

表 4 部分电视台播出的生活服务类真人秀节目

类型	节目名称	播出频道
家居	交换空间	中央台二套
整容美容	天使爱美丽	湖南经济电视台
	化蝶	天津卫视
	美丽新约	广东电视台公共频道
	灰姑娘与天鹅	山东齐鲁台
	肥比寻常	山东齐鲁台
	花落谁家	湖北卫视
	魅力 2007 之美丽赢家	辽宁电视台影视频道
婚恋交友	玫瑰之约	湖南卫视
	丘比特之箭	上海生活时尚频道
	男生女生	浙江卫视
	完美新娘	山东电视台第九频道
	今晚谁结婚	天津卫视
教育帮助	成龙计划	天津卫视
	兄弟	湖南卫视
职场	创智赢家	上海东方卫视
	赢在中国	中央电视台二套
	状元 360	中央电视台十套
	天生我才	浙江卫视
生活体验	变形记	湖南卫视
	相约新家庭	北京电视台
	交换主妇	山东齐鲁电视台

数据来源：根据相关资料整理

(2)体验性更突出

生活服务类真人秀和普通生活服务节目最大的不同就是其节目的体验性更强。随着体验经济时代的到来,消费者在消费某种商品时,不仅仅是消费时间、金钱和商品的实用功能,更重要的是消费一种体验,享受一份物有所值的回忆,这样的消费才能让消费者心甘情愿地一而再再而三地付出金钱。体验消费在电视媒介上的延伸也是如此道理,让观众真切地享受到某种体验,并且有所收获,是真人秀目前大行其道的重要原因。

在目前各种生活服务类真人秀中,给观众最真实体验的莫过于交换角色的生活体验真人秀了。这类真人秀通过选手生活角色的相互交换,来体验自己从未有过的生活环境和状态。而观众也跟从摄像镜头和选手,同样去体会、去感受生活在别处的感觉。交换生活体验的真人秀最早出现在英国。2004 年,美国人的 ABC、FOX 两家电视网对其稍加改造,接连推出了两档以交换主妇为主要内容的"交换类"真人秀——《Wife Swap(换妇)》和《Trading Spouse(易偶)》,真人秀节目也真正走进了隐秘的家庭生活。尽管这两档节目的名称看起来充满挑逗,但节目本身并没有色情成分。该节目中,两个家庭的妻子将互相交换自己的家,她们将到对方家中与对方丈夫和孩子过上 10 天"同居日子",这期间,交换妻子的职责仅限于以"女主人"的身份照料孩子和做家务,并不包括和"新丈夫"一起过感情生活。在前 5 天中,交换妻子必须遵守"新家"的规则;而在后 5 天中,她就可以作为家庭主妇为"新家"制定自己的规则。由于这种交换生活的真人秀节目真实地揭秘了家庭生活的真实细节和秘密,因此播出后很受观众欢迎。

受到国外这类身份交换真人秀节目的影响,中国电视真人秀节目也进行了这方面的一些尝试。2006 年 9 月 4 日,湖南卫视在黄金时段 19 点 30 分播出了一档全新的体验真人秀节目《变形记》。第一季《网变》讲述了一个繁华都市的网瘾少年魏程和一个贫困乡村的农家少年高占喜互换 7 天的故事。节目一播出就在全国引起了巨大的反响,收视率在同时段位居前列。2007 年,山东齐鲁频道直接拷贝美国原型节目,也出台了新节目叫《交换主妇》,选择两个有差异的家庭,两个家庭主妇分别到对方家里生活两周时间,体验不同家庭不同的生活方式以及不同教育孩子的方式。该节目播出后,反响不一。有的观众叫好,认为"这个节目非常有创意,通过交换能更了解、理解自己的配偶,发现双方的不足和优点,促进夫妻和谐";有的则认为很无聊,"容易提高离婚率,很不道德"。

身份置换类真人秀最大的看点在于交换双方身份的巨大差异。身份反差越大,喜剧效果和戏剧性的冲突就越大,就越有看点,越能吸引观众的目光。但是,在这类节目中,尤其要避免的是有可能出现的对置换角色的伤害。比如,有很多观众就质疑湖南台《变形记》的《网变》中贫困少年高占喜经历这样的生活巨变有可能对他心理产生伤害,因为城乡生活的巨大鸿沟对一个未成年少年来说可能很难理解,也无法跨越。因此,此类真人秀节目在挑选主人公、置换家庭以及如何处理敏感镜头、避免伤害方面需要慎重考虑。

3. 公益类真人秀节目特点及发展趋势

(1)公益类真人秀节目充分发挥明星效应

明星和公益的结合是一件一举两得的好事。对明星而言，参加公益活动有助于提高明星的知名度和美誉度；对公益活动而言，明星的加盟可以促进其宣传规模和效益。因此，国外和港台的明星一向很重视参与公益活动。近年来，国内明星对公益活动的参与也越来越多，大型的公益性质演唱会以及大型慈善募捐活动上都活跃着明星的影子。目前，明星和公益结合的另一种新节目形式——明星公益真人秀节目也日益受到关注。如上海东方卫视打造的《民星大行动》就是一档受欢迎的明星公益真人秀节目。《民星大行动》是东方卫视 2006 年结合上海这个城市的特色而策划的一档慈善公益类真人秀节目。周华健、周迅、袁鸣、胡兵、瞿颖、黄晓明、任泉、黄奕等明星乔装成三轮车夫、挤奶工、菜场小贩等从事一天最艰辛的工作。他们的劳动所得，加上观众支持的短信投票收入，用来帮助受助对象完成心愿。在节目中，明星不仅要乔装成普通劳动者，而且在被人认出来之后还不能承认。角色的巨大反差、不能承认自己身份带来的巨大喜剧效果以及良好的社会效益令这个节目颇受关注。

湖南公共频道则另辟蹊径打造另类明星公益真人秀，其推出的“Bang Bang 帮女郎 2007 大型公益慈善真人秀”通过“Bang Bang 帮女郎”美丽与气质的超级比拼以及爱心与智慧的激情展演，打造出中国第一批的职业公益明星。通过半年的爱心实践和磨炼，海选出来的 10 位“Bang Bang 帮女郎”中将有 3 名“Bang Bang 帮女郎”最终登上“善行 2007 善行天使”的宝座，3 名善行天使将得到一笔巨额的公益资金，在相关机构监督下，自主投入公益慈善事业，去帮助更多需要帮助的人。

总之，无论是明星做公益还是打造公益明星，公益真人秀节目与明星这样一个闪亮元素的结合，都将是互惠互利而且是广受欢迎的。

(2)公益真人秀节目将更加务实严谨和深入

明星公益真人秀是公益节目和活动中的一个璀璨亮点，在这个璀璨亮点的背后，还有大量的平民公益活动和节目。从中央台的大型公益真人秀节目《我的长征》开始，这样务实严谨的公益节目就一直受到观众欢迎。2006 年下半年，浙江卫视推出的“公民行动”也是这样的一档大型平民公益真人秀节目。真人秀的主角、61 岁的志愿者钟光宏老先生当众表明了“拒绝作秀，要做实在事”的态度，他的这一态度不仅道出了 10 位过关斩将脱颖而出的志愿者们的共同心声，也道出了此次活动主办方的务实心愿。和志愿者一样，“公民行动”两位制片人也严禁“作秀”成分，同时希望“公民行动”能成为一个“入口”，让更多人参与到这一项公益活动中来。该活动第一季“饮水思源”中，10 位志愿者兵分两路，挺进千岛湖和长白山两个志愿点，为那里的学生送去暑期的快乐：有 50 年电影放映经验、71 岁高龄的周福根为千岛湖的学子送去《超人总动员》《醉公主》《杂技表演》等三部影片；长白山的志愿者为那儿的小朋友带去图书展、趣味运动会等，为开发小朋友的想象力，从事玩具工作的钟光宏不仅准备带上自创七巧板，还会带些半成品玩具开赴长白山等。

安徽卫视2007年五一开播的《幸福密码》也是一档平民公益真人秀节目。该节目不仅严谨务实，而且对贫困家庭的帮助更加深入细致。该节目四天为一轮，讲述一个公益实施的过程。节目不仅提供幸福基金(创业基金)，还对贫困家庭通过相应的职业培训及门面装潢等手段，使其摆脱贫困；同时在节日中，还将更多地分析使其贫困的原因，解剖案例，对同样生活在贫困中的人们给予警示和希望。通过几天的节目追踪，充分表达该节目的宗旨：即幸福其实就在你自己的手中。可以说，幸福密码不仅是一档公益真人秀节目，同时还是一档励志类节目。

4. 情感真人秀节目特点及发展趋势

(1)节目角度更客观全面和深入

对婚姻家庭情感问题的关注是中国电视观众关注的重点，这也是中国电视剧收视久盛不衰的重要原因。中国的电视观众一向通过虚拟的剧中人物的爱恨情仇，去体味、反思自身的情感生活。但是，随着社会情感生活的越来越复杂多变，人们文化心理素质的不断提高以及人们对精神生活质量的要求不断提高，越来越多的人需要对家庭婚姻情感问题寻求实际的咨询和帮助。情感类真人秀节目正是在这样的社会背景下应运而生的。2006年初，湖南娱乐频道就尝试推出了大型情感类真人秀活动《为她而战》，《为她而战》第一季其实是一次大型的婚姻拯救行动。在活动中，观众们将会看到一群各有缺陷的已婚男人，在陷入感情危机后，是怎样立志把自己改造成为一个优秀丈夫，又是怎样使婚姻得以破镜重圆的艰辛历程。尽管该活动总监刘滨认为，《为她而战》第一季与其说是一档活动，还不如说是一次对现代中国婚姻状态的探访。[①] 但是《为她而战》作为一档仅仅是改造男人的情感类节目，对家庭婚姻困惑的解剖不够全面客观和深入。任何一个家庭和婚姻问题的出现，都不应该也不可能仅仅只改造男人，它需要对家庭婚姻的双方做全面客观的剖析。同时，节目中所设计的考验环节如反夫权之战、反乏味之战、反懦弱之战、反酒精之战等等多少带有人为的娱乐和作秀的色彩，并没有触及婚姻及人性的本质。因此，该节目实际上更偏向于包含了情感和励志元素的娱乐真人秀节目，并未触及婚姻、家庭、情感的核心问题。因此，该节目推出几个月之后，收视也出现了高开低走、忽高忽低的不稳定态势。

尽管《为她而战》并未真正触及婚姻家庭情感的本质问题，但是它毕竟对情感类真人秀节目做出了很好的尝试。随着国内电视市场对真人秀节目运作经验的越来越成熟，2007年5月，安徽卫视也重磅推出一档直面婚姻家庭问题的电视情感真人秀节目《第12夜》。《第12夜》的第一季《让爱重生》以“30天的试离婚体验、12夜的电视跟踪”，记录了3个曾经幸福的家庭、6个被婚姻危机折磨的丈夫和妻子的爱恨纠葛。节目并没有试图改造婚姻双方的哪一方，而是通过对不幸遭遇危机婚姻的人们试离婚全过程的真实记录，让当事人双方都能够冷静、慎重、理智地检视和考量自己的婚姻和情感现状与矛盾所

---

① 参见《真人秀〈为她而战〉第一季打响开春第一炮》，http://ent.sina.com.cn/v/m/2006－02－14/1151985125.html。

在。在这个过程中，将会有婚姻问题专家（包括心理咨询师、律师等）适时介入对当事人危机婚姻的拯救行动，以期让那些已经动了离婚念头，但夫妻双方或其中一方对婚姻和家庭仍有一定程度留恋和顾及的当事人能够冷静地对婚姻进行反思，对自身和对方进行再认识，给婚姻一个缓冲期。[①]

《第12夜》第一季的播出给广大电视观众带来了前所未有的电视情感真人秀视听与情感新体验。从《为她而战》到《第12夜》，国内情感类真人秀节目开始走向更成熟、更客观、更全面和更深入的情感节目的制作和思考。

(2)心理分析和咨询的元素被越来越多运用在情感节目中

心理学或者有关心理分析的影视剧是国外影视节目很受欢迎的一种类型。我国观众最早对心理分析影视的接触来源于美国的电影《爱德华大夫》(1945年)，影片以"爱德华大夫"离奇的失忆经历为起点，通过心理学家对其层层深入的心理分析，最终破获一起谋杀案并治愈了"爱德华大夫"的心理障碍，是一部经典的心理悬疑片，曾获1946年的奥斯卡奖。其他在我国家喻户晓的心理分析方面的电影有《沉默的羔羊》《本能》《雨人》《美丽心灵》等。美国犯罪心理分析方面的电视剧有著名的《犯罪现场调查》(CSI)，截至2006年12月已经播出到第7季了。

随着我国影视节目的越来越丰富多彩，心理分析的元素也被越来越多地运用到了国内的影视节目中。著名导演姜伟执导的《沉默的证人》是我国第一部也是目前唯一的一部介绍犯罪心理学的电视剧。该剧从一桩普通的谋杀案开始，在纷乱无序的线索中，年轻警察周马在老刑警刘宝生的指导下，在犯罪心理学专家陈俊威的启发下，从死者身份、经历、身世、学历等人文特征入手，运用犯罪心理学的视角寻找隐身于茫茫人海中的元凶。和普通的刑侦剧不同的是，这是一部着重围绕着犯罪心理学和科学刑侦等智慧型探案手段来讲述的涉案剧。尽管该剧不能在黄金时段播出，还是引起了很多观众的关注。此外，2006年热播全国的《暗算》也正是大量运用了心理分析和心理较量的情节从而深深吸引了观众。

除了影视剧，我国目前应用心理分析和心理咨询元素最多的是情感类节目，如中央台的《心理访谈》、《家长俱乐部》、上海生活时尚频道的《心灵花园》、江苏卫视的《欢乐伊甸园》等等(参见表5)。这些节目或者是专业的心理咨询服务节目或者是心理方面的倾诉与交流节目，总之，是通过倾诉、沟通、交流与梳理，帮助当事人解答心理困惑，解决心理问题。

如前所述，安徽卫视的《第12夜》也是聘请了专业的心理学家和婚姻咨询专家为当事人所面临的婚姻、家庭危机提供专业的咨询和帮助。通过真人秀形式如实反映情感危机与矛盾，通过专业心理咨询引导当事人和观众反思矛盾背后的更深层次的人性和心理问题。这可能也是这个真人秀节目更加引人关注和思考的原因。

---

① 参见《安徽卫视情感实录节目〈第12夜〉直面婚姻危机》，http://ent.sina.com.cn/v/m/2007-04-23/17591530152.html。

表 5　国内部分运用了心理分析和咨询元素的情感类节目

	节目名称	播出频道
1	心理访谈	CCTV－12
2	心理访谈心理俱乐部	CCTV－12
3	心理俱乐部	CCTV－12
4	家长俱乐部	中国教育台一套
5	欢乐伊甸园	江苏卫视
6	心情	辽宁电视台生活频道
7	家庭大讲堂	陕西电视台家庭生活频道(三套)
8	翁进谈心	福建省广播影视集团体育频道
9	心理访谈	石家庄电视台新闻综合频道(一套)
10	今夜侃侃侃	南昌电视台资讯频道(三套)
11	心灵花园	上海电视台生活时尚频道
12	心理档案	浙江电视台民生休闲频道
13	走出心理困境	上海电视台新闻综合频道
14	相伴到黎明	上海电视台生活时尚频道
15	心灵密码	北京台七套
16	情感部落格	北京台八套
17	TV 悄悄话	天津卫视
18	和谐伊甸园	江苏电视台体育休闲频道
19	万峰时间	浙江电视台钱江都市频道
20	人间	江苏卫视
21	超级调解	江苏卫视
22	父母大人	中国教育台三套等十余频道
23	真情	湖南电视台卫星频道
24	婆媳对对碰	山东电视齐鲁频道
25	家庭问题	陕西电视台家庭生活频道(三套)
26	婚情男女	南京电视台生活频道(三套)
27	沟通	黑龙江电视台卫星频道
28	夜话都市心声	上海教育台 (26 频道)
29	诉说	陕西电视台公共.政法频道(五套)
30	大话爱情	重庆电视台都市频道(四套)等十余个频道
31	私人空间	哈尔滨电视台生活频道
32	泉城夜话	济南电视台都市女性频道
33	今夜不设防	成都电视台经济资讯服务频道(二套)
34	今夜我心动	郑州电视台二套(商都频道)
35	女人夜话	厦门电视台纪实频道
36	女人世界	贵阳电视台二套(经济生活频道)
37	女人聊吧	太原电视台影视频道(四套)

数据来源：根据相关资料整理

从《舞林大会》看明星真人秀节目模式的具体应用

姚洁　赵长军

能够满足普通民众娱乐和自我娱乐需求的真人秀节目成了2005—2006年综艺娱乐节目的热点。由于节目产品导入的地理差、时间差及市场信息的不对称性，具有相对完整模式的《超级女声》成为2005年这类节目在中国的先行者，并创下当年的收视奇迹。“超女”的红火点燃了电视平民选秀热，一时间，2006年电视荧屏上形形色色的平民选秀节目粉墨登场。在众多大同小异的真人秀节目分流市场之际，上海文广集团(SMG)推出的一档差异化的真人秀节目——《舞林大会》，以其独特看点吸引了众多目光，取得了较好的收视效果。本文通过分析《舞林大会》在本地和全国市场的节目模式及收视效果，尝试探索明星真人秀节目成功的原因，同时提出对真人秀节目收视边际效益递减的担忧，以供商榷。

一、上海版《舞林大会》：本地主持人明星效应

2006年元宵之夜，一档差异化的真人秀节目《舞林大会》登陆上海东方电视台新闻娱乐频道，这档以沪上主持人为主角的明星真人秀节目在上海创下了综艺节目收视新高，10月推出的全国版《舞林大会》，又通过东方卫视在全国刮起了舞林旋风。随后，《名声大震》《名师高徒》《非常有戏》等明星真人秀节目也纷纷高调亮相卫视频道。

《舞林大会》借鉴了美国广播公司(American Broadcasting Corporation，ABC)的《与明星共舞》的基础创意。出于营销考虑，ABC的节目名称中有“明星”两字，选手范围实际是语义范围更广的“名人”。无论是“明星”还是“名人”，对大众来说，都具有强大吸引力，他们具有传播学研究理论中的“潮流及价值引领”作用。SMG同样借鉴了这种作用，采用自己的知名主持人引领潮流。SMG主持人通过自己日常主持的节目在上海观众中已经建立起了一定的明星效应，曹可凡等知名主持人在上海观众特别是一些中年观众心中的影响力甚至超过了一些演艺明星。近年来，SMG将主持人艺人化运作，如通过举办“主持人贺岁春节晚会”，进一步推进“主持人”向“明星”的延伸。这种延伸具有事半功倍的市场效果，可以说是上海版《舞林大会》成功的关键要素。

这档SMG主持人同专业舞者的国标舞比赛节目，播出第一期即取得10.8%的收视率，在当周节目排行中名列第五。时段收视率比推出前三周频道同时段收视率增加了4.4个百分点。作为一个新的节目模式，《舞林大会》逐步被更多观众接受，随着赛程的逐

步推进,《舞林大会》的收视率逐渐走高,决赛时达到了17.2%,直逼央视"春晚"在上海的收视率(图1)。

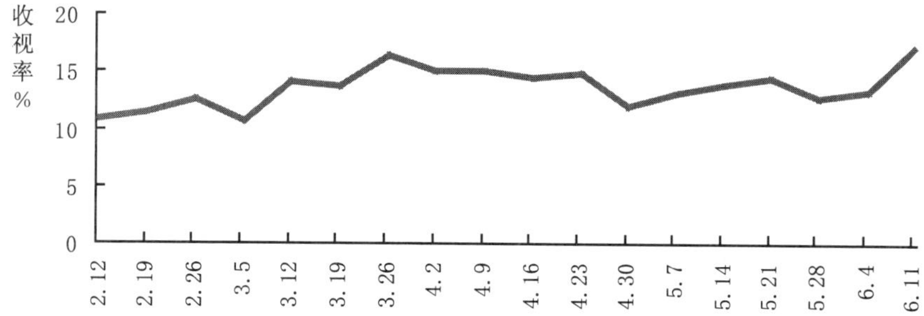

数据来源:CSM媒介研究

图1 2006年上海版《舞林大会》每期收视率(%)

从各年龄段人群来看,除了65岁及以上人群外,其他人群观看决赛的收视率都比第一期收视率有显著提高,其中增幅最大的为15—24岁人群(表1)。

表1 各年龄段观众上海版《舞林大会》收视率比较

日期	65岁及以上	55—64岁	45—54岁	35—44岁	25—34岁	15—24岁	4—14岁
第一期%	15.9	11.4	16.2	9.9	5.3	7.3	6.9
最后一期%	14.6	21.5	26.8	18.8	7.7	14.5	11.1
收视率增长幅度%	−8.2	88.6	65.4	89.9	45.3	98.6	60.9

数据来源:CSM媒介研究

从观众构成和集中度角度来看,上海版《舞林大会》,女性和45—54岁人群的比例和集中度也相当高。这样的收视人群与节目选用主持人作为参赛明星有着很大关系(图2)。

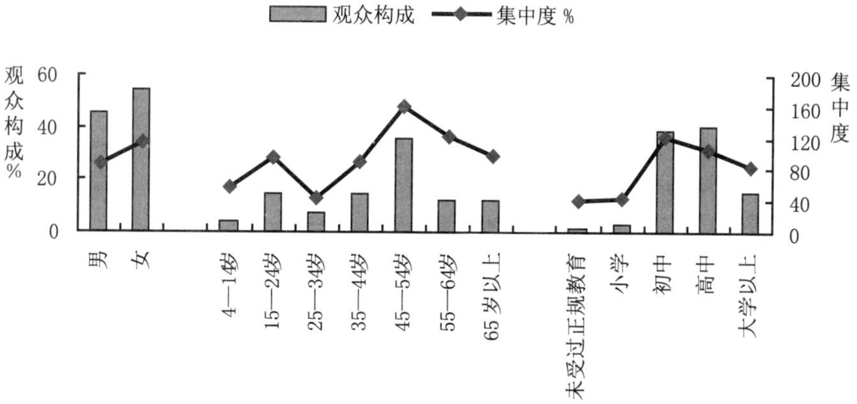

数据来源:CSM媒介研究

图2 上海版《舞林大会》的观众构成和集中度(%)(2006.2.12—6.11)

与草根实现梦想的平民选秀不同，明星真人秀的魅力在于还原那些舞台上闪耀明星的草根性，通过换位，向观众展示主持人不为人知的侧面。另外，明星选秀也不需要经过海选等预热阶段，可以利用这些主持人现有的号召力使节目直接进入高潮。《舞林大会》在环节设置上，除了舞蹈表演板块外还开设了“舞林前传”和“后台花絮”板块。“舞林前传”把明星练舞的过程通过短片真实地展现在观众面前，其中既有练习的艰辛，也不乏一些“出洋相”的镜头，生动的真人秀形式拉近了观众与明星的距离。“后台花絮”则是当每一个明星表演结束后回到后台，由同伴们对他的表现展开评论，由于参赛的都是 SMG 主持人，同事们彼此比较熟悉，在这个环节中相互之间经常会插科打诨，给紧张的比赛增加了轻松的氛围。

从收视率来看，在上海，由更贴近本土的知名主持人参加的上海版《舞林大会》，平均收视率要高于由演艺明星领衔的全国版《舞林大会》。

作为一档全新的节目，上海版《舞林大会》能在上海一炮打响，跟其播出平台和推出时机有很大关系。东方电视台新闻娱乐频道是上海的强势频道，《相约星期六》、《家庭演播室》等多档本地名牌综艺栏目都在该频道播出，而选在元宵之夜推出第一期节目也是巧妙地利用了观众对于元宵晚会的收视期待，第一期节目所吸引的人气和优质平台的推广为节目最终取得良好收视率奠定了基础。

此外，由于主持人为集团内部资源，在赛事组织、档期安排上，SMG 资源调度更加自主和有效，从而保证了上海版《舞林大会》的完美亮相。

二、全国版《舞林大会》：回归到全国演艺明星

上海版《舞林大会》的成功运作为制作方积累了制作经验，而《加油！好男儿》和《我型我秀》两档真人秀已为东方卫视积累了一定的人气，这两方面的结合促成了全国版《舞林大会》的诞生。2006 年中秋之夜，SMG 在新平台——东方卫视隆重推出全国版《舞林大会》。考虑到节目在全国市场的收视诉求，全国版《舞林大会》与上海版不同，主角由主持人回归到了全国的演艺明星。

在上海，由于先前上海版《舞林大会》的巨大影响力，第一期全国版《舞林大会》取得了 8.4％的不俗收视率，比节目推出前三周同时段收视率增加了 3.2 个百分点，在收看第一期全国版《舞林大会》的上海观众中有 88.6％的人曾经收看过上海版《舞林大会》。

在全国 35 城市，同时段省级卫视中，第一期全国版《舞林大会》，以 3.31％的市场份额排名第一。

随着赛程的推进，全国版《舞林大会》在全国各主要城市的收视率都出现了成倍的增长，长春、昆明、兰州等城市，增幅尤为明显。

对比全国版《舞林大会》和上海版《舞林大会》的观众构成，可以发现二者具有明显的差异。虽然两档节目同样都是以 45－54 岁人群为主，但全国版《舞林大会》15－24 岁人群的比例和集中度都比上海版有较为明显的增加。从学历方面也可以看出，全国版《舞

林大会》吸引了更多高学历观众的关注。这样的观众构成差异与两档节目邀请的参赛明星不同有着很大的关系(表 2)。

表 2 全国版《舞林大会》与上海版《舞林大会》观众构成与集中度比较

全国版(全国 35 城市,2006.10.6—12.29)			上海版(2006.2.12—6.11)	
目标观众	集中度%	观众构成%	集中度%	观众构成%
男	76.5	39.5	87.5	45.8
女	125.0	60.5	113.8	54.2
4—14 岁	44.5	4.2	58.1	4.2
15—24 岁	125.2	19.9	94.1	14.9
25—34 岁	80.3	16.5	42.8	7.1
35—44 岁	100.7	19.1	89.9	14.6
45—54 岁	138.0	24.2	158.8	35.3
55—64 岁	104.8	9.1	122.7	11.8
65 岁及以上	78.8	7.1	98.1	12.3
未受过正规教育	32.8	1.6	41.0	1.5
小学	33.1	4.2	43.6	3.1
初中	94.6	28.2	122.3	38.8
高中	128.8	43.2	105.3	40.9
大学及以上	118.8	22.8	84.1	15.7

数据来源:CSM 媒介研究

新鲜的节目形式加上观众喜爱的明星以及大力度的宣传是全国版《舞林大会》的主要制胜之道。

在节目内容上,全国版《舞林大会》延续了上海版的内容环节,在呈现明星舞艺之外还以真人秀的形式展现了明星练舞的幕后花絮。与主持人相比,明星更爱秀,也更会秀,他们在比赛过程中所发生的退赛、求婚、与评委争吵等事件也增加了节目的看点。而在赛程的设置中,后半程的高淘汰率更是增加了比赛的刺激性。

在明星的选择上,考虑到各阶层观众不同的需求以及明星档期等问题,全国版《舞林大会》多邀请的是在电视观众中有一定知名度的二、三线明星(受邀的明星中有很多都是电视剧演员),辅以少数一线明星(如 TWINS)、体育明星(如刘璇)和另类明星(如网络红人小 A)。另外,为了弥补一线明星数量不多的遗憾,全国版《舞林大会》从初赛后期开始,不定期邀请一线大牌前来担当表演嘉宾,增加节目的人气。全国版《舞林大会》对明星的选择比较好地满足了各阶层观众的口味,数据显示,全国版《舞林大会》观众的分布更为均匀。

在节目的宣传上,全国版《舞林大会》采用了路演、网络、电视、平面相结合的宣传手段。在新浪网开办《舞林大会》专版,并在后期通过新浪网直播比赛;在东方卫视开设《舞林天天报》节目介绍舞林花絮(这一宣传形式后来也被其他明星真人秀节目所借鉴);同时利用平面媒体，对比赛过程中所爆出的新闻进行报道。

三、其他明星真人秀节目——《名声大震》《名师高徒》

《舞林大会》的良好收视表现带动了明星真人秀节目的兴起，湖南卫视和江苏卫视相继推出两档明星真人秀节目《名声大震》和《名师高徒》。

1. 湖南卫视《名声大震》

《名声大震》是一档明星情歌对唱节目，从收视率表现来看，无论在全国35城市还是在长沙，《名声大震》的收视率表现都相对比较平稳(图3)。

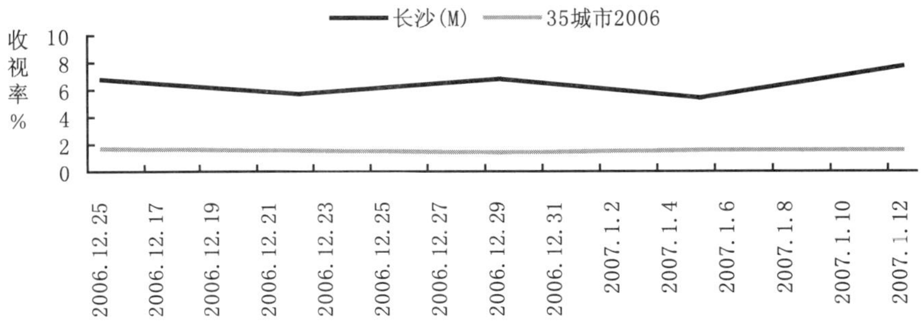

数据来源：CSM媒介研究

图3 《名胜大震》在35城市和长沙市场的各期收视率(%)(2006.12.15—2007.1.12)

从各类观众集中角度来看，无论在全国还是在长沙，《名声大震》年轻观众的集中度较高，收视倾向较强(表3)。

表3 《名声大震》各类观众的集中度(%)(2006.12.15－2007.1.12)

目标观众	长沙(M)	全国35城市
男	89.23	79.60
女	111.52	121.73
4－14岁	107.25	75.84
15－24岁	95.48	122.23
25－34岁	120.28	116.75
35－44岁	83.69	108.89
45－54岁	86.31	107.49
55－64岁	89.39	68.31
65岁及以上	120.27	44.47
未受过正规教育	113.82	54.71

续表

目标观众	长沙(M)	全国 35 城市
小学	79.48	68.89
初中	104.86	97.72
高中	91.29	104.23
大学及以上	122.32	127.08

数据来源:CSM 媒介研究

与《舞林大会》相比,《名声大震》的明星数量比较少,但在比赛内容的设计和比赛环节的设置上却比《舞林大会》更为复杂,使比赛更具可看性。从 2006 年 12 月 29 日开始,《名声大震》每期都推出一个主题,要求参赛歌手演唱相关主题的歌曲,从 1 月 5 日开始启用“车轮大战”的赛事规则,加强 PK 环节的精彩性,从 2007 年 1 月 12 日开始,再次加强 PK 环节,由参赛歌手自行选择 PK 对手,并采用即时短信投票的方式增加 PK 环节的刺激性。在这一系列赛程改变的推动下,《名声大震》的收视率逐渐增加,2007 年 1 月 12 日,节目在长沙的收视率达到 7.6%,创下开赛以来最高,在 35 城市的收视率为 1.6%,列该周 35 城市所有省级卫视节目第二。

2. 江苏卫视《名师高徒》

《名师高徒》是一档明星收徒的节目。由几位明星在几位“唱响之星”(江苏卫视《绝对唱响》节目优秀选手)中挑选合适的人选为徒。《名师高徒》与其他明星真人秀节目的不同之处在于,节目并不需要明星过多展示自己的才艺,而更关注的是各位“高徒”选手的歌艺比拼。

节目在 2007 年元旦假期推出,在南京取得了 10.9%的收视率,比节目推出前三周同时段收视率增加了 2.9 倍(表 4)。

表 4 2007 年《名师高徒》直播周期间收视率(%)表现

日　期	南京(M)	全国 35 城市
2007.1.1	7.10	0.41
2007.1.2	10.00	0.62
2007.1.3	11.19	0.61
2007.1.4	12.80	0.75
2007.1.5	11.36	0.66
2007.1.6	12.26	0.72

数据来源:CSM 媒介研究

从观众构成和集中度来看,《名师高徒》25—34 岁、45—54 岁人群比例和集中度都比较高(图 4)。

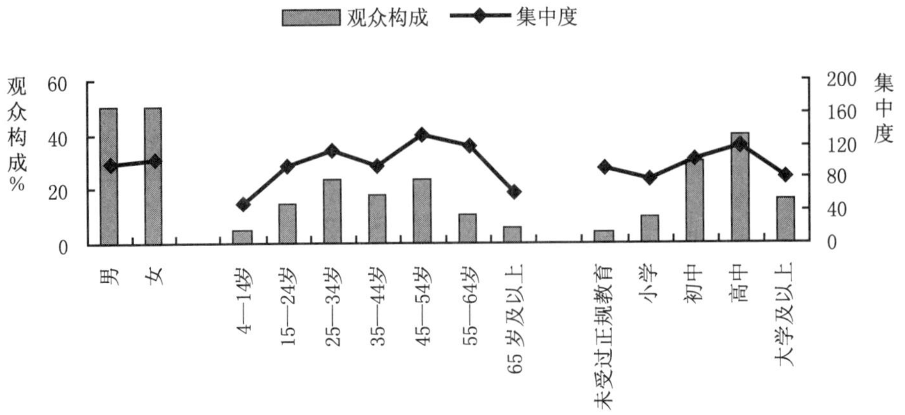

数据来源:CSM媒介研究

图4 《名师高徒》在全国35城市观众构成(%)及集中度(%)(2007.1.1—1.6)

作为真人秀中的差异化节目,明星真人秀成为了2006—2007年电视收视市场上的亮点。通过上述简要分析可以看出,明星真人秀节目的收视成功一是来自节目模式结合实际的有效运用,二是得益于资源优势的有效顺延,这两点在上海版和全国版《舞林大会》上表现得尤其明显。

明星真人秀在比赛内容上有比较大的局限性。在跳过了国标舞、唱过了情歌,甚至是唱过了大戏之后,我们的明星们还会再秀出什么样的才艺?由于明星资源有限,观众会在不同电视台举办的不同明星真人秀节目中看到相同明星的出现,明星们频繁的出镜也可能会让观众过早地产生"审美疲劳"继而丧失对该类节目的新鲜感。

我们注意到,在国内,新的节目模式推出后,一旦具有较高的收视表现,很快就会被众多竞争对手仿效。这种做法可能会在短期内提升收视率,但由于节目模式生命周期大大缩短,其收视边际效益也会快速降低。明星真人秀这样的节目模式是否也会遭遇类似尴尬,还有待我们进一步关注。

2009年选秀节目再战荧屏

——暑期省级卫视选秀节目收视扫描

姚洁

暑期一直是各大电视台的“兵家必争之地”。2009年的夏天，沉寂了一年的选秀节目在暑期档又重返荧屏。虽然广电总局关于选秀节目的相关政策给如今的节目制作和播出增加了诸多限制，但各省级卫视依旧各出绝招，高调推出强档选秀节目。于是，在这个夏夜的电视荧屏上，我们看见“快乐女声”想唱就唱、“东方天使”各展才艺、“精舞门”中的舞林高手舞艺非凡。从内容上看，2009年的选秀节目不仅有针对年轻观众的娱乐选秀，也有观众面更为广泛的将演唱革命歌曲、表演民族舞等传统的才艺展示与选秀这一热门节目形式相结合的选秀。那么热闹了一季的选秀节目收视表现究竟如何，在诸多政策限制下的选秀节目又是如何“带着镣铐跳舞”的？本文将通过对2009年暑期各省级卫视选秀节目的收视分析①来一一细数。

一、选秀节目总体播出、收视特点

1. 综艺节目播出及收视量回升

每年7－8月，各省级卫视综艺节目的播出量和收视量都比较高。2008年7－8月，由于北京奥运会、广电总局对选秀节目退出黄金时段的规定等原因，省级卫视综艺节目的播出量和收视量都降到了低谷。2009年暑期，各卫视相继发力，综艺节目的播出量和收视量都出现了大幅度回升(图1)。

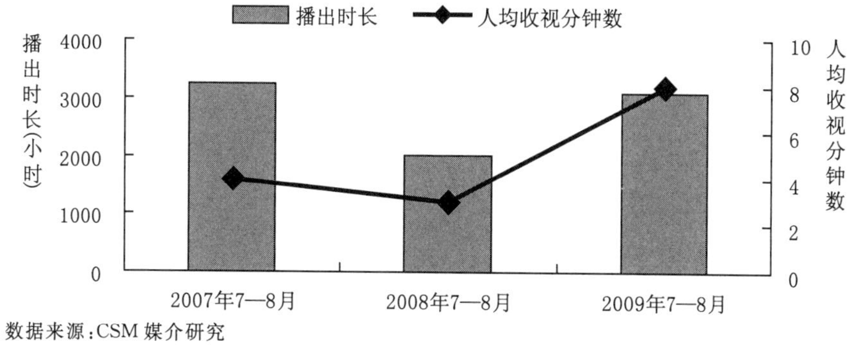

数据来源:CSM媒介研究

图1 2007—2009年7—8月综艺节目播出量及收视量

① 注:本文所选用的数据均为35中心城市收视数据。

每年的暑期又被戏称为“选秀季”，作为综艺节目重要组成部分的选秀节目纷纷在这一季粉墨登场。虽然广电总局在2007年9月发布的关于选秀节目的“通知”对选秀节目的制作和播出做出了诸多的规范和限制，但在2009年的7—8月间，依然有多家省级卫视推出选秀节目。2009年各卫视播出的主要选秀节目有6档，与2007年基本相仿，与选秀最繁荣的2006年相比，减少了10档。从选秀的内容来看，除了传统的歌唱、综合才艺选秀外，还增加了舞蹈选秀这一往年并不多见的题材(表1)。

表1　2009年7—8月各省级卫视主要选秀节目

节目名称	播出频道	主　题	播出日期	播出时段
快乐女声	湖南卫视	歌手选拔	6月26日—9月4日，周五	约22:30—25:00
绝对唱响	江苏卫视	歌手选拔	7月1—4日	22:30—24:00
加油！东方天使	上海东方卫视	全能才艺	8月16日起，周日，9月4日起，周五	约22:45—25:30
舞艺超群	贵州卫视	舞蹈比赛	7月4日—9月20日，周六/周日	约22:37—24:00
精舞门	旅游卫视	舞蹈比赛	7月11日—9月12日，周六	约22:30—23:30
中国红歌会红歌英雄汇	江西卫视	红歌歌唱比赛	7月12日—8月30日，周日	约19:30—22:30

2. 选秀节目有效提升频道时段收视率

经历了大浪淘沙以后，如今观众对选秀节目的收视日渐理性。但不可否认的是，这些选秀节目的播出对频道的时段收视率依然具有一定的提升作用(表2)。

表2　2009年7—8月各省级卫视主要选秀节目播出前后收视率对比

节目名称	收视率%	
	播出期间	播出前同时段
快乐女声(不含决赛)	2.37	0.69
东方天使	0.41	0.10
绝对唱响(不含决赛)	0.41	0.39
舞艺超群	0.12	0.09
精舞门	0.06	0.04
中国红歌会红歌英雄汇	0.64	0.45

数据来源：CSM媒介研究

3. 年轻观众对选秀节目热情不减

从各年龄段观众对各选秀节目的收视集中度来看，15—24岁的青少年人群对各选秀节目的收视热情不减，集中度依然很高。而演唱红歌的《中国红歌会》以及有民族舞比赛内容的《舞艺超群》由于节目内容的关系，在15—24岁人群中的集中度没有超过100%(表3)。

表 3　2009 年 7—8 月各省级卫视主要选秀节目在各年龄人群集中度(%)

目标人群	集中度%					
	红歌英雄汇	舞艺超群	绝对唱响	加油！东方天使	快乐女声	精舞门
4—14 岁	51.74	81.12	88.77	27.93	103.87	48.04
15—24 岁	54.90	74.09	108.43	120.44	157.99	115.87
25—34 岁	46.54	72.11	127.62	103.38	110.37	132.90
35—44 岁	62.71	135.87	99.30	106.23	106.99	116.26
45—54 岁	179.24	88.42	95.90	133.96	94.14	98.21
55—64 岁	212.02	139.34	106.26	110.52	52.81	76.38
65 岁及以上	110.39	126.60	37.27	44.46	38.57	62.85

数据来源：CSM 媒介研究

二、选秀节目收视特点

1. 进驻深夜档的选秀节目有效开发非黄金时段收视潜力

2007 年 9 月广电总局规定选秀节目不得在 19∶30—22∶30 播出，各家卫视的选秀节目纷纷退出了传统意义的黄金档。播出时段的后移，对于选秀节目的收视率产生了一定影响。

2007 年湖南卫视的《快乐男声》和东方卫视的《加油！好男儿》均在黄金档播出，收视表现不俗。在 2008 年同时偃旗息鼓之后，2009 年两大选秀不约而同地将节目由男生选秀改为女生选秀。从节目在 35 城市收视表现来看，退出黄金档的《快乐女声》收视率略高于 2007 年在黄金档播出的《快乐男声》，但刚进行到大逃杀阶段的《加油！东方天使》收视率却明显低于“2007 好男儿”同阶段赛事。然而从市场份额来看，两档选秀的市场份额都高于 2007 年同类赛事，其中“快女”的市场份额比之“快男”更是增幅明显(表 4)。

表 4　湖南及上海东方卫视两大选秀节目收视表现比较

节目名称	播出年份	收视率%	市场份额%
快乐女声(不含决赛)	2009 年	2.48	15.26
快乐男声(不含决赛)	2007 年	2.08	5.91
加油！东方天使(大逃杀)	2009 年	0.40	3.44
加油！好男儿(大逃杀)	2007 年	1.10	3.07

数据来源：CSM 媒介研究

另外，根据广电总局的规定，选秀节目分赛区比赛不得在卫视播出，这对于选手人气的聚集难免会有所影响。但从《2009 快乐女声》的分期收视率来看，也许是由于“超级女声”的品牌效应，也许是由于节目前期对于贡米、曾轶可等话题选手的炒作吊足了观众的胃口，又或许是因为观众对于选秀的收视需求经过了两年的酝酿终于得到释放，《2009 快乐女声》第一场突围赛的收视率就超过了《2007快乐男生》全国突围赛第一战，并且此后收视稳步走高，比赛人气聚拢的速度超过了2007年经过十多场分赛区比赛铺垫的《快乐男声》(图2)。

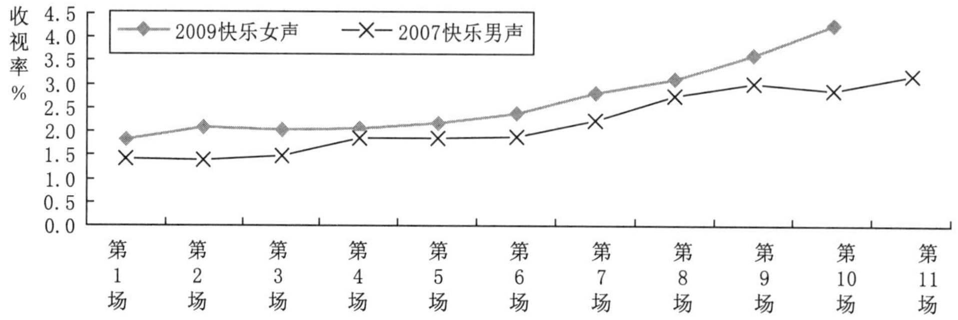

数据来源：CSM媒介研究

图2 《快乐女声》与《快乐男声》每期收视走势

从收视表现可以看出，不得以将播出时间后移到深夜时段的选秀节目，有效开发了非黄金时段的收视潜力。

2. 青少年观众依旧留守，老年观众减少

选秀节目后移到深夜时段播出，对不同年龄段观众的收视产生一定的影响。从2009年两档节目的观众年龄构成来看，年轻人群的比例保持得比较好，甚至较2007年黄金档播出的同类节目有所增长，而老年观众的比例有所下降。从集中度来看，《快乐女声》与《快乐男声》一样，15—24岁人群的收视倾向依然较强。而《加油！东方天使》也与《加油！好男儿》一样，在15—24岁、45—54岁人群中的集中度比较高。值得一提的是，东方卫视今年由"好男"改选"天使"后，女性集中度有所下降，男性观众集中度则有较为明显的提升(表5、表6)。

表5 湖南卫视两档选秀节目观众比较

目标人群	2007"快男"		2009"快女"	
	集中度%	观众构成%	集中度%	观众构成%
男	73.47	37.9	73.44	37.1
女	128.30	62.1	127.14	62.9
4—14岁	84.11	8.0	100.31	10.4
15—24岁	161.55	24.9	157.88	21.2
25—34岁	103.03	21.3	111.17	21.7
35—44岁	102.54	19.4	108.13	19.7
45—54岁	95.81	17.1	95.66	18.1
55—64岁	63.23	5.7	53.00	5.9
65岁及以上	42.40	3.7	35.08	2.9

数据来源：CSM媒介研究

表 6　上海东方卫视两档选秀节目观众比较

目标人群	2007“好男”		2009“天使”	
	集中度%	观众构成%	集中度%	观众构成%
男	65.77	34.0	98.20	49.5
女	136.56	66.0	101.84	50.5
4—14 岁	54.68	5.2	27.93	2.9
15—24 岁	194.12	30.1	120.44	16.2
25—34 岁	50.17	10.4	103.38	20.2
35—44 岁	82.56	15.6	106.23	19.3
45—54 岁	136.22	24.2	133.96	25.3
55—64 岁	86.71	7.8	110.52	12.3
65 岁及以上	78.03	6.8	44.46	3.7

数据来源：CSM 媒介研究

三、选秀互动节目收视特点

1. 与选秀节目套播的综艺节目：充分利用选秀内容资源

选秀节目的播出受到诸多政策的限制，但是选秀这一活动形式和节目元素对观众依然具有一定的吸引力。于是，一些省级卫视借助选秀节目元素为选秀活动制作了套播的综艺节目，将进不了黄金档的选秀节目的收视效应进一步放大。江苏卫视的《名师高徒》和东方卫视的《明星学院》是两档比较知名的选秀套播综艺节目。

《名师高徒》请来的是《绝对唱响》的十强选手参加，《明星学院》的参加者则是《加油！东方天使》的各赛区五强。两档综艺节目均与套播的选秀节目有着紧密的联系，在节目中，明星评委均以名师的身份出现，对选手们从歌舞才艺、表演及造型上给予指点。这些综艺节目也有 PK 环节，但大多是只选优胜，没有淘汰。

从节目的收视表现来看，《明星学院》的播出有效提高了 15—24 岁、45—54 岁人群对于东方卫视同时段的收视率，而这两群人正是《加油！东方天使》的主要收视人群。可见，由于目标观众一致，《明星学院》有效地为“东方天使”选手聚集了人气，同时，为即将开始的“天使选秀”做了成功的铺垫（图 3）。

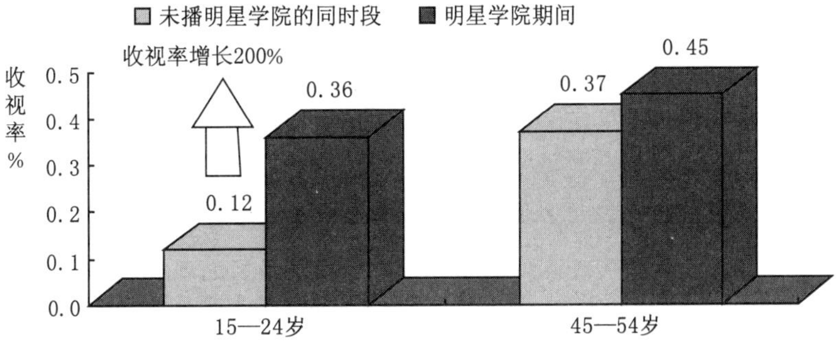

数据来源：CSM 媒介研究

图 3　上海东方卫视《明星学院》播出前后目标人群同时段收视率变化

虽然《明星学院》的播出有效提升了频道的人气，但与2007年同时段播出的《加油！好男儿赛区对决赛》相比，缺乏了淘汰悬念的《明星学院》收视率明显偏低(图4)。

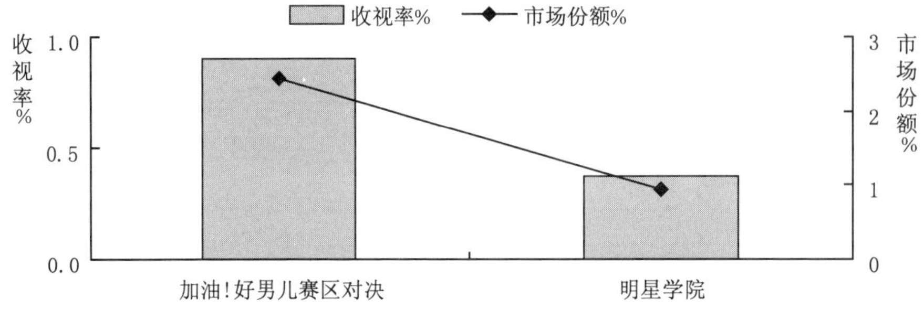

数据来源：CSM媒介研究

图4 《明星学院》与《加油！好男儿赛区对决》收视率比较

2009年《名师高徒》与《绝对唱响》的结合更为紧密，节目一改以往师傅收徒弟及师徒档PK的节目形式，而是与《绝对唱响》一起完成了对一个歌手从选拔到培训到最终签约知名唱片公司的整个过程。节目今年也进行了创新，如与亚洲其他国家和地区的选秀比赛进行互动等，从收视率来看，2009年改头换面的《名师高徒》收视率高于去年。从每期收视率来看，也是逐步增长(图5、图6)。

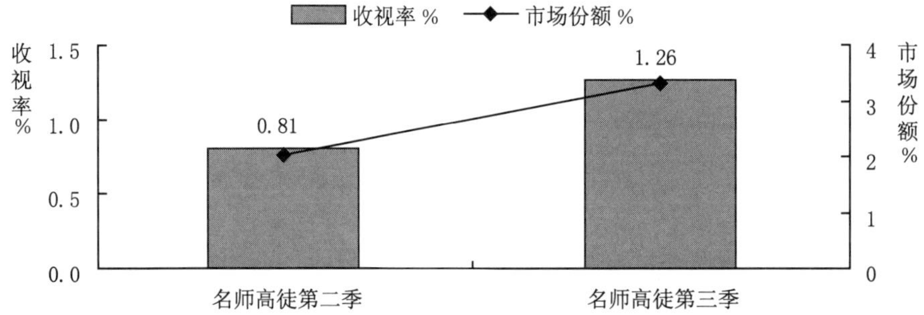

数据来源：CSM媒介研究

图5 江苏卫视《名师高徒》第二季与第三季收视比较

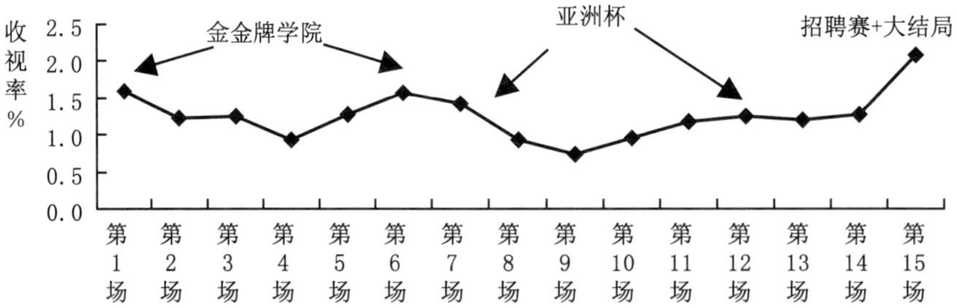

数据来源：CSM媒介研究

图6 江苏卫视《名师高徒》每期收视走势

从以上的收视数据可以看出，作为与选秀节目套播的综艺节目，无论是为选秀节目作铺垫的《明星学院》，还是将选秀节目作为引子的《名师高徒》，都是制作方在选秀节目受到诸多政策限制后想出的变通之计。这些节目都以选秀节目的选手作为主角，加入了选秀的元素，却以综艺节目的形式呈现，在选秀节目无法进入黄金时段的情况下，套播的综艺节目将选秀的资源效益加以充分地发挥。

2. 与选秀节目互动的自办节目：实现本频道内节目资源共享

选秀节目的边际效应不仅体现在套播的综艺节目中，也体现在与本频道自办栏目的互动中。这些自办栏目中，有为了选秀节目而专门制作的幕后花絮专题，也有本频道的常规自办栏目。如湖南卫视在《2009 快乐女声》第一场比赛开始前一周，就邀请"快女"18强选手参加旗下名牌综艺节目《快乐大本营》，为即将开始的"快女"造势。在全国十强诞生后，又请"快女"十强走入《一呼百应》节目举行拉票演唱会，检验选手人气。另外，在全国十强总决赛进行的过程中，"快女"又多次走进湖南卫视的名牌访谈节目《鲁豫有约》和《背后的故事》讲述"快女"台前幕后的故事。从收视表现来看，《鲁豫有约》邀请快乐女声参加的三期节目收视率都在平均水平之上（表 7）。从收视人群来看，《背后的故事》采访"快女"选手的两期节目的观众与《快乐女声》观众构成基本一致（表 8）。

表 7　2009 年 7 月《鲁豫有约》每期收视率

日　期	收视率%
2009.7.1	1.20
2009.7.8	1.19
2009.7.28	1.18
2009.7.9	1.18
"快女"十强访谈	1.12
"快女"十强访谈	1.11
"快女"十强访谈	1.05
2009.7.2	1.02
2009.7.27	1.01
2009.7.7	1.00
2009.7.15	0.96
2009.7.13	0.93
2009.7.6	0.93
2009.7.29	0.88
2009.7.14	0.86
平均收视率	1.05

数据来源：CSM 媒介研究

表 8 《2009 快乐女声》与《背后的故事》观众集中度、观众构成比较

目标人群	《2009 快乐女声》		"快女"选手参加的《背后的故事》	
	集中度%	观众构成%	集中度%	观众构成%
男	73.44	37.1	78.45	39.6
女	127.14	62.9	121.93	60.4
4—14 岁	100.31	10.4	117.86	12.4
15—24 岁	157.88	21.2	148.23	20.1
25—34 岁	111.17	21.7	92.76	18.3
35—44 岁	108.13	19.7	100.01	18.1
45—54 岁	95.66	18.1	98.51	18.5
55—64 岁	53.00	5.9	55.20	6.1
65 岁及以上	35.08	2.9	79.20	6.6

数据来源：CSM 媒介研究

另外，东方卫视在 8 月 11 日举办的《天使在人间——上海援助台风灾区大型赈灾晚会》中就启用了《加油！东方天使》的各赛区优胜选手担任爱心热线的接线员，在《全家都来赛》节目中也出现"天使"们的身影；江苏卫视的综艺节目也曾经邀请《绝对唱响》的选手参加。

在赛程初期通过常规栏目对选秀进行宣传，可以利用常规栏目的名牌效应快速拉动选秀节目的人气。在选秀赛事进入高潮阶段邀请选秀选手参加本频道其他自办节目，可以利用观众对选秀的收视热情来带动常规栏目的收视。如此相互之间良好的互动，使得本频道、本集团内的节目资源得以共享，相互促进。这不仅对节目本身有益，也有助于打造播出平台的整体品牌效应。

四、结语

在"2005 超女旋风"过后，曾经风光一时的选秀节目在 2006—2007 年资源遭到过度开发，使得观众对选秀节目一度产生"审美疲劳"。政策方面，广电总局又通过加强审批，抬高选秀的准入门槛，同时又出台一系列的政策，对选秀活动的播出时间段、选拔方式、投票方式、选手年龄、比赛持续时间等下达种种"紧箍咒"。一时间，选秀节目的发展遭遇了严重的瓶颈。

然而，在 2009 年暑期，一部分"复出"的选秀节目收视表现不俗，另外一些加入选秀元素的综艺节目也取得了不错的收视率。这说明，选秀这一节目类型对于观众特别是年轻观众的吸引力依然不减。从内容上看，减少了冗长的煽情内容，不见了"毒舌"评委的选秀节目也确实呈现出比以往更紧凑的节奏和更为健康向上的气质。在"后选秀时代"，选秀节目的路该怎么走，通过 2009 年各家卫视的实践和探索已经初露端倪，对于选秀节目今后的发展走向，我们仍将继续予以关注。

中国益智类节目发展状况及收视分析

王莹　娜布琪

益智类节目也是我国广大电视观众耳熟能详的一种电视节目形态，前几年电视荧屏上益智竞猜类节目曾经火爆一时，其中最有代表性的应属中央台的《幸运52》、《开心辞典》。两个节目的主持人李咏和王小丫也借此家喻户晓，这两个节目可以说是中国益智竞猜类节目中知名度最高、也最具代表性的节目。

现如今，益智类节目在经过一段时间的冷却以后再度升温，益智竞猜类节目是否也能长江后浪推前浪，继选秀节目之后在中国的电视荧屏上风云再起？益智竞猜类节目的回归对这种节目类型的自身发展是否真是"好雨知时节，当春乃发生"，抑或是喜忧参半？也许对此目前难有确定的判断，作为媒介研究从业者，我们带着对这些问题的思索，对益智竞猜类节目在中国的发展脉络进行梳理，并对益智类节目目前的发展现状及收视状况进行分析。

一、益智类节目在中国的发展历程

1. 益智类节目从知识竞赛脱生而来

和其他很多娱乐综艺类节目形态一样，益智竞猜类节目也是"舶来品"。这类节目最早可以追溯到1938年BBC直播的拼写竞赛——《拼写蜜蜂》，这个节目使节目制作人认识到这种观众参与的竞赛节目能赢得观众很大的兴趣。1950年美国推出了一个名为《我的职业是什么》的竞猜节目，这个节目是最早获得成功的电视竞猜游戏节目，也由此而诞生了"TV Quiz Show"这种节目类型，也就是我们称之为益智竞猜类的节目。在中国，益智类节目的雏形是知识竞赛节目。上个世纪80年代中期，从中央电视台到各省市电视台都纷纷举办各类知识竞赛节目，如《军事知识竞赛》《中学生知识竞赛》《大学生知识竞赛》等等。起初，受众对于这样一种能增长知识又略带悬念竞争意味的新型节目形态充满好奇，但过于呆板的问答形式以及专业性过强的问题影响了普通观众的收看兴趣，后来知识竞赛节目便逐渐沉寂了。

2. 益智类节目在节目形态竞争中经历了鼎盛和落寞

上个世纪90年代初期，随着传播观念从"传者中心"向"受众中心"的转变，电视节目制作人将知识竞赛进行了一番精心包装，添加了更多娱乐互动的游戏元素，使知识竞赛真正地做到寓教于乐。改头换面后的节目形态有了新的名称——益智类节目。1995年上海电视台开播的《智力大冲浪》可以说是新一轮益智类节目的先行者，该节目自开播以来在上海地区的收视率一直名列前茅。2000年前后，中央电视台《幸运52》《开心辞典》《智力快车》等一批节目闪亮登场，益智类节目迅速在观众中提升了人气。各省级电视台也开始重拳出击打造益智类节目，湖南台的《超级英雄》、江苏台的《无敌智多星》、广东台的《步步为赢》等，这些节目都在当地获得了优异的收视表现，一时间益智类节目火遍了神州大地。这一阶段是益智类节目发展的全盛时期。

然而，益智类节目在蓬勃发展之后也必然要面对更多新节目带来的竞争。近几年正是中国电视节目推陈出新速度最快的时候，各种各样风格迥异、形式新颖、内容新鲜的节目层出不穷，让观众的眼球应接不暇。2004年，以湖南卫视《超级女声》为标志的娱乐选秀节目带来电视选秀风暴，几年内选秀节目可谓风起云涌，风头之劲几乎压倒了所有其他的娱乐节目类型。益智类节目也自然而然地被观众打入了"冷宫"。然而选秀节目这几年的发展虽然赚足了人气，但一直是逆水行舟，面对复制成风带来的严重同质化，创新发展举步维艰，观众的评价褒贬不一，广电总局也在不断地出台政策抑制选秀节目的"泛滥"。

3. 益智类节目抓住机遇，另辟蹊径寻求突破

选秀节目高潮的艰难"落幕"，给正在寻求突破和创新的益智类节目提供了一个契机。益智类节目在得到充分的发展之后也一直在寻求节目创新和形式、内容上的突破，因为要想延长辉煌期就有赖于节目形式和内容的不断创新。在益智类节目创新探索的道路上我们不难发现2007年6月份央视的老牌益智类节目《幸运52》的改版，还有各地方电视台如雨后春笋般冒出来的新兴益智节目：深圳卫视的《谁比谁聪明》、陕西卫视的《不考不知道》、天津少儿频道的《你能毕业吗》、广东公共频道的《五年级插班生》。这类新兴节目有个共同的特点：都是以"小学课本"内容为主打，邀请成年人，甚至是名人作为嘉宾回答一些小学课程范畴的问题。这种益智类节目的内容之新奇是毋庸置疑的，其节目模式源自美国福克斯电视台2007年2月推出的新节目《你比五年级生聪明吗?》。短短数月，中国的电视节目借鉴这种节目模式加之本土化的元素已经打造了近十个同类模型的节目，中国的娱乐节目制作人渴望突破节目发展的瓶颈，致力于节目创新的急切心情和不懈努力可见一斑。

二、中国益智类节目发展现状

1. 知识、娱乐、竞争是益智类节目的三个最基本共性

究其根源，益智竞猜类节目是游戏竞技这个大类型中按诉求点的不同进行的二次细分，而游戏竞技类节目又属于综艺娱乐类节目的一个分支。出于内容组织、形式设计和节目制作等多方面的考虑，目前大多数的游戏竞技类节目都是益智竞猜类型的，回答问题的正确与否是决定成败的唯一标准。因此，"知者为本体"，是所有不同形态的益智类

节目的共性。无论是第一阶段处于该类节目发展雏形的单纯知识竞赛，还是发展到第二阶段娱乐游戏元素的融入，再到以“小学课本”为提问范畴的现阶段，益智类节目的策划者始终都紧扣“增长知识，启发智慧”这一中心思想。不过早期的知识竞赛节目是纯粹的知识问答，没有任何娱乐游戏的因素，是形式最纯粹、最单一的益智类节目。一般来说这种知识竞赛节目由主持人提问，参赛嘉宾按顺序回答问题或者抢答，按回答问题的对错记录得分，最后按分数的高低评判，获胜者会有一定的奖励。这类益智节目的形式感觉是在电视屏幕上搭建一个模拟考场，选手就是考生，较量的是个人对知识的积累，而观众在收看这些知识竞赛节目的同时也增长了知识。

第一阶段的益智类节目虽然严格体现了“知识为本”的节目宗旨，但是却未能及时顺应市场的发展，适应观众的欣赏口味，最终导致观众失去观赏兴趣，观众的流失导致知识竞赛节目几乎从屏幕上销声匿迹了。第二阶段的益智类节目集知识、益智、趣味性为一体，并设置了奖金、奖品来刺激选手的参与热情和观众的收看热情，节目氛围时而轻松幽默，时而紧张刺激。总体上讲，这个阶段的益智类节目在题目的设置上不再束缚于某个专业领域，题目也不再生僻、冷门，而是更注重实用性和趣味性，更注重娱乐、更加重视观众的感受也更加平民化。经过精心打造的益智类节目极大地强化了娱乐竞争意识，而这种意识的加强又恰好与现代人逐渐增强的自我展示、张扬个性、乐于竞争的心理不谋而合。对于参与者而言，无论参赛是为了展示知识，还是为了奖品奖金，他们完全投入到游戏状态中，而不是像上考场一样，这是一种主观竞争意识和求胜愿望的融合。这个阶段的益智类节目可以说是中国电视人对于节目制作进行尝试的一次成功，添加了娱乐游戏元素的益智类节目既没有偏离“增长知识，提高智慧”的中心，又大大提高了节目的可观赏性，使益智类节目成为越来越受青睐的节目类型，而这种融知识、娱乐、游戏于一体的节目形式也使益智类节目真正成为一种成熟的节目形态而独立发展起来。

有竞争即意味着有成败，惊险刺激、各显神通的夺冠过程是益智类节目的看点之一。益智类节目的奖金和奖品对于所有参与者来说也是机会均等的。所有的益智类节目其实都是以成败论英雄的，这是益智竞猜类的游戏规则。因此，竞争是益智类节目的第三个共性。所有的参与者，都使尽浑身解数回答问题，力求能比别的选手答对更多问题从而成为竞猜节目的胜利者。大众传播学者约翰·费斯克(John Fiske)指出：益智类节目通过游戏的形式巧妙地重现了社会竞争，每个人被视为享有同等的竞争机会，但个体能力的差异造成了最终物质与社会成就的不同。益智类节目也是通过参与者之间的竞争，通过奖金和奖品的形式来体现出这种由于竞争能力而带来的成就上的差别。有的能成为益智节目中的大赢家满载而归，而有的就只能在众目睽睽之下退出舞台。

综上所述，益智类节目的共性有三个基本点：知识、娱乐、竞争。由此，我们可以将益智类节目视为：由主持人、竞猜选手和观众一起建构的互动空间，参与者通过知识、智慧的竞争来决出节目的赢家即奖金(奖品)获得者的知识型娱乐节目。

2. 中国市场的益智类节目多种多样

中国的电视市场上目前保留的益智类节目也是形形色色的，每个节目都有自己独特的特点。我们从不同的角度对中国目前主要的一些益智类节目进行细分，从而使我们对益智类节目的特色有更为清晰的认识和更深入的了解。

● 综合知识类益智节目和专业知识类益智节目

多数的益智类节目中，主持人所提问的问题涉及的领域都很广泛，几乎跟每个专业相关的问题都有可能被随机抽到；此外还有生活常识问题也涉及人们日常生活的方方面面。这类节目中最典型的代表是《开心辞典》和《幸运 52》。1998 年开始播出的《幸运 52》对益智类节目的引进、创意和定位上功不可没，它先期完成了益智类娱乐节目的本土化过程，培养了稳定的观众群，对此类节目在中国的生存和发展模式做了可贵的探索。《开心辞典》从诞生之日起就十分重视栏目的知识性，打出了“知识就是财富”、“一人努力，全家开心”的口号。这两个栏目所涉及的知识非常广泛，题目涉及历史、数学、文学、音乐、科技、生活百科等等。这就要求参赛选手的知识面必须很广泛。

另一类益智类节目是只针对某一个专业领域的知识进行提问，如东方电视台音乐频道的《超级音乐通音乐强手》。2007 年 3 月，东方音乐频道推出的一档音乐益智竞赛类节目《超级音乐通之音乐强手》，每周六晚 20:50 播出，以观众非常熟悉和喜爱的棋盘游戏“强手”以及电脑游戏“大富翁”为蓝本，创造一个现场版的音乐智力游戏节目。每位选手可以化身为游戏人物，经过各种不同的格子，回答题目，参与不同的游戏，体验意外惊喜和有趣惩罚。《音乐强手》的所有题目游戏都和音乐知识、音乐生活有关，牢牢遵循寓教于乐的宗旨，参赛选手从所有报名参加的普通观众中挑选，是一档立足于大众参与的节目。《超级音乐通之音乐强手》和《幸运 52》《开心辞典》拥有的广泛的观众群相比，最显著的特点是年轻的学生族才是这个节目的忠实拥戴者，这也与该节目很强的音乐专业性相吻合。

● 益智类节目的新生代——大人小孩竞答小学题

2007 年的益智类节目很引人注目的一点就是，一批新的益智类节目涌现出来，并且这些新节目都是采用让大人来回答小学水平的问题这种节目模式。就连央视的老牌节目《幸运 52》也在当年 6 月改版，新版节目中，主持人李咏变身“麻辣教师”出起了小学水平的题目，考查成人选手的记忆力、对学过知识的掌握程度以及知识的更新速度。前面已经提到，类似的节目还有深圳卫视的《谁比谁聪明》、陕西卫视的《不考不知道》、天津少儿频道的《你能毕业吗》、广东公共频道的《五年级插班生》、北京八套的《动感秀场》、湖南经视综合频道的《五年级救助队》等。这类新节目的涌现在电视娱乐节目中形成了一种“小学生”现象，在选秀节目风潮之后成为娱乐类节目的新“噱头”。大人和小孩竞答小学题目是这一噱头的表现，而真正的看点并非只是让观众重新复习小学知识，检验对学过知识的记忆程度。参加这类节目答题的嘉宾首先都是小学早已毕业了的大人，甚至有的节目还专门邀请知名人士作为答题嘉宾，如明星、专家学者、企业家等。面对这些“学过却忘了答案”的小学题目，大人甚至是名人、专家也得甘拜下风。他们不得不在众目睽睽之下无限唏嘘地承认“我小学没毕业”，“我没有小学生聪明”。一边是名人、大人的冥思苦想、抓耳挠腮，与之对应的则是小学生的对答如流，从容自若。这才是这类节目的最大看点。从受众的心理角度来讲，看大人特别是名人现场尴尬狼狈，要比边看电视边温习小学知识点的娱乐性更强。

● 现场参与类益智节目和电话参与类益智节目

现场参与的益智类节目是我们常见的节目形式。电话参与就是主持人在节目中先提出问题，然后正在收看这个节目的电视观众打电话参与答题。如黑龙江电视台都市频道的《都市梦想》，在贵州卫视、广西卫视、江苏卫视及多个地面频道播出的《智慧中国》就是这种电话参与答题赢取奖金的节目。

● 知识竞赛类益智节目

知识竞赛是益智类节目的雏形，这种节目形式现在基本已经是存者寥寥了。但这种纯粹的知识性、专业性很强的节目形式并没有“绝迹”。北京八套每周末播出的《SK状元榜》就是一档面向中学生的知识竞赛节目。

三、益智竞猜类节目的播出与收视特征

1. 节目收视表现不一，少数节目收视较好

在2007年涌现的各益智类节目中，收视表现各有不同，其中的少数节目收视较好。北京八套的《动感秀场》、天津少儿频道的《你能毕业吗?》和东方电视台音乐频道的《超级音乐通音乐强手》收视率都高于同时段平均收视率(图1)。《超级音乐通音乐强手》在开

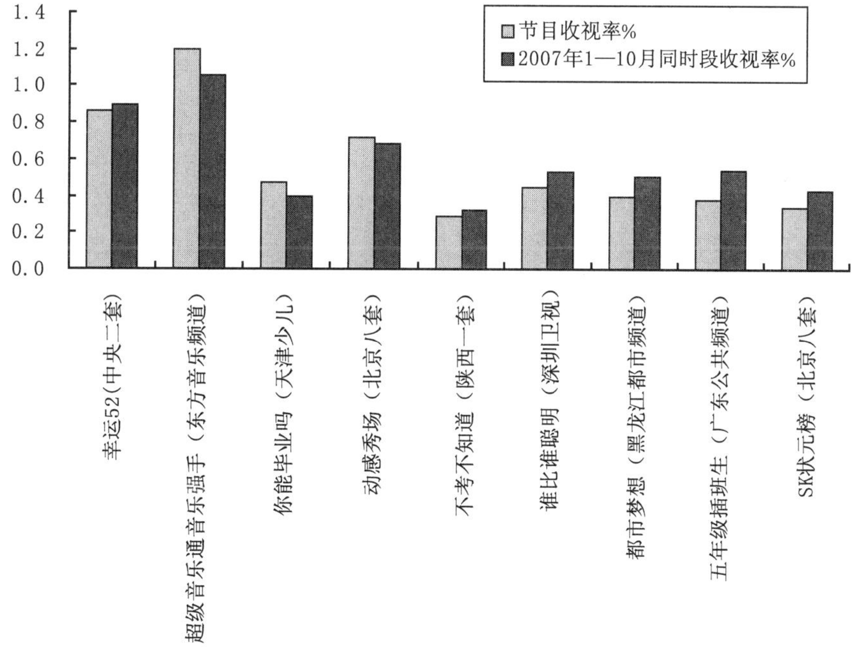

数据来源：CSM媒介研究

注：《幸运52》收视数据范围为35城市，其他为各播出频道所在省会城市。

图1 2007年1—10月主要益智类节目收视率与同时段收视率对比

播的当月(2007 年 3 月)收视即排名上海地区晚间所有音乐类节目第五名;《动感秀场》开播后观众规模和市场占有率也是节节攀升,成为北京八套的主打娱乐栏目。多数节目的整体收视表现与同时段相比略有下降,但观众特色相对突出。如深圳卫视的《谁比谁聪明》,35—44 岁年龄组观众的收视率要比 4 岁以上所有人的收视高出 73%。《SK 状元榜》作为初中学生参与的纯知识竞赛类节目,初中教育程度的观众构成达到 35%,超出了其他各年龄段观众群体,15—24 岁观众的集中度水平更是高达 161%,在一定程度上反映了该节目的成功定位。

2.“回归小学”类益智节目观众构成各异

同是小学范围内的知识问答竞猜类节目,但受到内容、主持人及嘉宾观众、表现形式和播出平台等的影响,各节目的受众群体却自有不同。在图 2 所列的五个节目中,就性别而言,大部分节目都是女性观众居多,以深圳卫视的《谁比谁聪明》为甚,但广东公共频道的《五年级插班生》男性观众就远远多于女性观众,天津少儿频道的《你能毕业吗》性别比例较为接近。在年龄构成上,大部分节目集中在 15—24 岁这个年龄段,但也各有区别:《你能毕业吗》4—24 岁的观众偏多,《谁比谁聪明》的观众年龄段则主要集中在 15—44 岁的观众,湖南经视综合频道的《智慧家庭救助队》观众年龄段最为广泛,受众分布较为均匀。

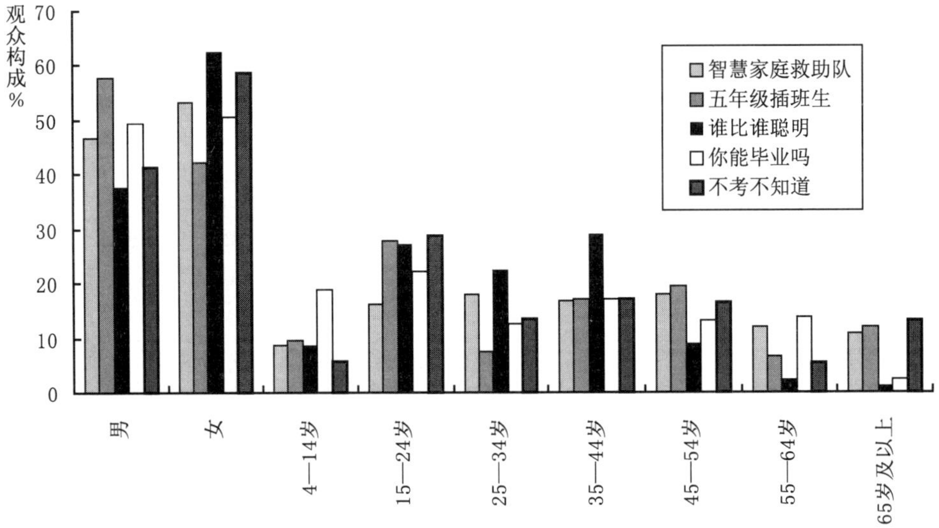

数据来源:CSM 媒介研究

图 2　2007 年 1—10 月“回归小学”类益智节目观众构成对比

3. 新老节目各显其能,吸引不同观众捧场

在所有的益智类节目中,《幸运 52》和《开心辞典》可谓老牌栏目,虽经多次改版,依旧占据央视收视前列,拥有自己忠实的收视群体。而 2007 年新推出的多个益智类栏目,又以小学知识内容的竞猜成为主线，我们且通过《幸运 52》和陕西卫视的《不考不知道》来看一下他们的具体收视表现。

●《幸运 52》

(1)改版后更加受到年轻人尤其是学生的青睐

作为央视老牌益智类互动栏目，《幸运 52》于 2006 年 9 月 22 日起改为每周五晚上在中央二套首播，2007 年 6 月全新改版，主持人李咏化身"麻辣教师"，小学课本知识成为出题范围，挑战成年观众的自信和基础知识水平。内容与形式的全新变化，在带来收视率波动的同时，在观众群体上也发生了一些微妙的变化。

从观众构成上来看，改版前后性别比例差异不大，仍然是女性观众占大多数，44 岁以下以及 55—64 岁年龄段的观众都有不同程度的提高，观众比例高于改版前的还有小学和初中教育程度观众，以及工人、学生等职业类别的观众，但老龄及无业的观众减少相对较多。

从观众的收看偏好(集中度)来讲，虽然 45 岁以上中老年观众仍然是收视主体，但 4—14 岁儿童和学生的收看偏好明显上扬，上升比例分别达到 28%和 24%，同时 45—54 岁和 65 岁以上的老年人的收看偏好下降比例相对较高(图 3)。

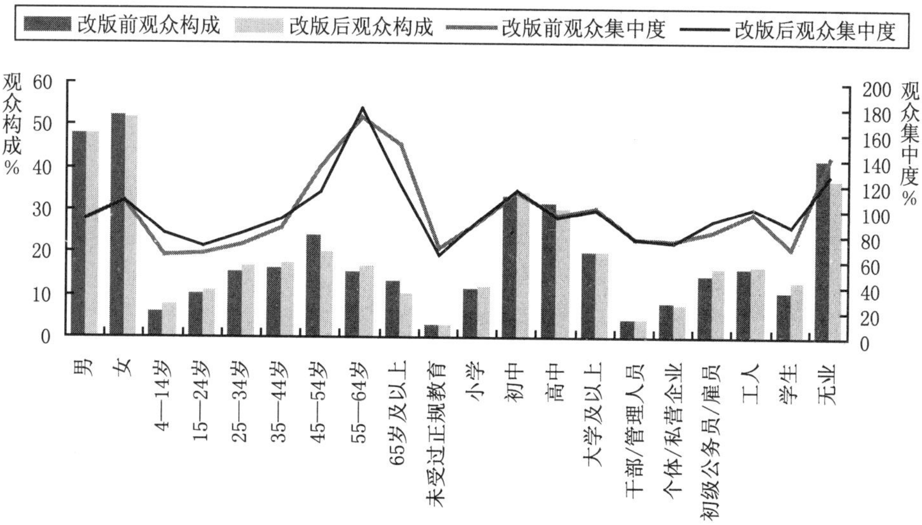

数据来源：CSM 媒介研究

图 3 《幸运 52》改版前后的观众构成和集中度对比(2007 年 1—5 月 VS 2007 年 6—10 月)

(2)改版初期收视表现平稳，暑假过后略呈下滑趋势

一直以来，《幸运 52》的收视表现都比较平稳，没有大的波动，在 35 城市收视率平均在 0.9%左右，市场份额也都在 2%以上。改版之后一直到暑假结束，收视率也基本上维持在同样的水平，但 8 月底之后收视略有下滑，平均收视率 0.64%，收视变化与改版之后学生观众的比例增加以及 9 月恰逢学校开学不无关联(图 4)。

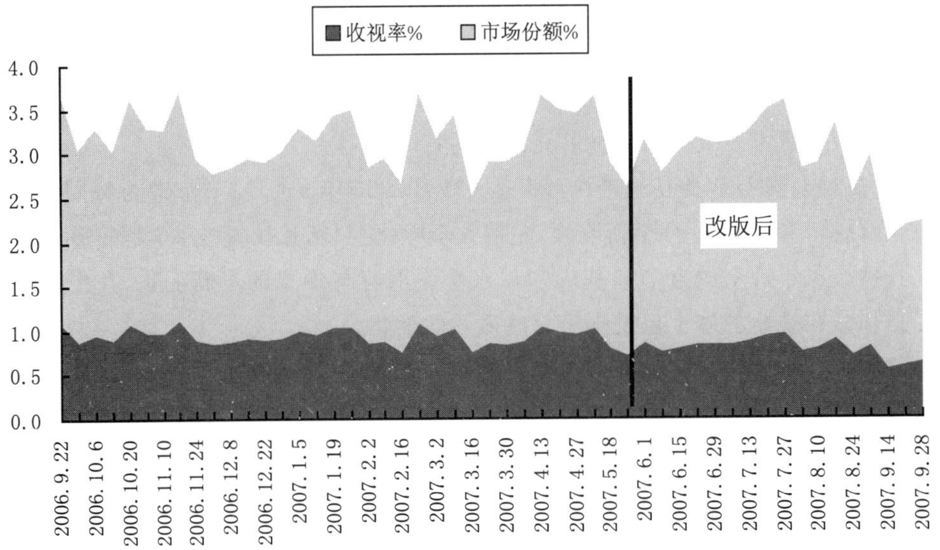

数据来源:CSM媒介研究

图4 《幸运52》首播时段收视走势

(3)整体观众忠实度稳定,不同年龄段呈现不同波动

栏目的发展一般都会经过四个阶段,即导入期、成长期、成熟期和衰退期,成熟期的栏目往往都会拥有一批稳定而忠实的受众群体。经过长达9年的发展,《幸运52》早已进入栏目发展的成熟阶段,2007年6月份再次改版,内容发生全新演绎,观众的定位也有了一定的变化,吸引了更多青少年观众,4—14岁儿童不但在观众规模上还是忠实度水平上,都超出了改版前的水平,15—24岁和55—64岁观众的忠实度水平也都上升了5%左右(表1)。

表1 《幸运52》改版前后平均忠实度比较(2007年1—10月)

目标观众	平均忠实度%		
	改版前	改版后	差值
4岁以上所有人	28.15	27.62	−0.53
4—14岁	28.41	28.87	0.46
15—24岁	27.87	29.28	1.41
25—34岁	29.75	29.64	−0.11
35—44岁	28.73	28.98	0.25
45—54岁	28.23	25.28	−2.95
55—64岁	27.95	29.14	1.19
65岁及以上	26.06	23.31	−2.75

数据来源:CSM媒介研究

(4)学生群体收视率及到达规模都有所提高

改版后,《幸运52》更加受到学生群体的喜爱,不但观众规模上升,收视率及市场占有率也都出现不同程度的提高,市场占有率上升幅度高达10%。在35城市,《幸运52》平均每天增加约1万多的学生观众(图5)。

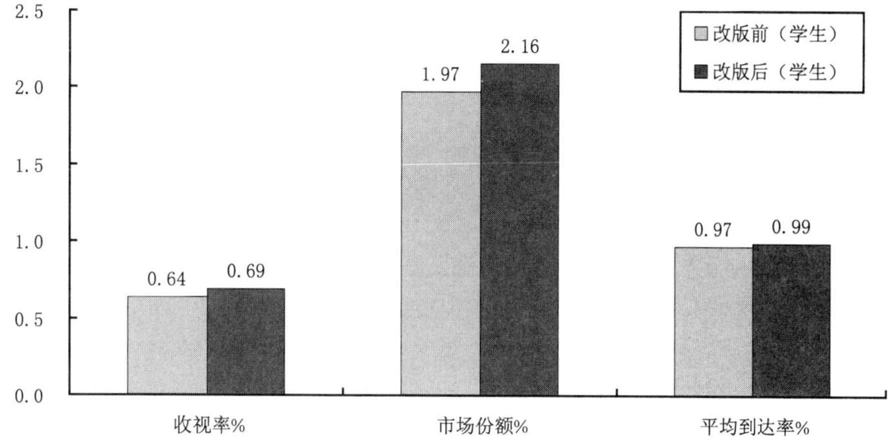

数据来源:CSM媒介研究

图5 《幸运52》改版前后学生观众的收视比较(2007年1—5月VS2007年6—10月)

●《不考不知道》

《不考不知道》是陕西卫视与光线传媒合作打造的一档大型益智类综艺节目,是其“人文天下”全新频道定位过程中的又一力作,于2007年7月份推出,每周六晚间在黄金时段播出。该节目与改版后的《幸运52》有相似之处,也是目前市场上较常见的回归小学课本知识的代表栏目之一,参与者可以是普通大众,也可以是明星、名人等等。

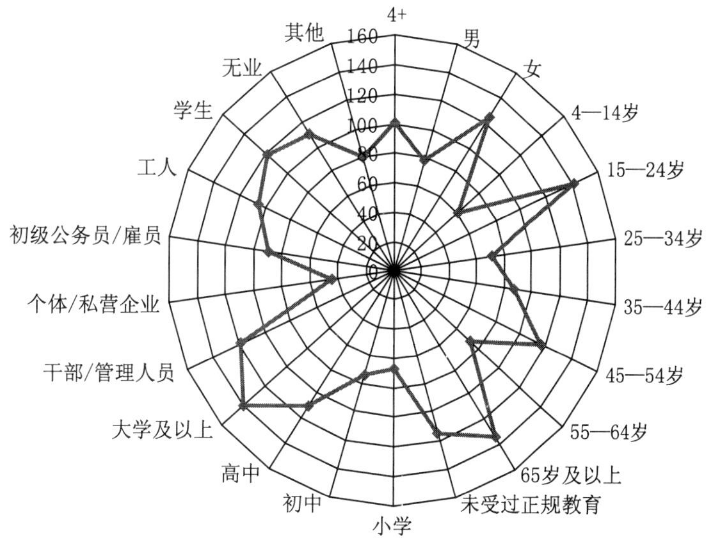

数据来源:CSM媒介研究

图6 2007年1—10月《不考不知道》在西安地区的观众集中度(%)

(1)拥有较高的观众含金量

在西安,该栏目吸引了众多高学历的观众,大学以上观众的集中度水平高达140%,其次是高中以上学历观众，集中度也达到110%；在各职业类别中，干部和管理人员以及学生的收视倾向最高，为119%。喜欢这个节目的观众不但年龄跨度广，职业类别也横跨多个不同的领域。

高中及大学以上学历的观众对4岁及以上所有人的收视贡献在表2中也有所体现，从多个收视指标的数据来比较，都高出4岁及以上所有人，不但观众规模和忠实度高出平均水平，市场份额更是高出平均水平30%之多。

表2 2007年1—10月《不考不知道》在西安地区的时段收视表现(周六20:35—21:45)

指　　标	4岁及以上所有人	高中及大学以上学历
收视率%	0.27	0.32
市场份额%	0.77	1.00
平均到达率%	2.27	2.46
平均忠实度	11.79	12.79

数据来源：CSM媒介研究

(2)观众规模和忠实度在陕西省排名前列

《不考不知道》在陕西省市场的表现也相对突出，在该节目播出时段，陕西卫视在所有频道中不论在平均忠实度还是平均到达率方面都名列前茅，平均到达率仅次于中央一套。

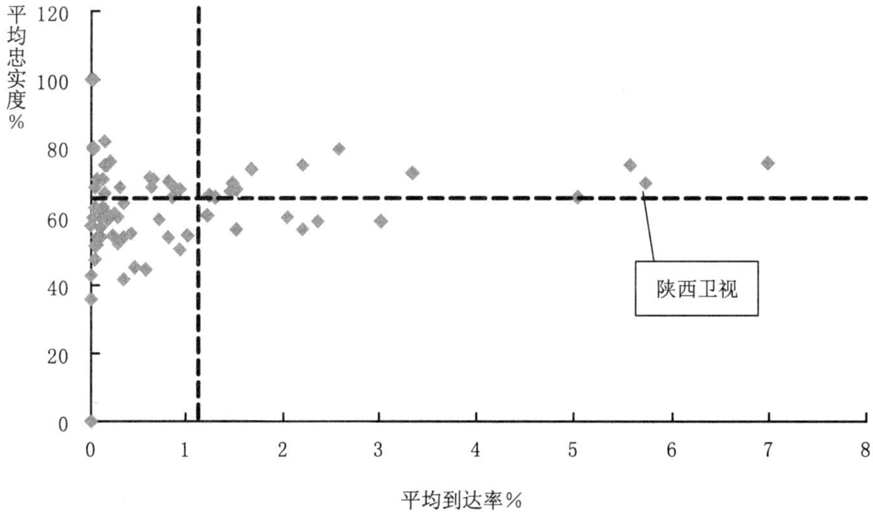

数据来源：CSM媒介研究

图7　2007年7—10月周六晚间20:35—21:45时段陕西省市场所有频道的平均到达率和忠实度比较

四、结语

益智竞猜类节目集知识性、娱乐性与竞争性为一体，摆脱了过去单纯的一问一答定输赢的简单模式，再加上老牌栏目相继改版，新版栏目大量衍生，让此类栏目的观赏性变得更强，寓教于乐，吸引了大批忠实观众。益智类节目的模式化和市场化决定了此类节目在短期内层出不穷地涌现，所以不断创新便成为中国益智类节目发展的关键。在2007年新开播的益智节目中，回归小学课本的知识问答模式成了主角，虽然考题的范围都局限在小学生课本，但各频道的收视表现也因多种因素的影响各有不同。作为全新节目，在经历了导入期后，随后的成长期更值得我们关注。另外一方面，我们也应该认识到要进一步拓展益智类节目的发展空间，仅仅依靠节目模式的变换还不足够，还应该充分研究受众的观赏习惯和心理，发挥电视节目与众不同的艺术表现力，使益智类节目再创佳绩。

中国栏目剧的节目形态及运作模式浅析

李红玲

从1994年滥觞，到2006年“井喷”，再到2009年纵深发展，我国栏目剧经历了潮起潮落，接受了市场的洗礼。目前我国栏目剧尽管仍然存在低俗化、粗糙化、雷同化的弊病，但其草根性、贴近性和参与性的优势也历久弥坚，在帮助地面频道实现差异化竞争的同时，也树立了自身在节目市场中的地位，并朝着类型化的方向发展。

一、栏目剧纵深发展的行业背景

栏目剧这株土生土长的嫩芽，自诞生起就受到了保护和重视，得到了观众的认可，促使其从少到多、从弱到强快速成长，避免了许多新型节目中途夭折的厄运。几乎是伴随着栏目剧兴盛伊始，电视台和行业内相关机构就牵头举办年会，对栏目剧进行了跟进式研究。2006年2月浙江电视台经济生活频道、重庆卫视、湖南经视、湖北经视、山东电视台和陕西电视台等地6家电视台，成立了全国电视台栏目剧合作体；2006年5月11日中央电视台总编室研究处、中广协会电视学研委会和浙江广电集团于杭州举办了“全国电视栏目剧研讨会”；2007年12月1日，由中国广播电视协会主办，济南电视台承办的第二届全国电视栏目剧评优暨研讨会在济南举行；2008年10月23日，中广协会通联部和栏目剧创作联合体共同承办的“栏目剧创新发展论坛”在杭州召开，以“探索栏目剧发展的定位和趋势”为主题，组织了“见证30年”系列栏目剧联合创作首发式；2008年12月19—20日，由中国广播电视协会和南方电视台共同举办的第三届全国电视栏目剧评优年会在广州召开，并发布了电视栏目剧第一个全国性的行业自律规则——《南方宣言》。在行业的呵护下，栏目剧创作一路“由自发走向自觉”，实现了星火燎原，节目形态也初步呈现出百花齐放的雏形。

二、栏目剧目前的市场规模

我国栏目剧目前的市场规模有多大？根据CSM媒介研究在全国155城市的调查数据，栏目剧的播出数量达到了一定的规模：2009年第一季度，在17:00—24:00时段，常规播出的栏目剧（日播和周播）有110档左右。栏目剧的播出平台分布广泛，全国有近80个电视台播出栏目剧，其中省台有27个（占35%，几乎涵盖了所有省），省会台有16个

(占 21%),地市台有 34 个(占 44%),包括北京台、天津台、重庆台、江苏台、浙江台、广东台等大台都创办了自己的栏目剧。播出栏目剧的各级频道达到 130 个,播出 2 档及以上栏目剧的频道近 60 个。

其中,许多栏目剧自创办之日起就一直在持续播出,不断改进,形成了长寿节目,有的还成为精品节目。最长寿的莫过于 1994 年初创办的《雾都夜话》了,不仅是开山鼻祖,还是长跑冠军。2002 年 4 月开播的《生活麻辣烫》(重庆电视台时尚频道播出)、2004 年 7 月开播的《狼人虎剧》(西安电视台白鸽都市频道)、2005 年 2 月开播的《经视故事会》(湖北电视经济频道播出)、2005 年 5 开播的《都市碎戏》(陕西电视台都市青春频道播出)、2006 年 5 月开播的《大话阿福》(无锡广播电视台都市资讯频道播出)、2006 年 7 月开播的《百姓聊斋》(江苏电视台影视频道)等等,节目寿命至少长达 3 年。

三、栏目剧的节目形态与运作模式

尽管获得了多方关注,栏目剧还是面临着生命发展周期和创作瓶颈的限制,前两年势不可挡的锐气和辉煌日渐暗淡,有的剧甚至被冠以"滥剧"之称。固然,任何新兴的节目形态在摸索过程中,都会伴随着泥沙俱下的局面,但也必然孕育着新的生机。从目前来看,栏目剧已经从最初的集体跟风式创作逐渐向特色化、细分化转变,触角深入到与老百姓相关的多个领域,内容题材从一窝蜂聚焦在百姓生活逐渐分化出诸多细分方向,多种元素相互融合,多点突破,拓展了新的发展空间,并树立了品牌。

据笔者汇总,目前我国栏目剧至少形成了以下几种类型:生活类、情感类、法制类、新闻类、财经类、职场类、体育类等。那么,其各自的运作模式是什么样的?笔者选取了各类型中部分具有代表性的栏目剧进行了简要分析,希望能勾勒出该类型栏目剧的概貌。当然,这些类型并不是固定不变的,因为任何一档栏目都会根据市场变化而不断调整;也不是泾渭分明的,因为类型本身只是以其重点体现的某类元素作为划分基础,而很多类型本身却是相互交叉、互相融合,并不是完全分离、特别纯粹。

1. 生活类

生活类栏目剧是目前该市场的主流类型,侧重于表现老百姓家长里短、柴米油盐、街头巷议、市井生活。此类题材综合性很强,准入门槛低,取材广泛多样,故事内容包罗万象,剧中的主角可由老百姓来担任,自己演绎自己或演绎邻居亲戚朋友,满足了普通人也能上电视荧屏的梦想,而观看的老百姓也从似曾相识的一段段故事中感受到特有的亲切,或者从他人的离奇经历中感受到生活的新奇。因此,生活类栏目剧能充分展示栏目剧的亲民性,颇受观众欢迎,播出量较大。

生活类栏目剧多以"百姓""茶舍""故事""市井""生活"等贴近百姓生活的字眼命名,剧中人物语言大多是当地的方言。比如苏州电视台社会经济频道 2005 年 12 月开播的《故事会》是一档由苏州人自拍、自编、自导、自演的方言剧,以都市生活、情感为主,辅以案件、传奇故事为素材，每天一个完整独立的故事，由普通市民参与演出，本土主持人进行串场点评。类似的还有陕西电视台的《百家碎戏》、上海东方电视台《百家心阿庆讲故事》、河南电视台《百姓故事》、江苏电视台《百姓聊斋》、北京电视台的《大城小事》以及南宁电视台的《市井传奇》等。有的栏目剧起名非常有特色，有的还拥有自己的主题曲目。南阳电视台的《草庐故事》宣称："亲情友情、伦理道德、法理曲直、爱恨情仇。亲切南阳乡土音，讲述百姓身边事。你所听的、所见的是《草庐故事》所演绎的；你所想的、所盼的是《草庐故事》所展现的。"形象地概括了此类栏目剧的特点。西安电视台的《狼人虎剧》则突出"大老碗、咥泡馍、关中豪爽，美成马、嘹地太、古韵秦腔"的特色，此外还有新疆电视台的《新疆羊肉串》等。

生活类栏目剧由于播出量大，许多属于日播，电视台人手不足，多实行制播分离，将社会资源引进节目制作，以节约电视台的制作成本，增加了选择余地。一是电视台和某家固定的社会公司联盟合作。十堰电视台的《拍古今儿》栏目于 2007 年 7 月 7 日正式开播后，由于运作机制等原因，栏目开办一年时间亏损 19 万元，难以为继。2008 年 11 月 6 日，十堰电视台综合频道与天路文化传媒公司达成联合开办协议，实行制播分离，先后拍摄制作了《紧急求救》、《两难之间》等作品，使得该节目成为台里本土化最成功的栏目，吸引了众多观众，栏目登记在册的群众演员达 4000 多人。[①] 二是全面向社会开放，与各方制作力量合作，择优录取。

在创作手法上，生活类栏目剧大体分为三种：一类是纯粹的群众戏，由老百姓充当故事主角，甚至担任编剧、导演。《狼人虎剧》宣称："不管你是导演还是编剧、演员，摄影……也不需专业出身，只要你想有一个自己的东西，能把最优秀的东西展示给观众，并且得到认可，就可以立刻加入我们。"二是引入主持人的形式，或隐蔽旁白或台前亮相，把故事串起来，使之脉络更清晰。重庆卫视《雾都夜话》首次将民间评书艺术引入栏目剧，其旁白由一个隐蔽的主持人，以话外音的形式讲述故事；新版的《百家心阿庆讲故事》采用了"电视评书＋栏目剧"的形式，放大"民间评书人"的作用，让他从幕后走到前台嬉笑怒骂，临场发挥、精彩点评，拉近了节目和观众的距离，强化节目品牌。三是采用其他节目类型的手法。比如《百家心》借鉴了新闻专题类节目的采制经验，在节目中大量穿插了对主要人物的情景式采访，运用了新闻类节目快节奏的包装手段，摆脱了栏目剧常用的拍摄手法，丰富了节目的真实感。

2. 情感类

情感类栏目剧将视角聚焦在现代百姓的情感纠葛上，摆脱了生活类栏目剧面面俱到、选题芜杂的套路，通过一个个小故事展示现代人五彩斑斓的情感世界，满足了观众的特定心理需求，目前已渐成气候，受到多家电视台的青睐。

---

① 《十堰民营企业首次进军电视产业》，http://www.hb.xinhuanet.com/2007zfwq/2009－04/22/content_16329691.htm。

成都电视台都市生活频道的《成都情事》通过二度剧本创作和群众演员演绎的形式，牢牢抓住一个“情”字，讲述成都人情感故事，表现成都的文化底蕴和人文特征；天津电视台公共频道推出由真实故事改编的《大事小情》；武汉电视台文艺频道 2007 年 12 月开播的《欲望魔方》取代《今夜不设防》，继续以百姓情感为主题，故事力求新、奇、特，让观众在离奇有趣、缠绵悱恻的情感故事中，感悟到剧中命运。[①] 广东电视台珠江频道的《夜倾情》以“情爱”为主题，呈现广东现代男女情感生活中的矛盾冲突和苦乐酸甜。此外，还有中山电视台综合频道的《情感都市》，河南电视台电视剧频道（五套）的《故事聚乐部》，浙江电视台影视娱乐 2008 年 1 月推出的反映年轻恋人和新婚男女爱情故事的《因为爱》等。

情感类栏目剧也采用了多种制作手法，或完全由观众演绎，或引用主持人，定位于不同的目标观众。比如《因为爱》每期节目时长 30－40 分钟，主要由 10 分钟的“真实爱情故事”和 20 分钟的“反转爱情故事”组成，“真实爱情故事”由情侣或新婚夫妇讲述自己真实的爱情经历，“反转爱情故事”则将主角们的爱情经历在人物性格、空间、时间等多个方面进行换位，受众群定位在 25 岁至 45 岁间的白领阶层。重庆电视台时尚频道曾经播出的《欲望都市》则由三位美女主持，根据剧情的需要演绎两性之间的情感纠葛。

3. 法制类

法制类栏目剧在市场中也占有重要地位，其以现实生活中的法律案例或历史上的迷案、大案为故事蓝本，真人扮演部分角色。比较有代表性的有三档节目，分别诠释了不同的运作模式和定位：

一是“现实演员扮演＋虚拟主持人”的模式，代表作是《大侦探西门》，目的是引领青少年观众缜密思考、大胆想象、科学推理。节目通过再现案件或故事，提出悬念进行推理，在形式上借鉴了当时红极一时的日本动画片《名侦探柯南》，创立了虚拟主持人“西门”作为青少年的侦探偶像，观众通过西门引领进入特定的案例现场，运用福尔摩斯式的科学逻辑推理来侦破案例的真相。主要角色警长和助手则由固定的演员扮演，在表演风格上追求写实。

二是“主持人演播室讲述＋演员剧情式演绎”模式，代表作是上海东方卫视在 2008 年 10 月推出季播形式的《迷案记》，解析历史上曾经轰动一时、影响深远的离奇历史迷案，在招募来的演员演绎当时的真实事件时，演播室的主持人穿插其中，以一个类似于福尔摩斯的角色出现，在播放影片的过程中抽丝剥茧，条分缕析，带领观众理清其中的层层迷雾。

三是“真实的现场 VCR＋群众演员纪实性演绎＋主持人剖析案情”，比如重庆卫视的《刑侦档案》则取材于近 10 年间国内发生的重大/特大刑事案件，案例包括“12·30”金店持枪抢劫案、“12·24”投毒案、“7·14”特大绑架案等 15 个真实案件，由观众亲身参与。

---

① 《大型系列电视故事〈欲望魔方〉隆重开播》，http://ywmf.any2000.com/web/viewarticle.asp?userid=961563&lanmuid=6571525&contentID=1297207。

4. 新闻类

民生新闻和栏目剧是我国地方台在竞争与节目创新摸索过程中的两大硕果，二者也相互借鉴通用元素。许多栏目剧直接从民生新闻中选材，用故事来生动演绎新闻事件。比较有代表性的栏目有：湖北经视的《经视故事会》，里面的故事根据真实的新闻故事改编而成，由老百姓自己来写、来导、来演，强调观众的参与性，演员全部采用公开招聘的群众演员，对白采用地道的武汉方言；深圳广电集团公共频道的《八通街》充满浓郁岭南风情，以深圳新近发生的新闻事件为主要内容，以诙谐幽默的室内情景剧表现出来；无锡广播电视台都市资讯频道的《阿福茶馆》以热点新闻、热点事件作为延伸话题；浙江电视台影视娱乐频道的《本塘第 1 剧》所讲述的故事大多是在本地乃至全国真实新闻的基础上进行改编演绎，加入戏剧元素，主持人张静和滑稽演员“阿兴、阿旺夫妻俩”一边看电视一边用普通话、绍兴话和杭州话插科打诨，使节目具有较强的娱乐性、可看性①。

5. 财经类

随着人们理财意识的增强，财经类栏目剧也应运而生，通过故事演绎的方式为老百姓讲述金融、理财、经济知识，不仅能使投资者树立科学的理财观念，还增加了节目的趣味性，更容易让观众接受。目前我国有两档此类栏目剧：浙江电视台教育科技频道的《周日我理财》和北京电视台财经频道的《数说北京》。

《周日我理财》于 2008 年 7 月开播，栏目形式主要分成两个板块：“情景剧＋理财专家的简明分析”。情景剧用幽默诙谐的方式演绎金融知识，深入浅出。在专家访谈环节，栏目组每期邀请不同金融机构的理财专家讲解理财知识，总结在情景剧中提到的知识点。《数说北京》是由北京市统计局、北京电视台、北京广电影视传媒公司等单位联合筹办的系列短剧，揭示社会经济发展中存在的问题和矛盾，北京市统计局为该剧提供各方面的数据资料。

6. 职场类

白领是相对高端的收视人群，也是消费市场的主力、广告商追逐的对象，为此，不少栏目剧将目光瞄向了办公室或公司，通过轻松幽默的故事，揭示现代上班族之间的人事纠葛，演绎都市生活的种种风情，吸引了不少白领的眼球。

2008 年 1 月 1 日，贵州卫视播出反映都市男女喜剧故事的《男左女右梆梆梆》，以一家小广告公司为故事发生地，通过五个各具特质的小人物，展现白领一族在工作和生活中的点点滴滴，该栏目剧主要面向时尚男女，采用西南方言演绎，在台词设计上，融入手机短信与网络媒体上的时髦语言。2009 年 1 月 1 日，吉林卫视开播《办公室的故事》，每

---

① 《〈本塘第一剧〉扛起草根娱乐大旗》，http://www.zctp.com/see2006.asp? Forum_sjk＝2006&FORUM_ID＝339。

天 17:05 播出，每期时长 22 分钟，每集故事独立，讲述的是办公室里 6 位广告从业人员工作和生活中面临的困境、尴尬和感情。

7. 体育类

体育比赛类栏目剧主要依托大型赛事，将体育元素注入栏目剧，不仅能充分利用已有的体育资源，还能使赛事更加有趣化、娱乐化，吸引观众更多的注意力。

2007 年 4 月 21 日，昆明电视台昆视传媒有限责任公司承办的“金星啤酒杯”昆明电视台首届羽毛球积分大奖赛开幕，整个赛事长达一年。为了配合赛事的宣传，昆明电视台昆视传媒公司策划了一档大型古装栏目剧《谁羽争锋》，以本次羽毛球大赛为载体、羽毛球拍为武侠剧中的“兵器”，围绕羽毛球赛事为主线，将武侠片中描写的刀光剑影、武林争雄、爱恨情仇，演变成现代生活羽毛球赛事中羽坛高手的技艺比拼、球技切磋、争冠进局，通过古装剧的特殊搞笑形式，轻松、愉快地讲解羽毛球比赛过程中的球艺、步法、拍法的运用，传达出暗含“武功”的信息。语言形态尽可能地古今结合，使用“现代词汇”+“之乎者也”式的文言文，增强喜剧效果。在电视语言的表达方面，大量地使用电视画面的闪回、动画、Flash、三维表现手法以及数字电视中的剪辑手段，力求画面的新颖、动感、刺激，更具视觉冲击力。①

8. 其他类

除了以上七类主力类型，电视台还尝试结合其他领域，生成多种形态的栏目剧。例如，湖南电视台金鹰卡通频道与北京卓成教育科技发展有限公司共同投资联合拍摄校园教育类栏目剧——《快乐班级》，讲述在一所有国际背景以综合提高小学生全面素质为宗旨的校外办学机构里发生的故事；2007 年 3 月广东卫视推出以博客故事为蓝本的《博客奇谭》。每篇博客就是每期节目的内容，博客作者“老博”即主持人，由他穿针引线交待故事，由真人进行演绎，故事强调悬疑、奇异、惊悚等特点，2009 年第一季度，福建教育台进行了连续播出。还有些频道引进了韩国搞笑短剧《Hey Hey Hey》和反转剧《情 man 转转转》，以吸引不同的观众群。在反转剧里，演员们往往以本名作为角色的名字，一个故事 20 分钟左右，但每个都独立成篇，剧情花样繁多，无所不包，通常结局出人意料，其反转手法曾被湖南卫视的《爱情魔方》借鉴。还有一些栏目剧将现代故事与古代背景相嫁接，形成奇特的风格，比如重庆电视台时尚频道的《麻辣江湖传》将一个个真实的生活故事放到了年代不详的虚拟古装环境中，虽然有“江湖”二字，却没有武打镜头，情节仍然是搞笑的生活小故事。

四、各类栏目剧的观众区隔

经过十多年细水长流的积淀和近几年厚积薄发的普及，电视台和制作公司对栏目剧

---

① 《方言古装电视栏目剧〈谁羽争锋〉，“笑”在其中》，http://www.kmtv.com.cn/files/INFO/2007071362100.htm。

不断进行探索，形成了诸多“门派”。可以说这些类型是播出平台和制作方刻意追求的，那么，从收视终端——观众来看，也确实起到了吸引不同类型观众、营造市场区隔的作用。当然，从全国重点城市来看，由于生活类栏目剧居多，不同地域之间的栏目剧观众年龄层相对类似，以初高中学历的 45－54 岁的中年人群为主。但是，伴随栏目剧的逐渐细分，其不同类型之间的观众势必会分流，在共性之中“个性”逐渐凸现。

笔者对 2009 年第一季度播出过的每类栏目剧选取一例代表发现，无论是性别比例，还是年龄层、学历水平，其观众构成的差异性较大。比如，贵州卫视播出的职场类栏目剧《男左女右梆梆梆》和重庆卫视的侦探类栏目剧《刑侦档案》以男性观众居多，而上海东方娱乐频道播出的《百家心阿庆》（生活类）和武汉文艺频道播出的《欲望魔方》（情感类）则吸引了更多的女性观众；《博客奇谭》、《经视故事会》35－44 岁的观众比例最大，而《谁羽争锋》则是 45－54 岁的观众居多；《数说北京》的观众中大学学历者明显高于其他栏目剧。这种观众构成方面的差异可以为栏目剧的运作提供参考（图 1）。

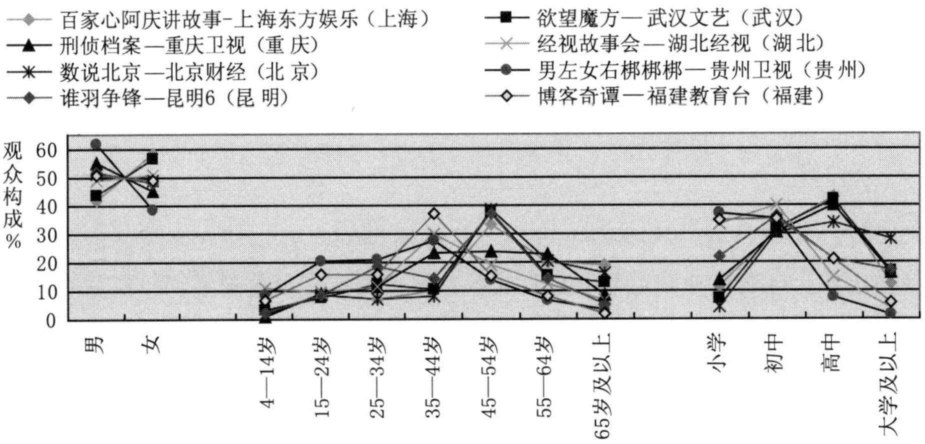

数据来源：CSM 媒介研究

图 1　2009 年第一季度分类栏目剧观众构成比较（17:00—24:00）

无论是什么模式、类型，都只是一个外壳，如何让故事好看、走入不同观众的内心，并形成一种固定的约会符号，才是栏目剧下一步发展的动力。对于电视台而言，结合地域文化，挖掘优势题材，透彻了解观众需求，准确把握收视规律，方能将其做细、做精、做强、做出品牌。

"剧"现老百姓身边的故事——栏目剧收视面面观

姚洁

2009 年,距中国第一部栏目剧《雾都夜话》开播已经过去了整整十五年。这十五年中,栏目剧这种新兴的节目形式以其亲民的风格、鲜明的地方特色赢得了观众的喜爱,《雾都夜话》、《外来媳妇本地郎》《成都情事》《欲望魔方》等栏目剧都在当地市场收视表现抢眼,是当地红极一时的自办类节目。对于电视台来说,栏目剧因其低投入(制作成本低廉)、高回报(收视率高)而被看做是一种性价比较高的节目类型,近年来得到了大力的发展。本文将通过栏目剧的播出情况和收视表现,对全国市场和重点收视市场的栏目剧进行扫描,从数据出发,探寻栏目剧的发展特点。

一、全国市场栏目剧播出、收视情况

2009 年 1—4 月 17:00—24:00,全国 153 城市,在 CSM/CTR 监测的 650 个频道中,共有约 100 多档栏目剧播出,播出量达 6948 小时。从供求关系来看,目前全国市场上栏目剧的播出比重(1.28%)与收视比重(1.15%)基本持平,供求比较均衡。

从栏目剧的播出频道来看,省级地面频道和市级频道是栏目剧的主要播出平台(图 1),这是因为栏目剧本身具有很强的地缘性。从内容上看,栏目剧多是取材于老百姓身边的故事,从表现形式上看,为了体现亲民的风格,很多栏目剧都是以方言来演绎。正是因为这种节目形式本身鲜明的地域特色,使得栏目剧很难在全国范围内一炮而红,却能够在各自的地方市场遍地开花。另一方面,栏目剧虽然制作成本低廉,却能够依靠自身的亲和力在本地市场赢得较高的收视率,从而带来丰厚的广告收入,这也是地面频道纷纷开办栏目剧的主要原因。

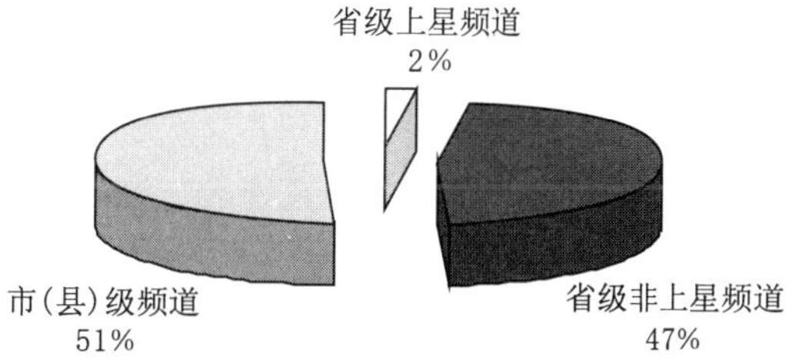

数据来源:CSM 媒介研究

图 1　2009 年 1—4 月各级频道栏目剧播出比例(153 城市,17:00－24:00)

从 CSM 媒介研究 153 个城市 2009 年 1—4 月晚间(17:00—24:00)栏目剧的播出量来看,播出时长最多的前 10 个城市中,多数是省台、市台竞争激烈的省会城市及计划单列市(表 1)。

表 1 2009 年 1—4 月 153 城市栏目剧播出时长排名前 10 位的地区(17:00—24:00)

排名	城市	播出时长(小时)
1	无锡	552.5
2	重庆	549.9
3	武汉	338.0
4	漳州	281.6
5	杭州	268.6
6	成都	266.1
7	郑州	255.2
8	厦门	250.4
8	福州	250.4
8	莆田	250.4

数据来源:CSM 媒介研究

在这些城市市场上,出现了省台、市台栏目剧“扎堆”的现象。造成这一现象的原因,除了有上文所说的地缘性和成本因素外,还因为栏目剧自身的独特性。作为自办节目的栏目剧能够帮助电视台和频道提升自身形象,那些打上城市鲜明烙印或频道特色的栏目剧让观众印象深刻,可以培养观众的收视习惯并加深他们对媒体品牌的认知。因此,在省台、市台的收视竞争中,栏目剧往往成了竞争频道间争夺观众的主要战场。

表 2 栏目剧播出量较大的中心城市栏目剧播出一览

城市	节目名称	频道	城市	节目名称	频道
成都	成都情事	成都电视台都市生活频道(三套)	长沙	大城小爱	湖南电视台娱乐频道
	麻辣烫	四川电视台经济频道(三套)		大侦探西门	湖南电视台潇湘电影频道
重庆	大戏当前	重庆电视台都市频道(四套)		故事会	湖南电视台经济频道
	故事中国之雾都夜话	重庆电视台都市频道(四套)		婆媳一本经第二部	湖南电视台娱乐频道
	麻辣烫	四川电视台经济频道(三套)		一家老小向前冲	湖南电视台经济频道
	生活麻辣烫	重庆电视台时尚频道(七套)	杭州	本塘第 1 剧	浙江电视台影视娱乐频道
	有话好好说	重庆电视台时尚频道(七套)		济公说故事	杭州电视台西湖明珠频道
郑州	百姓故事	河南电视台精品博览频道(六套)		青春门 5 号	杭州电视台五套
	大城小事	郑州四套		吴山夜话	杭州电视台生活频道
	故事聚乐部	河南电视台电视剧频道(五套)		因为爱	浙江电视台影视娱乐频道
武汉	大众古玩店	武汉电视台文体频道		周日我理财	浙江电视台教育科技频道
	都市茶座	武汉电视台文艺频道		追着幸福跑	杭州电视台综合频道
	经视故事会	湖北经视	福州	365 夜	福建省广播影视集团综合频道
	欲望魔方	武汉电视台文艺频道		博客奇谭	福建教育台
太原	百姓故事会	太原电视台百姓频道(二套)		美丽故事	福建教育台
	大城小事	太原电视台文体频道(五套)		新故事会	福建教育台
	山西故事	中国黄河电视台民生频道	厦门	365 夜	福建省广播影视集团综合频道
西安	狼人虎剧	西安电视台二套(白鸽都市频道)		博客奇谭	福建教育台
	都市碎戏	陕西电视台都市青春频道(二套)		美丽故事	福建教育台
	百家碎戏	陕西电视台新闻综合频道(一套)		新故事会	福建教育台

资料来源:CSM 媒介研究

从播出数据可以看出，栏目剧这一节目类型在各地的发展日益蓬勃，但从各档栏目剧具体的收视表现来看，却又显现差异(表3)。

表3　2009年1—4月部分城市部分栏目剧收视表现

城市	节目名称	播出频道	收视率%	在同时段所有频道中排名
成都	麻辣烫	四川电视台经济频道(三套)	0.9	7
	成都情事	成都电视台都市生活频道(三套)	0.9	6
武汉	欲望魔方	武汉电视台文艺频道	3.3	3
	经视故事会	湖北经视	3.7	1
	都市茶座	武汉电视台文艺频道	2.8	5
杭州	济公说故事	杭州电视台西湖明珠频道	2.3	4
	青春门5号	杭州电视台五套	2.2	10
	吴山夜话	杭州电视台生活频道	2.9	8
	因为爱	浙江电视台影视娱乐频道	2.3	6
西安	狼人虎剧1800	西安电视台二套(白鸽都市频道)	2.1	4
	狼人虎剧2100	西安电视台二套(白鸽都市频道)	1.8	2
	都市碎戏	陕西电视台都市青春频道(二套)	3.3	1
	百家碎戏	陕西电视台新闻综合频道(一套)	3.5	2
苏州	故事会	苏州电视台社会经济频道	4.5	2
宁波	得月街	宁波电视台三套(都市文体频道)	8.4	1
深圳	鞠说好看	深圳电视台一套(都市频道)	2.9	1
广州	外来媳妇本地郎	广东电视台珠江频道	8.4	1
	夜倾情	广东电视台珠江频道	2.8	3
上海	阿庆讲故事	上海东方电视台娱乐频道	4.6	2
	噱占上海滩	上海东方电视台娱乐频道	6.3	2
合肥	江淮小戏院	安徽影视	1.9	2
	我爱饭米粒	安徽影视	1.7	2
无锡	茶馆剧场	无锡电视台都市资讯频道	0.7	6
	大话阿福	无锡电视台都市资讯频道	3.5	1
重庆	生活麻辣烫	重庆电视台时尚频道(七套)	1.9	4
	有话好好说	重庆电视台时尚频道(七套)	2.4	2

数据来源：CSM媒介研究

选取部分栏目剧播出量比较大的城市来观察栏目剧的观众构成，我们可以发现，各地栏目剧的观众构成比较一致：45—54岁中年人群比例较高，中等学历人群比例较高(表4)。

表 4 2009 年 1—4 月不同城市栏目剧的观众构成(%)

目标	杭州	西安	武汉	成都	重庆	无锡
男	52.9	47.2	45.7	53.0	55.7	45.5
女	47.1	52.8	54.3	47.0	44.3	54.5
4—14 岁	7.8	6.0	3.5	8.8	5.5	3.2
15—24 岁	9.8	8.5	9.2	10.3	6.9	7.5
25—34 岁	24.5	17.2	12.2	16.8	13.3	9.8
35—44 岁	13.1	16.4	11.0	17.4	15.0	18.2
45—54 岁	29.8	21.5	36.2	26.1	33.3	27.8
55—64 岁	9.3	18.2	14.7	10.7	20.0	15.9
65 岁及以上	5.8	12.3	13.2	9.9	6.0	17.7
未受过正规教育	5.5	2.2	3.2	3.8	3.5	2.2
小学	22.3	11.8	8.3	20.1	15.4	11.7
初中	32.3	41.8	33.2	36.7	40.5	43.7
高中	23.4	33.8	40.1	27.3	32.0	32.1
大学及以上	16.5	10.5	15.3	12.1	8.5	10.3

数据来源:CSM 媒介研究

二、重点市场栏目剧播出、收视情况

由于各地市场环境不同,栏目剧在各地的收视表现也各有不同。下文中,笔者将挑选一些比较有特色的市场,解读栏目剧的收视数据,以观察栏目剧在不同市场的收视表现。

1. 栏目剧竞争激烈的市场——杭州、西安

杭州和西安是省、市级频道竞争激烈的省会城市,栏目剧的收视之争也十分激烈:杭州的栏目剧数量众多,西安则是单个频道栏目剧播出时间较长。

● 杭州

2008 年,杭州地区省台和市台的大部分频道都开办了自办类栏目剧,最高峰时,一周播出的栏目剧达到了 9 档,经过激烈的市场竞争,这个数字在 2009 年下降到了 6 档(表 5)。

表 5 2008—2009 年杭州地面频道栏目剧播出一览

随机抽取 2008 年第 14 周		随机抽取 2009 年第 14 周	
节目名称	频道	节目名称	频道
本塘第一剧	浙江电视台影视娱乐频道	本塘第 1 剧	浙江电视台影视娱乐频道
风情剧会	杭州电视台影视频道	济公说故事	杭州电视台西湖明珠频道
济公说故事	杭州电视台西湖明珠频道	青春门 5 号	杭州电视台五套
女人花	浙江电视台教育科技频道	吴山夜话	杭州电视台生活频道
青春门 5 号	杭州电视台五套	因为爱	浙江电视台影视娱乐频道
我爱杭州佬	浙江电视台钱江都市频道	周日我理财	浙江电视台教育科技频道
吴山夜话	杭州电视台生活频道		
幸福一家亲	杭州电视台影视频道		
因为爱	浙江电视台影视娱乐频道		

杭州地区的栏目剧中有两档是日播节目，二者的播出时间基本错开，因此在杭州地区晚间 19:00—21:00 的黄金时段，观众只要打开电视机，总能看到一家地面频道正在播出栏目剧。杭州地区栏目剧的收视率比较接近，激烈的竞争迫使节目的制作方不断地对节目进行调整，仅从播出时间来看，比较老牌的《济公说故事》和《吴山夜话》从 2007 年以来已经调整了四次，其余栏目剧也大多经过两次调整(表 6)。

表 6 2007—2009 年 4 月杭州地区部分栏目剧播出情况

节目名称	播出时间	时长	播出周期	调整次数
济公说故事	20:50	30 分钟	周一到周五	4
吴山夜话	18:50	30 分钟	周一到周日	4
本塘第 1 剧	20:40	30 分钟	周一到周四	2
青春门 5 号	19:00	30 分钟	周一到周日	2
因为爱	20:30	40 分钟	周日	无
周日我理财	17:15	55 分钟	周日	2

数据来源:CSM 媒介研究

尽管节目自身一直在调整，但激烈的竞争以及节目自身生命周期的影响，使得一些老牌栏目剧依然出现了观众忠实度下降的情况。倒是诞生时间仅一年多的《因为爱》，巧妙地将视线从“一地鸡毛”的市井故事中转移开来，采用精良的制作，将现实生活中年轻人的爱情故事搬上荧屏，拍摄成唯美浪漫的青春偶像剧。这一另辟蹊径的做法使得节目自推出以来，平均到达率和平均忠实度都实现了稳步上升(图 2)。

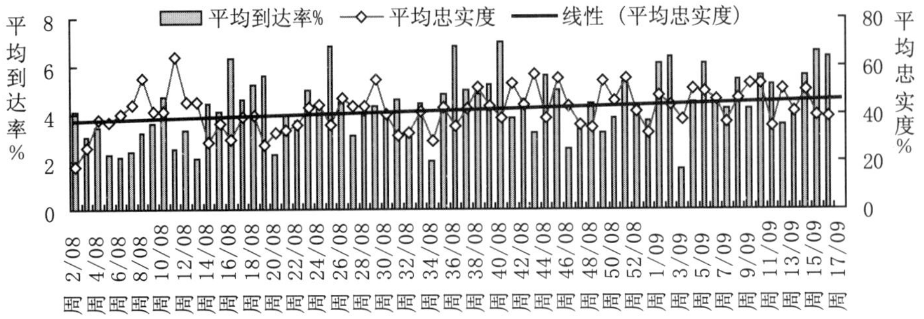

数据来源：CSM 媒介研究

图 2 《因为爱》平均到达率、平均忠实度走势

● 西安

西安地区地面频道播出的栏目剧，数量并不多，但播出时长却比较长。西安地区所有的栏目剧都采用日播，其中西安二套的《狼人虎剧》每晚播出两档，每档的时长为 50 分钟，单个频道如此大量地播出栏目剧在其他地区是比较少见的。从播出时间来看，这几档栏目剧的播出时间基本交错开来。尽管竞争激烈，但西安地区栏目剧的播出时间则比较稳定，除了 21 点档《狼人虎剧》经历了多次调整外，其余栏目剧三年以来都没有调整播出时间（表 7）。

表 7　2007—2009 年 4 月西安地区栏目剧播出情况

节目名称	播出时间	时长	播出周期	调整次数	备注
百家碎戏	19:25	30 分钟	周一到周日	无	
都市碎戏	22:15	40 分钟	周一到周日	无	
狼人虎剧 2100	21:40	50 分钟	周一到周日	5	2008.7.25 停播，2009.3.17 恢复
狼人虎剧 1800	18:30	50 分钟	周一到周日	无	

数据来源：CSM 媒介研究

在杭州和西安，由于省台和市台竞争激烈，省台和市台或是开办了多档栏目剧，或是增加了栏目剧的播出量，使得整个市场栏目剧的播出量接近饱和。而栏目剧的形式和内容都大同小异，因此出现了较为严重的同质化竞争。在这样的市场环境下，一些栏目剧退出了竞争（杭州地区），而一些开播时间较长的老牌栏目剧也遭遇了忠实度下降、观众流失的瓶颈。

2. 栏目剧收视表现相对稳定的市场——武汉、成都

武汉和成都的栏目剧播出量并不少，但是播出栏目剧的频道数量却不多，收视竞争环境和栏目剧收视均表现稳定。

● 武汉

武汉市场上目前主要有三档栏目剧，武汉文艺频道的《都市茶座》《欲望魔方》及湖北经视的《经视故事会》。武汉文艺频道的两档栏目剧分别在工作日和周末播出，实则是以一条栏目带与湖北经视的《经视故事会》展开竞争，在播出时间上与省台栏目剧的播出时间比较接近。武汉地区栏目剧的播出时间都比较稳定，《都市茶座》和《经视故事会》虽然都在2007年对播出时间进行过多次调整，但2008年以来，节目的播出时间一直都没有改变(表8)。

表8　2007—2009年4月武汉地区主要栏目剧播出情况

节目名称	播出时间	时长	播出周期	调整次数
都市茶座	19:30	60分钟	周末	2
欲望魔方	19:30	60分钟	周一到周五	无
经视故事会	19:40	30分钟	周一到周五	6
	19:40	60分钟	周六	

数据来源:CSM媒介研究

● 成都

成都市场上目前主要有两档栏目剧播出:成都都市生活频道的《成都情事》和四川经济频道的《麻辣烫》。前者打造的是新闻栏目剧，以栏目剧的手法还原新闻事件。后者则是邀请了大量群众演员参与，由他们亲身演绎百姓身边的经济故事，两者都是采用方言的形式讲述群众身边的热点故事。《麻辣烫》节目还不定期推出麻辣系列剧《幸福火巴耳朵》，以情景喜剧的形式呈现。两档栏目剧的播出时间相互错开，收视率相差不大，《成都情事》的播出时间进行过3次调整，《麻辣烫》的播出时间进行过4次调整。纵向比较来看，两档栏目剧的收视表现总体来说变化不大(表9)。但我们同时也看到，2008年8月15日就已经开播的《成都情事》在2009年也出现了平均忠实度缓慢下降的情况。

表9　2007—2009年4月成都地区主要栏目剧播出及收视情况

节目名称	播出时间	时长	播出周期	调整次数	2007年收视率	2008年收视率	2009年收视率
成都情事	18:00	40分钟	周一到周日	3	0.9	1.2	0.9
麻辣烫	19:45	30分钟	周一到周日	4	1.5	1.1	0.8

数据来源:CSM媒介研究

武汉和成都栏目剧的竞争环境相对宽松，三年来，栏目剧的表现也相对稳定。但是栏目剧的内容和表现形式相对比较单一，因此，我们也看到，日播栏目剧《成都情事》由于节目自身生命周期的影响，观众忠实度在2009年依然呈现下降趋势。

3. 栏目剧错位竞争的市场—上海

上海文广新闻传媒集团旗下频道共有三档自制栏目剧播出:娱乐频道的《噱占上海

滩》、《阿庆讲故事》以及生活时尚频道的《城里城外》。因为同属一个集团，三档栏目剧各有不同定位，形成错位竞争。《噱占上海滩》走的是情景喜剧路线，由众多沪上笑星出演，讲述老上海的啼笑往事。《阿庆讲故事》和《城里城外》虽然都是由群众演员演绎的百姓故事，但《阿庆讲故事》定位于中老年人群，内容题材比较偏向于社会伦理、生活琐事，故事中的人物形象以中年人居多。而《城里城外》由于在生活时尚频道播出，定位于都市青年白领，内容题材更偏向于讲述年轻人的情感世界。从各年龄段的集中度来看，《城里城外》在年轻人群中的集中度高于娱乐频道的两档栏目剧，而和《噱占上海滩》《阿庆讲故事》在 65 岁以上老年人群中的集中度则比较高(图 3)。

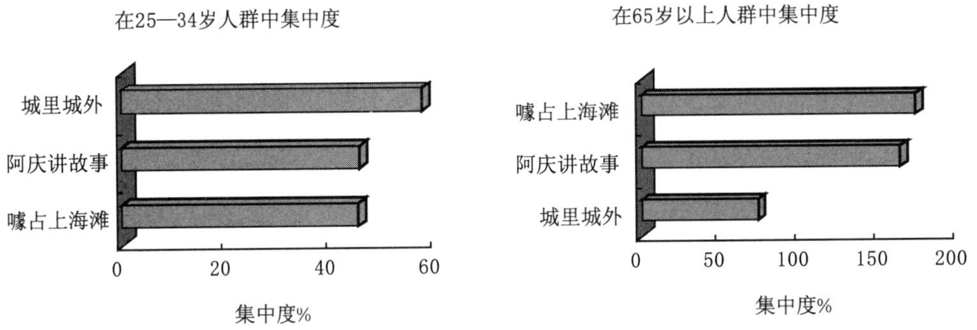

数据来源：CSM 媒介研究

图 3　上海三档栏目剧在不同年龄观众中的集中度(2009 年 1 月 1 日—3 月 15 日)

三、栏目剧发展面临的困境及出路

目前栏目剧虽然在多个市场的多个地面频道播出，一些栏目剧在当地还取得了不错的收视表现。但是在繁华背后我们也看到了当下栏目剧所存在的一些问题：

一是部分节目呈"低俗化"趋势，节目品位有待提高。为了博取眼球，有些栏目剧在内容上较多地反映社会的阴暗面，关于犯罪、暴力、丑闻、婚外恋、性的故事被反复讲述。收视数据也反映出部分栏目剧目前的观众年龄结构老化，学历水平较低。

二是相似题材反复播出，节目创新力度有待提高。通过收视数据我们可以发现，一些栏目剧出现了到达率下降和忠实度下降的情况。这是因为目前栏目剧的题材大多局限在一些市井琐事、家庭情感纠纷上，相似题材的节目如果在日播节目中被反复播出，观众难免产生审美疲劳，导致忠实观众的流失，进而影响收视率。

三是同城竞争激烈，节目多元化有待加强。在一些省台、市台竞争激烈的市场，栏目剧这一节目资源被最大限度地利用，而栏目剧的题材、表现形式相对来说又缺乏多样性，观众对于这种节目形态会越来越熟悉，进而加速他们对于栏目剧的审美疲劳，从而缩短这一节目类型的生命周期。在杭州地区，2008 年省台和市台共有 9 档栏目剧播出，到了 2009 年，荧屏只剩 6 档栏目剧继续播出。

面对上述问题，栏目剧这一节目形态想要走得更远，可以从以下几个方面着手，开拓发展之路：

首先是加强品牌建设。对于栏目剧来说，品牌建设十分重要。在激烈的市场竞争中，栏目剧应明确自身的品牌定位，在完善选题、剧本，改善拍摄画面质量的同时，对节目本身及主持人进行全方位包装，在众多面目模糊的同类节目中凸显自身形象特质。

其次是加大创新力度。栏目剧的发展离不开创新，只有不断寻找新的题材角度和表现方法，不断地给观众带来新鲜感，才能持久地保持节目的生命力。创新包括题材的创新、表现形式的创新等，在创新的过程中，如果只依靠单个栏目的独自创新，可能会出现心有余而力不足的情况，这个时候，栏目剧制作方之间如果能加强交流，进行联合创作，将能更好地实现资源共享。

再次是走制播分离道路。随着栏目剧从中国电视荧屏的一支“生力军”变成地面频道名副其实的“主力军”之一，市场上对于栏目剧的需求从数量到质量都持续增长。如果继续以往那种“自给自足”自制栏目剧的方式，电视台会显得越来越吃力。走制播分离、定制栏目剧的市场化道路将成为越来越多电视台的选择。

最后是实行差异化竞争。随着栏目剧的竞争日趋激烈，一个市场中往往有多档栏目剧同时播出，在栏目剧同质化现象比较严重的市场现状下，可以考虑凸显节目差异化特质，这样做有利于树立栏目品牌形象，在竞争中脱颖而出。在内容定位上走特色化的道路，形成自己节目的内容类别。受众是有不同偏好的，有人喜欢看这类故事，有人比较关心那类事件，在众多同类栏目的竞争中寻找并巩固自己的核心受众群才是明智之举。

南腔北调， 一方之言

——地面频道方言节目分析

陈明

自从赵本山登上央视春晚舞台以来，东北方言在中国一直火了十几年。在中国，各地都有自己的本地方言，方言是全民语言在不同地域上的分支。方言的地域性、贴近性比较强，同一城市居民之间的沟通和交流往往都习惯于用本地方言。而本土性、贴近性等也是电视频道，尤其是地面频道制作节目时所注重的；因此，方言常常被一些电视台应用到其制作的各类节目当中。近年来，各地的方言节目呈现出欣欣向荣的景象，方言节目在大江南北走俏风靡，在全国各电视台热播。方言节目的红火很大原因是源于方言有着广大的区域群众基础，也是广大老百姓追求文化多样性的一种体现。本文通过对地面频道一些以方言为主的节目进行分析，以便使业内相关人士对地面频道方言节目的主要形式、收视情况及观众轮廓等有一个较为清楚的了解。本文分析的节目类型主要集中在新闻、栏目剧和综艺节目。

一、方言民生新闻：居安思危

江苏台城市频道《南京零距离》的成功带动了民生新闻的热潮，而杭州台西湖明珠频道《阿六头说新闻》用方言播报新闻则开创了浙江省乃至全国的方言民生新闻之先河。《阿六头说新闻》采用杭州话作为播报语言，辅以主持人生动的体态语，大大强化了节目的平民和本地意识，拉近了电视和观众之间的距离，增加了节目的亲民性和认可度。新闻播出不久，“阿六头”成了杭州市民街谈巷议的热门话题，栏目收视率也直线上升，至今在本频道和杭州地区的收视排行榜中仍处于领先的位置。《阿六头说新闻》取得高收视率之后，各地电视台都陆续开设了类似的节目，地方台用方言播报新闻也成为一种新亮点。

方言民生新闻为地方电视台带来高收视率的同时，一些电视台的方言民生新闻的收视也呈现了一定程度的下降趋势，这一点从浙江地区主要城市的方言民生新闻收视率比较（表1）可以得到印证。浙江地区各地级市经济比较发达，该地区老百姓的风土人情和生活习惯等也比较类似，电视产业发展规模也属于全国领先的区域之一。该地区各媒体集团的竞争比较激烈，这也使得各城市电视台之间的联系相对比较紧密，某个城市台推出了成功的节目之后，其他城市台会立刻来学习取经并应用到实际工作中去。《阿六头说新闻》的成功也使得浙江各地级电视台纷纷开办了方言的民生新闻，一时间方言民生新闻也成为浙江各电视台荧屏上的当红节目。但经过几年的持续发展，方言民生新闻在这些城市收视率也都不如从前，较多的方言新闻节目呈现出了收视的“疲态”，相比2007年，方言民生新闻2008年收视率最高下降了50%以上(表1)。

表1 浙江地区部分方言民生新闻节目收视率年度比较

地区	节目名称	播出频道	2007年收视率%	2008年收视率%	变化幅度%
杭州	阿六头说新闻	杭州电视台西湖明珠频道	8.04	6.86	−14.68
杭州	我和你说	杭州电视台生活频道	6.97	6.49	−6.89
宁波	来发讲啥西	宁波电视台经济生活频道	5.75	3.86	−32.87
绍兴	师爷说新闻	绍兴电视台公共频道	14.21	11.91	−16.19
台州	台州百晓	台州电视台新闻综合频道	8.15	3.98	−51.17
温州	百晓讲新闻	温州市经济科教频道	7.86	6.39	−18.70
舟山	讲拨侬听	舟山电视台经济生活频道	2.56	1.83	−28.52

数据来源:CSM媒介研究

除了城市台开办方言民生新闻外，有些省级地面频道也把方言运用到民生新闻栏目中。《拉呱》是山东齐鲁电视台打造的一档方言民生新闻(周日晚17:20—18:05播出)，“拉呱”源于山东方言，其实就是北京话里的“侃大山”。节目在立意上着重张扬区域文化传统；在节目内容与素材选择上，注重贴近老百姓、贴近生活、贴近实际；在节目形态和叙事方式上汲取民间曲艺的优势与营养，借助相声“纸扇长、醒木方、穿大褂、站桌旁，祖师爷留下说学逗唱，洒向人间笑一场!”幽默风趣的形式，打造出了一种曲艺式新闻栏目。《拉呱》在山东地区具有较强的影响力，在2008年全年新闻类节目排名中，该栏目在山东省网稳居前十行列，在济南市更是位列前三甲。2009年第一季度，《拉呱》也在济南市场所有节目的各月收视排行中稳居前十位。《拉呱》节目经过几年的发展，其观众规模和忠实度都趋于稳定，这也表明该节目已经形成了一定规模的稳定观众群并且这些观众能够较好地持续收看该节目。

不论是收视率下降还是趋于稳定的方言新闻节目，如何能够在保持现有观众收视的前提下“居安思危”，突破“瓶颈”，不断创新，拓展和吸引更多的观众是这些方言民生新闻节目所面临和需要重点应对的问题。

二、方言栏目剧:内容亟须多元化

近几年，广东电视台的《外来媳妇本地郎》、湖南经视的《故事会》、陕西电视台的《都市碎戏》、上海东方电视台娱乐频道的《百家心阿庆讲故事》等一批栏目剧成为电视节目中的亮点，它们在保持了较高的收视率的同时也引起了广泛的社会反响。作为一种新的电视节目类型，栏目剧在我国各省、市电视台兴起的时间并不长，却呈现出旺盛的活力，在一些城市常常会出现多档栏目剧(例如:杭州电视台西湖明珠频道《济公讲故事》，杭州电视台少儿频道《青春门 5 号》，浙江电视台影视娱乐频道《本塘第一剧》等）。这些栏目剧通常以电视栏目的形式存在，故事情节具有鲜明的本土化色彩和浓郁的本土气息，而主持人和演员用的也大多数是方言（表 2）。现在的方言栏目剧发展可以说是遍地开花，其中不乏一些优秀的栏目诞生，但同时也有一些节目存在制作粗糙、品位不高等问题。

表 2 部分方言栏目剧举例

地区	节目名称	播出频道	语言
杭州	济公说故事	杭州电视台西湖明珠频道	方言
杭州	本塘第 1 剧	浙江电视台影视娱乐频道	方言
西安	狼人虎剧	西安电视台白鸽都市频道	方言
西安	百家碎戏	陕西电视台新闻综合频道	方言
武汉	欲望魔方	武汉电视台文艺频道	方言
武汉	经视故事会	湖北经视	方言
上海	百家心阿庆讲故事	上海东方电视台娱乐频道	方言
上海	噱占上海滩	上海东方电视台娱乐频道	方言
南京	百姓聊斋	江苏电视台影视频道	方言
广州	外来媳妇本地郎	广东电视台珠江频道	方言
成都	成都情事	成都电视台都市生活频道	方言

资料来源：CSM 媒介研究

从表 3 部分方言栏目剧的观众构成可以看出，栏目剧的观众还是以女性、45－64 岁和初、高中学历的观众为主，而观众年龄结构偏老龄化、学历水平较低也是一些方言栏目剧所面临的现实问题。方言栏目剧的观众轮廓通常与栏目剧所选取的题材、内容有很大的关系。如今有一些栏目剧的内容选题相对比较“窄化”，某些栏目剧的内容往往过多地关注邻里矛盾、婆媳关系等生活琐事，甚至有些方言栏目剧取材负面性较多，关于犯罪、暴力、婚外恋等的故事被反复讲述，一些耸人听闻的内容反而成了节目的“卖点”。

表 3 2009 年一季度部分方言栏目剧观众构成

	目标观众	济公说故事%	百家碎戏%	狼人虎剧%	经视故事会%	欲望魔方%	百姓聊斋%	成都情事%
性别	男	47.8	48.6	43.4	47.0	43.7	50.0	50.0
	女	52.2	51.4	56.6	53.0	56.3	50.0	50.0
年龄	4－14 岁	3.4	6.2	8.4	4.0	3.5	5.7	4.2
	15－24 岁	12.4	6.7	11.7	11.5	7.8	7.0	8.2
	25－34 岁	22.6	14.9	16.8	9.5	12.5	13.0	15.4
	35－44 岁	18.2	16.0	19.7	11.6	10.4	20.3	17.1
	45－54 岁	27.7	17.1	18.4	34.5	37.7	22.9	35.9
	55－64 岁	11.4	22.7	13.1	15.2	15.1	20.4	10.9
	65 岁及以上	4.2	16.5	11.9	13.8	13.0	10.6	8.3
受教育程度	小学及以下	17.6	16.3	15.1	14.4	10.3	26.8	20.0
	初中	41.3	47.6	41.7	39.4	31.7	23.0	35.6
	高中	25.7	26.8	34.9	34.1	41.6	33.6	26.3
	大学及以上	15.4	9.3	8.3	12.0	16.4	16.6	18.1

数据来源：CSM 媒介研究

对于方言栏目剧来说，在激烈的市场竞争中，栏目剧应明确自身的观众定位，不断加强和完善节目的选题、剧本，栏目剧内容应该保持多元化、多角度和多层次发展，而不是仅仅把选题、内容关注在某一个方面或角度，只有这样才能持续保持栏目的核心竞争力及可持续发展的态势。如今，一些电视台对方言栏目剧的题材和内容的选取、定位等也都朝着创新、多元化等方向发展。如：成都电视台都市生活频道的《成都情事》就将真实的新闻事件作为素材，进行二度改编，关注点也并不尽是市井琐事，对一些社会问题也表现出很大的关心；浙江电视台影视娱乐频道的栏目剧《因为爱》则定位为讲述浪漫都市爱情故事，节目整体包装精致、唯美，犹如青春偶像剧；而上海东方电视台娱乐频道的《噱占上海滩》则是以老上海风情为卖点，故事内容大多发生在上世纪三四十年代，以老说新来反映中国现代生活。从图 1《噱占上海滩》收视走势也可以看出，栏目收视率和市场份额持续稳定地向上攀升，吸引了越来越多的观众收看。

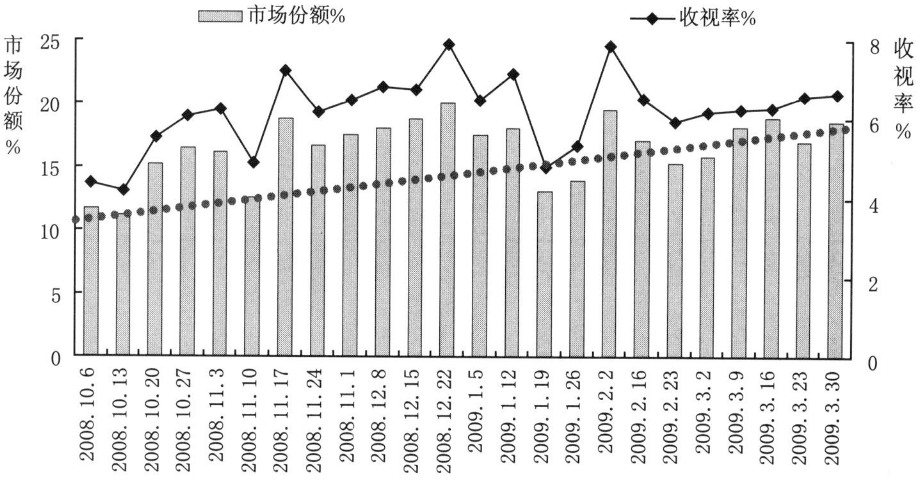

数据来源：CSM 媒介研究

图 1 《噱占上海滩》收视走势(2008 年 10 月—2009 年 3 月)

三、方言综艺节目：创新、资源共享

对于一档成功的综艺娱乐节目来说，好的创意是核心，华丽的舞美制作，绚丽的服装，个性突出的主持人，这些元素都缺一不可。对于省级电视台，为了提升频道和节目的影响力，如：《超级女声》、《加油！好男儿》等具有市场价值的品牌大型综艺节目往往会安排在卫星频道播出。城市台受人、财、物等因素制约，综艺节目难以像中央台、省级台那样做强、做大。虽然地面频道（省级地面或城市频道）在制作综艺节目中面临的困难重重，但一些地面频道也一直并未放弃且在不断地研发和创新自制综艺节目，而一些综合实力很强的地面频道所制作的综艺娱乐节目也是口碑甚佳，如：上海东方电视台娱乐频道《相约星期六》、《家庭演播室》等，江苏综艺频道的《非常周末》等。近几年，一些地面频道在制作综艺娱乐节目的时候充分利用本土资源或将本地特色曲艺形式与综艺元素相结合，一些收视表现不错的综艺节目在各地也纷纷涌现，如上海东方电视台娱乐频道的《新老娘舅》、杭州电视台西湖明珠频道和苏州电视台文化生活频道的《开心茶馆》、沈阳电视台综合频道的《逗你乐翻天》等，这些节目的共同特点是：节目以方言为主、制作成本相对低廉、节目内容贴近当地观众生活并常与当地特色的曲艺形式相结合。

《新老娘舅》是上海东方电视台娱乐频道 2008 年 1 月推出的一档调解纠纷的综艺谈话节目(每周一至周日 18:30—19:00 播出)。在上海话中，“老娘舅”是上海人对调解矛盾中有权威和信任感的人的称呼。节目有一个固定的主持人和一位被邀请的人民调解员(通常为各居委会的干部)。每期节目邀请两名或更多的纠纷当事人，各自阐述矛盾的原因。然后，调解员就会与纠纷双方商讨出一个合适的解决方案，待纠纷双方都同意方案后，节目结束。《新老娘舅》是由上海文广新闻传媒集团综艺部与上海市司法局联合制作的。节目聚焦居委会干部，节目素材很多都来自于居委会工作人员日常工作中所遇到的问题，老百姓也都能够感觉到、触摸到，来到这个节目寻求帮助的也都是些普通百姓，且节目在选题上注重全家型话题的设置，节目的重心放在当事人矛盾的现场调解和矛盾消弭的过程，而不是纠纷当事人之间的冲突和对立，节目做完了，继续跟踪纠纷当事人，再调解，直到真正解决问题为止。节目将真实事件和综艺手段相结合，方言在节目中也大量运用，将双方当事人在节目现场所发生状况“原生态”地呈现在观众面前。因其新颖的节日形式，节目开播以来，一直受到老百姓的关注，节目的收视率由刚开播的 2%左右上升并稳定在 9%左右(图 2)。

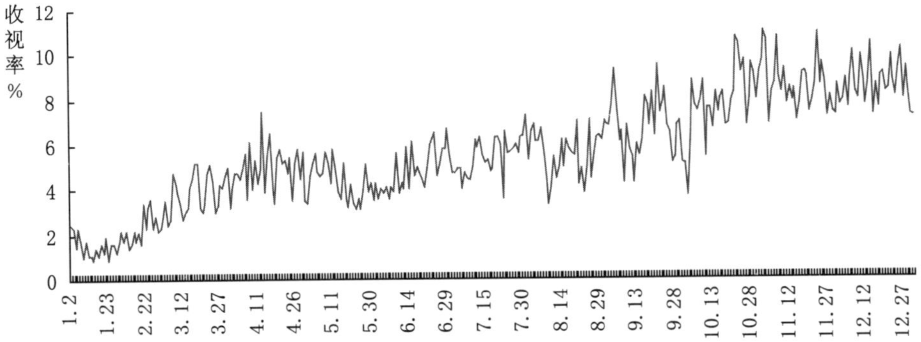

数据来源：CSM 媒介研究

图 2 2008 年《新老娘舅》日收视走势

杭州电视台西湖明珠频道 2005 年 12 月推出的《开心茶馆》则集合了杭州本地顶尖曲艺滑稽演员以及剧本创作群，用江南方言轻松演绎普通百姓身边所发生的寻常故事。节目推出第一个星期，收视率即登上了杭州地区所有节目收视排行榜的第三位，如今，节目的收视率仍然处在本频道和所有频道综艺节目排名的前列，2009 年 3 月 23 日—3 月 29 日，《开心茶馆》在杭州西湖明珠频道的节目收视率排名及杭州地区所有频道综艺节目收视率排名中均位居第二位。《开心茶馆》在杭州取得收视成功后又在绍兴、湖州和苏州开出分号。苏州电视台文化生活频道原先也播出过一些外购的综艺节目，但收视表现没有达到频道的预期，2006 年他们与杭州《开心茶馆》合作，推出了苏州方言版的综艺节目《开心茶馆》，节目推出后的收视率增长明显（图 3）。值得一提的是两家开心茶馆的合作并不是简单的节目交易，而是节目素材上的共享和交换。杭州和苏州都有许多比较优秀的曲艺院团，他们把为《开心茶馆》创作的剧本相互共享，再由两地的优秀曲艺演员进行演绎，这种类似联合创作的合作方式大大丰富了节目的形式和内容，也在一定程度上有效延长了《开心茶馆》节目的生命周期。

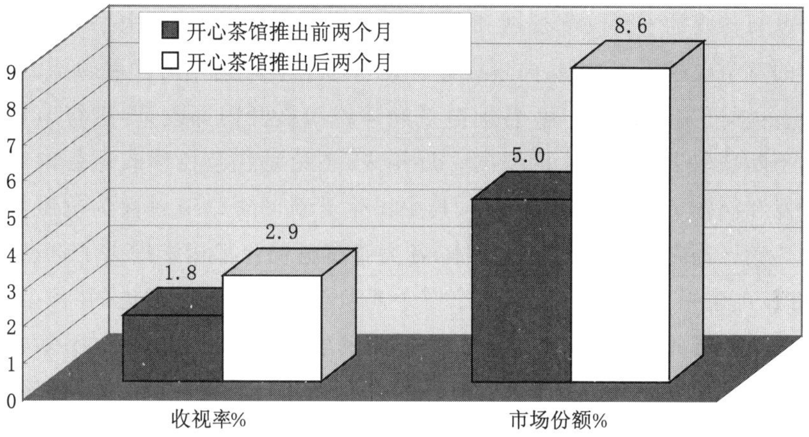

数据来源：CSM 媒介研究

图 3 《开心茶馆》推出前后苏州电视台文化生活频道时段收视比较

从以上对地面频道一些方言节目的分析可以看出，如今，方言已经运用到地面频道的多个节目类型当中，高收视率节目中的方言运用应该也是其制胜法宝之一。方言作为某一特定地域文化的象征和载体，与这一地区的受众有着天然的心理亲近感，电视节目中运用方言大大强化了节目的平民意识，拉近了节目和电视机前观众的距离。但同时，我们也必须清醒地认识到，方言作为节目中的要素之一，其作用不能被过分地夸大，方言只能作为节目的辅助工具，而不能“喧宾夺主”，形式大于内容。一些方言节目在取得高收视率的同时，我们也看到一些地区的方言节目呈现明显下滑的趋势。“内容为王”，电视台真正能够持续吸引观众收看的核心还是节目内容的本身。

中国民生新闻节目收视分析

陈明

随着电视传媒的不断改革发展和资源重整，电视观众的欣赏水平不断提高，各电视频道之间的竞争也越来越激烈，电视媒体也逐步走上了市场化的发展轨道。为了赢得更多的观众、占据更大的市场份额，各地电视媒体纷纷展开内部改革，进行节目创新，依靠自身实力不断获取生存和发展的空间。近年来，不论是在节目形式还是内容上，许多电视台都研发和制作了一系列的新节目，其中民生类新闻资讯节目甚为抢眼。到如今，民生新闻的热潮已经席卷到各大电视媒体，各大省市电视台都相继推出了自己的民生新闻节目，诸如江苏电视台城市频道的《南京零距离》、湖南经视都市频道的《都市1时间》、吉林电视台都市频道的《守望都市》等等。一时间民生新闻节目如雨后春笋般在全国风行，并连连创下了频道收视率的新高，在许多地方民生新闻收视率通常是处在该地区所有节目收视排行榜的榜首。民生新闻也成为了许多电视台新闻节目中的一个极其强势的新闻版块。民生新闻通俗地说就是贴近群众、关注人民生计、关心市民生活的新闻。民生新闻通常在内容上是把市民身边事、生活事作为报道的焦点，注重观众的参与性和双向交流性，主持人的形象、语言和风格趋于平民化设计、表达形式上采取了通俗口语化甚至带有地方方言特色，其主要特点有“本地性、贴近性、平民化、通俗性”等。

根据《中国电视新闻节目市场报告(2007－2008)》，2006年观众平均每天花费22.8分钟收看新闻节目，占其总收视时长的12.95%。全国127个样本市县480个频道中，27%的频道以新闻节目见长，新闻节目播出集中于19:00－22:00黄金时段，占据全天四分之一播出份额，傍晚和深夜也是新闻节目播出的重要时段，其中傍晚时段新闻节目播出占据全天20%以上的播出份额。傍晚和晚间黄金时段是新闻节目全天收视的高峰，各级频道在短短5小时内充分角力；早间和深夜时段虽有较高新闻节目播出量，但尚未培育起成规模的观众收视，新闻节目收视群体显现男性、中老年和高学历等重度观众特征。新闻节目关注受众需求，强化平民视角，直接推动了以本地天气、交通、刑事、社会安全和环境等为内容的区域性民生新闻的发展。在不少区域市场上，本地民生新闻凭借服务性和贴近性，在与中央级和省级卫星频道的新闻节目竞争中处于优势地位。地域性和贴近性很强的电视民生新闻版块在各地区的内容表现形式、时段编排、观众结构等方面也有着自己的特质。在本文中我们选择了杭州、南京、广州等几个民生新闻收视竞争比较激烈的地区，分析这些地区民生新闻的时段收视、节目编排、观众结构等方面的内容，希望能够使大家对这些地区的民生新闻收视有一个较为全面的了解。

一、杭州地区民生新闻节目收视分析

俗话说"上有天堂,下有苏杭",杭州作为一个旅游休闲城市,当地市民的娱乐休闲方式和场所有很多。2007 年上半年杭州电视人均收视时间为 160 分钟,与周边的一些城市相比,其电视人均收视时间偏低(上海 193 分钟,南京 190 分钟)。在杭州,3%—4%的收视率对于一个节目来说是相当不错了。

从表 1 可以看出,在杭州,不论是省台还是市台,各主要频道都有自己主打的民生新闻栏目。从时段设置上看,省台和市台的民生新闻主要编排在 18:00 和 21:00 左右播出,从播出时长来看,省台和市台的民生新闻时长多为 1 小时之内,大部分为 30 分钟左右。由于覆盖全省,省台的主要民生新闻节目都是以普通话为主,而对于杭州市台来讲,《我和你说》、《阿六头说新闻》则是以杭州本地方言为主。

表 1 2007 年上半年杭州地区播出的主要民生新闻节目

节目名称	频 道	播出时间	时长	语言
范大姐帮忙	浙江电视台钱江都市频道	18:00—18:45	45 分钟	普通话
1818 黄金眼	浙江电视台民生休闲频道	18:18—19:18	60 分钟	普通话
走进今天	浙江电视台教育科技频道	21:15—21:45	30 分钟	普通话
小强热线	浙江电视台教育科技频道	20:50—21:10	20 分钟	普通话
我和你说	杭州电视台生活频道	21:00—21:30	30 分钟	方言
新闻 60 分	杭州电视台综合频道	18:00—19:00	60 分钟	普通话
阿六头说新闻	杭州电视台西湖明珠频道	21:30—22:00	30 分钟	方言

数据来源:根据综合资料整理

表 2 2007 年上半年杭州地区新闻节目收视率排行

排 名	节目名称	频 道	收视率%	市场份额%
1	阿六头说新闻	杭州电视台西湖明珠频道	8.04	23.98
2	我和你说	杭州电视台生活频道	6.75	18.18
3	经视新闻	浙江电视台经济生活频道	2.94	7.81
4	明珠新闻	杭州电视台西湖明珠频道	2.68	8.06
5	走进今天	浙江电视台教育科技频道	2.48	6.92
6	小强热线	浙江电视台教育科技频道	2.44	6.41
7	新闻 60 分	杭州电视台综合频道	2.43	11.15
8	1818 黄金眼	浙江电视台民生休闲频道	2.06	8.17
9	联通世界	杭州电视台综合频道	1.98	8.21
10	新闻 60 分周末版	杭州电视台综合频道	1.97	10.02
……				
	范大姐帮忙	浙江电视台钱江都市频道	1.91	9.31

数据来源:CSM 媒介研究

在杭州，2007 年上半年新闻节目收视排名前十位中民生新闻获得了半壁以上的江山（表 2），民生新闻版块在杭州地区新闻收视排行榜中占据了显著的位置。从具体的新闻栏目来看，杭州市台的两档方言的民生新闻节目《阿六头说新闻》和《我和你说》的收视率明显高于其他的新闻节目，分别达到了 8.04％和 6.75％，这在整体收视偏低的杭州是实属不易的，并且在所有节目排名中，这两档节目的收视排名也是名列前茅，长期占据所有节目收视率排行榜的冠亚军位置，平均收视率都要超过电视剧和综艺节目。其他的新闻节目平均收视率相差不大，收视率在 2－3 个百分点左右。

具体到分钟收视率走势（图 1），各频道的民生新闻时段都可以在本频道内部形成一个收视高峰，且时段分钟收视率比较稳定，收视波动不大。在 18:00－19:00 这个时段，杭州综合频道的《新闻 60 分》、浙江钱江都市频道的《范大姐帮忙》和浙江民生休闲频道《1818 黄金眼》收视竞争激烈，各节目分钟收视率相差不大，都有一群相对比较忠诚的观众。在 21:00－22:00 时段，浙江教育科技频道的《小强热线》和《走进今天》又在本频道中形成了除电视剧时段之外的收视高峰。对于市台的两档方言民生新闻《阿六头说新闻》和《我和你说》来说，不论是与本频道的其他节目或其他竞争频道的节目相比，其分钟

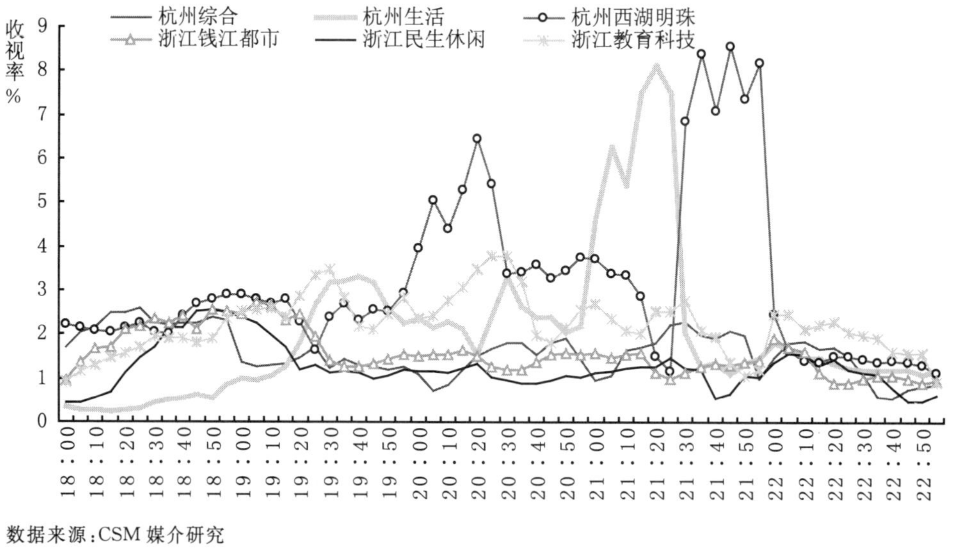

数据来源：CSM 媒介研究

图 1　2007 年上半年杭州地区主要民生新闻节目分钟收视走势

收视率都是遥遥领先的。我们再来看一下杭州民生新闻节目的观众构成特点。从表 3 可以看出，杭州市各主要民生新闻的观众构成特点如下：

从性别来看：浙江省台的民生新闻基本上都是以男性为主，其中浙江教育科技频道的《小强热线》男性观众比例达到了 56.2％，杭州台的两档方言民生新闻节目的观众群女性稍高于男性，《新闻 60 分》和《范大姐帮忙》男女观众比例基本相当。

从年龄来看：45－54 岁是各民生新闻的主要收视群体，其中浙江省台的《范大姐帮忙》和《1818 黄金眼》15－24 岁年龄观众的比例也达到了 15％左右。对于 25－34 岁人

群,《新闻 60 分》和《小强热线》该人群的比例分别达到了 25.7%和 22%。65 岁以上人群在各民生新闻中所占的比例整体并不是特别高。

从学历来看:初高中文化水平观众是民生新闻的主要观众群。《阿六头说新闻》和《新闻 60 分》大学及以上观众的比例接近 20%,而《我和你说》和《走进今天》小学以下观众的比例也超过了 20%。

表 3 2007 年上半年杭州地区主要民生新闻节目观众构成

目标观众	阿六头说新闻%	我和你说%	新闻 60 分%	范大姐帮忙%	1818 黄金眼%	小强热线%	走进今天%
性别							
男性	48.3	47.4	50.2	49.1	51.9	56.2	51.7
女性	51.7	52.6	49.8	50.9	48.1	43.8	48.3
年龄							
4—14 岁	4.2	4.2	2.5	7.0	5.1	2.7	4.6
15—24 岁	8.6	9.0	6.2	14.4	15.7	8.2	6.0
25—34 岁	14.4	12.2	25.7	17.9	13.6	22.0	16
35—44 岁	17.9	19.8	9.6	9.8	18.8	18.0	24.9
45—54 岁	27.9	26.8	18.6	32.3	28.3	26.3	29.2
55—64 岁	19.0	17.0	20.5	13.1	11.5	11.8	10.2
65 岁及以上	8.0	11.0	17.0	5.6	6.9	11.0	9.2
教育程度							
小学以下	18.7	21.1	19.3	18.4	18.3	15.0	23.4
初中	36.0	35.9	31.0	36.0	37.2	44.2	39.9
高中	26.1	25.4	30.6	34.9	31.2	23.7	21.6
大学及以上	19.3	17.6	19.2	10.7	13.3	17.1	15.1

数据来源:CSM 媒介研究

从以上分析可以看出,民生新闻尤其是方言的民生新闻栏在杭州地区取得了很不错的收视成绩,其不仅是杭州各主要频道的核心节目板块,且在杭州地区所有节目的收视排行榜中也占据了显著的位置。而对于其临近的南京市,当地的民生新闻又有什么特点?民生新闻的竞争情况又如何?以下我们将分别就上述问题做出相关分析。

二、南京地区民生新闻节目收视分析

2002 年,江苏城市频道推出《南京零距离》后,收视率一路飙升,位居南京地区所有电视节目收视率排行榜之首,在南京地区的影响力也日益增长。2003 年 11 月《南京零距离》拍下了 1.0088 亿的广告天价,《南京零距离》也引发了全国范围内的“民生新闻”热,各大地方电视台也相继推出了自己的“民生新闻”节目。

作为《南京零距离》的诞生地南京,该地区民生新闻的收视竞争也是相当地激烈。从

表 4 可以看出，在南京，各电视台主要的民生新闻合计有 6 档，其中省台有 4 档，市台有 2 档。从民生新闻节目播出时段来看，与杭州不同的是南京地区各主要频道的民生新闻都集中在 18:00 至 20:00 这两个小时的时段中播出，且在南京地区的民生新闻节目大部分都是大版块播出，时长为 60 分钟左右，最长的民生新闻节目播出时间达到了 90 分钟。不论是省台还是市台，主要频道的民生新闻节目还都是以普通话为主。

表 4　2007 年上半年南京地区播出的主要民生新闻节目

节目名称	频道	播出时间	时长	语言
绝对现场	江苏电视台城市频道	17:50—18:45	55 分钟	普通话
南京零距离	江苏电视台城市频道	18:50—19:50	60 分钟	普通话
服务到家	江苏电视台教育频道	18:00—19:15	75 分钟	普通话
新闻地理	江苏电视台教育频道	19:15—19:45	30 分钟	普通话
直播南京	南京电视台新闻综合频道	18:10—19:20	70 分钟	普通话
标点	南京电视台十八频道	18:30—20:00	90 分钟	普通话

数据来源：综合资料

在南京，上半年新闻节目收视排名前十位中有 4 档都是民生新闻，收视率最强势的新闻节目是江苏城市频道的民生新闻《南京零距离》，其平均收视率为 7.02%，市场份额为 20.1%，其不仅仅是新闻节目中排名第一的民生新闻，在所有节目的排行榜中其收视率也是名列前茅的。新闻节目中排名第二的是《周涛讲故事》，南京新闻综合频道的民生新闻《直播南京》则排名为第三位。民生新闻在南京地区新闻节目中的收视率可以分为三个梯队，处于第一梯队的节目是《南京零距离》；在第二梯队的则为《直播南京》和《绝对现场》，收视率在 3% 左右；第三梯队的节目为《服务到家》等，其收视率在 1.5% 之下。

从分钟收视率走势可以看出(图 2)，和杭州地区一样，各频道的民生新闻时段在本频道内部都形成一个收视高峰。江苏城市和南京新闻综合频道的民生新闻时段收视观众人数不断加入，分钟收视率持续走高。在 18:00—20:00 南京地区民生新闻竞争最为激烈的时段，共有 6 档主要民生新闻进行收视份额的争夺，收视率高的民生新闻时段集中在江苏城市频道的《南京零距离》和南京新闻综合频道的《直播南京》时段，其中江苏城市频道的《南京零距离》时段收视率在本频道内部处于强势领先的位置，相比其他新闻节目时段其收视优势也是比较明显。江苏教育《服务到家》时段的收视率在整个频道中也是属于收视强势的时段。而对于南京十八频道的《标点》来说，其分钟收视率走势平稳，收视波动不大。

表 5　2007 年上半年南京地区新闻节目收视率排行

排　名	节目名称	频　道	收视率%	市场份额%
1	南京零距离	江苏电视台城市频道	7.20	20.10
2	周涛讲故事	南京电视台新闻综合频道	3.47	9.06
3	直播南京	南京电视台新闻综合频道	2.94	10.15
4	绝对现场	江苏电视台城市频道	2.87	12.20
5	1860 新闻眼	江苏卫视	2.78	13.28
6	新闻联播	中央电视台综合频道	2.31	6.61
7	江苏新时空	江苏卫视	2.13	7.71
8	第 1 现场	南京电视台教育科技频道	1.55	4.14
9	城市日记	江苏电视台城市频道	1.48	5.23
10	服务到家	江苏电视台教育频道	1.42	5.25
……				
	新闻地理	江苏电视台教育频道	1.23	3.21
	标点	南京电视台十八频道	0.59	1.70

数据来源:CSM 媒介研究

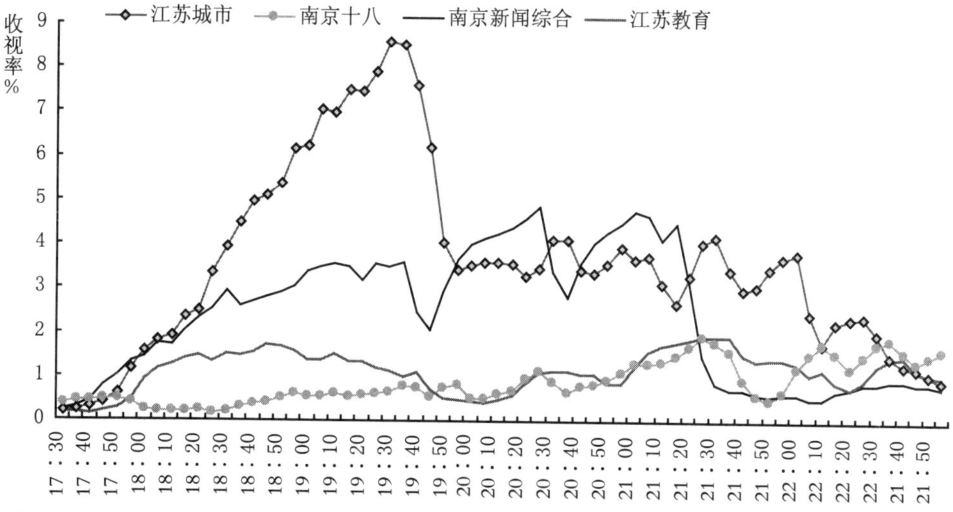

数据来源:CSM 媒介研究

图 2　2007 年上半年南京地区主要民生新闻节目分钟收视走势

从性别来看:除了江苏教育的《新闻地理》女性观众稍多外,南京地区各频道的主要民生新闻还是以男性观众居多,江苏城市频道的《绝对现场》男性观众达到了 54.8%。

从年龄来看:和杭州地区一样,45－54 岁是南京各民生新闻的主要收视群体。25－34 岁人群在江苏教育的两档民生新闻《服务到家》和《新闻地理》中占到了 20%以上的比例,其在南京十八频道的《标点》节目中占的比例更高(33.7%),是《标点》观众构成比例最高的人群。65 岁以上人群在各民生新闻中的比例不是很高,在《新闻地理》和《标点》中比例仅为 3.9%和 8%。

从学历来看：和杭州情况一致，初高中文化水平观众也是南京民生新闻的主要观众群体。大学及以上观众在各民生新闻中的比例也不错，基本上为 15%以上，其中江苏城市频道的《绝对现场》和《南京零距离》大学及以上观众的比例分别达到了 20.5%和 17.1%。

南京地区主要民生新闻的观众构成（表 6）有以下特点：

表 6　2007 年上半年南京地区主要民生新闻节目观众构成

目标观众	南京零距离	绝对现场	服务到家	新闻地理	直播南京	标点
性别						
男性	52.8	54.8	53.0	48.9	51.8	51.8
女性	47.2	45.2	47.0	51.1	48.2	48.2
年龄						
4—14 岁	4.0	3.6	2.5	4.3	3.5	2.7
15—24 岁	7.4	6.6	7.7	10.9	5.7	9.7
25—34 岁	14.1	15.9	21.4	20.8	11.4	33.7
35—44 岁	15.7	16.0	10.6	16.2	16.0	20.5
45—54 岁	29.0	26.4	20.2	26.1	29.6	19.9
55—64 岁	17.8	20.6	23.4	17.7	17.9	5.6
65 岁及以上	11.9	10.9	14.2	3.9	15.8	8.0
教育程度						
小学以下	15.6	15.3	8.0	16.7	18.7	5.6
初中	30.3	31.2	29.8	32.4	31.0	23.3
高中	37.0	33.1	46.2	38.5	35.4	53.5
大学及以上	17.1	20.5	16.0	12.4	15.0	17.6

数据来源：CSM 媒介研究

在杭州，21:00 之后播出的方言新闻节目收视优势明显，而在南京地区收视率最高的民生新闻时段是在 18:50 播出的普通话新闻《南京零距离》。民生新闻在两地的收视都十分强势，在节目收视排行榜中都处于领先位置，两地的省台和市台都有自己主打的民生新闻栏目，频道间民生新闻节目的收视率竞争十分激烈。而对于毗邻港澳的广州，其除了省台、市台等频道的收视竞争外，当地市民的收视习惯很大程度上还受到香港等境外频道的影响，其民生新闻节目的收视竞争环境更为激烈和复杂。

三、广州地区民生新闻节目收视分析

广州作为临近港澳的省会城市，当地观众通过有线可以收看到香港等境外的多套电视节目，境外频道节目在当地能够取得很高的收视率和市场份额，对本地频道的收视有比较大的冲击。

从表 7 可以看出，在广州，各电视频道主要的民生新闻播出时间比较分散，大部分是在 21:00 之后播出，播出时长也不是很一致，短的只有 20 分钟，最长的达到了 65 分钟。在广州地区，民生新闻节目主要还是以方言(广东话)为主。

表 7　2007 年上半年广州地区播出的主要民生新闻节目

节目名称	频　道	播出时间	时长	语言
今日关注	广东电视台珠江频道	21:00—21:50	50 分钟	方言
今日一线	南方电视台经济频道	21:30—22:00	30 分钟	普通话
马后炮	南方电视台经济频道	22:30—22:50	20 分钟	普通话
新闻在线	广东电视新闻频道	20:00—20:40	40 分钟	方言
新闻日日睇	广州电视台新闻频道	19:00—20:05	65 分钟	方言
今日报道	广州台	20:45—21:30	45 分钟	方言

数据来源：综合资料

在广州，新闻节目收视最强势的是广州台的综合新闻《广州电视新闻》，且新闻节目收视排行榜中境外的翡翠台和本港台的新闻节目也占据了一定的席位(表 8)。民生新闻在上半年新闻节目收视排名前十位中占据了 4 席，且收视排名靠前的民生新闻主要还是以方言广东话为主。民生新闻版块中广东珠江频道 21:00 播出的方言新闻《今日关注》在广州地区收视最高为 7.50%，在所有新闻节目中收视排名第二。广州新闻频道和广州台的《新闻日日睇》和《今日报道》收视率不相上下，基本持平。南方经济频道的《今日一线》以 3.70% 的收视在所有新闻节目中排名第八，其余两档民生新闻节目收视相对较弱，收视率在 0.80% 左右徘徊。

表 8　2007 年上半年广州地区新闻节目收视率排行

排　名	节目名称	频　道	收视率%	市场份额%
1	广州电视新闻	广州台	9.50	29.12
2	今日关注	广东电视台珠江频道	7.50	17.03
3	630 新闻	广东电视台珠江频道	5.44	17.00
4	新闻提要	市网翡翠台(中文)	5.35	14.41
5	新闻日日睇	广州电视台新闻频道	4.48	10.59
6	今日报道	广州台	4.40	9.83
7	新闻提要	省网翡翠台(中文)	3.71	11.12
8	今日一线	南方电视台经济频道	3.70	8.75
9	新闻报道	省网翡翠台(中文)	2.55	10.08
10	六点钟新闻	市网本港台(中文)	2.08	9.05
……				
	新闻在线	广东电视新闻频道	0.83	1.83
	马后炮	南方电视台经济频道	0.82	2.81

数据来源：CSM 媒介研究

从播出民生新闻主要频道的分钟收视率走势可以看出(图 3),绝大部分民生新闻时段是本频道内部收视率最高的时段。广州地区民生新闻播出时段相对比较分散,21∶00之后播出的民生新闻收视率相对要高于之前播出的,并且与杭州和南京地区民生新闻收视率不同的是,广州主要民生新闻播出时段的后半段分钟收视率相对要低于前半段。

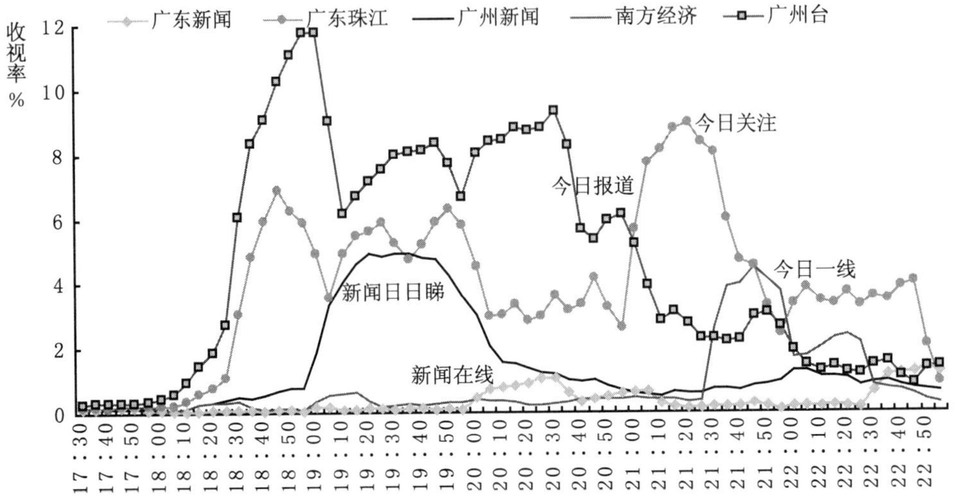

数据来源:CSM 媒介研究

图 3 2007 年上半年广州地区主要民生新闻节目分钟收视走势

从表 9 可以看出广州地区民生新闻观众构成特点如下:

从性别来看:广州地区普通话的民生新闻《马后炮》和《今日一线》以男性观众居多,而方言广东话为主的民生新闻主要还是以女性观众为主。

从年龄来看:35—54 岁是广州各民生新闻的主要收视群体,但是 4—14 岁和 15—24 岁观众在各民生新闻人群中占的比例都不高。对于以普通话为主的民生新闻《今日一线》和《马后炮》来说,其 65 岁以上人群的比例很低,而 25—34 岁人群的比例分别达到了 28.4%和 37.5%。

从学历来看:和杭州、南京情况一致,初高中文化水平观众也是广州民生新闻的主要观众群体。广东话为主的四档民生新闻小学以下观众的比例相对比较高,而普通话为主的《马后炮》节目大学以上人群的比例达到了 22.7%。

表 9 2007 年上半年广州地区主要民生新闻节目的观众构成

目标观众	今日关注%	新闻日日睇%	今日报道%	今日一线%	新闻在线%	马后炮%
性别						
男性	46.4	49.4	45.1	52.1	52.3	60.9
女性	53.6	50.6	54.9	47.9	47.7	39.1
年龄						
4—14 岁	7.1	6.4	7.6	8.9	6.9	8.8

续表

目标观众	今日关注	新闻日日睇	今日报道	今日一线	新闻在线	马后炮
15—24岁	6.1	7.5	6.2	9.5	4.7	3.5
25—34岁	16.4	17.7	14.4	28.4	12.1	37.5
35—44岁	17.6	13.3	18.0	22.9	18.5	21.6
45—54岁	18.7	30.6	19.1	16.5	31.2	14.7
55—64岁	15.2	14.9	15.2	10.4	15.8	12.2
65岁及以上	18.9	9.6	19.4	3.4	10.7	1.7
教育程度						
小学以下	29.9	16.2	27.6	16.4	19.8	12.9
初中	34.8	24.3	31.2	32.4	26.8	15.4
高中	28.3	42.2	31.5	40.3	37.3	48.9
大学及以上	7.0	17.2	9.7	10.9	16.1	22.7

数据来源:CSM媒介研究

四、其他地区民生新闻节目收视分析

从以上三城市民生新闻收视分析可以看出,三地区的民生新闻收视既有共同点(例如:民生新闻观众以45—54岁和初高中文化为主),也有自己的独特之处(杭州方言民生新闻收视最强势,而南京地区收视最高的民生新闻是普通话新闻,而在播出时间上,广州地区民生新闻播出时段相对比较分散)。除了以上三城市之外,全国其他地区也有许多影响力大、收视高的本地民生新闻节目,其节目收视率在本频道甚至于整个地区也都是处于佼佼者的位置。

如今,许多电视台都有自办的民生新闻栏目,民生新闻节目在许多频道都是属于"拳头"产品,是频道收视率的主要贡献者。从表10可以看出,和杭州地区一样,西安收视最高的民生新闻《都市快报》也是在21:30左右播出,而在其他地区的主要民生新闻还是集中在18:00—19:00点播出,播出时长约在1小时左右,最长的播出时间达到了1.5小时。在这些地区收视率高的民生新闻节目还是以普通话新闻为主,济南当地方言在山东的大部分地区是可以听得懂的,因此虽然《拉呱》是在省级频道播出,但还是以方言的形式进行新闻播报。

表10列出的一些地区的主要民生新闻栏目,其在当地新闻栏目中的收视率处于领先的位置,有些也长期处于当地所有节目收视排行的前列(例如:重庆台的《天天630》,安徽经济生活频道的《第1时间》等)。从部分频道的分钟收视率图也可以看出(图4),该频道的民生新闻节目时段也是本频道收视率最高的时段。

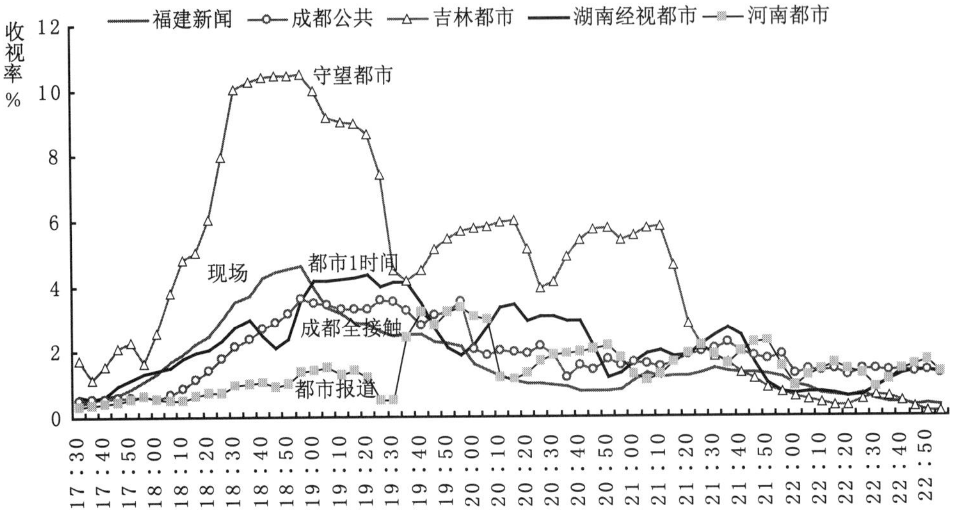

数据来源:CSM 媒介研究

图 4　2007 年上半年其他地区部分民生新闻节目分钟收视走势

表 10　2007 年上半年其他地区播出的主要民生新闻节目及收视状况

地区	节目名称	频　道	播出时间	语言	收视率%
成都	成都全接触	成都电视台公共频道	18:10—19:40	普通话	2.82
重庆	天天 630	重庆电视台新闻频道	18:30—19:30	普通话	9.44
合肥	第 1 时间	安徽电视台经济生活频道	18:30—19:30	普通话	9.71
长沙	都市 1 时间	eTV 湖南经视都市频道	18:45—20:00	普通话	3.79
郑州	都市报道	河南电视台都市频道	19:30—20:10	普通话	2.96
西安	都市快报	陕西电视台都市青春频道	21:30—22:15	普通话	6.17
济南	拉呱	山东电视齐鲁频道	17:20—18:05	方言	18.09
昆明	都市条形码	云南电视台都市频道	17:50—19:05	普通话	4.83
福州	现场	福建省广播影视集团新闻频道	18:20—19:00	普通话	3.95
长春	守望都市	吉林电视台都市频道	18:00—19:30	普通话	8.55

数据来源:CSM 媒介研

从以上分析可以看出,这些年民生新闻在电视新闻界异军突起,并取得了不俗的业绩。民生新闻以突出新闻报道的动态性、现场感、亲和力和参与性深受百姓欢迎。民生新闻栏目在各地处于收视强势的地位,其为频道带来高收视率的同时,也为频道带来了很好的社会和经济效益,“有困难找零距离”已经成为南京市民口头上经常说的一句话,而像《阿六头说新闻》、《我和你说》等民生新闻的广告都需要提前两个月甚至更早时间预定才有档位。在区域市场上,地方台凭借民生新闻突围,占据较大收视份额;地方台受覆盖限制,多将新闻视野局限于本地,导致地方频道之间的激烈争夺,在推动创新的同时也引致了资源的浪费和“模仿拷贝”的盛行。民生新闻在发展的过程中也存在不少诸如同质化现象严重、过于粗俗化、题材狭窄琐碎、过分强调娱乐功能、追求负面报道等问题，而这些问题也导致某些地区的民生新闻栏目的收视率不如之前，呈现收视率下滑趋势。民生新闻在获得高收视率和经济效益的同时还必须坚持以“受众为本”的基本理念，同时也要注重新闻所产生的社会效益，只有这样民生新闻才可以获得持续健康的发展。

故事的力量——故事手法在中国电视节目中的应用

左瀚颖

讲故事是人类信息传递和文化传承最基本的形式之一。早在文字诞生之前，人类就学会了通过讲故事的方式进行人与人之间的交流，并借以实现道德伦理和艺术文化的世代传承。在书面文字诞生之后，古圣先贤也常寓处世哲理于故事之中，以普通人喜闻乐见的传播形式传递其真知灼见。我国作为四大文明古国之一，拥有灿烂而悠久的历史文化，也拥有传承千年的故事传统。从夸父逐日、精卫填海、后羿射日和女娲补天等远古神话，到孔孟老庄借故事之形深入浅出传递的儒道哲学；从汉代的俳优、唐代的传奇，到宋代"勾栏瓦肆"的说书艺人；从神怪陆离的聊斋西游、莺莺燕燕的金瓶红楼，到气势滂沱的水浒三国。故事或劝解教化、或寓教于乐，成为中国大众的一种文化情结，深刻植根于中国丰厚的文化土壤之中，并保证了华夏文明的渊源流传。

受故事文化的千年浸濡，讲故事和听故事至今仍然是中国人信息交流和娱乐的重要方式。在西方人把更多的时间用来关注体育和娱乐节目的时候，中国人则把更多的目光聚集在了影视剧之上。在媒体内容迅速丰富、专业杂志层出不穷的环境下，一本32开的《故事会》依然横扫中国市场，在世界期刊发行量排名上高居第5位。在新兴的互联网媒体上，网络小说的写作与阅读初露峥嵘，网络原创小说成为中国文化市场中的一支骑兵，迅速崛起……种种迹象说明在中国特殊的文化传统之下，故事依然是最吸引人和最有效的传播形式，由此引发了故事手法在中国电视节目制作中的广泛应用，也带动了"故事类节目"在中国电视节目市场的兴起和繁盛。本文结合业内人士对故事手法运用的相关研究和CSM媒介研究的收视率监测数据，浅析故事手法在中国电视节目中的应用及其效果，管中窥豹，略见一斑。

一、遍地开花——故事手法的广泛应用

英国学者约翰·艾利斯(John Ellis)把20世纪称为是一个"见证的世纪"(the Century of Witness)，在这个世纪中，借助广播和电视等电波媒体，人们可以对远在自己"直接经验"(Immediate Experience)之外的世界有所了解。这种了解更多地不是依赖于简单的文字、图像、声音和影像符号，而是依赖于媒体对于各种传播符号的有效组织，使其能够立体地再现人物的经历和事件的进程，无论这些经历是真实的抑或是虚构的。

在再现人物经历和事件进程方面，故事无疑是最好的表现手法之一。而依据西方学

者所提出的“文化地理学”(Geography of Culture)和“媒介地理学”(Geography of Media),作为“文化景观”重要组成部分的大众传播媒介,其媒介形态、表现手法和媒介作用等都深受其所处的地理环境的影响,具有明显的地理特征。鉴于故事文化对中国人文化心理和审美习惯的深刻影响,故事手法自然在媒介内容制作过程中更受推崇,在各类电视节目中遍地开花,得到了广泛应用。

借鉴国外对电视节目的基本分类方法,结合我国电视节目中故事手法的实际应用情况,可以将故事手法在电视节目中的应用进行如下的分类划分。首先,作为一种有效的信息传递方式,故事手法在最基本的两类电视节目——真实类(Reality TV)和虚构类(Fiction)节目中都有应用。其中,虚构类电视节目中的影视剧节目是各类电视节目中最明显依赖于故事手法的节目类型,也是占据最大市场份额的故事类节目。和虚构类节目相比,真实类节目非常强调对事实的记录和再现,为增强信息传递的生动性,故事类手法在新闻/资讯、专题节目和综艺娱乐节目等几种节目中都有不同程度的应用。此外,近几年来在中国诞生的本土节目类型“栏目剧”结合了真实类节目和虚构类节目的主要特征,同样以故事手法为最主要的叙事方式(图 1)。

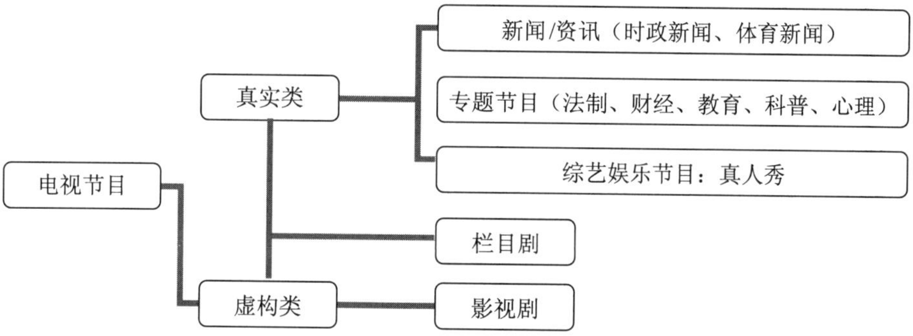

图 1 故事手法在类型节目中的应用范围

要了解故事手法如何在各类节目中得到应用,首先应该了解故事的定义及构成故事的基本要素。从字面意义上来讲,故事就是过去发生的事。要立体地再现过去发生的事,一个故事至少需要包含四大基本要素:第一是故事的主要人物(角色),具有外形特征和性格特点的人物是构成故事的主要要素;第二是故事的事件进程,人物是故事的核心,事件进程则是故事的框架,事件进程的节奏和起伏,是决定故事趣味性的关键;第三是故事的发生时间,任何事件都是在一定的时代和时期环境下,沿着一定的时间轴展开;第四是故事的发生地点,事件发生地的地理特征和文化特色,很大程度上影响着故事的真实性和丰富性。对上述四点要素的把握成为了电视台在节目制作中运用故事手法的关键。值得注意的是,各类电视节目的目的和作用各有不同,其在运用故事四大要素的时候会采取不同的手法,通过对叙述视角的控制,对文本时间的设计和对故事结构的调整等方法,来满足各自不同的需求。接下来,本文将分别探讨故事手法在各类电视节目中的运用手法及其效果。

二、另辟蹊径——故事手法与新闻节目

业内对于故事手法在新闻节目中的应用存在一定的争议。支持者认为故事手法能够实现对新闻信息更有效的组织和传递，改善新闻节目的传播效果；反对者则认为新闻报道应该秉承客观和公立的原则，尽量减少媒体对新闻事件和人物的干预和再加工。随着人们对媒体市场竞争和新闻节目功能认识的深化，越来越多的业内人士认识到新闻节目的竞争力不仅仅在于对尽可能丰富的新闻信息的及时报道，而且还在于媒体对新闻资源的组织和利用，通过采用故事手法和增加媒体评论等方法，在新闻信息上烙上媒体自身的印记，是电视媒体在新闻节目市场上独树一帜的重要保证。

在新闻节目中将故事，通常是采取新闻记录的叙述形式。这是一种以有声语言为线索，以语言为前导的叙事方式，主持人、当事人和现场记者的语言成为各种图像画面的串联，是保证观众接纳有效和连贯的故事信息的先决条件。在我国新闻节目发展的早期阶段，主持人的话外音播报是新闻叙事的主要方式，主持人千篇一律的，类似于说教的播报讲述使新闻节目显得僵化呆板，缺乏立体感和真实感，难以引起观众的共鸣，传播效果较差。1992 年，中央电视台的新闻杂志节目《焦点访谈》的推出带动了中国新闻节目的创新热潮，其中的《生活空间》栏目打出“讲述老百姓自己的故事”的旗号，以纪录片的手法讲述新闻人物的故事，在追述新闻人物故事的过程中，充分利用同期声及其他声音和视觉效果，使新闻故事更为饱满和立体，在观众市场中引起了强烈反响。

在新闻节目中将故事手法发挥到极致的莫过于近几年来在各地兴起的方言民生新闻。不少民生新闻节目改变传统新闻的播报方式，将传统的说书艺术与新闻故事相结合，并大胆采用人物化和故事化的表达方式，通过强化故事冲突和采取悬念、倒叙等表现手法，极大增强了新闻节目的可看性。例如杭州电视台西湖明珠频道的老牌民生新闻节目《阿六头说新闻》就奉行“主题故事化、故事人物化”的原则，在组稿的过程中努力寻找新闻事件的故事性和冲突性，并结合角色化的主持人演绎，提高了新闻的可看性。在媒介内容日趋丰富，新闻节目收视受到挤压的现今，故事手法成为了改善新闻节目传播效果的有效途径。中央电视台著名制片人王阳指出“一个好新闻就是一个好故事”，这或许就是民生新闻能够在不少区域市场上取得突出市场表现的重要原因(表 1)。

表 1　2007 年杭州地区主要城市民生新闻的市场表现

地区	节目名称	播出频道	收视率%	市场份额%
杭州	阿六头说新闻	杭州电视台西湖明珠频道	8.0	23.0
杭州	我和你说	杭州电视台生活频道	7.0	17.9
嘉兴	小新说事	嘉兴电视台新闻综合频道	10.2	28.2
金华	百姓零距离	金华电视台教育科技频道	10.6	43.7
宁波	来发讲啥西	宁波电视台二套(经济生活频道)	5.7	22.5

续表

地区	节目名称	播出频道	收视率%	市场份额%
绍兴	师爷说新闻	绍兴电视台公共频道(二套)	14.2	37.7
台州	台州百晓	台州电视台新闻综合频道(一套)	8.2	34.6
温州	百晓讲新闻	温州市广播电视总台经济科教频道	7.9	37.5
舟山	舟山新闻	舟山电视台新闻综合频道	4.7	17.8

数据来源:CSM 媒介研究

三、包罗万象——故事手法与专题节目

专题节目所能涉猎的内容范围非常广泛,其中诸如历史、科普、教育、心理和经济等主题的专题节目因其娱乐性相对较弱,话题相对严肃,往往较难赢得观众的青睐。过去的电视专题节目大多采取说教式和推送式的叙事方式,形式枯燥,嚼之无味。近几年来,结合中国观众对故事文化的偏好以及国外专题节目制作的先进经验,故事手法在专题节目中得到了越来越广泛地应用,在推动专题节目形态创新的同时,也缔造出了近两年中国电视收视市场上的不少亮点。

专题节目对故事手法的应用非常灵活,目前国内专题节目中最常见的讲故事的方式主要有三类。第一种是单人讲述的方式,类似于中国传统的单口相声和评书。采用这种形式的电视节目往往会邀请表现力和个人感染力较强的主持人,通过单人对着镜头的讲述来展现故事。由于这类节目的镜头语言相对平淡,故而在讲述过程中故事本身的吸引力,以及主持人在面部表情和肢体语言方面的表现很大程度上决定了节目的传播效果。中央电视台的《百家讲坛》就是采取单人讲述方式的典型。在 2001 年 7 月《百家讲坛》刚推出之际,其主要关注于在环保、经济、政治、历史和科学等问题上与大师之间的对话,学术味道非常浓厚,传播形式却相对枯燥,收视效果平平。在经历了 2002 年 5 月和 2003 年 9 月的两次改版之后,《百家讲坛》在逐步明确历史探秘、文学经典、自然科学、哲学伦理、艺术研究、经济管理、时政话题和现代生活等几大主题的基础上,挖掘出了诸如于丹和易中天等一批善于讲故事的“名嘴”,通过对历史故事、文学经典的故事化演绎,以及对悬念和戏剧冲突的充分利用,在没有丰富视觉画面支撑的情况下,仍获得了不错的收视反响,创造出近几年中国文化领域的一道独特风景线。

第二种方式是谈话式的叙事,通过一个谈话的过程来完成叙事,以语言为主要的表现方式,同时辅以纪录片、照片和音乐的元素,来使故事讲述更为立体。采取这种叙事方式的节目,也就是我们通常所说的谈话节目。在这种节目中,经由主持人的引导,通过当事人的叙述、事件相关者的引入以及其他电视表现手法,来推动故事进程的展开。谈话类节目在 20 世纪 90 年代在中国内地兴起之后,一直在电视荧屏上占据着重要的地位,其主题和表现形式也不断发生着演进。从主题上来看,从最初的《艺术人生》和《东方之子》等关注名人生活,到而今的《人间》和《真情》等着眼普通百姓,谈话节目的故事主角已

经发生了明显转变;从形式上看,随着现场大屏幕的广泛应用,以及直播技术的引入,谈话节目的空间感和时间感得到了极大延伸,再配合以各种音响和画面的特效,谈话节目的故事讲述显得愈加丰满和立体。

到 2007 年,随着江苏卫视《人间》的亮相和湖南卫视《真情》的改版,带有明显辩论和讨论色彩的谈话节目逐步得到了市场的认可。这类节目在传统谈话节目的叙事过程中,融入了更多的现场冲突和事件再现,在加强事件的冲突感的同时,使节目进程更富于起伏感。此外,这类节目往往会尝试解决故事中的矛盾和冲突,在节目一开始就抛出悬念,并通过环环相扣的访谈和纪录片播放环节,使观众进一步融入到故事进程之中,加强了故事讲述过程中与观众的心理交流。正是这种强化了的交流和沟通氛围,使不少观众乐此不疲,促使情感谈话类节目在 2007 年的收视市场上创造佳绩(表 2)。

表 2 2007 年上半年全国 35 中心城市情感谈话类节目收视表现

排名	节目	播出频道	收视率%
1	人间	江苏卫视	1.26
2	流金岁月	中央台六套	1.25
3	艺术人生	中央台三套	1.16
4	背后的故事	湖南卫视	0.99
5	真情	湖南卫视	0.89
6	艺术人生	中央台综合频道	0.63
7	艺术人生	中央台四套	0.58
8	流金岁月	中央台三套	0.52
9	流金岁月	中央台三套	0.50
10	流金岁月	中央台六套	0.49

数据来源:CSM 媒介研究

第三种叙事手法仍然是新闻纪录的叙事手法。这种手法在纪录片形式的节目中有广泛的应用。近两年来,诸如《故宫》和《新丝绸之路》等纪录片,一改传统纪录片平铺直叙的表现方法,通过情景再现等手法强化故事性表达,明显提高了纪录片的可看性。例如纪录片《新丝绸之路》第五集《和田寻宝》就通过一幅带有玉般微笑的东方美女壁画的故事,引起人们对古代于阗国(和田)和和田玉的兴趣,并通过再现玉农采玉等小故事,来推进整个纪录片的进程。上述两个纪录片的良好收视表现,一定程度上说明了故事手法的效果。新闻纪录类的叙事手法除了在纪录片里得到应用之外,还在专题栏目中被广泛采用,例如中央电视台科学教育频道的品牌栏目《讲述》,就采用传统的新闻纪录叙事手法,以旁白讲述串联丰富的图像画面,展示一个个或感人至深,或发人深省的生活故事。

在对上述三种叙事手法的应用过程中,还产生出了一些创新的组合。例如将单人讲述或谈话式叙事与新闻纪录的叙事手法相结合,就产生了而今颇为流行的"故事类节目"。这类节目往往在节目开始和结尾,以及节目过程中发生情节转换的地方,由主持人串联,而在节目的大多数时间则播出配有主持人旁白的、类似于新闻纪录的图像片段。

在这种叙事手法中，主持人的主要作用大致体现为：节目开始时抛出悬念，故事情节发生变化时承上启下，故事结束之后对故事进行评述和讨论等。故事本身的吸引力和主持人的表演能力成为了节目的两大倚重。在这类节目中比较有代表性的包括中央电视台的《财富故事会》，江西卫视的《传奇故事》和重庆卫视的《生活麻辣烫》等等，其中江西卫视的《传奇故事》有效地带动了频道收视，在全国 35 中心城市时段竞争中名列前茅(表 3)。

表 3　2007 年全国 35 中心城市《传奇故事》播出时段卫视频道市场份额排名

排　名	频　道	市场份额%
1	中央电视台综合频道	5.30
2	中央台八套	4.87
3	中央台三套	4.23
4	湖南电视台卫星频道	2.96
5	中央台五套	2.85
6	江西电视台卫星频道	2.63
7	江苏卫视	2.34
8	中央台六套	2.12
9	中央台四套	1.69
10	中央台十套	1.49

数据来源：CSM 媒介研究

意识到故事对中国观众的巨大吸引力，各类题材的专题节目都开始强化故事手法的运用。例如中央二套的《财富故事会》栏目，以故事为主要表现形式，主打由寻求致富之路而引发的各类中外人生故事，关注主人公追逐财富梦想过程中的命运转折和心灵体验，传达健康的财富观，将相对沉闷的经济话题演绎得活灵活现。又如中央台十二套的《今日说法》则以案说法，通过曲折的故事情节、细致的人物刻画，向观众详细展示法律过程，深刻阐释法律条款，有效推动了普法教育的进程。总体而言，专题节目借助故事手法寓教于乐的特征，在电视节目的教化作用和娱乐作用中找到了更好的平衡。

四、与众不同——故事手法与真人秀

在 20 世纪末期逐步引入中国的真人秀节目采用了一种完全不同于传统形式的叙事模式，中国传媒大学文学院院长苗棣将之称为“现场追诉”模式，以与前文所提及的几种“追述”模式相区别。业内人士指出，大多数节目在运用故事手法的时候，都采用“追述”的方法，完全出于过去时态。除了新闻画面之外，包括主持人讲述、当事人访谈以及追踪采访等等，都是在整个事件发生完之后进行追踪，而故事进程则更是制作人基于所获得素材的加工和串联。这种叙事方式能够对故事情节和进程进行高度提炼，但观众在收看这类节目时却缺少见证感和参与感。

与传统的叙事方式不同，真人秀将参与者放入设定的游戏或故事环境之后，采取了跟进式的纪录方式，实时纪录人物和事件在当时当地的发展变化，让观众以一个旁观者的视角，更直接地见证和参与了整个事件的发展进程；与此同时，为了增强真人秀节目的戏剧性和冲突性，不少节目还通过事件中和事件后对人物的实时访谈，表现人物在当时环境下的想法和心理状态。这两种手法相结合，很好地满足了观众对电视节目真实性和戏剧性的需求，也由此形成了真人秀不同于传统故事手法的叙述模式，赢得了观众的青睐。例如，美国著名真人秀节目《学徒》就将选手们参加各项"考核"的过程，每次考核后的评定和淘汰环节，以及"考核"和"评定"环节中选手自述的心理状态相结合，在真实地展示整个比赛进程的同时，也让观众深刻体会到了其间的戏剧冲突。

而今，真人秀这一手法已经在我国的电视节目中得到了广泛应用。例如在前几年比较盛行的娱乐选秀节目当中，不少节目通过将选手参赛、集训的情况，选手的成长背景，选手之间的相处，以及选手在舞台上的表现相结合，通过讲述每个参赛选手的"故事"，使得选手在观众心目中不仅仅是一个表演者，而是一个个有故事和有个性的立体的角色。这种叙事手法明显不同于传统的歌唱比赛，是引发部分观众"狂热"追捧的重要原因。除了娱乐选秀节目之外，在其他一些综艺节目中也出现了真人秀的叙事方法。例如，在湖南卫视 2008 年全新推出的综艺节目《快乐 2008》中的《快乐运动会》环节，就通过真人秀的手法，展现超女快男学习"走钢丝"等绝技的故事，妙趣横生的画面和不时穿插的选手访谈，为综艺节目增色不少。

五、谁与争锋——故事手法与影视剧

真实类节目多采用"追述"的叙述方式，大多数故事情节只能通过主持人的旁白讲述、当事人的访谈或者适当的情景再造来展示，在故事的完整性、连贯性和戏剧性上难以有太突出的表现。相比较而言，属于虚构类的影视剧节目，拥有更多的时间、空间和资源，对故事细节和人物心理进行塑造，其在故事的叙事视角、时间序列安排和场景设计等方面拥有更大的灵活性，这也决定了影视剧是最"完美"的运用故事手法的电视节目形式。

由于影视剧非常符合中国观众听故事和看故事的文化传统，故而其在中国收视市场上获得了极佳的收视表现。其中电视剧节目因其故事的时间容量较长，表现手法相对多样，往往能够讲述具有多条线索的复杂故事，也最贴近观众对故事的审美需求，而赢得了观众30%以上的收视时间。电影节目的时间容量相对较短，在注重故事讲述的同时，比电视剧更注重叙事的艺术效果，赢得了高端人群的喜爱；近几年在专业电影频道中兴起的电视电影，在结合电影的艺术手法的同时，注重故事讲述的连续性和系列性，成为了影视剧节目收视的新亮点(图 2)。

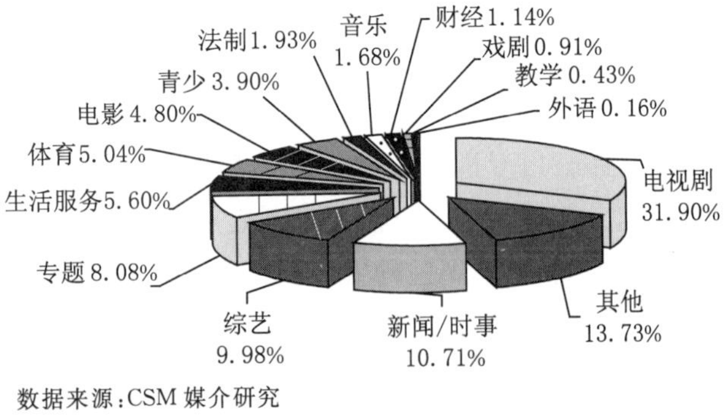

数据来源：CSM 媒介研究

图 2　2007 年全国市场各类节目收视份额

六、虚实相和——故事手法与栏目剧

处于真实类和虚拟类节目中间地带的栏目剧，既与真实类节目有极大的相似性，又与虚构类的影视剧有诸多的共通点。和真实类节目一样，栏目剧同样将纪实作为自己的鲜明特征之一，被视为栏目剧开端标志的《雾都夜话》就打出了“这不是电视剧，这是真人真事，是地地道道的重庆人自己演员自己的故事”的宣传语，提出栏目剧“形态生活化”“内容平民化”“演员群众化”“语言地方化”“情景真实化”和“观众参与性”的“五化一性”标准，并将“情景真实化”作为栏目剧最主要的特征。与真实类节目所不同的是，栏目剧采用电视剧的表现手法，故事情节是通过群众演员的演绎来展开，而非由镜头和主持人旁白来推进，从这个角度上讲，栏目剧比真实类节目更能发挥内容的故事性、戏剧性和冲突性，可以更灵活地运用各种空间转换和时间编排技巧，而不必拘泥于事件本身。

由于栏目剧在形式上大量借鉴电视剧的表现手法，有专业人士将其戏称为电视剧的“儿子”，其在讲故事方面的优势与电视剧如出一辙。和电视剧对比，栏目剧具有两大明显的特点。其一，真实性。和电视剧在有限的播出时间内极力铺陈，集中大量虚构的情感冲突不同，栏目剧偏向于通过贴近生活的情节将真实的故事讲述清楚；栏目剧启用非职业演员、使用方言、模拟现实生活的原生态演绎方式，是对近几年来电视剧中存在的“戏说风”、“豪华风”和“滥情风”的有力迎击，通过贴近性赢得了电视观众的青睐。其二，引导性。栏目剧侧重于讲故事，但不限于讲故事，由主持人在故事进行前后或中间进行适当地串联或评点，是栏目剧的一大特色；电视剧通常将一些值得思索和探讨的问题隐匿于情节背后，为观众留有余思，栏目剧则将问题摆出台面，“响鼓重槌”地引发观众对一些现实问题的思考，比电视剧更具引导性。

七、结语

近两年来，故事手法的运用在中国节目市场上屡掀热潮。除了在各地不断涌现的方言栏目剧，以及类似于《生活麻辣烫》《传奇故事》和《人间》等带有明显故事色彩的节目之外，还有不少电视频道都打出了“故事”的频道定位，例如四川卫视的“天下故事”和重庆卫视的“故事中国”。依托中国观众对故事手法的偏好和喜爱，故事类节目和故事类频道在内容创作和频道定位方面另辟蹊径，获得了独特的生存空间。不过，正如部分行业人士所指出的那样，在各类节目都频繁采用故事手法，“故事类节目”迅速发展的时候，难免会在故事题材和故事来源等方面出现过度的竞争，这一方面可能导致故事节目的同质化趋势加强，另一方面则可能导致部分节目为追求差异化而走上猎奇和低俗的歧路，这两大现象的存在对故事手法的进一步发展有明显的制约作用，还有待业内人士的思考和推敲。

中国纪实类电视节目发展状况分析

李文欢

若开门见山提出“纪实”这个辞藻，也许我国多数电视观众会觉得似曾相识而并非印象深刻。事实上纪实手法已经在一定范围应用于我国电视节目的制作中，只不过由于节目制作方对于“纪实”的理解和使用程度不同，以及影视剧、新闻和综艺娱乐等节目占据主要收视市场，目前纪实类节目才会呈现出“相对琐碎”的直观感觉。当然，纪实手法渗透的节目类型并非罕见，例如一些纪实栏目、纪录片等已在观众心目中占据了一席之地。那么，究竟纪实类节目是如何界定的？在我国发展状况如何？面临和存在哪些实际问题？在此，笔者将对以上问题进行探讨和分析。

一、关于“纪实手法”内涵的探讨

1.“纪实手法”最大限度地还原真实的发生

对于“纪实”手法，的确存在着众多不完全一致的理解。有人认为纪实是事实被某些拍摄手法处理后的情景再现；有人认为纪实是对真实事件的真实反映，并不掺杂任何导演手法；也有人认为纪实只是“讲故事”方式中的一种手法，与其他手法的区别只在于对事实片段的真实性反映程度，等等。笔者认为，纪实手法最“纯朴”的定义应该是最大限度地还原或即时纪录事实发生的过程，以未经设计的、最简洁的叙述方式将事实呈现给观众的节目制作手法。之所以认为纪实手法是最大限度地还原或即时纪录事实的发生，是因为电视节目也许可以重现或记录事件发生的全景，但是并不一定能够揭示事件的真实本质，也就是并非一定能够将事件最真实的内涵挖掘出来进而传达给观众。因此，电视观众只是看到了事实的片段或者事件发生在导演逻辑中的某种呈现。

2. 纪实类节目不是纯粹的真实

显然，纪实与真实之间既有区别，也有联系。就区别而言，首先，所谓的纪实类节目很少只采用纪实的手法，通常都被导演或多或少地人为主观化了，也就是无论如何客观地反映真实事件，其中也都掺杂着制作者的主观逻辑以及其他表现手法，因此纪实类节目只是在一定程度对真实的反映；其次，事件或对象的纯粹真实是一种对事物认知的极度理性抽象，这种看来不带有任何感情色彩和夸张成分的绝对真实，也许并不能够积极调动观众的收视热情，即使将之完全表达给观众，仍可能无法在观众脑海中投射出“趣味”的感受，因而若把纪实定义为真实显然有些冷酷的绝对理性化。不过，纪实与真实都是对事件或对象原始状态的刻画，两者之间还存在着紧密联系。纪实是一种对事件本质某种程度的真实记录或再现，这种手法最根本的目的是要用事件的真实性来引发观众的收视兴趣，因此纪实是在不同程度上对真实的描述和反映。也可以说，纪实是在特定真实性上的艺术加工，一种艺术化了的真实，而非完全真实。

二、我国电视纪实类节目的分类

纵览目前的电视节目，发现其内容都是在虚构与真实间不同表现手法的组合。有的节目偏向基于某些现实片段而进行的高度虚构，例如电影、电视剧等，它们更倾向于以超现实的手法将观众带入一种高于生活的氛围，让观众在虚幻中享受“完美的童话”。当然，有些影视作品是以更为接近事件实际状态的加工，相对而言更显得真实，例如一些基于真人真事素材的影视剧。有的节目则凸显真实性，例如新闻节目，这类节目讲求的就是信息的真实与及时性，不能带有丝毫的虚构成分，这类节目吸引观众的核心就在于以最真实的事实让观众回归现实。

影视剧和新闻节目是对内容真实性要求的两个反向极端，高度的虚构和逼真的事实同样可以吸引观众的注意力。就目前我国电视市场纪实类节目而言，根据其内容和表现手法“距离真实的远近”，可以分为纪实栏目和纪录片两个大类，整体来看纪实栏目只是接近真实，而纪录片则更为真实。这两大类纪实节目，都以纪实手法为主要表现方式，又可以根据纪实手法不同的应用程度进一步细分。

通常，纪实栏目是对某一个特定事件的“近真实性描述”，或采用“真实再现”的方式通过演员的表演将已经发生的事件再次展现，或将事件已记录的片段用特定的逻辑顺序和叙事方式串联起来的“片段拼接”，还有一些纪实栏目采用“跟拍”的方式将正在发生的事件全程记录下来。以上三种纪实栏目距离“真实”的程度是递进的，“跟拍”的方式显然更为真实，然而前面两类纪实栏目则可能更具生动性，在其他表现手法的辅助下也同样引人入胜。因此，如果以吸引观众为主要目的而非追求事件的绝对真实，那么真实加生动将是有益的结合。目前的纪实栏目主要以“故事性”为主，例如江西卫视的“传奇故事”和辽宁卫视的“王刚讲故事”，这两档节目都是通过主持人的穿针引线，将已记录的事实片段或当事人回忆拼接成一个完整的故事。一些纪实栏目是真实再现事件脉络的，每期节目一个或多个故事，完全是通过演员的表演和解说词进行叙述，姑且可以称做该类节目为“纪实栏目剧”。另外，有些纪实栏目用“跟拍”的手法纪录事件全过程，但该事件的发展轨迹是通过设计编排的，纪实手法只是其中一种服务于整个栏目主旨的表现方式，例如湖南卫视的娱乐栏目《勇往直前》就是以明星在设计情节中的“实时表演”来吸引观众的。

相对纪实栏目而言，纪录片则严肃得多。对于纪录片，有以下一些认知：①纪录片关注事实而不是虚构；②纪录片建构有关真实（历史）世界的观点，而不是置于想象世界中的故事；③纪录片关注信息而不是娱乐；④纪录片拍摄存在之物，它并非建构自己的（虚构）的世界；⑤关注纪录片内容远甚于技巧。然而，虽然纪录片也采用了纪实手法，但是它更强调真实性，对于纪录片来说最重要的就是传达真实。但是，事实经常会发生变化，并不总是能够体现出真实来。所以可以由制作者来判断是否需要在经过前期调查、在事实的基础上使用导演手段将真实加以传播。目前我国电视市场的纪录片，可以按照拍摄手法大致分为“真实再现”、“片段拼接”和“实时跟拍”三类；按照题材可以分为历史类、军事类、科教类、文学类、音乐类、动物类和自然地理类，等等。纪录片的真实再现与纪实栏目是有差别的，纪实栏目的真实再现是为了讲述一个故事，对于这个故事的真实性并不像纪录片这样要求严格，而纪录片真实再现的主要原因是即时资料的缺失所致。

总之，若从一个更为宽泛的角度来看，凡使用了纪实手法的节目都可以称其为纪实类节目，例如新闻节目在不考虑时效性的前提下也可称做纪实新闻；若从节目的主要表现形式以及较低时效性来看，只有纪实栏目和纪录片可以称做典型的纪实类节目。

三、我国纪实类节目的发展瓶颈

目前我国电视节目市场被影视剧、新闻和综艺娱乐节目“三驾马车”所引领，相对而言，纪实类节目无论在数量还是质量上都处于弱势地位，该类节目发展的实际状况就是其面临问题的真实反映。

1. 专业化纪实频道较少

我国电视媒体市场早已不再匮乏平台渠道，放眼望去有几千个频道生存在这个大的电视生态圈当中，然而，细数专业化的纪实频道，其数目却寥若晨星。除却新近登台亮相的几个数字纪实、纪录片频道外，这些年来只有中央台十套、上海纪实频道和金鹰纪实频道三个专业化纪实频道。随着数字化的深入推广，出现了世界地理频道、国防军事频道、全纪实频道和老故事频道等若干纪实、纪录片频道。因此，数千频道中的专业化纪实频道不过十数，足可表明纪实类节目在我国的发展仍处于起步阶段。

2. 纪实类栏目分散，纪录片资源匮乏

还是从广义的纪实类节目出发，即凡是使用纪实手法的节目都可算做纪实类节目，那么纪实类节目的数量也并不在少数。问题在于这些纪实类节目的播出平台太过分散，即使多个频道都有播出，但每个频道只有一两档纪实类节目，而且同质化倾向越来越严重，因此很难给观众留下较为深刻的印象。专业化纪实类频道较少，说明播出平台规模效应欠缺；节目播出平台分散，表明类型节目规模效应同样欠缺。另外，就专业化纪实频道而言，目前主要倚重的是纪实栏目而非纪录片。纪实栏目的制作具有连贯性好、易形成品牌效应和成本相比纪录片更低的特点，其整体运作要比纪录片更加便捷节约，而且收视效果更容易体现，也可说是比较容易“套现利益”的节目形式。而专业化纪录片频道

则只播出纪录片，这对纪录片资源要求很高，目前的专业化纪录片频道还都是数字频道，其盈利和发展模式还需要在未来几年中才能成形。因此，在没有足够资金支撑的前提下，专业化纪录片频道播出的纪录片存在多次重播的状况，显然，这无法让观众始终保持强烈的新鲜感。纪录片资源的相对匮乏，一方面体现在节目高频率重播，另一方面体现在纪录片本身的表现手法上。纪录片应是纪实类节目中最讲求真实性的节目，从这种意义上说，应尽量避免使用真实再现的表现手法，但是由于资金不足，很多纪录片都采取了真实再现的方式，这对纪录片带给观众的真实性来说有所折损。故而，目前纪实栏目缺乏规模效应与纪录片资源匮乏都是纪实类节目发展的瓶颈。

3. 纪实节目质量良莠不齐

“同质化竞争”在我国电视节目市场中绝对不是一个新生的现象，每当有一档特色节目取得一定认可，模仿和克隆而生的同质节目就“雨后春笋”般蓬勃而出。当然，纪实类节目也无可避免，观众常看的几十个频道中总会出现众多“某某访谈”、“某某故事”和“某某探秘”等纪实类栏目。从长期来看，同质化竞争利弊参半，一方面表明我国电视媒体间经验流通学习的速度加快了，这是节目市场化运作进步的体现；另一方面，同质化竞争却会快速将一种节目创意的新鲜感耗尽，而且不利于各频道间的歧化竞争。

存在就有其合理性。在纪实类节目同质化竞争无可避免的状况下，节目品质的把关尤为重要。然而，由于模仿或克隆的不到位，致使纪实栏目的质量良莠不齐，反而降低了整个节目类型的竞争力。纪实节目之所以称为纪实，其出发点是对事实的反映或描述，而有些频道为了“增加节目吸引力”竟然臆造虚构故事，用貌似纪实的手法呈现出未曾发生的事件，这从根本上是违背纪实节目初衷的。

4. 纪录片的模式化观众定位相对狭隘

纪录片是做给谁看的？这个问题的答案似乎在很多人脑海中形成了一种模式，那就是非高收入、高学历人士不看，这种想法显然是有失偏颇的。如果按照这个思路，那么任何一个国家之中的高收入、高学历观众都是相对少数，因此，这个逻辑直接的效果就是将纪录片挤兑到一个狭小的空间之中。当然，这个说法也并非空穴来风，通过对一些纪录片的观众结构分析，高收入、高学历观众确实对其更为关注，但这并不能表明纪录片的制作只是为了吸引该类观众的眼球而生。以《再说长江》的观众结构为例，虽然大学以上观众的集中度最高达到了 127%，但是该类观众只占 24%，还有 76%的中低学历观众有待挖掘，这个群体更为庞大。另外，个人月收入超过 3500 元的观众不仅比例小，而且集中度都没有超过 100%(表 1)。所以说，那种凭感觉认定高收入、高学历观众是纪录片准确目标观众的想法并不是完全准确的。

表 1 《再说长江》观众构成和集中度(35 中心城市)

目标观众	观众构成%	集中度%
未受正规教育	3	62
小学	11	88
初中	28	94
高中	34	100
大学及以上	24	127
1700 元及以下	85	98
1701—2600 元	9	112
2601—3500 元	4	132
3501—5000 元	2	94
5001 元及以上	1	71

数据来源:CSM 媒介研究

从客观角度一分为二地看,一方面目前屏幕里的纪录片内容主要涉及历史、军事、自然地理、未知探索和文化审美,该类内容对相对高收入、高学历观众的吸引力确实更大;另一方面,其表述手法一般遵循传统纪录片相对刻板的模式,如果我们承认纪录片并不是对事件绝对真实的呈现,那么何不在遵循事实的基础上添加一些更为生动的表述方式呢? 这样反倒会吸引更多层次、更多观众的注意力。

因此,纪录片制作之初的观众定位并不能先入为主地模式化处理,应该根据不同的题材采取不同的制作策略,以求博得更广泛的关注。

四、我国纪录片的发展潜力

固然,纪实类节目的发展存在着这样或那样的困难,但是笔者认为我国电视市场蕴含着对纪录片的广阔需求。随着电视数字化的深入以及观众审美水平及求知欲的不断提升,纪录片节目的前景已初现曙光。

1. 纪录片曾是纪实节目的代名词

谈到纪录片,大多数观众脑海中会闪现出《话说长江》《望长城》《大国崛起》和《再说长江》等经典主旋律纪录片。25 集的《话说长江》可以说是央视上世纪 80 年代最受欢迎的电视纪录片,体现了中国纪录片的最高水准。《话说长江》与《再说长江》是在不同的历史年代拍摄的史诗巨作,凝结着一条浩浩大江的光阴故事。如果说《话说长江》是用人们的记忆连缀成一条鲜活的长江,20 年弹指一挥间,那么《再说长江》就是 20 年中国发展的见证。人们对于纪实类节目的记忆,也许就开始于《话说长江》的播出,而且在今后相当长的一段时间里,纪录片业已成为纪实节目的代名词。随着时间推移及电视媒体对观众需求的挖掘,近些年出现了更多采用纪实手法的节目,然而这些节目并没有真正意义上替代经典纪录片在观众内心的位置。因此,纪录片的发展在我国还是具有相当观众基础的。

2. 纪录片是一种难得的寓教于乐的节目形式

在目前中国电视市场，电视纪录片与其他一些节目相比，无论在内容还是形式上都更唯美并且更具知识性。我国是个电视剧大国，然而不得不承认的是精品剧太少。很多电视剧的选材都过于流俗化，演员的表演肤浅而做作，导演对于情节的设计略显固步自封。因此，多数电视剧只是观众娱乐休闲的消费品，若说能够提供丰富的知识和引发观众深入思考，则太过牵强。就新闻类节目而言，该类节目传达的是事件发生的准确真实，是最为严肃、非艺术加工的节目类型。所以，新闻类节目一般满足的是观众对真实信息的需求，在趣味性上有所欠缺。综艺娱乐类节目顾名思义就是让观众享受艺术的快乐，以欢笑和愉悦放松心情。

与以上三类主要节目类型对比，目前播出的纪录片涉及历史、军事、自然地理、未知探索和文化审美等内容，表现手法上纪实与其他艺术手法相结合。纪录片从内容上相对电视剧和综艺娱乐节目要更真实严肃也更具知识性，从表现手法上要比新闻类节目更加生动唯美。因此，纪录片是不同于电视剧、综艺娱乐节目和新闻节目的独特的节目形式，它在体现真实的主线中散发出更多的艺术气息，在提供信息的同时给人以更多的思考。所以说，纪录片是一种难得的寓教于乐的节目形式，看好其前景也是事出有因的。

3. 文明古国源远流长的历史提供了取之不尽的纪录片素材

一个民族的历史就是一个民族生存沉淀的写照，中华文明源远流长五千年，具有深厚的文化底蕴和丰富的历史资料，这为我国电视工作者拍摄历史和文化题材的纪录片提供了得天独厚的素材。一个民族的历史和文化，只有这个民族的传承者才能够真正体会其精微奥妙之处，以炎黄子孙的眼光看待中华文明，必将以独特的视角和理解制作出一流的电视纪录片。与此同时，我国是一个地大物博的国度，自然风光秀丽无方、物产丰富已极、并且动植物种类多样化，这也为拍摄自然风光和动植物纪录片提供了天然的资料库。另外，我国近代以来经历了多次抵御外族入侵、民族解放的战争，中华民族的不朽精神令世人赞叹，这同样可以作为军事题材纪录片的绝佳素材。

从上述几个角度的分析我们可以看出，纪录片在我国电视市场的发展还是深具潜力的，希望在未来的五至十年将会出现纪录片市场蓬勃发展的局面。

五、结语

中国目前处于一个经济文化发展较快的时期，电视观众的知识文化水平也在快速提高，他们对电视节目品质的要求也越来越高。现今节目收视市场的“三驾马车”已在减缓前行的速度，观众更高的需求促使纪实节目等“新生力量”觅得生机。尽管纪实节目的发展还存在这样那样的困难，但其独特的真实性与艺术手法结合的表现形式已让观众耳目一新。相信随着数字化进程的加快，纪实类节目特别是纪录片终将获取一片属于自己的晴朗天空。

中国纪实类频道发展状况分析

吴凡

纪录片作为电视媒体最早的节目类型之一，在中国已历经了30多年的发展，至今以纪录片为代表的各种纪实类电视节目仍然是中国电视观众收视中不可或缺的一部分。无论是早年的《话说长江》，还是最近几年的《大国崛起》，都受到观众的广泛关注并得到认可；以科教、人文等为主题的纪实节目也获得了一定的发展，并吸引一批电视台开设了以播出纪录片及相关纪实栏目为主的纪实频道或科教频道。但近些年，纪实频道的生存空间受到极大的挤压。为了吸引观众，各地电视台纷纷举起电视剧的大旗，电视剧的播出量不断增加，纪实类节目作为观众规模相对较小的节目类型，难以与电视剧等大众类型节目在观众总量上匹敌，再加上广告经营等方面的问题，很多地方台开办的纪实频道纷纷改弦更张，目前以纪实节目播出为主的频道已为数不多。除中央电视台科教频道外，在地方电视台中，上海电视台纪实频道从2002年开播至今已经走过了七年的时间，湖南金鹰纪实频道在2008年3月12日正式开播，是省级媒体中另一家具有影响力的纪实频道。本文将主要通过这3个频道的情况分析我国纪实类频道的发展状况。

一、纪实类频道收视表现

1. 中央电视台科教频道

中央电视台科教频道在2006年成功改版后，收视跃上新台阶，在全国主要城市市场份额达到1%以上，进入上星频道的前列。在经历了持续几年的收视增长后，中央电视台科教频道2008年1—9月份在35中心城市的市场份额出现一定程度下滑(图1)。通过对比2007和2008年全天收视走势，可以明显地看到下滑主要出现在晚间时段，2008年晚间黄金时段峰值相比上年降幅达到40%以上(图2)。2008年的地震、奥运等因素对于收视有一定影响，从10月份数据看，观众已经逐步回归频道，收视也达到上年平均水平。

从中央电视台科教频道的观众集中度来看，中年、受教育程度较高、干部/管理人员、初级公务员/雇员、收入水平相对较高观众的集中度高于平均水平，对高端观众的吸引力让频道收视具有了更高的“含金量”。

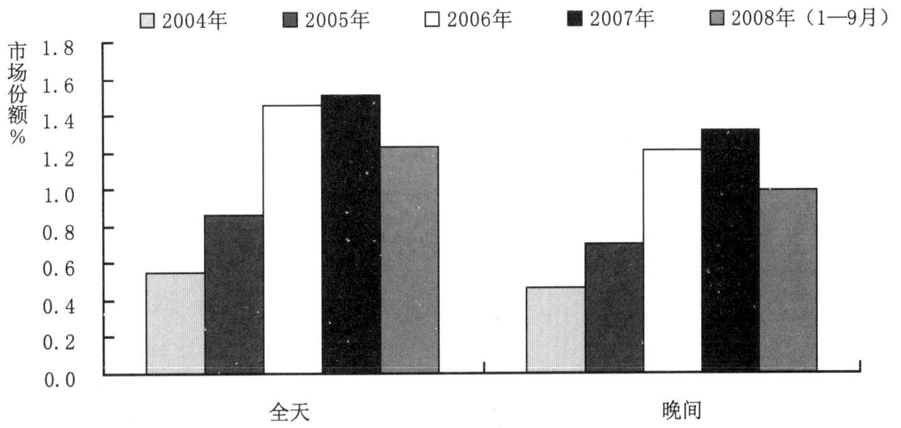

数据来源:CSM 媒介研究

图 1　2004—2008 年中央电视台科教频道在 35 中心城市市场份额比较

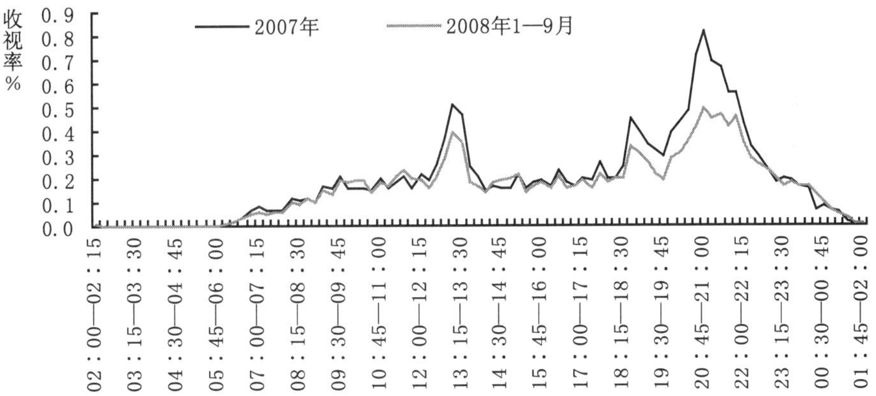

数据来源:CSM 媒介研究

图 2　中央电视台科教频道 35 中心城市全天收视走势

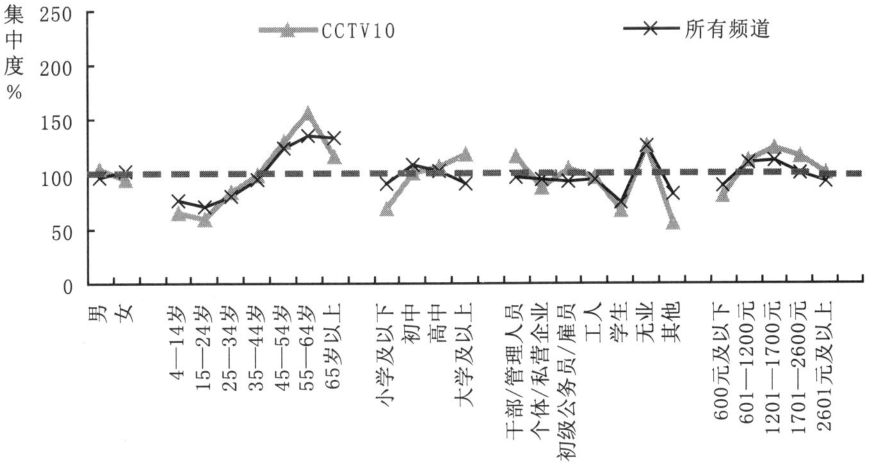

数据来源:CSM 媒介研究

图 3　2008 年 1—9 月中央电视台科教频道 35 中心城市全天观众集中度

2. 上海纪实频道

上海纪实频道从2002年创办至今，市场份额呈现增长趋势，其中2007年更是有突出的表现(图4)，2008年收视有所回落(图5)。

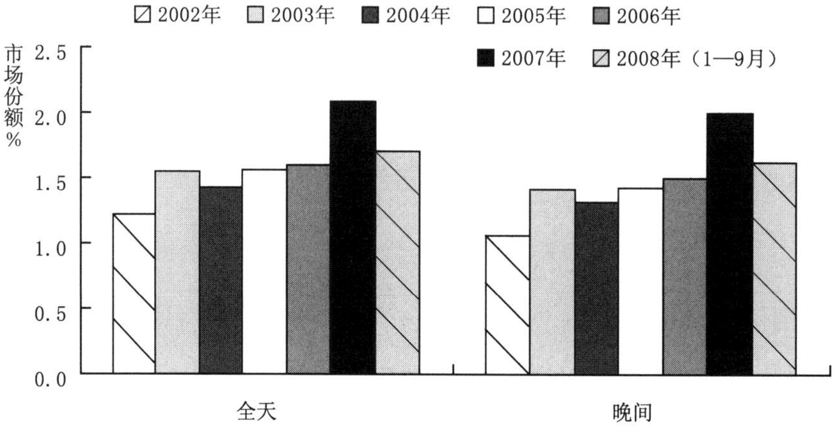

数据来源：CSM媒介研究

图4　2002—2008年上海纪实频道上海地区市场份额比较

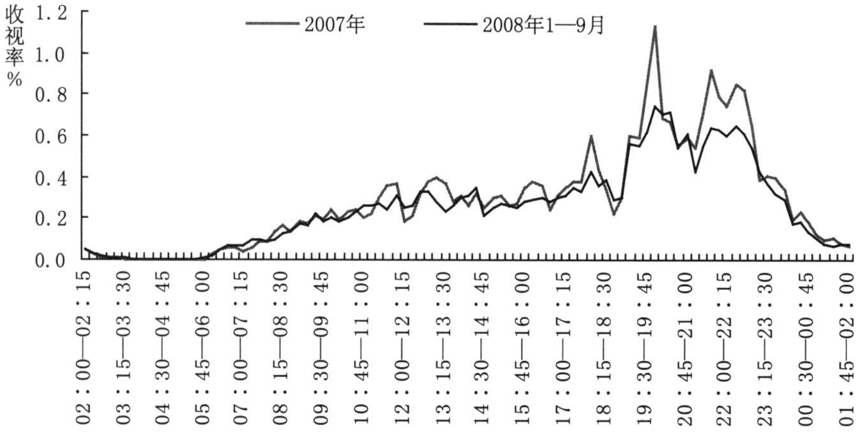

数据来源：CSM媒介研究

图5　上海纪实频道上海地区全天收视走势

上海纪实频道观众特征突出，在性别上，男性观众集中度远高于所有频道平均水平；在年龄上，45－65岁中年观众集中度相对突出；在受教育水平上，高学历观众集中度明显高于所有频道；在职业类别上，除了学生类观众略高外，并没有本质区别；在收入水平上，高收入水平观众集中度远高于平均水平。因此可以将上海纪实频道的观众特征归纳为：男性、中年、受教育程度较高、收入水平较高(图6)。

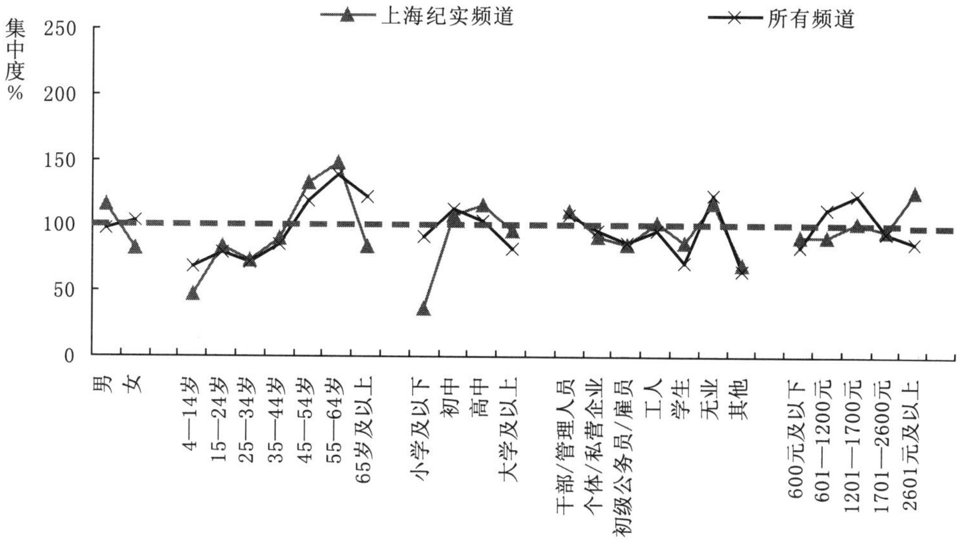

数据来源:CSM 媒介研究

图 6　2008 年 1—9 月上海纪实频道上海地区全天观众集中度

3. 金鹰纪实频道

金鹰纪实频道在 2008 年 3 月开播后,收视率表现相对稳定,奥运结束之后,市场份额增幅明显,全天份额达到 1%以上(图 7),其中,观众忠实度的提升对收视提升的作用明显(图 8)。从频道的分钟走势上看,傍晚时段及后晚间部分时段的收视相对较高(图 9)。

与其他纪实频道获得中高端观众青睐不同,金鹰纪实频道受众特征与整体市场电视观众特征比较接近(图 10)。

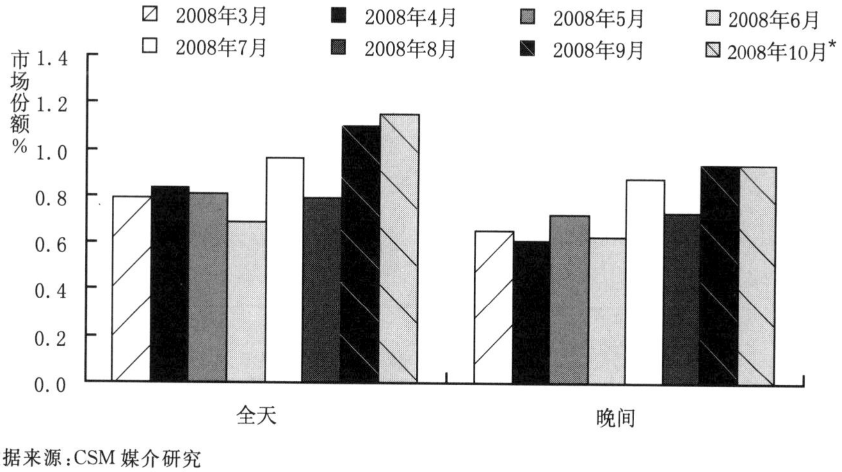

数据来源:CSM 媒介研究

* 2008 年 10 月份数据截至 10 月 25 日。

图 7　2008 年 3—10 月金鹰纪实频道长沙地区市场份额比较

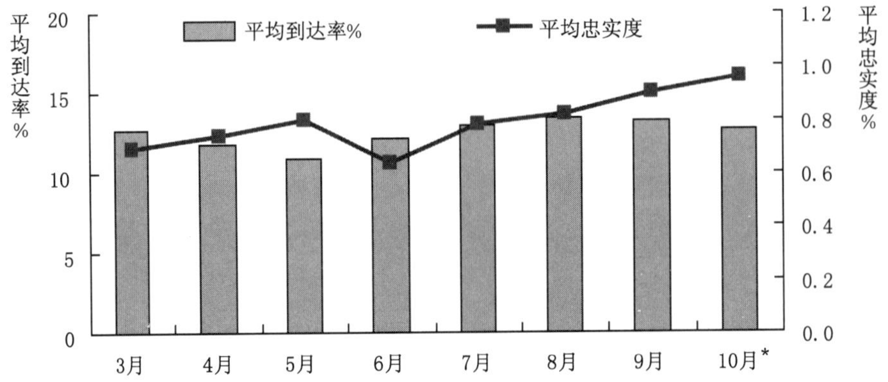

数据来源:CSM 媒介研究

*10 月份数据截至 10 月 25 日。

图 8 2008 年 3—10 月金鹰纪实频道长沙地区全天到达率及忠实度走势

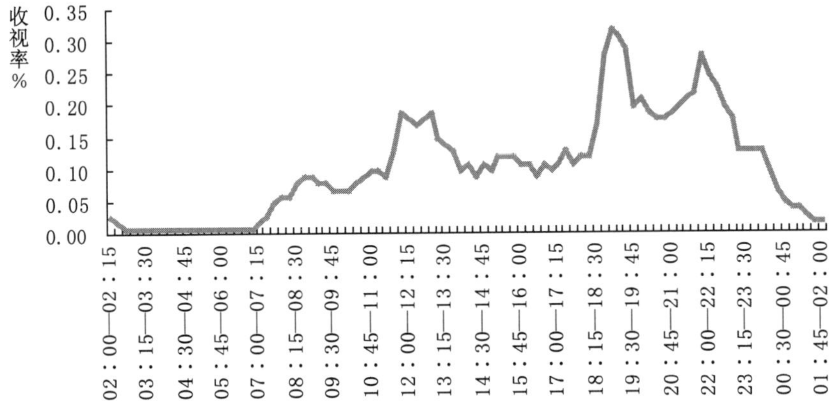

数据来源:CSM 媒介研究

图 9 2008 年 3—9 月金鹰纪实频道长沙地区全天收视走势

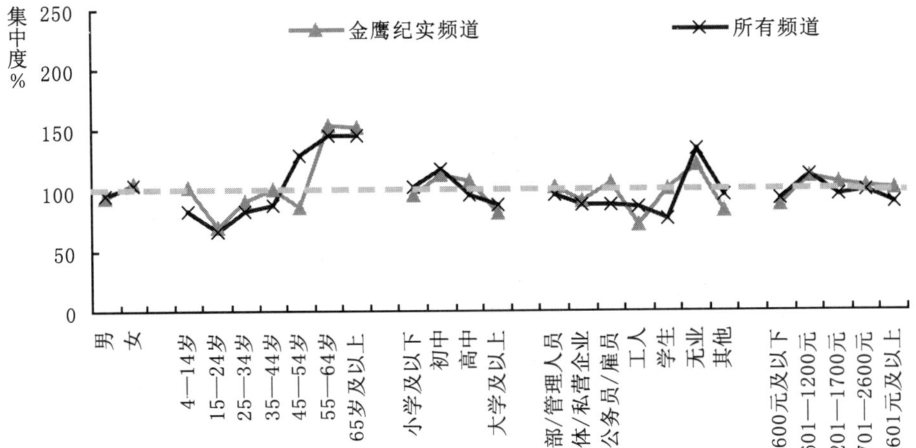

数据来源:CSM 媒介研究

图 10 2008 年 3—9 月金鹰纪实频道长沙地区观众集中度(18:00—24:00)

二、纪实类频道节目资源

纪实频道主要播出的是纪录片和以纪实手法拍摄的其他各种纪实类节目。作为最早的、也是典型的纪实类节目，纪录片是以真实生活为创作素材，以真人真事为表现对象，并对其进行艺术加工，以展现真实为本质，并引发人们思考的电影或电视艺术形式。[①]而纪实类节目则扩展了纪录片的外延，只要符合"真实非虚构"原则，历史、文化、政治、经济、地理、自然、科技等多方面题材都可包含在内。[②]

1. 中央电视台科教频道

中央电视台科教频道诞生于2001年7月，频道以追求"教育品格、科学品质、文化品位"为宗旨，以不断提高社会道德水准、不断提高全民思想道德水平、科学文化素养，不断开掘人的知识、智慧能力为目标。作为中央台专业频道，有较强的综合实力，节目资源也较为丰富。目前栏目数量较多，总共有超过20个栏目，并且栏目涉及的领域也较广，包含自然、科技、历史、人文、社会、教育、电影等方面，其中不少栏目已为观众所熟知，如《百家讲坛》《讲述》《探索发现》《走近科学》等，在收视率排名中也都位居前列（表1）。

表1　中央电视台科教频道节目收视排行前10位(2008年1—9月,35中心城市)

排名	名称	频道	类别	属性	收视率%	市场份额%
1	讲述	中央台十套	专题	专题其他	0.51	1.24
2	走近科学	中央台十套	专题	科普	0.48	1.13
3	探索发现	中央台十套	专题	专题其他	0.43	1.15
4	状元360	中央台十套	专题	竞赛	0.37	0.95
5	百家讲坛	中央台十套	教学	教学其他	0.35	2.47
6	第10放映室	中央台十套	专题	专题片	0.34	0.92
6	公益行动	中央台十套	专题	专题其他	0.34	0.93
6	人与社会	中央台十套	专题	专题其他	0.34	1.14
9	百科探秘	中央台十套	专题	科普	0.31	0.77
10	家庭	中央台十套	专题	访谈	0.29	1.22

数据来源：CSM媒介研究

2. 上海纪实频道

作为国内首家省级专业纪实频道，上海纪实频道以"传承文化、传播知识、传达真实的力量"为定位，其节目资源也比较丰富。近些年，频道自制栏目时长不断增长，从

① 参见百度百科：http://baike.baidu.com/view/184179.htm。

② 参见张稚丹：《纪录片：未来观看潮流？》，http://book.qq.com/a/20070117/000033_1.htm。

最初的几十小时增长到现在的六七百小时，自制纪录片的题材也不断扩大。另外除了引进国外成熟纪录片如《探索 DISCOVERY》、《传奇 SAGA》等外，还引进国内其他地区播出效果较好的纪实栏目，如成都电视台制作的《探秘》、杭州电视台制作的《镜相人生》等。

在自制栏目中，包含《纪录片编辑室》这样传统的纪录片栏目，也包括谈话类的《文化中国》、展现百年来各领域先贤故事的《大师》、记录保存和普及历史的《档案》、口述历史的《往事》、挖掘经典纪录片背后故事的《经典重访》以及由纪录片爱好者提供的轻松活泼的原创《DV365》。在上海纪实频道的网站上，将其自办栏目分为以下几大类：真实社会、真实文化、真实历史、真实记录和真实中国。在办好自办栏目的同时，频道也充分利用自身资源举办“真实导演”、“影院计划”等活动，比如影院计划就是与上海的影院合作，播出部分优秀的纪录片，提供纪录片爱好者共同欣赏交流的机会。

上海纪实频道几档自办栏目的观众表现出较大的相似性，频道多年的品牌经营形成了相对稳定的收视群体(图 11)。

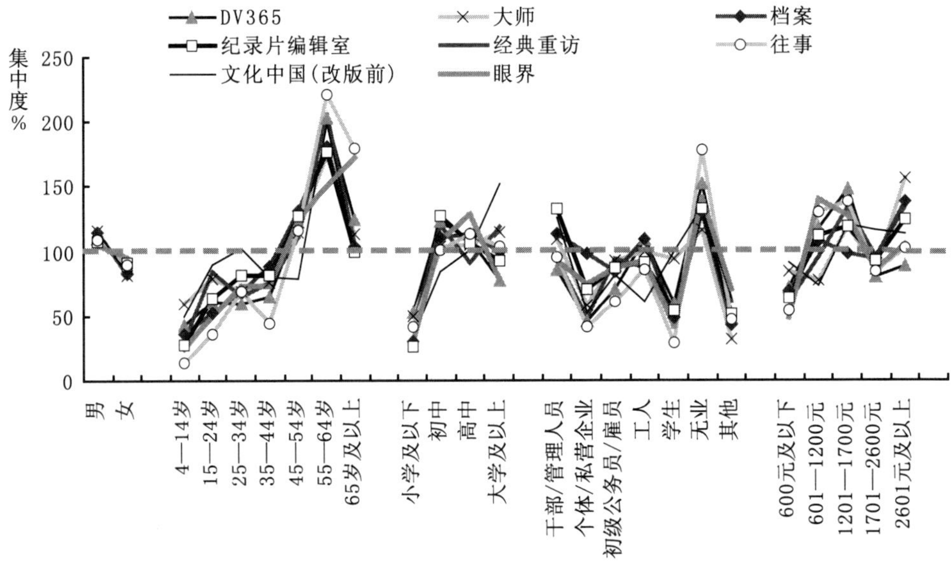

数据来源：CSM 媒介研究

图 11 上海纪实频道自办栏目观众集中度(2008 年 1—9 月，18:00—24:00)

2008 年 9 月 15 日，上海纪实频道进行了改版，对部分节目编排进行了调整(表 2)。晚间时段收视出现明显增幅的节目是《传奇 SAGA》，提前半小时播出带动了该节目收视提高 50%以上。而另一档经典栏目《文化中国》，在 9 月 15 日改版后从 19:00－19:30 时段调整至 23:00－23:30 时段，收视低于改版前同时段播出的《传奇 SAGA》(图 12)。

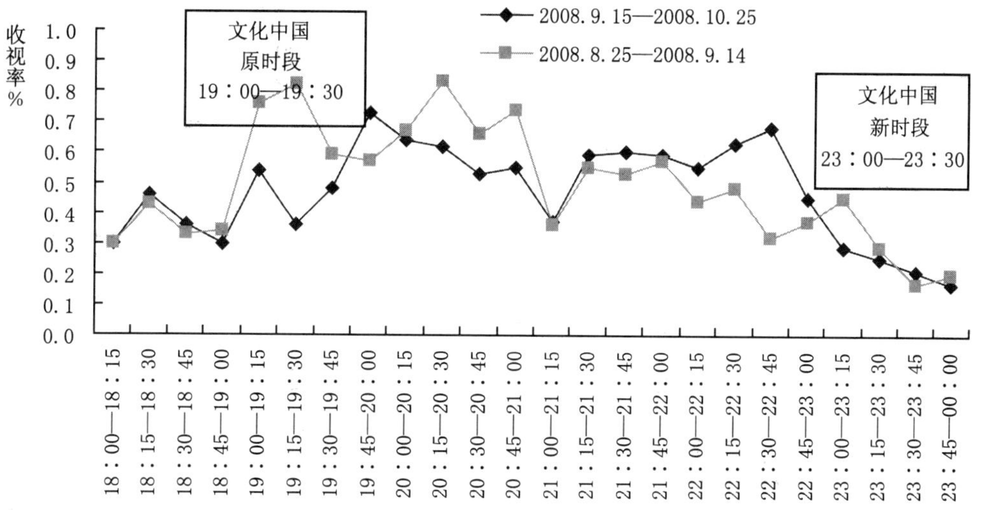

数据来源：CSM 媒介研究

图 12　上海纪实频道晚间收视走势变化(改版前后对比)

表 2　上海纪实频道自办栏目改版前后编播表(周一至五播出节目)

时间段	改版前	改版后
18∶00—18∶15	寰宇地理	寰宇地理
18∶15—18∶30		
18∶30—18∶45		
18∶45—19∶00		
19∶00—19∶15	文化中国	探秘＋DV365
19∶15—19∶30		
19∶30—19∶45	探秘＋DV365	眼界
19∶45—20∶00		
20∶00—20∶15	往事	往事
20∶15—20∶30		
20∶30—20∶45	眼界	档案
20∶45—21∶00		
21∶00—21∶15	探索 DISCOVERY	探索 DISCOVERY
21∶15—21∶30		
21∶30—21∶45		
21∶45—22∶00		
22∶00—22∶15	档案	传奇 SAGA
22∶15—22∶30		
22∶30—22∶45	传奇 SAGA	
22∶45—23∶00		
23∶00—23∶15		文化中国
23∶15—23∶30		
23∶30—23∶45	寰宇地理	镜相人生
23∶45—00∶00		

数据来源：CSM 媒介研究

3. 金鹰纪实频道

金鹰纪实频道作为2008年新开播的频道，目前播出的主要自办栏目有：《故事湖南》《博物馆翻箱底》《时光漫步》《大拍档》等，从历史、文化、社会、记录等多个角度切入，各具特色。除了自办栏目外，也引进了国外知名的《寰宇地理》《奇趣大自然》《传奇》，另外还引进国内其他成熟栏目如《风尚》《档案》等。

《故事湖南》讲述60年来发生在湖南的故事，汲取那个特定时代的草根印痕，讲述那年那月的故事里的故事，浓缩60年湖南历史发展进程。[①] 由于故事内容的贴近性，容易得到当地观众的关注。《博物馆翻箱底》是一档与国宝零距离的节目，通过某一件馆藏的文物，引出文物背后的故事，博物馆工作人员或相关专家对那段历史深入细致的描述，让人置身于历史的故事中。《时光漫步》栏目则更属于广义的纪录片范畴，其内容包含政治、经济、生活等各个领域的热点话题。《大拍档》则是属于老百姓记录民生百态、生活趣事的DV秀节目。

几档栏目在拥有相似的观众特征外，也呈现出各栏目的差异，比如《大拍档》由于记录的是老百姓自己的故事，所以吸引了更多普通观众的关注（图13）。

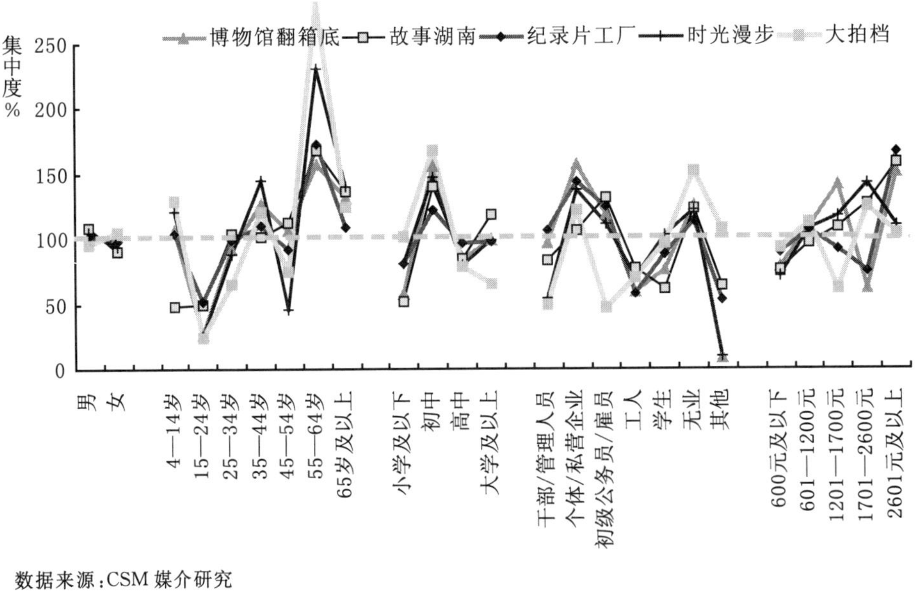

数据来源：CSM媒介研究

图13 金鹰纪实频道自办栏目观众集中度（2008年3月12日—10月25日）

金鹰纪实频道节目编排在开播后的半年时间内也在不断进行着“新陈代谢”，一方面调整播出栏目，如金鹰纪实频道开播时曾经播出的栏目《故事湖南》《百味人生》《纪录片工厂》《1100高地》《邂逅》《三言二拍》等，有些已经调整出目前编排，而《大拍档》《时光漫

① 参见栏目网站：http://www.hnetv.com/jinyingjishi/index.htm。

步》等新节目的增加也获得了观众的关注;另一方面,栏目的播出时间也进行合理的调整,比如《故事湖南》的播出时间也几经调整,目前的播出时间是在晚间的 20:30—21:00。节目编排的变化也带动了观众的收视,这从频道九十月份整体的收视上涨就能体现。

金鹰纪实频道除了充分利用湖南当地的资源办好纪实节目外,也利用湖南其他综艺节目资源,播出如《选秀全纪录》、《快乐向前冲》等真人秀节目,借此吸引更多年轻观众关注该频道。

三、纪实类频道广告经营

纪实频道作为高端观众特征相对明显的专业频道,其传播价值对广告主来说也具有极大的吸引力。中央电视台科教频道、上海纪实频道在中年、受教育程度较高、收入水平较高、管理人员、公务员等人群中表现出一定的优势。但是由于各个纪实频道本身资源的差异,其观众特征还是表现出一定的差异,而观众特征的差异也是影响频道广告经营的一个因素。通过频道观众特征对比,中央电视台科教频道观众受教育程度相对较高,收入水平也较高,上海纪实频道较受男性、收入水平较高观众喜爱,长沙金鹰纪实频道在年轻学生观众及年龄较大观众中相对更受关注(图 14)。

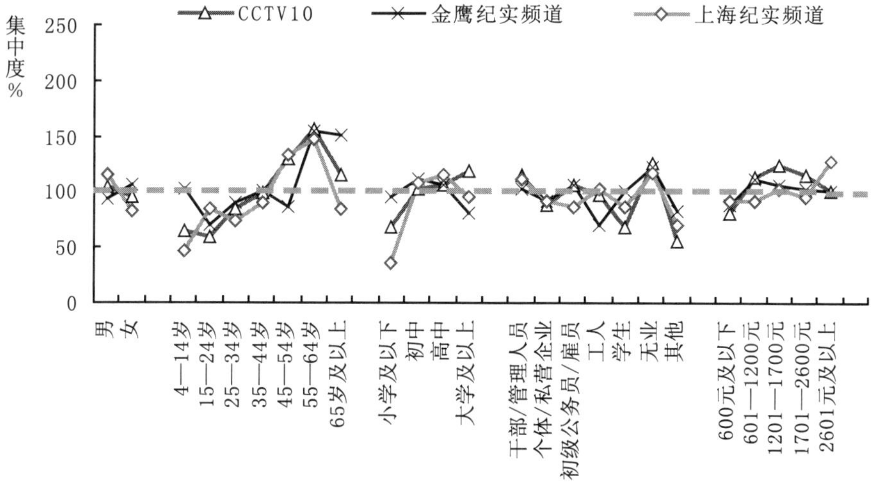

数据来源:CSM 媒介研究

图 14 纪实频道观众集中度对比(2008 年 1—9 月,18:00—24:00)

频道观众特征的差异也带来了广告投放品牌上的差异,这从广告监测数据上也有明显的体现。以广告监测调查数据和刊例价为基础,2008 年 9 月,中央电视台科教频道投放总额排名靠前的广告品牌多为通讯、汽车、数码产品、快速消费品等(表 3)。上海纪实频道投放总额排名靠前的广告品牌多为知名企业所有,品牌名称也为大多数人所熟知,主要包括汽车、数码产品、高档洁具、知名食品等几个品类,这也体现出频道在广告经营上的高端理念(表 4)。湖南金鹰纪实频道在广告经营上有较大的差别,频道广告投放总额排名前20的品牌除了数码产品外，更多的品牌为生活日用品如服饰、保健品等(表5)。这样的广告投放情况与各频道的内容、观众特征以及当地经济发展水平等因素是相吻合的。

表3 2008年9月中央电视台科教频道广告投放总额排名前20位的品牌(以刊例价计算)

排 名	品 牌	排 名	品 牌
1	中视	11	丰谷
2	七匹狼	12	芬必得
3	中国移动通信	13	长虹
4	金立	14	红塔
5	澳优	15	朴雪
6	凯迪拉克 SLS 赛威	16	WNQ
7	长安志翔	17	梅赛德斯一奔驰
8	IBM	18	双龙
9	舍得	19	摩托罗拉
10	思念	20	毛毛

数据来源:CSM媒介研究

表4 2008年9月上海纪实频道的广告投放总额排名前20位的品牌(以刊例价计算)

排 名	品 牌	排 名	品 牌
1	雷克萨斯	11	尼康
2	香奈儿	12	佳能
3	美孚	13	玫琳凯
4	迪士尼	14	李施德林
5	科勒	15	IBM
6	东陶	16	多美滋
7	索尼	17	上海通用别克凯越
8	夏普	18	东风悦达起亚狮跑
9	讴歌	19	多乐士
10	鄂尔多斯	20	肯德基

数据来源:CSM媒介研究

表5 2008年9月金鹰纪实频道的广告投放总额排名前20位的品牌(以刊例价计算)

排 名	品 牌	排 名	品 牌
1	黄金搭档	11	索尼
2	脑白金	12	富临
3	舒蕾	13	福田 MP－X 蒙派克
4	鄂尔多斯	14	德雅

续表

排 名	品 牌	排 名	品 牌
5	润洁	15	佳能
6	黄小丫	16	丽夫宝
7	黑钻	17	健维生
8	金鹰.露斯卡	18	土耳其航空
9	九芝堂	19	佐登妮丝
10	唯尔	20	名康竹炭

数据来源:CSM 媒介研究

根据公开数据资料,我们能发现纪实频道在近几年收入的快速成长。资料显示①,中央电视台科教频道在 2005 年频道收入只有 2000 万元左右,2006 年随着频道的成功改版,收视率和广告收入都表现出了明显的攀升,2006 年收入接近 1 个亿。近两年随着 CCTV－10 收视表现的提升,收入也不断跃上新台阶。上海纪实频道在近几年收入方面也取得了长足的进步,根据上海纪实频道总监应启明在《纪录片专业频道的市场生存》一文中的数据,上海纪实频道在 2005 年实现 4800 万收入后,实现扭亏为盈,之后每年增长都在 2500 万元左右,频道收入在 2007 年过亿。随着近几年频道收入的继续攀升,频道也有实力拿出更多的"真金白银"投入到纪录片的制作及推广上,实现频道发展的良性循环。

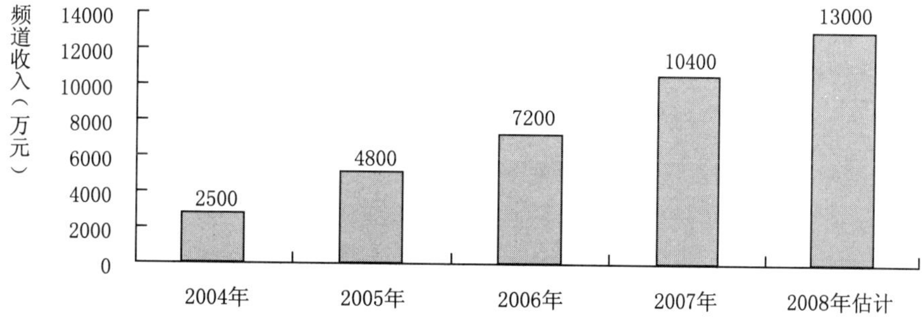

数据来源:根据上海纪实频道资料整理

图 15 2004—2008 年上海纪实频道收入

① 王彩平:《CCTV－10:"金字招牌"与广告竞争力》,http://blog.mediachina.net/blog.php? do_showone/tid_2216.html

四、结语

虽然我国纪实类频道目前的发展状况与 DISCOVERY 等国际媒体相比尚有一定差距，但是在提高国人文化品位上的贡献仍是有目共睹的。随着电视观众欣赏品味的提高，广告主对于频道观众价值的认识提高，频道在节目制作投入上的持续增加，国内纪实频道一定能在竞争激烈的电视市场中稳步向前并不断发展壮大。

中国电视谈话节目概览

左瀚颖

电视谈话节目尽管在中国仅有不到20年的发展历程①，但它却常常被业内人士视为改革开放后，中国电视开放姿态和亲和力的一种体现②，甚至被视为是衡量社会环境开放程度的一把标尺③。谈话节目以其形式的开放性和选题的包容性，不断与新闻、综艺、专题纪录和生活服务等多种节目形态相融合，将其触角延伸至政治、经济、文化和社会生活的多种领域，成为中国电视节目市场上表现手段最为朴实，但形态内容最为多元的一种节目类型。据CSM媒介研究的相关统计，仅在2009年1月1日—4月10日的100天内，在全国153个城市市场上，在电视收视比较集中的晚间18:00－24:00时段，就有190个谈话类节目在全国数百个频道进行了5400余小时的播出，与新闻、电视剧和综艺等多种类型的节目逐鹿市场，其竞争力不容小觑。本文基于对这190个节目的概括分析，初步探索中国谈话节目的发展现状，为进一步探讨各类谈话节目的发展情况提供整体背景和铺垫。

一、谈话节目的节目形态及现状

中国电视谈话节目的大发展始于20世纪90年代初中期的《东方直播室》和《实话实说》等新闻专题类节目，并在随后的短短几年中，迅速向各种类型节目领域拓展。应该说，中国的电视谈话节目是“站在巨人肩膀之上”，国外电视谈话节目经过几十年发展而形成的节目形态和节目元素，迅速地在中国电视谈话节目中得到普及和发扬，让中国的谈话节目形态呈现出多彩斑斓的局面。

1. 谈话人物：电视谈话节目的灵魂

谈话节目依托人与人之间的对话交流，给观众提供直接见证沟通过程、感受当事人态度与反应的机会。参与谈话的人物是谈话节目的灵魂，谈话者的沟通能力、现场表现

① 尽管经考证，早在20世纪60年代，中国就出现了一些谈话形式的节目，但业内人士通常认为中国真正意义上的、新式的谈话节目发展始于20世纪90年代初期，以上海东方电视台的《东方直播室》和中央电视台的《实话实说》为代表；而中国谈话节目真正意义上的发展也常常被认为始于这一时期。

② 参见徐雷：《我国电视谈话节目的历史格局和流变脉络》，《湖南大众传媒职业技术学院学报》2004年第4卷第3期。

③ 参见周星：《新世纪中国谈话节目的现状和走向分析》，《南方电视学刊》2002年第1期。

能力和事件阐述能力，事实上决定着谈话节目的可看性，进而影响着谈话节目的竞争力和生命力。纵观谈话节目的发展历程，其谈话人物有一种由少向多、由专业向大众的发展趋势，越来越多的人物以不同的身份和角色加入到谈话节目当中，为谈话节目带来更丰富的观点和更宽阔的讨论空间。不同谈话节目对于谈话人物的选择和组合，则往往是影响其节目形态的重要因素。在谈话节目中，最重要的谈话人物莫过于主持人和嘉宾，主持人与嘉宾之间的互动谈话决定着谈话节目的逻辑主线；而诸如现场观众、嘉宾采访团和场外嘉宾/观众等谈话人物的出现，则在丰富和补充节目主线方面起到了重要作用。

主持人是谈话节目最具标志性和最重要的人物要素。谈话节目的主持人是否能适度地控制和调节现场气氛，是否能有效地调动嘉宾的情绪、打开谈话局面，是否能准确把握并适度回馈观众的兴趣点等等，都明显影响着节目的实际效果。和其他电视节目相比，谈话节目主持人对于本节目的贡献和影响尤为突出，也正因为如此，国内外不少著名谈话节目都以主持人来命名。应该说谈话节目的主持人与节目本身是一种相互成就、相互烘托的关系。主持人的出色发挥，是谈话节目可看性的保证，是谈话节目赖以差异化竞争的重要倚重；而谈话节目，尤其是品牌谈话节目所提供的舞台，则为主持人进一步巩固和发展自己在观众市场的影响力和号召力提供机会。目前，中国谈话节目市场上，已经涌现出不少品牌的谈话节目，由此成就了诸如崔永元、白岩松、杨澜、陈鲁豫和李静等一批明星谈话节目主持人。但在众多谈话节目中，拥有品牌主持人的只是少数，不少专业人士都认为目前中国电视谈话节目仍面临着缺乏具有全局控制能力和倾听能力的主持人的困境。对于个性化、品牌化和专业化谈话节目主持人的培养，将是影响中国电视谈话节目成长空间的关键。

谈话节目主持人的重要性在于其勾勒和掌握着谈话的脉络，谈话节目嘉宾的重要性则在于其提供谈话节目的“血肉”。在主持人的引导下，嘉宾娓娓道来的故事、经历和心得，是谈话节目观众关注的重点。谈话嘉宾是否健谈，影响着谈话节目的丰富性和饱满性；而谈话嘉宾本身的专业性、话题性和影响力同样也会影响观众对节目的收视兴趣。正因为如此，在谈话节目发展的早期，大多数谈话节目倾向于邀请名人明星，或者专业领域的专家，作为谈话对象。在2009年1—4月中国153个城市在播的190个节目中，73%的谈话节目仍然侧重于对演艺明星、体育明星、文化名人、专家教授、企业家和政府官员的谈话。当然，随着中国社会文化的不断发展，普通百姓在沟通、交流和表达方面的意愿日渐增强，在一些涉及生活和情感选题的谈话节目中，普通百姓逐步成为了主角，由此进一步强化了电视谈话节目的亲和性和贴近性。值得注意的是，谈话嘉宾从名人明星向平民百姓的转移，在丰富和拓展谈话节目选题范围和表现形式的同时，也进一步加剧了谈话节目“触探底线”的问题；抛开真实而进行的戏剧化和舞台化编排，正逐步成为中国谈话节目需要重视的隐患。

西方电视谈话节目在经历了多年的发展之后，才开始尝试在谈话节目中引入现场观众，而在中国谈话节目发展的早期，以《实话实说》为代表的谈话节目就开始将现场观众纳入了谈话的范畴之中。现场观众的出现，进一步增强了谈话节目的互动性，也让电视机前的观众有更强的见证和亲历体验。在众多的谈话节目中，除了少数以时政和财经为主要选题的谈话节目之外，大多数谈话节目都引入了现场观众元素。在这些节目中，现场观众的作用有三：一是作为话题的关注者和利益相关方，参与讨论，这种情况在一些讨论社会问题和政务民生的谈话节目中较为常见；二是作为观众，见证谈话过程，烘托现场气氛，并补充性地参与讨论；三是在作为观众之余，发挥营销作用，对参与谈话节目的名人明星或者对谈话节目的冠名赞助单位产生宣传效应，比较常见的就是演艺明星谈话节目中出现的“粉丝团”和“助威团”。

除现场观众之外，嘉宾采访团也逐步成为不少谈话节目借以增强互动性和讨论性的一种手段。所谓嘉宾访问团是指由谈话节目邀请参与节目的，与主持人一起共同与谈话对象进行交流的嘉宾。这些嘉宾可能是媒体记者，例如在不少地面频道热播的明星谈话节目《最佳现场》就组织了八人的记者团，在现场对嘉宾进行深入访问；这些嘉宾也可能是与所谈论的话题和人物有一定相关性的专业人士和知名人士，例如在上海东方卫视《波士堂》节目中，就会邀请三位来自企业界、媒体界和学术界的专业人士，与主持人共同对嘉宾企业家进行谈话，并进行讨论。访问团的出现，为谈话节目提供了新的发挥空间。对于普通观众而言，访问团较现场观众相比多一些专业性，较主持人相比少一些舞台化的设定，更容易给观众一种可信的开放性的感知。

为丰富谈话的表现形式，将更多场外的嘉宾和观众融入到谈话节目中，借助外景谈话，对与谈话对象相关的嘉宾，或者随机偶遇的路人进行采访，在电视谈话类节目中逐步风行。当然，由于技术条件的限制，且谈话节目往往没有太强的时效性要求，因此大多数谈话节目采取录播的形式，对场外嘉宾/观众的采访也往往采用录播的形式，较少能与现场谈话同步进行。受此影响，外景谈话的设定性和编排性会相对突出，它更多地可以作为现场谈话的一种补充，难以成为影响谈话进程的主要力量。

2. 谈话形式：电视谈话节目的构架

谈话节目以谈话为主要内容表现形式，日常生活中的各种谈话形式——对话、讨论和辩论等等——都被悉数搬上了谈话节目的舞台。这其中，“对话”形式在中国的电视谈话节目中采用得相对普遍。在大多数电视谈话节目中，尤其是侧重于对人物进行谈话的节目中，“对话”往往是通过主持人对嘉宾的采访来实现。无论是主持人对嘉宾一对一的谈话，还是主持人对多个嘉宾的同时谈话，或者主持群、嘉宾群对采访对象的谈话，都往往采取问答的形式来进行，主持人和嘉宾并不处于对等的交流状态之中。也正因为这种谈话形式的存在，主持人是否会提问，或者主持人在提问中采取什么样的姿态和口吻，往往会影响谈话节目的品质。从众多业内人士针对谈话节目撰写的分析文章来看，以采访为谈话形式的节目主要是想向观众展示嘉宾的经历、态度和感受；在这类节目中主持人过分强势或者强化自我表现往往会成为谈话节目的“败笔”，而善于引导和倾听，让嘉宾充分讲述自身感受和故事的主持人，则往往会得到观众市场和专业人士的认可。

与采取对话形式的谈话节目不同，采取讨论甚至是辩论的谈话节目较少关注嘉宾本身，而更多地关注谈论的主题和事件。这种谈话形式，需要主持人、嘉宾和现场观众等谈话者就节目选题进行充分地探讨和辩论，以提供“冲突性”的看点。在这类谈话节目中，主持人能调动讨论气氛，把握讨论方向固然重要，主持人能够充分发挥自身学识和经历，成为辩论方同样能形成节目的特色，例如《锵锵三人行》中的窦文涛。讨论或者辩论形式谈话节目的舞台冲突性较强，需要节目制作人和主持人有很好的话题把控能力。有鉴于此，目前中国采取讨论和辩论形式的谈话节目多以情感和社会生活话题为突破口进行发展，逐步为中国观众创造一个更具开放性的媒体环境。

3. 辅助视听要素：平实交流的舞台演绎

相较于日常谈话和广播谈话节目，电视谈话节目的一个突出优势，就是将平实的谈话形式进行舞台化的升华。它除了能让观众亲眼见证名人或事件当事人的谈话过程之外，还可以综合利用电视舞台的声光效果，营造更为立体、纵深和生动的谈话氛围。在中国谈话节目的发展过程中，谈话元素实现了与各种电视节目表现手法相结合。其中最典型的即为纪录片手法在谈话节目中的广泛应用。在不少以新闻时事、社会生活和情感问题等为主题的谈话节目中，节目编导都大量使用纪录片的手法，对讨论主题或者事件进行纪录和“重现”，并将其作为组织内容线索和逻辑的重要辅助手段；这一手法不仅让谈话节目的表现形式更为饱满，而且有利于进一步强化观众的亲历感受。除了纪录片的表现手法之外，不少谈话节目还适时地将综艺节目中的表演和游戏等表现手法引入谈话节目的现场，作为对谈话环节的补充，实现对谈话节奏的调节和控制。

在声光要素的应用方面，谈话节目会根据谈话主题以及节目定位的需要，对舞台布景和声光进行设计和调控。例如，新闻谈话节目通常会选择比较严肃、正统和简洁的舞台布景；以影视节目为主题的谈话节目，则往往会大量使用电影海报和明星照片为布景；侧重于挖掘嘉宾情感故事的节目，通常会选择营造温馨，让人容易放松的气氛；而针对年轻观众制作的娱乐明星谈话节目则经常选择炫彩华丽的布景。在营造出适合谈话的视觉氛围之后，谈话节目还会在谈话过程中，适时加入或煽情、或温馨或激昂的音乐，配合主持人与嘉宾的谈话情绪；最具代表性的例子即是中央电视台的品牌谈话节目《艺术人生》经常在主持人需要煽情的时候，配入柔和动人的钢琴曲，引得谈话嘉宾潸然泪下。

二、谈话节目的内容选题分类及发展现状

正如英国学者约翰·埃利斯所指出的那样，谈话节目拥有处理任何一种主题内容的能力。从国家政治经济要闻，到社会文化艺术、市民生活情感，几乎所有能够在电视节目中展示的内容都可以借助谈话节目，获得新的表现形式和内容空间。中国早期的电视谈话节目大多与政治、经济和艺术界名人为谈话对象，谈论的内容更多地集中于专业和高端领域。而随着中国社会民主化进程的推进，以及社会文化的多元化和开放性发展，谈话要素开始向各种话题领域拓展，在一批雅俗共赏的谈话类节目脱颖而出之后，一些分

众化和专题性的谈话节目也涌上了电视荧屏，推动着谈话节目的多元化。

1. 谈话节目的内容选题分类

谈话节目的内容选题可以粗略地分为人物和事件两大类，区分两大类内容选题的关键在于在谈话节目中，观众是因为对谈话对象的最初兴趣而关注谈话过程中谈及的事件，还是因为对访谈话题的最初兴趣而关注参与谈话过程的人。据此，我们将因人而起的谈话节目归为人物类谈话节目，将因事而起的谈话节目归为事件类谈话节目。其中人物类谈话节目多为针对社会知名人士或行业专家的谈话节目，这些人物因自身的成就和社会影响而在观众中具有较强的吸引力。人物类谈话节目以这类名人为看点，借助观众对名人背后的故事的强烈兴趣，吸引大众眼球。事件类谈话节目则多为针对社会政治、经济和文化热点，邀请专家、当事人或利益相关方进行谈话的节目，在这类谈话节目中，所有的谈话都围绕主题事件而展开，谈话嘉宾的作用主要是通过其主观反应和态度，从不同的侧面对事件进行补充说明和阐释，引导观众发觉事件的更多层面和维度。

依据人物的职业属性，可以将人物类谈话节目进一步细分为明星类谈话节目、政企精英类谈话节目、文化名人类谈话节目和混合类谈话节目。其中明星类谈话节目侧重于对演艺界和体育界的明星进行访问，谈话内容涉及明星个人生活、成长经历、才艺技能、近期作品和社会活动等多个方面，是目前人物类谈话节目的主流。政企精英类谈话节目主要以政府高层和知名企业主为谈话对象，谈话内容或涉及个人经历、或涉及时事热点、或涉及企业经营，这类谈话节目通常以高端人群为目标观众定位，具有较高的品质；文化名人类谈话节目在目前的电视谈话节目中属于较为小众的节目类型，主要以作家、画家或摄影家等文化艺术名人为谈话对象，内容则主要偏重个人经历、文艺流派和个人作品等等。混合类谈话节目则混合上述三类节目中的名人为谈话对象，人物和话题较为丰富。借助名人明星的号召力，人物类谈话节目在中国谈话节目市场中占据着重要的地位，诸如《鲁豫有约》、《杨澜访谈录》和《对话》等谈话节目在收视市场上都有不小的号召力。

事件类谈话节目包罗万象，根据事件的属性，也可以将其大致分为政务民生、情感谈话、平民生活、政经热点、社会文化、成长教育和体育谈话等几类。其中政务民生类谈话节目在近几年的城市电视市场上非常活跃，这类谈话节目通常会邀请当地政府相关主管部门的领导，与观众一起探讨与政务民生相关的话题，例如社会保险、就业、教育和城市环境等等。政务民生类节目常常被视做是当地政府与老百姓之间进行交流和沟通的平台，起着信息上传下达的作用，非常受各地政府部门的关注，也颇受当地观众所拥戴。情感类谈话节目亦是当前谈话节目市场上较受追捧的一种节目类型，在我国社会发展从阶级斗争为纲转移为以人为本之后，个人情感和家庭情感问题开始得到社会更多的关注，情感节目得以兴盛。情感谈话节目以展示、疏导和沟通为目的，引领观众关注不同类型的情感话题。值得注意的是，部分情感节目在制作过程中过分强调冲突和矛盾，呈现出低俗化和暴露化的倾向，成为当前电视谈话节目发展过程中的一大隐忧。平民生活节目将话题锁定在百姓生活中的家长里短，关注邻里关系、劳资关系、同事关系等多种平民生活话题，在服务百姓日常生活的过程中，也一定程度上出现了琐碎化和低俗化的倾向。政经热点类谈话节目主要关注近期发生的政治经济热点事件，往往会邀请相关的专家对事件进行深入剖析，对播报类新闻节目形成有益的补充。社会文化类谈话节目则主要以文化为题材，邀请专家和热心人士参与讨论。成长教育类谈话节目和体育谈话类节目也是两类比较小众的谈话节目，分别侧重少年儿童教育问题和体育赛事与事件（表1）。

表1　电视谈话节目分类

人　物	明　星	事　件	政务民生
	政企精英		情感谈话
	文化名人		平民生活
	混　合		政经热点
			社会文化
			成长教育
			体育谈话

2. 人物类和事件类谈话节目发展现状

在对2009年1—5月在播的190档谈话节目进行分析的基础上，可以大致了解中国电视谈话节目的发展现状。从播出节目个数的角度来看，在播的节目中40%的为人物类谈话节目，另外60%为事件类谈话节目。由于人物类谈话节目需要明星名人资源作为支撑，而明星名人资源又相对有限，再加上仅有少数的中央级和省级频道，以及部分民营制作公司有资源和财力维持连续性的明星名人谈话节目，因此人物类谈话节目的数量相对有限。相比较来说，事件类谈话节目所涉猎的范围比较广泛，从名人专家到普通百姓都可以参与到此类节目的制作当中，与此同时事件类谈话节目的制作成本相对低廉，从中央到地方的各级频道都有能力承担此类谈话节目的自制成本，因此事件类节目的制作数量相对较多。

尽管人物类谈话节目的制作量远不如事件类谈话节目，但由于部分人物类谈话节目由强势电视台和民营制作公司制作，会进行相对广泛的市场发行（例如由香港无线电视台制作的《星星同学会》在引进之后，就在14个城市或卫视频道进行了播出，而由光线传媒制作的《超级访问》也在十余个城市频道播出），因此人物类节目的播出时间比重要远比其制作数量比重高。据CSM媒介研究2009年1—5月在全国153个城市的调查结果，人物类谈话节目的播出时间占据所有谈话类节目的73.39%。借助播出量的优势，以及明星名人更强的收视号召力，人物谈话类节目在谈话节目整体收视中所占的比例更是高达76.03%（图1）。

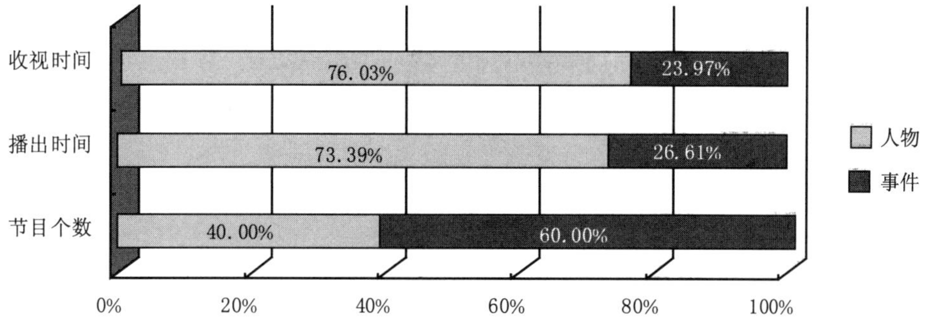

数据来源：CSM媒介研究

图1 2009年1—5月人物和事件类谈话节目的播出个数及收播比重(153城市)

在中国不断演化发展、竞争日趋激烈的节目市场上，谈话节目凭借其特有的表现手法和亲和力，在观众收视中逐步拥有了自己的席位。尽管在谈话节目多样化发展的过程中，出现了一些值得业内外人士共同关注的问题，有待规范，但谈话节目向各类节目的持续渗透，并带动中国电视传播语言观念进一步发展的态势，将会继续对电视市场带来有利影响。

中国电视人物谈话类节目的特色及收视

吴东

随着电视事业的发展，我国电视节目形态日益丰富，每种电视节目形态的内部细分也日趋多样。作为电视谈话节目的细分形态之一，电视人物谈话借助电视媒介，通过访谈社会各个领域的人，围绕中心人物展开谈话，以访谈方式凸显人物的人生经历、性格特点及其思想感情，提炼人生哲理，体会人生百味，发掘人性中的真善美，彰显人文精神，以之影响和启迪电视观众。

近年来，电视人物谈话类节目在国内获得了一定的发展。本文将分析我国电视人物谈话类节目的主要类型、个性特色和收视情况，并从具体的节目案例出发，盘点国内较受关注的一些谈话类节目，如寻访拥有特殊经历的人物，一起见证历史、思索人生、号称中国“奥普拉”的《鲁豫有约》，以及分享“BOSS”个性魅力、商业智慧和人生哲学的高端人物脱口秀节目《波士堂》。

一、电视人物谈话节目的总体收视状况

电视人物谈话类节目不能算是大众节目，收视自然不可能与“三驾马车”——电视剧、新闻和综艺类节目相抗衡。针对2009年前5个月播出的电视人物谈话类节目，卫视中收视领先的节目主要来自于中央台、湖南卫视和上海东方卫视，其中湖南卫视周日21：00播出的《背后的故事》收视率明显高于其他节目，达到1.39%，而其他频道播出的电视人物谈话类节目的收视率都在1%以下（表1）。

表1　2009年1—5月卫视中收视较好的人物谈话类节目（153城市，18:00—24:00）

节目名称	播出频道	收视率%
背后的故事	湖南电视台卫星频道	1.39
艺术人生	中央台三套	0.77
天下女人	湖南电视台卫星频道	0.41
家庭演播室	上海东方卫视	0.32
面对面	中央电视台新闻频道	0.27
杨澜访谈录	上海东方卫视	0.26
对话	中央台二套	0.21
远大论道	贵州卫视	0.15
听我非常道	湖南电视台卫星频道	0.15
可凡倾听	上海东方卫视	0.13

数据来源：CSM媒介研究

电视人物谈话类节目的观众特点主要用观众构成和集中度两个指标来表征“什么人在收看这个节目”和“什么人更爱看这个节目”。电视人物谈话类节目的观众构成是女性高于男性，年龄以25—54岁观众比例最高，学历以初高中学历比重最高；在观众集中度上反映出，女性、45—64岁，月收入1200元以上观众更喜欢收看此类节目。（图1）。

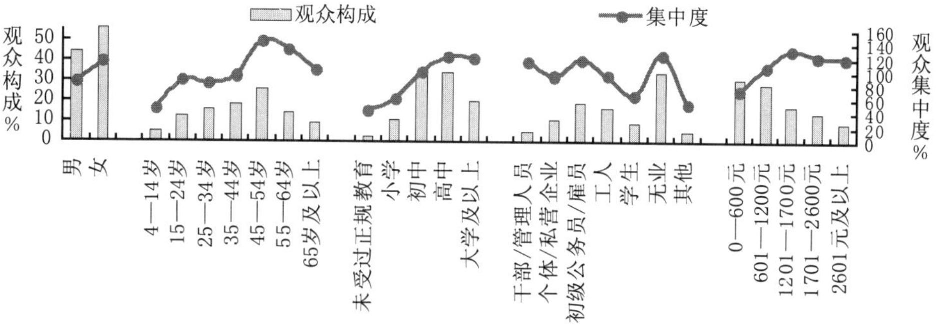

数据来源：CSM媒介研究

图1 2009年1—5月电视人物谈话类节目观众构成及集中度(153城市，18:00—24:00)

二、不同类型的人物谈话节目收视特点

人物谈话类节目是以“人”为看点，借助人的故事来吸引观众，依据不同职业属性，将人物谈话类节目分为明星类谈话节目、政企精英类谈话节目、文化名人类谈话节目和混合类谈话节目。明星类谈话节目主要针对演艺明星和体育明星的访问，这是人物谈话类节目中最大的一类，占到播出总量的七成。政企精英类谈话节目主要以政府高层和知名企业主为访谈对象；文化名人类谈话节目在目前的电视谈话节目中属于较为小众的一类，主要以作家、画家或摄影家等文化艺术名人为访谈对象。混合类谈话节目则综合上述三类节目中的名人为访谈对象，人物和话题较为丰富。

2009年1—5月、18:00—24:00时段、153城市在播的近80档人物谈话类节目中，从播出节目个数的角度来看，在播的节目中61%的为针对娱乐明星和体育明星的明星类谈话节目，27%为政企精英类谈话节目，文化名人类谈话节目和混合类谈话节目两类加在一起占到12%。从播出时间角度来看，明星类谈话节目占72%，政企精英类谈话节目占22%，其余两类合计6%。从收视时间角度来看，明星类谈话节目占85%，政企精英类谈话节目占13%，其余两类合计只有2%(图2)。

对于四类人物谈话类节目与特征人群的性别、年龄、教育程度、职业和个人月收入这五个指标进行对应分析，两者越接近，说明这类人群越喜欢收看这类节目。明星类谈话节目吸引的是年龄在25岁以下、学历初高中、特别是女性观众；政企精英类谈话节目和混合类谈话节目吸引的观众较类似，为45—54岁、男性、干部/管理人员。

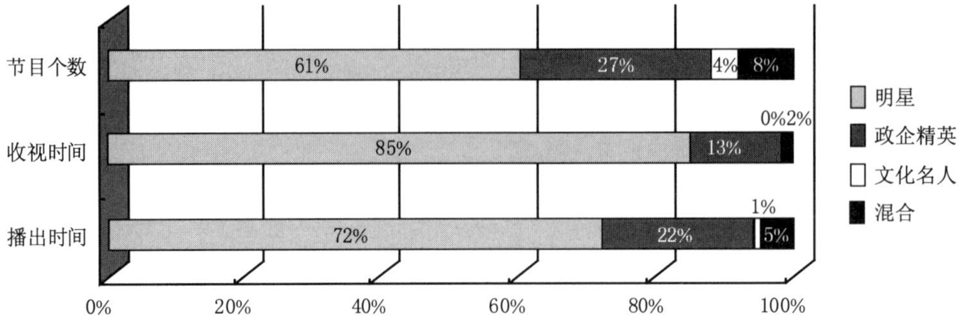

数据来源:CSM 媒介研究

图 2　2009 年 1—5 月各类人物谈话节目的播出个数及收播比重(153 城市,18:00—24:00)

三、典型节目分析

从上面的分析中我们已经看出,四类人物谈话节目中,播出量和收视量最大的两类是明星谈话和政企精英谈话节目,而文化名人类谈话节目和混合类谈话节目两类在数量上共占 12%,播出和收视比重合计均不足 5%。因而,在下面的分析中,我们仅选择播出和收视较具规模的明星谈话类和政企精英类节目的两个典型节目,对其播出收视状况和节目特色作一介绍。

(一)明星谈话类节目——《鲁豫有约》①

明星谈话类节目是目前播出量最大的一类人物谈话类节目,占到播出总量的七成,其中不乏具有相当影响力的节目,像中央台三套《艺术人生》,湖南卫视《背后的故事》、《天下女人》,上海东方卫视《杨澜访谈录》,凤凰卫视《鲁豫有约》,还有一些地面频道也播出了一些具有地方特色的明星谈话类节目,像上海娱乐频道《家庭演播室》,北京台科教频道和财经频道的《非常夫妻》及《超级访问》。

1. 节目简介及特色

2002 年 1 月 1 日,凤凰卫视向全球华人同步推出周播节目《鲁豫有约——说出你的故事》,2002 至 2004 三年间,《鲁豫有约》先后访谈了 156 位人物,他们中既有记录共和国历史、承载着几代人集体记忆的尘封人物,也有曾经在前台呼风唤雨、后来却备受争议的焦点人物。2004 年底,面对中国谈话类电视节目争相模仿、数量激增的市场环境,《鲁豫有约》悄然酝酿新的风格和模式,毅然转战内地市场。2005 年伊始,北京能量影视传播公司接手《鲁豫有约》,更名为《说出你的故事——鲁豫有约》,依托原班制作人马,把节目搬

① 参见江苏省广播电视总台(集团)和 CSM 媒介研究:《中国电视情感节目市场报告 2007－2008》,62 页。

进了1000平米的大型演播室，每集除了嘉宾还邀请300位现场观众，更由原来的周播改为周一至周五日播、长度50分钟的节目，在全国30余个省级和地方电视台的不同时段播出。

《鲁豫有约》有以下几个特色：

- 明星主持人具有高超的谈话艺术

电视人物谈话类节目中主持人与嘉宾往往素不相识，或了解肤浅，在这种情况下，要使谈话者卸去彼此间角色的面具，形成真诚、朴实的交流，主持人的态度非常重要。首先，陈鲁豫的谈话很真诚，不会让人感觉是在“做秀”，容易得到嘉宾真诚的回应。另外，陈鲁豫在谈话过程中对嘉宾还表现出了充分的尊重，在相互尊重的平等语境中对话，营造了一个安全、温暖的氛围。最后，陈鲁豫是个聪明的倾听者。节目中，她常常把大部分时间交给嘉宾，让嘉宾充分表达，而她多以一个倾听者的姿态出现。

- 话语空间广泛，选题独具匠心

《鲁豫有约》明确了“说出你的故事”的节目定位，邀请的嘉宾都是“有故事的人”，《鲁豫有约》从以往对历史人物和名人明星的关注发展到“对中国当下社会的全面关注”，话语空间更加广泛，更加民间化。

同时，《鲁豫有约》的选题也颇为独具匠心。节目选题大致可分为以下几类：一是对当下话题人物和新闻人物的关注，《鲁豫有约》对这些人物关注的出发点是他们身上发生和正在发生的故事，抓住了这些“新闻眼”而不是人物本身，节目才有了精髓，才可以常做常新。二是对有特殊经历的历史人物的关注。通过见证过历史沧桑的嘉宾的诉说，节目不但可以在经历过同样时期的观众中引起共鸣，也让年轻的观众从另一个角度了解历史。三是对系列节目和特别事件的策划。特别把镜头对准了人们关心的社会热点和硬朗的社会话题，利用合理的尺度深刻挖掘有价值的选题。

- 直指内心的情感表达和积极正面的情感诉求

《鲁豫有约》虽然节目题材广泛，被访人物身份差异迥然，但是节目在情感的表达与传递上有着统一的诉求——直指内心，启迪美好，在感动和感悟中树立健康积极的价值观。在《我为整容狂》一期节目的结尾，鲁豫以一个朋友的口吻告诫大家：“如果不是心理或工作的需要，我还是建议大家不要去整容，相信你是最美的。”类似这样的质朴、坚韧、温暖、真挚的话语在《鲁豫有约》中很多，在带给观众心灵的抚慰的同时，也引导观众树立健康积极的价值观。

2. 节目播出与收视

虽然《鲁豫有约》在全国很多省级和地市级地面频道播出，但在全国市场上，收视表现最好的还是在凤凰卫视中文台上的播出。《鲁豫有约》在凤凰卫视中文台上的首播时间是周一至周五的10:05—11:00，重播是周二至周六的01:20—02:15，播出时长为50分钟。2009年前5个月153个城市数据显示，收视率较高的几天是在2009年1月1日，2月4日，4月6日，5月30日和31日。

观众构成和观众集中度两个指标结合起来可以考量节目的观众特点，数据分析显示，《鲁豫有约》在凤凰卫视中文台上首播的观众构成主要以女性，25—64岁，初高中和大学及以上学历的观众为主；观众集中度则明显表现出高学历高收入和高年龄段的喜好特征（图3）。

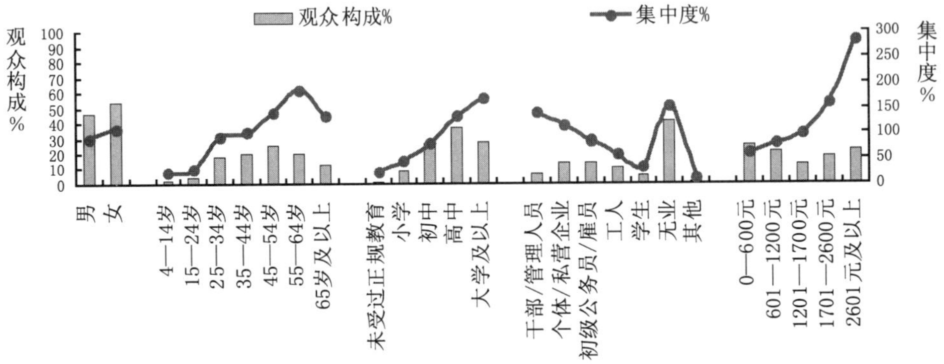

数据来源：CSM媒介研究

图3　2009年1—5月《鲁豫有约》在凤凰卫视中文台首播的观众构成和集中度（153城市）

从对《鲁豫有约》节目特色的分析中，我们不难看出，明星类电视人物谈话节目要想获得观众的认可和关注，除了所邀请的明星嘉宾有吸引力以外，还有两个重要的因素是不可或缺的：主持人和积极的情感诉求。主持人的重要性主要体现在其所面对的嘉宾一般都是星光熠熠的演艺或体育明星，在节目有限的访问时间内如何引导嘉宾围绕既定话题，真诚而愉快地交流，搭建一个轻松愉悦的"话场"非常重要。同时好的谈话节目主持人不但要会谈，还要会听。通过倾听，主持人能够进一步思考话语的衔接、贯穿，最终节目也有了自己的灵魂。除了主持人的重要作用以外，节目本身的切入角度和情感诉求也非常重要，通过与明星的交谈，观众可以得到各种各样的信息，从哪些方面呈现明星嘉宾的风采，引导观众体验明星的情感过程，对于突出节目的品位具有重要的作用。对于目前播出和收视数量最大的明星类电视人物谈话节目来说，要想在激烈的市场竞争中脱颖而出，除了邀请重量级的明星嘉宾以外，这些问题同样需要关注。

（二）政企精英类节目——《波士堂》[①]

政企精英谈话类节目也是播出量较大的一类谈话类节目，占到播出总量的两成多，其中较具影响力的节目有中央台二套《对话》，中央台新闻频道《面对面》，上海东方卫视和第一财经播出的《波士堂》、《头脑风暴》，湖南卫视《听我非常道》。下面我们仅对《波士堂》进行分析。

---

① 转引自郭毅：《从〈波士堂〉到〈咏乐汇〉——电视谈话节目的创新》，http://www.byzc.com/zhuanye/YanJiuChuangZuo/4896.html。

1. 节目简介及特色

2006 年开播的《波士堂》打出的是“国内第一档商业脱口秀互动电视节目”的旗号，其实质是一档带有脱口秀性质的人物谈话节目。节目打破以往电视财经节目严肃有余的纸媒化倾向，将轻松睿智、人性化、平民化的电视表达手段充分融入到节目中来。

《波士堂》具有以下几点特色与创新：

- 实施明星主持人战略

电视谈话节目归根到底要整合大众传播和人际传播，因此主持人要素显得尤为重要。《波士堂》开播的两年时间里换过一次主持人。前任主持人曹启泰是台湾和新加坡的资深节目主持人，他本身的传奇经历以及其幽默风趣而不失大方的主持风格与节目诉求相得益彰，并能迅速抓住观众眼球。现任主持人袁鸣原来以《波士堂》的观察员身份经常做客节目，选用袁鸣接替曹启泰担纲主持，对节目延续性而言是最佳选择。

- 设置观察员

《波士堂》每期节目都会邀请一位重量级的商业精英作为主角，同时节目还创造性地设置了观察员这一角色。每期的三位观察员来自企业界、文化界或演艺界，这三位观察员大多熟悉嘉宾或是嘉宾的朋友。《波士堂》观察员的设置一方面有利于解放主持人，弥补主持人在专业问题上的缺位，观察员和被采访者之间的对话、思想交锋是整个节目的核心和亮点，而主持人则充分主导节目进程和节奏。二是有利于形成话语互动体系，深入发掘嘉宾的内心，使观众看到一个更丰满的嘉宾形象。

- 整合媒体，立体化传播

随着新媒体的不断涌起，媒体间的竞争日益加剧。作为传统意义上的大众传播媒介，电视如何突出重围？《波士堂》在传播上的最大特色在于其大胆整合电视与网络两大媒介，首次尝试网络直播。这一举措毫无疑问突破了长期以来我国电视谈话节目录播的瓶颈。再加上后期制作完成后实现电视播出，电视、网络双线启动，大大增加了节目的收视人数。

2. 节目播出与收视

《波士堂》在东方卫视和第一财经频道播出，在这里我们分析《波士堂》在上海东方卫视上的收视情况。《波士堂》在上海东方卫视的播出时间是每个周六的 12:30，播出时长 60 分钟。2009 年前 5 个月 153 个城市数据显示，收视率较高的几天是在 2009 年 1 月 3 日，2 月 7 日和 5 月 9 日。

观众构成和观众集中度两个指标结合起来可以考量节目的观众特点，数据分析显示，《波士堂》在上海东方卫视上播出的观众构成主要以女性、25—64 岁、初高中和大学及以上学历的观众为主；观众集中度则明显表现出高学历高收入和高年龄段的喜好特征（图 4）。

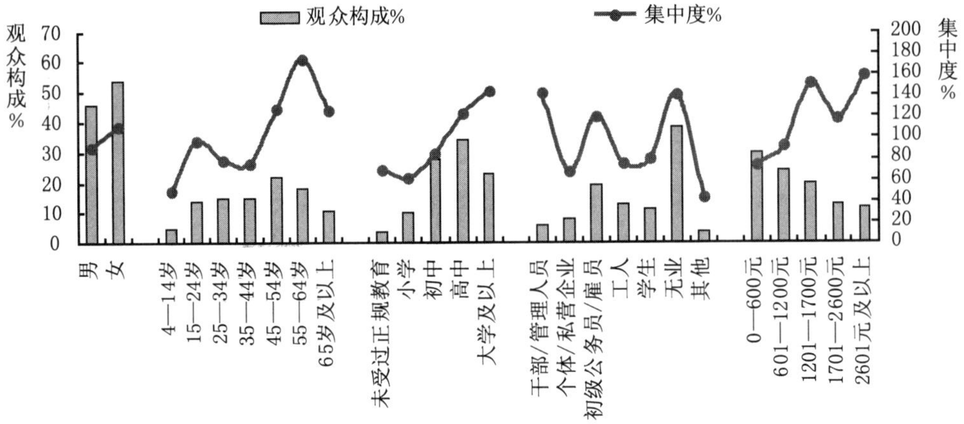

数据来源:CSM 媒介研究

图 4　2009 年 1—5 月《波士堂》在上海东方卫视上播出的观众构成和集中度(153 城市)

通过对《波士堂》的节目特点及收视的分析,我们可以看出,对于政企精英类的电视人物谈话节目来说,由于其访谈的嘉宾多为政府高层或知名企业家,在谈话的过程中如何充分展现嘉宾的个性,强化嘉宾电视形象的亲和力非常关键。从表现手段上,以《波士堂》为例,节日采用嘉宾、主持人、观察员这一铁三角式的立体化现场构成,主持人负责主导现场,拥有与嘉宾平等地位的观察员通过对嘉宾的提问,更容易深入发掘嘉宾的内心,丰富嘉宾形象,三者形成一种在主持人掌控下的嘉宾和观察员之间的平衡。对于针对高端收视群体的政企精英类节目来说,在选择有一定话语影响力的政企界嘉宾和选择有一定深度的讨论话题的同时,思考如何在谈话的过程中运用多种手段和方法,打造一个全方位的话语体系,不断寻求创新,可以为节目开拓更为广阔的发展空间。

中国事件谈话类电视节目的特色及收视

周欣欣

1996 年 3 月 16 日，中央电视台新闻评论部推出的新栏目《实话实说》开播了，通过主持人、嘉宾、观众的共同参与和直接对话，节目在轻松的氛围中展开了对社会生活和人生体验的现场交谈，[①]开创了中国电视谈话节目的一个新时代。与电视人物谈话节目的“星光熠熠”不同，像《实话实说》这样的事件谈话节目更注重对事件、情感、经历和文化的深度挖掘，打破了只有明星才能成为收视保证的铁律，在中国电视谈话节目中开辟了以寻常百姓视角探讨社会生活和人生体验的先河。本文对政务民生、情感谈话、社会文化、平民生活、政经热点、成长教育和体育谈话七类事件谈话节目做一分析，从整体播出与收视概况、节目受众特征和典型案例介绍三个维度，对该类节目进行解读，与大家共享。

一、事件谈话节目整体播出、收视情况

事件类谈话节目由于其相对低廉的制作成本和相对广泛的涉猎范围，因而在制作数量上较人物谈话节目更多。而在事件类谈话节目内部，由于选题切入点的不同，各类题材的节目制作数量也存在差异：政务民生、情感谈话和平民生活类节目由于所探讨内容与观众日常生活和情感经历更为贴近，因而制作数量较多，所占比重超过 20%；社会文化类节目也由于拥有相对广泛的文化题材而占据 17%的份额；政经热点类节目的制作数量相对要低，仅占 8%；而成长教育和体育谈话类节目由于相对小众化，因而制作数量也较少。

从各类节目的播出和收视时长来看，情感谈话节目无疑是目前最受电视台青睐的一个类型，播出比重超过事件类谈话节目播出总时长的三分之一，而其突出的市场表现则反映出观众对其的收视热情，收视比重达到 41.4%。此外，政务民生、平民生活和社会文化类谈话节目也是播出时间较长的类型，播出比重都在 10%以上，而从收视的角度来看，除了这三类节目以外，播出量为 7.4%的政经热点类节目获得了 13.6%的收视份额，也是广受观众喜爱的类型之一。与这些类型相比，成长教育和体育谈话类的节目播出和收视比重均不高(图 1)。

数量众多的事件类谈话节目，在全国各级频道中均有播出。而从各类节目的收视情

① 参见 CCTV：http://www.cctv.com.cn/program/talkshow/index.shtml。

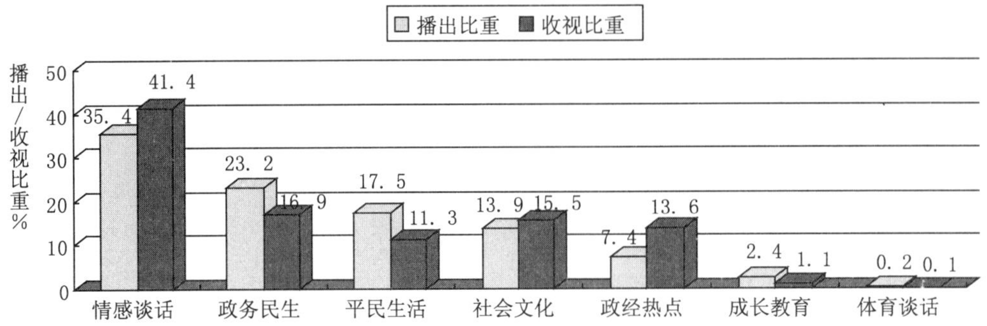

数据来源:CSM 媒介研究

图 1　2009 年 1—5 月各类事件谈话节目收播比重(153 城市,18:00—24:00)

况来看,不同级别频道中播出的节目类型也有所差异。社会文化和政经热点类事件谈话节目,由于节目本身对新闻资源、话语影响力和文化层次的要求较高,因而在中央级频道和省级卫视中播出较多,获得的收视效果也相对更好。与之相反,政务民生类谈话节目由于其特定的题材选择和目标受众,在地面频道播出更多,同样也是在这样的播出平台上更易获得观众的关注。成长教育类节目则多在各地的教育电视台播出,与节目本身的受众定位更加契合。像情感谈话和平民生活两类较具市场潜力因而竞争更为激烈的节目,则在上星频道和地面频道中均有播出,省级卫视更多地从与自身定位契合的角度倾力打造一些品牌栏目,一些较具实力的地面频道也会通过对现有资源的整合推出有影响力的情感类谈话节目(表 1)。

表 1　2009 年 1—5 月各类收视较好的事件谈话节目举例(153 城市,18:00—24:00)

类别	节目名称	播出频道	类别	节目名称	播出频道
政务民生	做客生活帮	山东电视生活频道	情感谈话	涛出心里话	浙江卫视
	沟通	天津卫视		缘分	中央台四套
	谁赞成谁反对	浙江电视台钱江都市频道		寻情记	湖南电视台都市频道
	民情民生大家谈	兰州电视台新闻综合频道		情牵 1 线	南方电视台经济频道
	第 1 访谈	杭州电视台综合频道		天舒工作室	黑龙江电视台卫星频道
成长教育	成长	江苏教育电视台	社会文化	文化访谈录	中央台三套
	教育人生	中国教育台一套		小崔说事	中央电视台新闻频道
	观点	辽宁教育台		五星夜话	北京卫视
	名师名校	辽宁教育台		一虎一席谈	凤凰卫视中文台
	成长	福建教育台		任讲唔嬲	广东电视台珠江频道
平民生活	乡约	中央台七套	政经热点	新闻会客厅 两会特别节目	中央电视台综合频道
	立白温暖中国农民工	贵州卫视		实话实说	中央电视台新闻频道
	东升有约	南京电视台新闻综合频道		新闻会客厅	中央电视台新闻频道
	品味	河北卫视		22 度观察	深圳卫视(新闻综合频道)
	真情讲述	广西电视台卫星频道		风言锋语	上海电视台纪实频道
体育谈话	强强三人组	上海电视台体育频道			

数据来源:CSM 媒介研究

二、事件谈话节目观众特征

正是由于不同的谈话话题所要解决的问题不尽相同，在谈话对象的选择上也存在差异，因而其在不同目标观众中受到的关注也有所不同。从观众结构来看，收看体育谈话、社会文化和政经热点类节目的男性观众明显多于女性，而收看政务民生、成长教育和情感谈话的女性观众则多于男性。从年龄来看，体育谈话节目在15－34岁观众中所占比重明显高于其他类型，成长教育类节目则在45－54岁观众中所占比重最高。从学历来看，收看社会文化、体育谈话和政经热点类节目的高学历观众比例明显高于其他类型，收看政务民生、情感谈话和平民生活类节目的初中学历观众中所占比重更高。从职业类别来看，收看成长教育类节目的工人观众所占比重最高，收看体育谈话节目的学生和初级公务员/雇员观众比重更高。从收入来看，中低收入观众对政务民生、成长教育、情感谈话和平民生活类节目的收视比重更高，而收看体育谈话和社会文化类节目的中高收入观众所占比重更高(图2)。

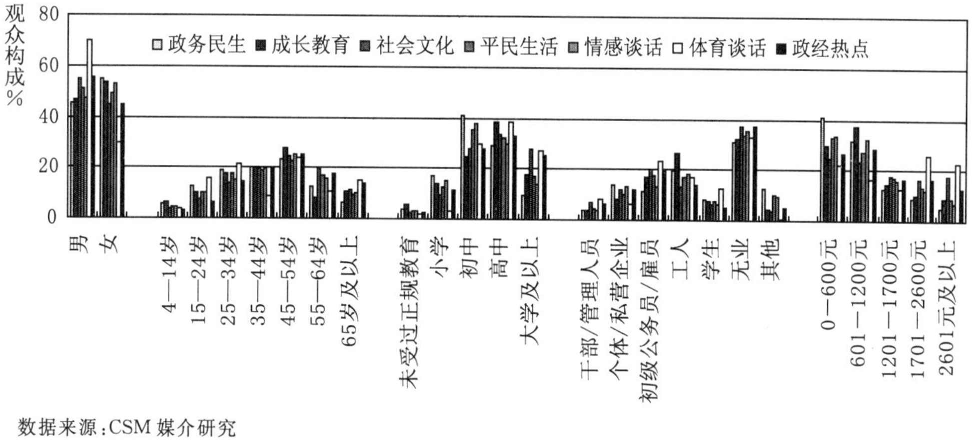

数据来源：CSM媒介研究

图2　2009年1—5月各类事件谈话节目观众构成(153城市，18:00—24:00)

对各类节目观众集中度的分析，进一步反映了不同类型的事件谈话节目在不同目标受众中的收视偏好的差异。成长教育类节目明显受到年轻学生观众和工人观众的喜爱；体育谈话类节目则在男性、老年和高收入群体中更受青睐；政经热点和社会文化类节目，受到高学历、中高收入和干部/管理人员的追捧；情感谈话和平民生活类节目在中等学历、中等收入、中年观众中更具影响力；而政务民生类节目则受到女性、45－54岁、月收入1200元以下观众的青睐(图3)。

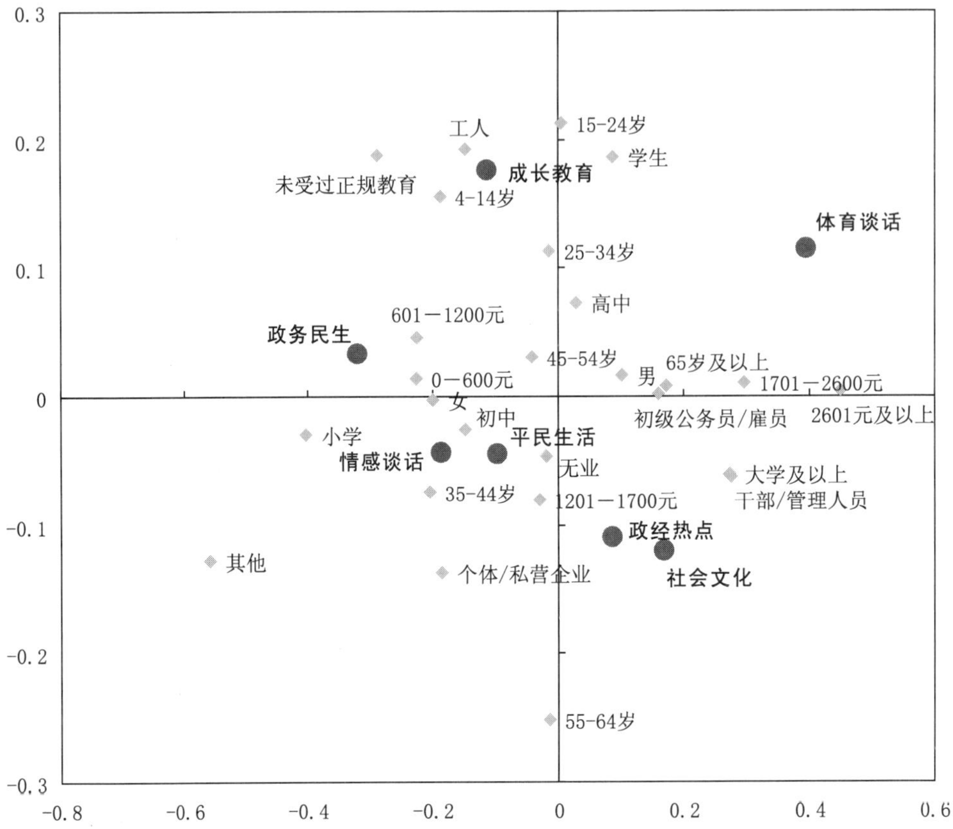

数据来源:CSM 媒介研究

图 3 2009 年 1—5 月各类事件谈话节目观众集中度对应分析(153 城市,18:00—24:00)

三、典型事件谈话节目分析

在下面的分析中,我们就对各类事件谈话节目中具有一定特色的典型节目进行分析,力图以小见大,从典型节目的分析中发掘每类节目的特点,体育谈话类节目由于案例数量的限制,在本文中暂不做分析。

1. 情感谈话类节目——《涛出心里话》

电视情感谈话类节目是随着社会转型期公众精神需求的日益强烈而发展起来的。现代社会不断加快的工作和生活节奏使人们面临的压力不断增加,由此产生的心理障碍、家庭矛盾、情感纠纷为情感谈话节目的产生和发展提供了需求空间和大量素材,目前的电视情感谈话节目多以展示、疏导和沟通为目的,在内容选择上多集中于家庭情感纠纷方面,节目的形式多样化,既有主持人与被访者一对一的交流,也有主持人、嘉宾和现场观众共同与被访者探讨情感话题。下面我们就以浙江卫视的《涛出心里话》为例对其节目特色和观众收视进行简要介绍。

《涛出心里话》是浙江卫视播出的一档情感谈话节目，每周一至周四 21:21 播出，节目时长 40 分钟。作为浙江卫视工作日晚间 2121 播出策略的承载者，《涛出心里话》把主持人的姓名植入栏目名称以凸现栏目的特质——“涛(掏)出心里话”，强化主持人形象符号和功能，实现主持人和节目内容之间的相互牵动和提升。[①] 在题材的选择上，《涛出心里话》以情感作为切入点，对发生在家庭之内的围绕夫妻关系、父(母)子亲情、兄弟姐妹之情等的事件进行深入地探讨，同时也对当时在社会中反响热烈的网恋、人肉搜索等进行讨论，话题选择紧紧围绕情感二字，并突出其间的情感纠葛。

从节目的观众构成来看，《涛出心里话》女性略多于男性、35—44 岁年龄段的观众比重最高，初中学历观众占一半以上，初级公务员/雇员和工人略多，中低收入群体仍占据较大比重。从观众的收视偏好上来看，35—44 岁、初中学历、工人、初级公务员/雇员、个体/私营企业和中等收入水平的观众收视倾向更强，是节目的重度观众(图 4)。

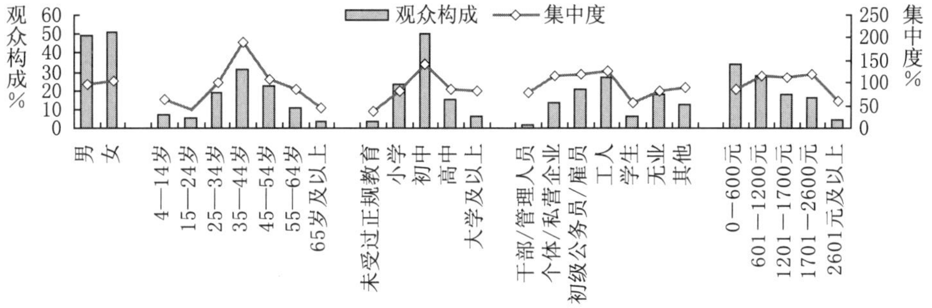

数据来源：CSM 媒介研究

图 4 2009 年 1—5 月《涛出心里话》观众构成与集中度(浙江)

2. 政务民生类节目——《谁赞成谁反对》

政务民生类电视谈话节目也是近年来城市电视市场上比较活跃的一类谈话节目类型，这类节目在话题选择上突出与“政务”和“民生”密切相关的热点问题，由于其特有的贴近性因而在地面频道上播出和收视都更为旺盛。在节目名称上，政务民生类谈话节目多采用“百姓”“都市”“民生民情”“市民”“政务”等关键字，在节目形式上，既有像内蒙古电视台经济生活频道的《百姓热线》这样的由专家学者、业内人士、热心观众共同分析评论的节目，也有像浙江电视台钱江都市频道的《谁赞成谁反对》、商丘电视台新闻综合频道的《热点直通车》和厦门电视台海峡频道的《TV 透》这样的针对碰撞的观点展开探讨和争论的辩论式节目。下面我们就以浙江电视台钱江都市频道的《谁赞成谁反对》为例对该类节目特点和观众做一简要介绍。

---

① 参见搜狐电视栏目：http://data.tv.sohu.com/lanmu/tvcolumn/68/。

《谁赞成谁反对》是浙江电视台钱江都市频道的一档直播抗辩式谈话节目，2008 年 11 月 15 日开播，每周六晚 21:30 直播。每期节目邀请 4—6 位专家和 40 位现场观众，针对所要讨论的话题，将专家分为“赞成方”和“反对方”，双方从不同的立场和角度对所探讨的主题进行辩论。节目不仅在形式上采取辩论方式大大提高了观众的收视热情，在主题选择上也可谓颇具匠心，“麻将申遗，你赞成吗”、“恢复五一黄金周，你赞成吗”、“风水课该进大学讲堂吗”、“老年人应该避开高峰时间段乘车，你赞成吗”，这些主题既有与日常生活息息相关的内容又有当时在社会上引起较大反响的话题，很容易引起观众的共鸣。

从节目的观众构成和收视偏好来看，《谁赞成谁反对》的观众以女性、25—64 岁、中等学历、初级公务员/雇员、无业观众和中低收入水平的观众为主体；从观众的收视偏好上来看，女性、35—64 岁、小学学历、个体/私营企业观众、初级公务员/雇员和无业观众对节目的收视倾向性更强，是节目重度收视群体(图 5)。

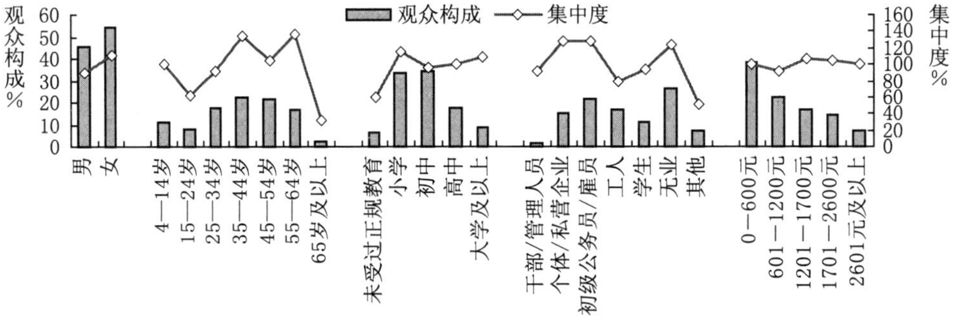

数据来源:CSM 媒介研究

图 5 2009 年 1—5 月《谁赞成谁反对》观众构成与集中度(浙江)

3. 社会文化类节目——《文化访谈录》

社会文化类电视谈话节目关注的问题集中于社会文化领域的各种文化热点现象，邀请的嘉宾也主要以文化领域的专家、学者、名人为主，通过主持人和嘉宾就这些焦点问题发表的精辟见解，使电视受众能与名家和大师有更近距离的接触，同时也对一些热点文化现象做一梳理，使观众对其有更加深入的了解。由该类节目对播出平台的影响力和资源有较高的要求，因而多在一些较具实力的卫视频道播出，下面我们就以中央台三套的《文化访谈录》为例对该类节目的特色和收视做一简要介绍。

《文化访谈录》是中央台三套播出的一档以“文化”为主线的谈话节目，每周一 22:13 首播，时长 28 分钟。每期就一热点话题邀请文化界的知名人士对其进行深入的探讨，由主持人引领话题，节目现场充分运用多媒体设施，对话题内容依次展开，层层剥笋，最后让观众看到现象背后的本质。[①]《文化访谈录》每期选取的讨论主题是一大亮点，"《小团圆》再掀张爱玲热"、"热议兽首，辣评团长"、"好女爱嫁灰太狼"、"百年国图的新阅读时代"等都是紧扣文化主题但又不失热点性的选题，极易在观众中引发热评。与此同时，节目所邀请的"嘉宾群组"的含金量也是一个重大看点，在《春晚的底牌》主题中，节目邀请了春晚的总导演郎昆、主持人董卿、舞蹈编导姜刚、小品演员小沈阳、农民歌手老刘老马加入谈话，文化名人的号召力与选取主题的热度巧妙结合，将谈话推向了一个新的高度。

《文化访谈录》的观众也具有一定的特点。从构成上来看，男性观众、中年观众、中等学历水平观众和中低收入观众是节目的收视主体，但从各类观众的集中度来看，中老年、高学历、干部/管理人员和中高收入群体对节目更加青睐，无形中大大提升了节目的受众传播价值（图 6）。

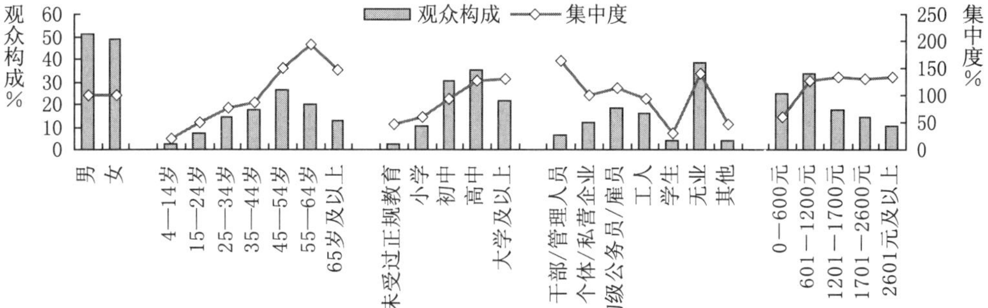

数据来源：CSM 媒介研究

图 6　2009 年 1—5 月《文化访谈录》观众构成与集中度（153 城市）

4. 政经热点类节目——《22 度观察》

政经热点类电视谈话节目则将讨论的主题聚焦于社会重大事件、焦点话题，从不同的角度关注中国社会和经济转型过程中的重大事件和变革。由于节目在话题选择上的这种特点，因而每期邀请的嘉宾也都集中于在特定的领域具有较强影响力的专家、学者、名人，通过对热点问题的评论而发出有建设性的声音。该类节目多在一些较具实力的卫视频道、专业的纪实频道及新闻频道播出，通过专家对事件的深入剖析形成对新闻报道的有益补充。本文仅以深圳卫视的《22 度观察》为例对该类节目特色及收视做一介绍。

《22 度观察》是深圳卫视于 2009 年 2 月 21 日推出的一档政经热点类谈话节目，每周六、日晚 22:30 播出，5 月 30 日起调整为每周六、周日晚上 20:30 分播出。该节目诞生于金融危机背景下，力图用经济的视角解读当时的热点，服务民生。从节目邀请的嘉宾来看，无论是国家统计局总经济师姚景源，中国银行副行长朱民、国家发改委对外经济研究所所长张燕生，还是中国人民大学农业与农村发展学院院长温铁军、耶鲁大学金融学终

① 参见央视网：http://space.tv.cctv.com/podcast/whftl。

身教授陈志武，都在财经领域具有很强的影响力和话语权，无形中提升了节目的影响力。从节目探讨的话题来看，金融危机、房地产市场、农民工、中小企业发展、医疗改革、国际并购、国际货币机制、外贸出口、国企高管薪酬、烟草涨价、共募基金、中国航母、通用汽车破产等等，既有立足全球视角的高屋建瓴，又有与民生紧密相关的热点话题，为节目的实用价值和指导价值提供了保证。

作为一档政经热点类谈话节目，《22 度观察》在观众构成上具有如下特点：男性观众略多于女性观众；35—54 岁的观众是收视主体；初高中学历观众较多，大学及以上学历水平的观众也占四分之一以上；除了无业群体，初级公务员/雇员比重较高；中低收入群体仍占据收视主体。从节目的受众收视偏好上来看，35—54 岁、高学历、干部/管理人员和高收入群体对节目最为喜爱，凸现了节目的受众价值(图 7)。

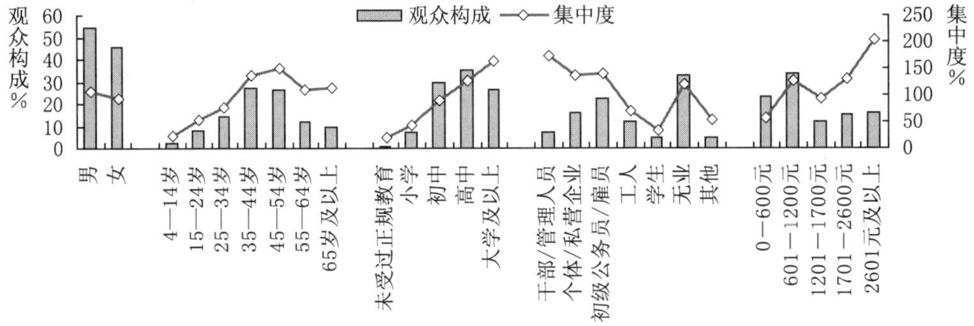

数据来源：CSM 媒介研究

图 7　2009 年 1—5 月《22 度观察》观众构成与集中度(153 城市)

5. 平民生活类节目——《东升有约》

平民生活类电视谈话节目将视线集中于与百姓身边发生的热点事件和生活故事密切相关的人物，通过多角度的深入访谈，全方位地了解事件背后的人物经历、心路历程和情感生活。该类节目的访谈对象多为普通百姓，他们中既有充满乡土情怀的农民，也有都市中的白领；节目形式上采用多种表现手法，如影视背景素材、VCR、现场采访、嘉宾观点、场外热线等等。该类节目在上星频道和地面频道中均有播出，本文仅对南京电视台新闻综合频道的《东升有约》做一简要介绍。

《东升有约》是南京电视台新闻综合频道 2009 年推出的一档新闻谈话类节目，每周一至周五晚间 21:50 播出，每期节目 20 分钟。《东升有约》更侧重于对突发事件、时事政策、热点话题的关注，强调时效性和新闻性。节目中邀请的嘉宾既有新闻事件的亲历者，也有事件的见证人，还有事件的权威发布人，突出了新闻的客观性。除了对嘉宾的选择独具匠心以外，节目在表达方式上采用了多条结构线：一条线是嘉宾观点，一条线是现场受众的采访，一条线是影视背景素材，还有一条线是将谈话节目搬到事发现场即时直播。[1] 例如，《让见义勇为成为文明创建的品牌》一期节目中对 4 月 18 日发生在常府街的抢劫案进行了关注，演播室现场邀请的嘉宾分别是见义勇为的当事人和南京大学哲学系的教授，他们在演播室与主持人对话，从各自多角度阐述立场和看法；另外，在访谈过程中穿插的新闻回放巧妙的对事件的来龙去脉进行了交代；同时节目中辅以南京市所采取的多种举措加强对见义勇为行为的重视，再次将节目的主题升华到文明品牌创建的高度，在 20 分钟的时间内从多线对新闻事件进行了讨论。

作为平民生活类谈话节目，《东升有约》的受众中男性、25—34 岁、55—64 岁、初高中学历、工人、无业以及中低收入水平的观众所占比重较高；而从受众喜好上来看，《东升有约》更受 55—64 岁、初高中学历、无业人员和中高收入水平观众的喜爱（图 8）。

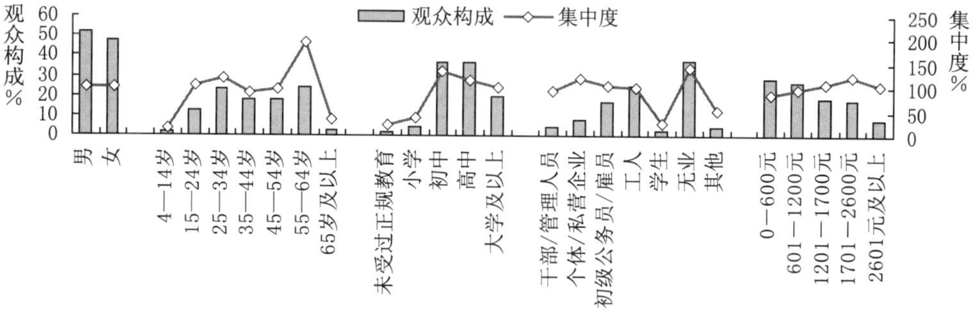

数据来源：CSM 媒介研究

图 8　2009 年 1—5 月《东升有约》观众构成与集中度(南京)

6. 成长教育类节目——《教育人生》

成长教育类电视谈话节目是各类事件谈话节目中特色比较鲜明的一类，该类节目访谈的对象从名校名师到在读学生，从教育领域的专家、学者到普通的教育工作者，他们都是与教育密切相关的人群。成长教育类节目形式上通常也采用以访谈为主辅以短片多角度展示的方法，节目的播出平台多集中于专业的教育台，本文仅以中国教育台一套的《教育人生》为例对其做一简要介绍。

《教育人生》是中国教育台一套播出的一档演播室谈话节目，每周五 20:25 播出，节目时长 25 分钟。每期节目讲述一位在教育领域和教育理论研究界做出突出贡献、取得突出成绩的教育工作者的故事。[2] 在访谈的过程中，节目还穿插故事性较强的短片，把访谈对象的经历或故事表现的更加丰满。节目选择的讲述主体涵盖多个教育领域，既有基础教育、高等教育领域的教育家，也有职业教育、特殊教育和社会教育领域的教育工作者，河北省唐山市开滦一中校长张丽钧、中国人民大学社会学系教授周孝正、广东省佛山

---

① 参见赵志刚：《对话东升，探寻新闻真相》，http://www.zijin.net/blog/user1/189/archives/2009/15768.shtml。

② 参见中国教育电视台网站：http://www.cetv.edu.cn/program/a0941/。

市顺德启智学校副校长申承林、中国中医科学院望京医院针灸科主任陈枫都是节目访谈的对象，用他们自己的亲身经历和对教育的感悟带领观众一起进入教育工作者的内心世界。

从节目的受众来看，《教育人生》的观众以35—54岁、初高中学历、无业群体和月收入1200元以下观众为主；在观众的收视偏好上，45—54岁、干部/管理人员和高收入群体对节目更加喜爱，是节目的重度观众（图9）。

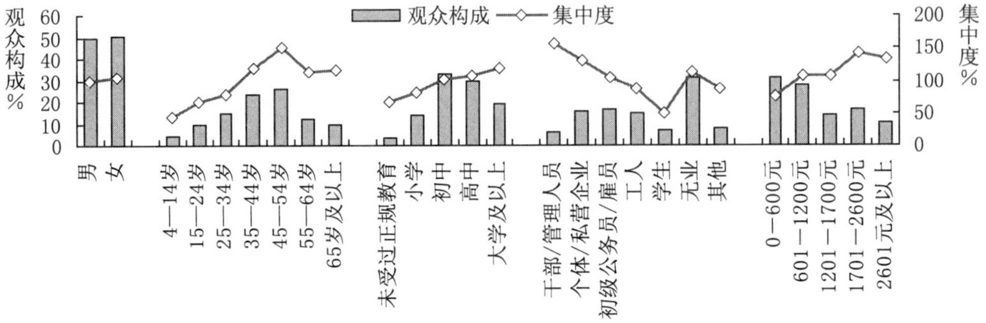

数据来源：CSM媒介研究

图9 2009年1—5月《教育人生》观众构成与集中度（153城市）

满园深浅色，百般红紫斗芳菲
——2009 年上半年地面频道晚间新节目观察

郑玉

多年来，在中国电视传媒发展潮流中，地面频道的江湖地位几经起落。时至今日，在受到中央台与省级卫视夹击、自身信号覆盖受限以及内容资源相对短缺的压力下，地面频道依然不得不在相对固定、有限的市场范围内，承受更为激烈和更为直接的竞争。

情势所迫，为争取本地观众、争取足够的市场空间，省、市两级地面频道纷纷开始寻求突破，探索创新。本文将就笔者对于 2009 年 3—6 月全国地面频道新节目特点观察做一归纳，以飨各位读者。

通过对全国省、市两级共 360 个地面频道的持续跟踪、统计，笔者发现 2009 年 3 月 1 日—6 月 20 日，晚间 18:00—24:00 新节目①共 603 个，总播出次数 11898 次。涉及新闻、综艺、法制、专题、体育、青少、财经、生活服务等几乎所有的节目类别，在这个春夏之交，地面频道“思变”之风扑面而来（表 1）。

表 1　2009 年 3 月 1 日—6 月 20 日全国地面频道各类新节目播出情况一览

节目类型	综艺	专题	新闻	生活服务	青少	财经	体育	法制	总计
新节目个数	194	206	45	69	27	23	19	20	603
总播出次数	2653	4366	1333	1822	133	514	285	792	11898

数据来源：CSM 媒介研究

观察新节目的类别和总播出时长，可以发现地面频道近期新节目中最活跃的类型是综艺节目和专题节目。在所有新节目的总播出量中，这两类节目占据了其中的 60％以上。相比之下，法制、新闻、青少、财经类节目相对稳定，新节目数量及其播出量都相对较少（图 1）。

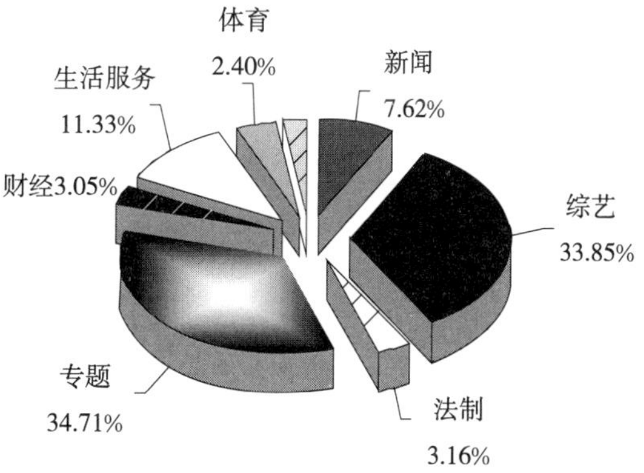

数据来源：CSM 媒介研究

图 1　2009 年 3 月 1 日—6 月 20 日全国地面频道各类新节目播出份额

本地市场是地面频道生养之地，地

① 此处新节目的界定：节目名称 90 天内未在本频道出现；单频道每周播出 4 次（含 4 次）以上；节目长度超过 10 分钟（含 10 分钟）。不包含的节目有：电视剧、电影、教学、外语、地方戏曲、舞台剧、戏曲晚会、晚会和音乐会、电视导购、健康、天气预报；各类临时性节目也不包括在此次统计中，例如体育比赛、竞赛、因突发事件而播出的节目等。

面频道在多年的传播实践中积累了对本地文化的深刻认识，对本地的受众有最基本、最广泛的了解，也最容易形成交流、达成默契，这正是近期多数新节目的出发点。放下身段，扎根本土，回归民众，融入生活，以创新带动节目收视，成为近期新节目的共同特征。

一、新节目以本地观众需求和习惯为导向，打造区域文化优势

从近期新节目动态来看，在立足本区域文化打造节目优势方面，很多地面频道不遗余力，有的已取得了较好的收视效果。

例如，上海东方电视台艺术人文频道 2009 年 4 月 6 日起每周一至周五 21:30—22:00 播出的《文中有话》栏目，就是由著名海派学者钱文忠教授加盟担任评论员，以脱口秀的形式，从人文的视角出发，梳理、解析、判断新闻事件、文化现象，发表独特观点，彰显海派文化开放、多元的价值观。在栏目最后的"文中推荐"小板块中还结合栏目主体内容给观众推荐符合本地观众口味的电影、戏剧、音乐、展览以及图书等各种文化资讯，满足了人们的文化需求。节目开播时间并不长，虽然收视屡有起伏，但收视水平持续上升。

又如为庆祝七周年生日，湖南电视台经济频道脱口秀栏目《越策越开心》推出了"桃花开朵朵、越策走透透"特别活动，汪涵、马可这两位人气极高的主持人与花瑶族人民现场互动，亲身体验，展示花瑶族独特的民族语言和奇特的婚俗习惯等等，将湖南各地方的特色民族文化生动地展现出来，让观众体验不一样的民族风情。节目所蕴含的新、奇、特文化内涵，对观众产生了较强的吸引力（图 2）。

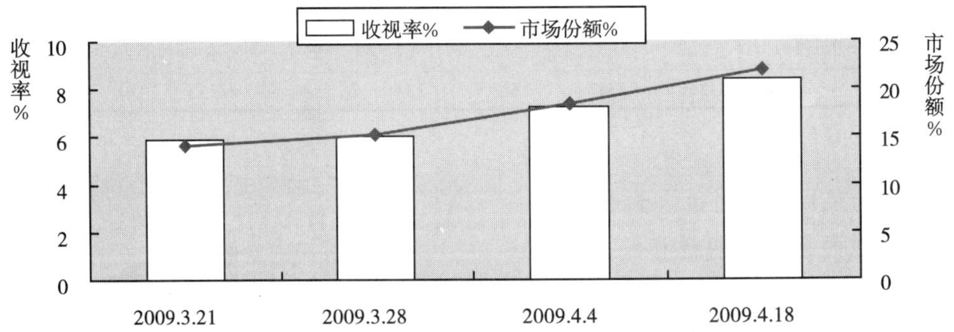

数据来源：CSM 媒介研究

图 2　湖南电视台经济频道《桃花开朵朵、越策走透透》收视状况（湖南）

二、综艺节目突出平民主角，秀而不选，日渐草根

改革开放后，思想的解放、意识观念的革命、科学技术的进步和市场经济的发展带来了社会大众道德观念、爱好趣味、价值审美等变化，出现了文化多样化的发展趋势，在这样的背景下，草根文化在中国形成气候，并开始借助媒体强势亮相。

草根文化,看似散漫不羁,实则生生不息,它最基本的特点就是平民、大众、广泛、不做作。

2005 年,平民选秀节目之火爆令人瞠目。究其根本,正是在于它们的草根特性——来自民间、广泛参与、规则公平、环节紧凑、充满张力,极富轻松、快乐、幽默、开放的气质。更重要的是,那份亲切而熟悉的民众气息,足以令人情不自禁地热情追随、奔走相告。

2009 年上半年,当部分平民选秀节目越来越多地承担"造星使命"的时候,观众们开始将热切的目光转向自己身边的地面频道——在这里,正兴起一场低门槛的平民当主角的娱乐运动。"秀而不选"、草根色彩浓厚的综艺节目纷纷登台亮相(表 2)。

表 2 2009 年 3—6 月晚间全国地面频道较活跃的现场互动娱乐类节目一览(18:00—24:00)

频道	节目名称	节目特色
河南电视台公共频道(八套)	DV 我最牛快乐大冲关	《DV 观察》娱乐版,百姓水上擂台,每天 19:00—20:29 播出,为期 4 个月。活动共分为 6 个游戏环节,游戏环节每个月不定期更换。
江苏电视台综艺频道	决战小夫妻	每周日 20:35—22:05 左右播出,是一档以游戏为主的综艺节目。节目共分 11 场比赛,每场产生一对冠军选手,有机会获得 50 分钻石。节目重在打感情牌,重金大奖也是其重要特色。
广西电视台综艺频道	家庭 X 行动	每周五 20:40—21:35 播出,家庭真人秀电视栏目,以家庭成员为主要参与者。
云南电视台猜猜少儿频道	智闯恐龙谷	大型户外竞技栏目,每周五 20:12—20:37 播出,要求观众 4 分钟内闯 8 关。
山东电视齐鲁频道	所向无敌	互动式国学栏目。每周四 21:40—22:30 播出。参赛者全部指向 15 年级小学生,以国学经典名篇及小学课本要求背诵的篇目等为互动内容。
湖南电视台经济频道	桃花开朵朵越策走透透	娱乐互动,民族文化表演与展示。
上海东方电视台娱乐频道	全家都来赛	每周日 20:30—21:30 播出,打"亲民"旗帜。不管用什么方式唱歌,只要能让三位评委忘记叫停,就能够夺得大奖,6 月 29 日上星播出。
石家庄电视台娱乐频道(二套)	智者无敌 HELLO-C 计划	每周日 21:48—22:30 播出。娱乐真人秀活动。每场活动设 3 个队,每队 4 人,三个团队需协力完成四项闯关任务。
武汉电视台文体频道	好运碰碰来	2007 年曾经播出,2009 年改版,每周日 17:58—18:45 播出。幸运弹球与猜和牌有机整合的益智休闲游戏电视栏目。
西安电视台三套(商务资讯频道)	非常游戏	针对游戏玩家的一档节目,约 17:50—18:08 播出,周二、四、六、日首播。

资料来源:相关网站

杭州电视台综合频道 2009 年 5 月 17 日开播的《老公向前冲》节目,采取了社区海选的方式,不限年龄、无门槛地海选好老公。无论是最勤劳的老公、最无私的老公、最有责任心的老公、最孝顺爹娘的老公,还是 80 后的最快乐老公,该节目都一一为观众真实展现,选拔中洋溢快乐,比赛中传递感动,"用爱,传递爱"的主题十分鲜明,耐人回味。自开播以来，实现同时段收视率和份额双涨(图 3)。

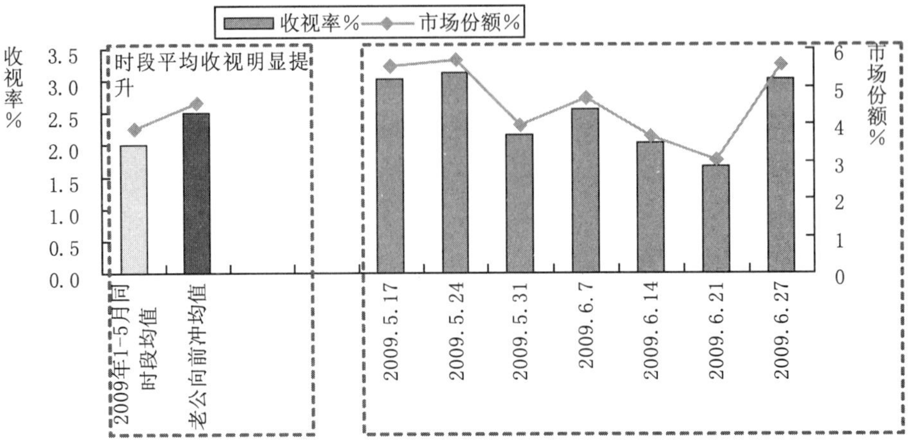

数据来源：CSM 媒介研究

图 3　杭州电视台综合频道《老公朝前冲》播出前后时段收视变化及每期收视(杭州)

四川文化旅游频道 2009 年 6 月初推出的《开心一唱》是一档平民 K 歌秀节目，更是风格草根到底、环节简单到底——节目将舞台从演播室搬到街头，由当地人气颇高的方言笑星当评委，比赛现场没有犀利的毒舌、只有幽默的逗乐，没有计分器和亲友团，只有铜锣一面，无论是手提菜篮的家庭主妇，还是牵着孙子的耄耋老人，无论是优雅标致的白领，还是挥汗如雨的三轮车夫，任何人只要愿意，都可以登台一唱，秀而不选，重在开心。凭借平易近人的形式，开放的氛围，该节目赢得了较好的收视效果，开播当周，同时段收视率由开播前两周的 1.28%增至 2.18%，提升 70%以上。

三、新闻节目高处着眼，低处入手，重视媒体责任，表达方式更贴近民众

作为媒介系统的重要组成部分，地面频道需要不断进行自我调整与完善，更好地承担起自身的社会责任，并巩固社会责任所带来的媒体公信力和影响力。相比卫星频道，地面频道在监督环境、守望社会、引导舆论、传承文化、关爱民生等方面的责任并不轻松。

在过去几年，由于产业化的高速发展，媒体经济利益与社会效益之间的错位，加之部分从业者对“注意力经济”和收视率数据的偏颇理解，导致媒体责任一度被淡化，随之而来的，就是部分电视频道公信力降低，节目品质受到各方质疑。

眼界决定高度，责任成就未来。所幸，多难的 2008 年让更多媒体意识到自身在公益传播当中的价值，越来越多的地面电视频道开始高度重视自身所承担的社会责任。

1. 高处着眼，低处入手

进入 2009 年，在新闻节目方面，虽然依旧以民生新闻为主要收视引擎，没有出现特别频繁的调整动作，但“高处着眼，低处入手”却成为地面频道新闻节目创意策划的

显著特点。

例如，5·12 大地震一周年来临之际，据笔者所观察的这些地面频道中，在晚间 18:00—24:00 时段，从 4 月开始，为纪念 5·12 大地震一周年，至少有 44 个地面频道制作播出了特别节目，共计播出 330 余次。无论是专题、晚会、访谈还是综艺节目，无不体现了这些频道浓烈的人文情怀、强烈的关注、积极的参与和多样的纪念方式，令人瞩目。

2. 重现主流新闻资源的价值

笔者也发现，在巩固民生新闻阵地之余，不少地面频道也开始重新审视主流新闻资源的价值，尝试从会议报道、时政新闻等这类并不具有资源优势的"传统项目"进行突破。

例如，2009 年 3 月 3 日—13 日，福建省广播电视集团综合频道在两会期间就做了一个大胆的尝试，策划了时长 20 分钟的系列报道《全国两会特别节目 2009 先行》，以深度访谈的形式出现在晚间 22:30—22:50。在让全国人大代表和政协委员以及专家学者对某一话题进行深入探讨的同时，节目通过部署在福建省内的两部 SNG 车做实时连线，实时将话题引入现场，大大增加了"两会"报道与本地观众实际生产生活的关联度、现场感，提升了节目的可看度和贴近性。节目播出期间，男性观众、中青年观众明显增长(图 4)。

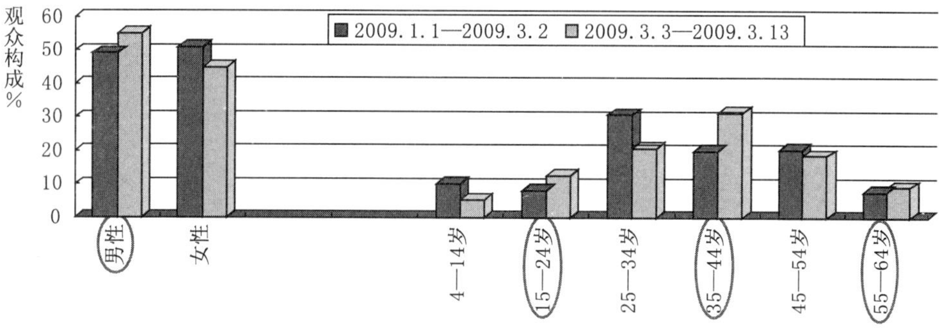

数据来源:CSM 媒介研究

图 4　福建省广播电视集团综合频道《全国两会特别节目 2009 先行》节目播出前后观众结构比较(福州)

又如太原电视台新闻频道《新闻对话》节目，从 2009 年 3 月 24 日开始，每晚 8:00 准点播出长达一小时的两会特别报道节目。这档节目重视内容衔接和板块互补，节目中设了《两会速递》《晓青对话》等六大版块，在提升节目的冲击力、纵深感等方面做出了有益尝试。

3. 重视开放度和互动参与性

在提升、放大新闻视野，重视新闻资源的深度挖掘的同时，不少地面频道更注重节目浅显、亲和的本土表达方式，以及新闻节目的开放度和互动参与性。

例如，吉林电视台都市频道(二套)为打造直播化民生资讯频道，于 2009 年 6 月初全新改版，改版涉及 10 余个自办类节目。其中较有特色的就是该频道从 6 月 6 日起，每周

六、周日在18:50—19:20播出的《新闻总动员》节目，这档节目以幽默搞笑的真人秀为外包装，借三句半的形式，播报各地的大事小情，尝试将新闻和资讯内容用更贴近百姓的方式表达出来，在亲民和贴近的策略下，该节目所在时段收视出现较明显提升(图5)。

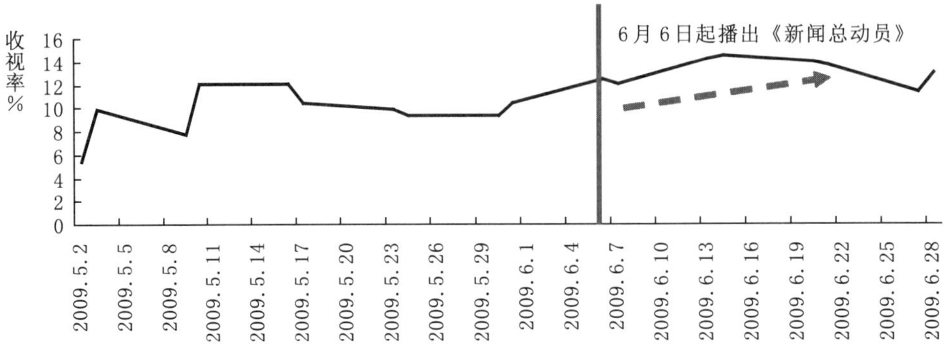

数据来源：CSM媒介研究

图5　吉林电视台都市频道(二套)《新闻总动员》节目开播前后同时段收视比较
(吉林，周六、周日，18:50－19:20)

四、服务类节目贴近百姓，增强服务意识，追求"好看"又"好用"

作为大众传媒，电视的社会属性决定了它要为社会服务。毕竟老百姓还是更愿意看老百姓的事，衣食住行、人生万象、社会百态更容易引起观众的兴趣。

地面频道是老百姓身边的电视频道，具有打造"贴近"特色的先天优势。节目的内容和形式贴近老百姓，能够服务于群众的生活，让老百姓通过看节目得到实实在在的帮助，自然会受到欢迎。

1."帮忙"类节目更注重故事化、亲和力和有效性

近几年全方位、低角度的"帮忙"类节目在地面频道越来越多。到2009年，我们依然能在地面频道的荧屏上看到它们的活跃身影(表3)。

如四川文化旅游频道《帮忙》节目，设置了专职的人民调解员，使调解效果具有法律效力，老百姓对帮忙结果更加认可。又如河南电视台民生频道(三套)的《民生大参考之小莉帮忙》近来又增加了一些新的亮点——不仅帮市民参谋解决自来水管坏了怎么办等日常生活小难题，还大力推动各种帮忙活动，如开启"义拍板块"，为困难市民举行公益拍卖；加入娱乐互动元素，举行"边走边爱"等活动，将服务的对象扩展到年轻人，新招奇招，如此等等，不一而足。

表 3 近期晚间全国地面频道部分“帮忙”节目一览(18:00—24:00)

频道	节目名称
安徽经视	帮女郎帮你忙
北京电视台青少频道	八区帮帮忙
河北电视台农民频道(七套)	非常帮助
河南电视台民生频道(三套)	民生大参考之小莉帮忙
湖南电视台公共频道	帮助直通车
吉林电视台公共频道	帮助
济南电视台新闻综合频道	今晚我帮你
南京电视台教育科技频道(六套)	陆姐帮忙团
南宁电视台都市生活频道	帮得行动
山东电视生活频道	生活帮
石家庄电视台都市频道(四套)	小吴帮忙
四川电视台二套(文化旅游频道)	帮忙
浙江电视台钱江都市频道	范大姐帮忙

再如，北京电视台青少频道大型公益性服务类栏目《八区帮帮忙》，2009 年 4 月 6 日起每周一至周五约 20:29—20:59 播出，这是一档帮助普通人解决生活中遇到的困惑和难题、帮助平凡人实现人生梦想的公益性服务类节目。它的显著特点是：演播室主持人与外拍片紧密结合起来——节目过程中，演播室主持人起到穿针引线、承上启下、温馨讲述、适时点评的功能，外拍片重在关注人物命运、讲述曲折故事、展示事件现场、讲述帮忙故事等，让观众对节目产生亲切感和信任感。

2. 生活服务节目更注重节目的趣味，切实有效地帮助观众解决实际问题

随着生活节奏的加快，生活服务类节目已成为人们日常生活中的参谋和向导。近期地面频道新的生活服务类节目，内容涉及衣食住行等方方面面，无论是通过访谈、表演或者是演示的方式，都非常注重节目内容的趣味性和有效性。

如杭州电视台西湖明珠频道《开心家园・升级空间》栏目推出的《升级空间开心家园欢乐 GO 快乐装修房最红业主挑战赛》，以选秀的方式做服务，每月进行两次海选，契合家居消费者的真正消费需求，为电视观众及待装用户带去真正的家装实惠，打造可信度高的电视互动新平台；又如 2009 年 3 月 16 日合肥电视台五套(财经频道)全新改版，这次改版中，《车旋风》节目针对爱车、懂车的城市中产阶级和商务人群，摒弃浅显的性能介绍，强调体验式报道，通过车界资讯播报、现场试车、模拟购车等环节，从准车主和消费者的角度出发，客观分析汽车性能和购买理由，在节目中更融入安全驾驶、汽车保养、保险维护、美容改装等方面的资讯，凸显栏目的服务性特色。

3. 基于本地民众实际需求的创业励志类节目悄然兴起

中国是人口大国，政府和社会一直高度重视就业问题，创业是解决就业问题最好、最积

极的方式,激励青年创业是促进青年、经济和社会三方面都实现可持续发展的有效办法。从21世纪初开始,关于创业的节目就颇受观众青睐。如上海东方卫视的《创智赢家》《财富人生》《波士堂》,中央电视台经济频道的《财富故事会》等节目,一直享有良好的声誉。

随着本轮经济危机影响面的扩大,地面频道的创业节目也开始悄然兴起。例如:从2008年11月6日—3月29日,昆明电视台2频道连续举办三季《创业新青年》电视大赛,向通过海选的选手发放3年3万—5万的免利息、免抵押、免担保创业贷款,并且提供3年1对1的免费导师扶持,这种能给观众带来实际帮助的节目,在区域范围内引起了不小的关注。

2009年4月28日起,长沙电视经贸频道进一步放低门槛,将此类节目又推向一个新的高度。经过几个月的筹备,该频道大型全民参与创业励志栏目《创业大本营》周一至周日晚间约20:59—22:00播出。这档节目同样采用选秀的方式来寻找创业者,但在环节上给予了创业者更多的展示自我的机会——不限职业、不限性别、不限年龄,只要有创业梦想和激情,都可以报名参加。前期海选以区、县为单位来进行,包括全民"晒"创业、全民学创业、创业实录、总决选等环节用先进的典型带动全民创业,真正帮助和支持那些有创业愿望、创业能力、创业条件的人走上创业道路。

笔者注意到,西安电视台一套(新闻综合频道)也于2009年4月中旬推出了财经专题《创业西安》,宁夏电视台公共频道于2008年5月9日起也开始播出专题片《创业路上》等等。以上种种创业励志节目,可能并不是每一档都能在短期内迅速获取高收视,但这种尝试体现了地面频道对地方民众的服务意识,难能可贵。

五、发挥电视娱乐功能,强调家庭,细分观众

1. 倡导快乐,欢乐至上,娱乐氛围不减

电视媒体作为大众文化的主要传播媒介,天生便承载了娱乐所具有的补偿、宣泄功能。通过对地面频道播出情况的仔细观察,笔者发现,倡导快乐、轻松娱乐依旧是眼球争夺战中的有力武器。仅2009年3月至今,在所有新节目中,以快乐、开心、娱乐为名的节目就多达127档,播出7000余次。这些节目中,有不少是编辑类节目,如相声小品精编、娱乐资讯主题化编排等,也有相当部分是引进的节目,如在全国地面频道遍地开花的老牌娱乐节目《娱乐现场》等。

2. 强调家庭,增强互动,同时锁定不同年龄层的观众

以家庭为单位的节目近期在地面频道开始崭露头角。这类节目的最大特色,就是将家庭成员设置为主要参与者,力争有效锁住"老、中、青"不同年龄层的观众。如广西电视台综艺频道播出的《家庭X行动》、太原电视台百姓频道(二套)播出的《2008美丽家园魅力老爸老妈》、青岛电视台生活服务频道《魅力青岛——咱爸咱妈电视评选活动》等等。

3. 通过时尚、流行或针对性较强的节目内容抓住年轻观众

时尚属于年轻、潮流抓住青年，众多地面频道没有忘记这一点，在 2009 年 3 月以来的新节目中，以美容、汽车、时尚等为主要内容的节目超过 50 档，各地各级地面频道都在尝试着为年轻人量身打造适合他们观赏的节目。这些节目，一旦形成品牌，或与相关产业紧密结合，给观众带来有用资讯和实惠，将会牢牢吸引新一代观众。在这一点上，上海电视台生活时尚频道做得比较成功。

同时，笔者也看到其他地面频道在吸引年轻观众方面所做出的努力。例如，2009 年 3 月 22 日起，江苏电视台综艺频道每周日晚约 20:35—22:07 播出互动游戏节目《决战小夫妻》，它的参赛环节包括回答日常生活的小常识、猜日常用品的价格、考验夫妻配合与默契度、夫妻共同完成的爆笑小游戏。从图 6 中可以看出，该节目的观众构成基本与节目定位相吻合。

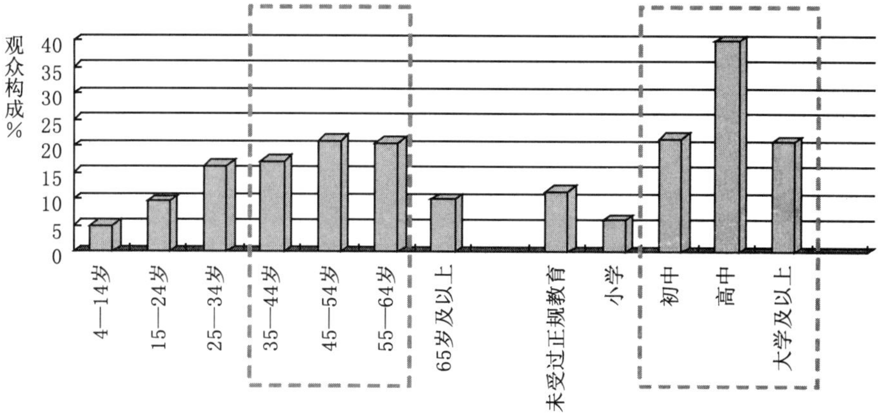

数据来源：CSM 媒介研究

图 6　2009 年 3 月 22 日—6 月 30 日江苏电视台综艺频道《决战小夫妻》观众构成（南京）换图

又如，西安电视台三套（商务资讯频道）周一至周日 18:00—18:15 播出的游戏节目《非常游戏》，则是集游戏新闻、游戏视频、游戏故事、游戏交流等于一身，对目标受众形成了较强的吸引力。

六、纵横联合，各地各级电视频道尝试跨地区、跨媒体传播

尽管国内不同地区之间有经济、文化等方面的细微差别，但各地所形成的传播市场仍然有很多相同之处。随着行业的发展，走出本地域寻求跨区域、跨媒体发展将成为潮流。事实上，从本世纪初开始，这方面的尝试就未曾停歇。

近几个月，比较受到关注的地面频道大力参与的跨区域、跨媒体传播，一是《5·12 中国爱——中国娇子爱心行动》纪念活动，二是《2009 快乐中国·步步高音乐手机快乐女声》。

前面我们提到过，在 5·12 大地震周年之际，有相当多的地面频道自觉地制作、播出了大量的纪念节目。而《5·12 中国爱——中国娇子爱心活动》却是一场主动的、提前精心策划的传播运动，基于事前的周密部署，加之这场大型全民公益活动本身蕴含的社会意义，至少有 13 个省区地面频道参与传播，再次感动无数国人(图 7)。

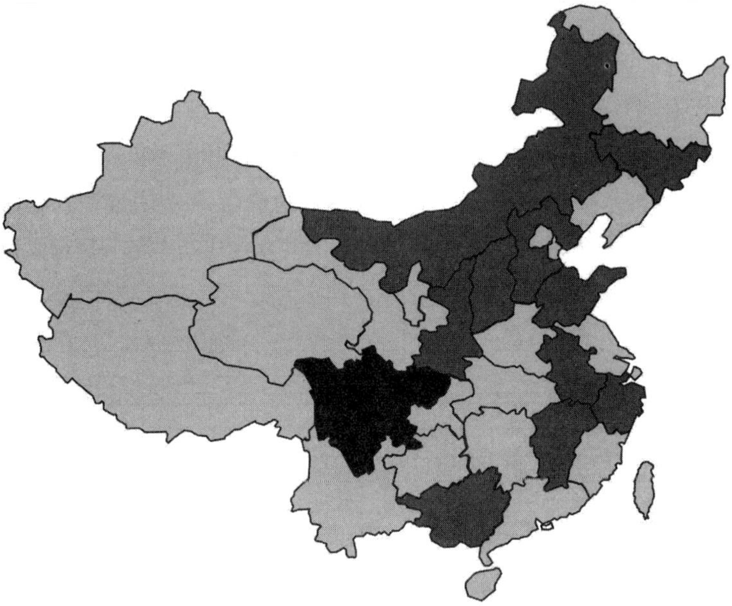

《5·12 中国爱——中国娇子爱心行动》在全国地面频道的主要播出地区一览

相比之下，《2009 快乐中国·步步高音乐手机快乐女声》节目的全国传播，更是几年来经验的积累，以金鹰网为首的 6 家门户网站及 20 余家参与传播的地面频道大多都成为这场娱乐活动的受益者(表 4、图 8)。

表 4　2009 年《快乐女声》在地面频道播出情况一览

播出频道	播出频道
成都电视台经济资讯服务频道(二套)	湖南电视台娱乐频道
甘肃电视台经济频道	南昌电视台都市频道(二套)
甘肃电视台文化影视频道	南昌电视台新闻综合频道(一套)
广州电视台影视频道	南京电视台娱乐频道(四套)
贵州电视台影视文艺频道	山西广播电视总台经济资讯频道
杭州电视台影视频道	武汉电视台文体频道
河北电视台二套(经济生活频道)	西安电视台三套(商务资讯频道)
河南电视台都市频道(二套)	

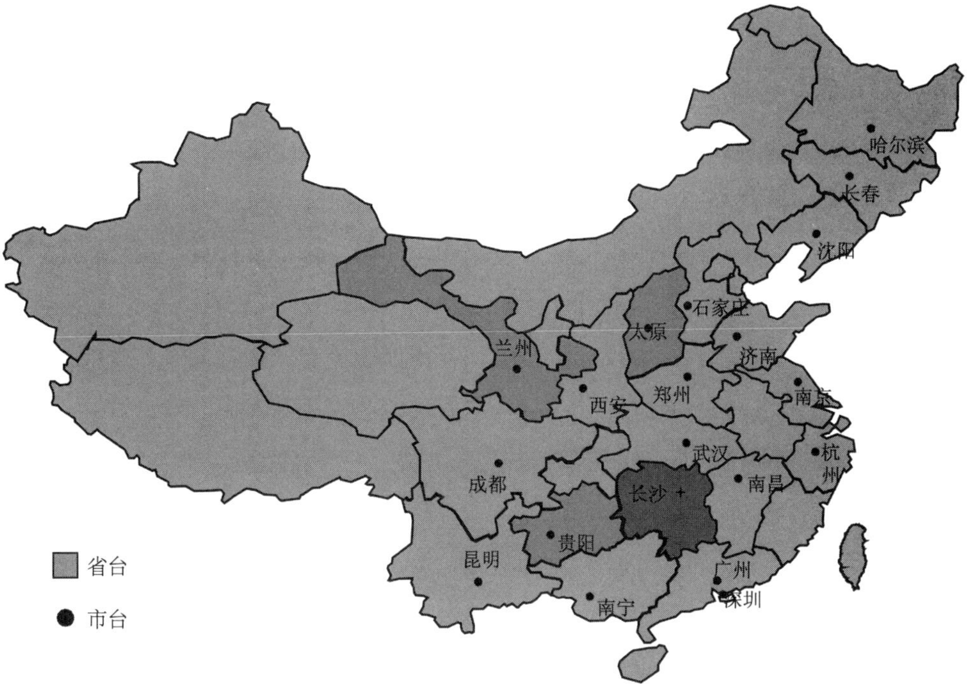

图 8 《2009 快乐中国·步步高音乐手机快乐女声》地面赛区示意图

又如，在得到相关主管部门的支持后，2009 年 6 月 24 日晚间，由沈阳电视台新闻频道牵头制作的时长 15 分钟的新闻节目《辽宁中部城市报道》，在沈阳、鞍山、抚顺、本溪、营口，辽阳、铁岭、阜新八城市电视台进行联制联播，联动报道、联合制作、联合播出成为该栏目的竞争利器。

或许，从过去几年至今，地面频道跨区域、跨媒体传播还处于浅尝辄止的阶段。随着产业的发展，随着人民群众文化需求的日益多样化，政策将进一步宽松，壁垒将进一步被打破，地面频道之间的合作方式将不仅仅囿于个别特别节目的临时性播出。开放的、责权清晰、稳固安全、符合现代市场经营规则的合作平台呼之而出。

在 2009 年春夏之交，很多地面频道在奋力突破。也许不是每一次改变都一定会产生石破天惊的效果，但笔者相信，只要坚持，终有灿烂绽放的那一刻，地面频道破茧成蝶的时刻并不遥远。

电视广告收视

电视广告收视衰变研究

左瀚颖　王建平

在传统电视的二元经济模型中，电视台通过为观众提供内容服务换取注意力，并借助注意力与广告主进行资金交换。从广告交换的角度来看，观众注意力中更具价值的是观众对广告内容的注意力；从观众消费的角度来看，其对电视广告的收视则恰恰是其为获得免费电视内容而付出的成本。理性的消费者倾向于追求成本最小化，这成为观众规避广告收视的重要动机，也使得电视广告收视率必然低于节目收视率。①

虽然广告收视低于节目收视在所难免，但不少业内人士也发现广告收视较节目收视的衰变会因为广告位置、时段、频道和节目等原因而呈现千差万别的情况。对在广告交换中追求利润和效用最大化的电视台和广告主而言，了解广告收视相对于节目收视的变化规律，明晰影响广告收视变化的因素，对电视台节目编排和广告主计划排期有重要参考价值，对提升广告时段价值以及优化广告传播效果至关重要。正因如此，对广告收视衰变的研究引起了业内人士的强烈兴趣。本研究基于 CSM 媒介研究的收视率数据资源，采用回归模型分析方法，尝试对电视广告收视衰变规律及其影响因素进行初步探索，以求抛砖引玉，与业内人士展开更深入和系统的讨论。

一、研究背景

电视媒体对渠道资源的垄断和主导地位的削弱，以及广告主对广告投放效果精准化的追求，是促成广告收视衰变研究兴起的两大重要因素。在 21 世纪之前的 20 至 30 年中，电视媒体凭借多元化、立体性的传播形式和对覆盖最为广泛的传播渠道的掌控，而成为无可撼动的垄断性媒体，凭借资源优势在广告交易中几乎可以“坐地收钱”。到 21 世纪之后，随着互联网媒体的迅速普及、数字电视的日趋成熟，以及各种新媒体形态的不断涌现，电视媒体在内容市场和广告市场中的统治地位有旁落之势。

随之而来的是广告主对电视广告传播效果的质疑，以及对电视广告传播效果评估更精准的要求。在美国，有关“公关兴起、广告势衰”的论调不断涌现，更有甚者针对带有刻录功能的数字电视机顶盒 DVR 的出现预测了“30 秒电视广告插播的消亡”。据美国广告主联合会 ANA(Association of National Advertisers)2008 年 2 月发布的一项调查显示，

① 根据 CSM 媒介研究多年的收视率数据，广告收视率大致相当于节目收视率的三分之二。

随着 DVR 的普及率达到 50%，广告主将明显削减其在电视广告上的投入；在积极寻求新的电视广告形式和植入方式的同时，72%的广告主表示他们越来越关注单条广告(individual commercials)的收视率水平，而不是只关注电视广告整体的平均收视率水平，①以对电视广告传播效果进行更精准的评估。

在中国，四级办电视台政策遗留下了空前激烈的电视市场竞争格局；有线电视和数字电视技术发展对电视媒体覆盖情况的明显改善，为观众提供了丰富的收视选择，使得电视媒体很难寻求和维持在市场上的垄断地位；互联网等新媒体形式的发展则进一步分流观众注意力，观众收视存量呈现连年递减的态势；这一系列情况都会对电视媒体的广告收视效果形成挤压。与之相伴发生的是随着中国电视业产业化和市场化进程的推进，国际广告公司"以点论价"的广告购买方式开始在中国电视行业中盛行。对于中央台、省级台以及部分发达地区的城市台而言，国际广告公司的投入是其重要的收入来源，而国际广告公司对广告收视点的精确要求，则对其广告收视带来了明显的压力。

正是在这种压力之下，电视媒体和广告公司愈发强化了对广告收视效果的研究。电视媒体可用于广告插播的时段资源是有限的，在节目收视水平一定的情况下，广告时段收视较节目收视的衰退率越低，就意味着该广告时段可以赢得更多的收视点，也就意味着同样的时段资源可以为电视媒体创造更多的价值。故而，对广告收视的衰变规律及其影响因素进行研究，有助于电视媒体进行针对性的内容编排，尽量减少广告段的观众流失，最大化单位广告时段的收视点及交换价值。同样，对代理广告主广告投放的广告公司而言，能够基于对广告收视衰变规律的把握，以及对广告投放环境因素的把握，更准确地判断广告收视水平，对其更有效地完成广告主的投放目的大有助益。

近几年来，国内不少电视媒体都开始通过平衡广告插播频率和广告插播时长的方法，寻求对观众流失的控制，诸如"无缝编排"等策略的引入，代表着电视媒体为控制广告插播带来的收视衰退而付出的努力。与此同时，部分国际广告公司也开始尝试对广告插播时段的收视衰退进行探讨，通过截面式调查和连续性数据分析，寻求广告时段观众流动的规律，为其在广告投放中获取更好的段位寻求数据支持。由于广告收视衰变受到观众收视行为、频道环境、节目环境和编排方式等多种因素的影响，对其衰变规律的研究需要大量的数据资源支持，因此，到目前为止，国内对广告时段收视衰变的研究大多数是针对某个频道或节目的个案性研究或定性分析，缺乏一般性和系统性的量化研究。本项研究依托 CSM 媒介研究庞大的收视率数据资源，尝试借助回归模型分析方法，探讨广告段分钟收视衰变规律及其影响因素，为广告收视衰变研究进行方法性探索。

二、研究对象与方法

本项研究以广告段中每分钟段位的收视衰退率为研究对象。所谓分钟段位是指整

---

① 参见 John Eggerton. Marketer, *TV Advertising Effectiveness Has Decreased*, http://www.broadcastingcable.com/article/CA6533738.html。

体广告段中的每个分钟段，例如广告段位中的第 1 分钟、第 2 分钟等。所谓每分钟段位的收视衰退率是指该分钟段位的收视率相对于前节目收视率的衰退比率，即 N 分钟段位收视衰退率＝（前节目收视率－N 分钟段位收视率）/前节目收视率 * 100％。

在这个定义中，对前节目的界定是比较容易引起争论的问题。有研究者主张将广告段前 1 分钟的节目作为前节目，也有研究者主张将广告段前整个节目作为前节目。这两种主张都存在值得探讨的地方。例如在不少情况下广告段前 1 分钟的节目往往是某个节目的尾声或者字幕部分，收视率水平已经较节目的主体部分有明显的下滑，以这 1 分钟的收视率为参考研究广告收视衰变，有低估广告分钟段收视衰退率的可能。而若以广告段前整个节目为参照对象，则又面临着用广告段前 20－30 分钟处于波动状态的节目收视去评价广告段收视衰退的问题，有可能将因节目本身内容原因而导致的收视下滑归入到广告收视衰退中，导致对广告收视衰退率的高估。

目前既有研究中还没有任何结论可以显示出某分钟节目收视影响的持续时长，也就是说我们难以判断广告段前多少分钟的节目收视会对广告段的收视产生影响。作为对广告分钟段收视衰退率的探索，本项研究分别选取广告段前 1 分钟、3 分钟和 5 分钟的节目作为参照对象。也就是说本次研究有三个研究对象，即广告分钟段相对于前 1 分钟、前 3 分钟和前 5 分钟的收视衰退率。

根据 CSM 媒介研究对节目收视的研究经验，电视节目所处的时段、频道和节目竞争环境均会对其收视率产生影响，在北京等市场的研究结果表明，环境因素对节目收视的贡献率达到 40％以上。基于此研究结论，本次研究假设时段、频道和节目竞争因素同样会对广告分钟段的收视产生影响。此外，经验显示，广告分钟段在广告段中所处的相对位置、广告段本身的长度以及广告段与节目的相对位置等因素，也会对广告段的收视变化产生影响，故而本次研究也假设广告段本身的位置和时长属性同样会对广告分钟段的收视衰退产生影响。据上述假设，本项研究构建了包括广告段属性、时段属性、频道属性和节目属性在内的综合性指标体系对广告分钟段收视衰退率进行研究（表 1）。

表 1　广告分钟段收视衰退研究指标体系

类　型	指　标
广告段属性	分钟段位置：广告分钟段在广告段中的相对位置（第 1 分钟、第 2 分钟）
	广告段长度：广告段的整体长度
	广告段位置：广告段相对于节目的位置（节目内插播广告和节目间插播广告）
时段属性	广告段所在时段：广告段所处的时段位置
频道属性	频道竞争地位：广告段所处频道的市场份额
	频道级别：广告段所处频道的级别
节目属性	前节目收视率：广告段前节目的收视率水平
	前节目时长：广告段前节目的播出时长
	前节目类型：广告段前节目的节目类型
	后节目收视率：广告段后节目的收视率水平
	后节目时长：广告段后节目的播出时长
	后节目类型：广告段后节目的节目类型

作为对广告收视衰退率研究方法的一次探索，本项研究选择以2008年4月份北京收视市场上，时长达3分钟以上、到达率达2%以上、在黄金时段播出的广告段为研究对象，进行个案研究。选择2008年4月是因为在2008年的收视市场上，4月份是一个没有春节、地震和奥运等重大事件的影响，收视相对平稳的时期。鉴于本项研究试图探讨广告段分钟收视率的衰退规律，因此，时长在3分钟以下的小段广告暂不列入研究范围之内。将到达率达到2%作为一个广告段筛选条件，主要是考虑样本代表性的问题，只有满足这一要求的广告段才有足够的收视样本，以支持关于广告收视率衰退规律的普遍性的结论。而将研究对象限于黄金段则主要是考虑到在目前的节目编排和广告投放中，对黄金时段广告收视衰退的研究更受关注，更具实践指导价值。

在本项研究之前，作者还进行了一系列实验性研究，其间发现不少电视台在进行广告编排的过程中，会插入诸如节目预告和频道宣传等播出时长小于3分钟的小节目。这类小节目虽然会对广告收视带来一些波动性影响，但总体而言，其对广告收视的影响还是明显小于播出时间长于3分钟的广告节目。为更清楚地了解主体节目对广告插播的收视影响，本项研究将这类小节目归为频道广告，也纳入广告段整体之中。基于上述的合并和筛选条件，本项研究共得到3800余个符合条件的广告段样本。

三、研究结果与分析

基于上面选择的影响因素及样本数据，使用SPSS软件，估计得出广告分钟段位1分钟收视衰退率、3分钟收视衰退率和5分钟收视衰退率影响因素模型(表2)。这三个模型所解释的是在控制模型中其余变量的情况下，广告段分钟段位收视衰退率受各变量影响的显著性及程度。例如在表中所提及的"广告长度"与1分钟衰退率的相关性所指的是在假定其余广告段属性、时段属性、频道属性和节目属性一致的情况下，广告段长度对1分钟衰退率的影响。根据这三个回归模型估计结果，我们对广告分钟段位收视衰退规律，及其与影响因素之间的关系得出如下认识。

表2 黄金段广告分钟段位收视衰退率回归模型估计结果①

影响因素		1分钟衰退率			3分钟衰退率			5分钟衰退率		
		未标准化回归系数	标准化回归系数	显著性	未标准化回归系数	标准化回归系数	显著性	未标准化回归系数	标准化回归系数	显著性
		B	Beta		B	Beta		B	Beta	
广告段属性	分钟段位置平方	−0.032	−0.067	**	−0.017	−0.102	***	−0.015	−0.142	***
	分钟段位置	−0.072	−0.008		0.097	0.031		0.153	0.075	***
	广告段长度	0.902	0.120	***	0.280	0.104	***	0.157	0.091	***
	广告段位置	−2.005	−0.023		−0.971	−0.031	**	−0.749	−0.037	**

① 所使用数据为2008年4月北京市场数据。

续表

影响因素		1 分钟衰退率			3 分钟衰退率			5 分钟衰退率		
		未标准化回归系数	标准化回归系数	显著性	未标准化回归系数	标准化回归系数	显著性	未标准化回归系数	标准化回归系数	显著性
		B	Beta		B	Beta		B	Beta	
时段属性	广告段所在时段：21：00 之后（参照组 21：00 之前）	2.288	0.032	**	1.786	0.070	***	1.382	0.084	***
频道属性	频道竞争地位	－0.330	－0.064		－0.452	－0.246	***	－0.436	－0.369	***
	频道级别：卫星频道（参照组省级地面频道）	－4.390	－0.056	***	－1.276	－0.045	***	－0.487	－0.027	
节目属性	前节目收视率	21.490	1.236	***	1.982	1.014	***	0.632	0.895	***
	前节目时长	0.051	0.025	*	0.053	0.072	***	0.046	0.097	***
	后节目收视率	0.974	0.070	***	0.011	0.006		－0.041	－0.058	**
	后节目时长	－0.078	－0.032	*	－0.011	－0.013		0.003	0.006	
	前节目类型（参照组其他）——专题/综艺	－0.506	－0.005		－1.277	－0.036	*	－1.249	－0.055	***
	前节目类型——电视剧/电影	－2.340	－0.034		－2.518	－0.103	***	－2.009	－0.128	***
	前节目类型——法治/财经	5.866	0.038	*	1.511	0.028		0.483	0.014	
	前节目类型——新闻/时事	12.168	0.115	***	4.675	0.124	***	3.111	0.128	***
	前节目类型——生活服务	－3.364	－0.040		－1.488	－0.050	*	－1.370	－0.072	***
	后节目类型（参照组其他）——专题/综艺	7.631	0.087	***	2.620	0.083	***	1.626	0.080	***
	后节目类型——电视剧/电影	2.040	0.030		1.180	0.048	*	1.088	0.069	**
	后节目类型——法治/财经	2.779	0.017		1.184	0.020		1.132	0.030	
	后节目类型——新闻/时事	7.132	0.071	***	4.043	0.113	***	3.445	0.150	***
	后节目类型——生活服务	－11.641	－0.116	***	－4.876	－0.136	***	－3.338	－0.144	***
	常数项(constant)	9.532		***	70.264		***	81.975		***
	Adj. R2	0.705			0.691			0.684		
	样本量	3867			3867			3867		

* Coefficient is significant at the 0.05 level(2－tailed)；

* * Coefficient is significant at the 0.01 level(2－tailed)；

* * * Coefficient is significant at the 0.001 level(2－tailed)

数据来源：CSM 媒介研究

1. 广告分钟段收视衰退呈现倒“V”型

通过研究广告分钟段位置(也就是广告分钟段在广告段中所处的相对位置)与该广告分钟段的收视衰退关系,可以了解节目之间广告收视率的变化曲线。从表 2 中可看出,在 1 分钟、3 分钟和 5 分钟的 3 个模型下,节目广告分钟段位置的平方与其广告衰退率相关性显著,且相关系数为负,这说明广告分钟衰退率随着其分钟位置的递增,而呈现倒“V”形的走势。简而言之,也就是说在广告段初始的位置节目衰退率相对较低;随着广告播放时间的增加,广告段收视衰退率会进一步缓慢上升,并在某个时点达到最高值;随后广告段的分钟收视衰退率会有所下降。在未经过回归拟合的广告段分钟衰退率走势图中,我们已经能够初窥端倪(图 1)。

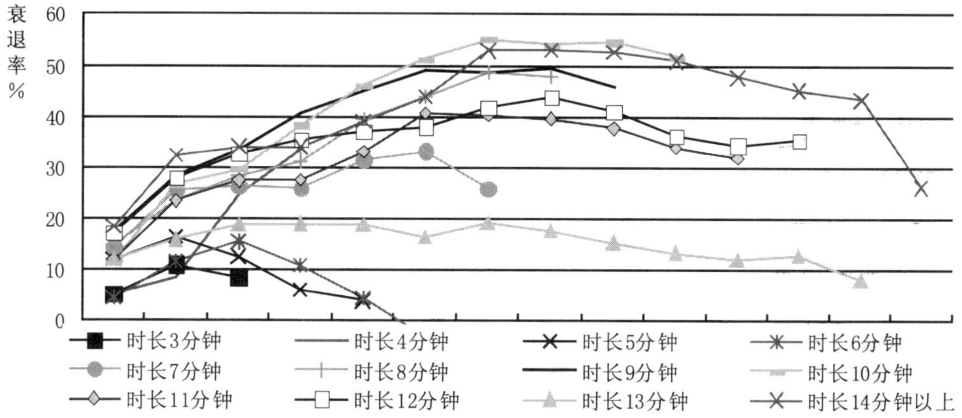

数据来源:CSM 媒介研究

图 1 未经回归拟合的广告段分钟衰退率走势图

如果将对广告分钟收视衰退率的解释转化为我们惯常的对收视率的解释,那么这个规律意味着广告段的收视率走势呈现“V”字形,即在广告段前半程会出现下降,随后逐步回升,这符合我们对广告收视衰变的一般认识。当然,对于电视台和广告主而言,在广告段收视衰变模式中,其所关注的不仅是广告段收视衰变的走势,更是衰变过程中拐点出现的位置。根据显著性比较强的 5 分钟衰退率模型,在这个 V 字形中,广告收视衰退率的顶点,也就是广告收视率的最低点出现在 5 分钟左右,这就意味着在广告段第 5 分钟前后,观众收视会达到最低点,这是电视台在进行节目编排和广告主在进行投放排期时需要重点关注的地方。

2. 广告段长度及广告段位置影响广告分钟段位收视衰退

在 1 分钟、3 分钟和 5 分钟 3 个模型中,广告段长度与分钟段位收视衰退率之间相关性均非常显著,也就是说在其他条件一定的情况下,广告段长度越长,其特定分钟段位的收视衰退率就可能会越高。从图 1 中的数据我们可以看出,即便同样是处于第 1 分钟的位置，广告段长度相对较短的广告段的第 1 分钟收视衰退率明显低于广告段长度较长的广告段。目前，各电视台黄金段的编排模式比较固定，观众对广告长度的预估比较明确。当观众知道某节目之后电视台会插播较长时间广告的时候，其转台的倾向会更加明显，这就使得长广告段的分钟段位收视衰退率会相对较高，导致电视台虽然投入了较长的广告时段，却难以换回较大规模的收视回报。从北京市场的数据结果来看，将广告段长度控制在 6 分钟以内是相对比较合理的。

同样符合大家日常经验的是，在同一节目中间插播的广告分钟段位收视衰退率会低于在两个不同节目之间插播的广告分钟段收视衰退率。受到同一节目前后两段之间较强的内容相关性的影响，观众对于节目内广告的容忍度相对较高，使得节目内广告的收视效果往往优于节目间广告。这也是不少电视台尝试采取无缝编排，压缩节目间广告，扩充节目内广告的原因。值得注意的是，节目位置对于分钟段位收视衰退率的影响不如节目时长显著。根据北京市场的数据，当节目内广告的时长超过 4 分钟以上的时候，其相对于节目间广告的优势已经不那么明显。

3. 广告分钟段位收视衰退受时段收视规律影响

观众的收视惯性同样会影响广告段收视率的衰退情况。在日常的收视数据分析中不难发现，在收视上升阶段，广告分钟段位收视衰退率为负的情况，也就是广告段的收视率高于前节目的收视率。这主要是由于广告段所处的时段位置正是观众开机率不断走高的时段，更大的潜在观众规模为广告段创造了更好的收视环境。在北京，其晚间黄金段的收视呈现单峰状，在 21:00 前后达到收视率的最高峰。以 21:00 为界限，对广告段所处的时段位置进行分类，可以发现，在 21:00 前广告分钟段位收视衰退率明显低于 21:00之后。这一方面提示电视台和广告主将 21:00 前处于收视爬升阶段的广告段作为重点开发资源；另一方面，也提示电视台和广告主不要将 21:00 之后广告分钟段的收视衰退单纯地归因于广告播出本身，而需要结合广告段的时段位置进行综合考量。

4. 广告分钟段位收视衰退率与频道竞争地位和频道级别有关

据 CSM 媒介过去的研究，在市场竞争中享有更高市场份额的频道，通常在观众到达的广度和观众收视的深度方面都享有优势。市场份额较高的频道通常拥有更高的观众忠实度，这不仅会对其节目收视带来助益，同样会缓解其广告播出时段的观众流失现象。本项研究的结果显示，在 3 分钟和 5 分钟模型中，频道市场份额与广告分钟段位收视衰退率呈显著负相关，也就是说市场份额越高的频道，在特定广告分钟段位的广告收视衰退率倾向于越低。这从广告经营的角度，进一步突出了电视市场“双虞效应”发生的可能——强势频道倾向于拥有更好的广告效果，进而在广告市场上拥有更强的议价能力。

在北京市场上，电视频道的竞争主要在中央台和省级卫视等上星频道和北京本地的地面频道之间展开。在本项研究中，将频道级别简单地分为上星频道和非上星频道两类，结果显示：上星频道的广告段分钟段位收视衰退率低于地面频道分钟段位收视衰退率。这说明在北京地区，上星频道相对于地面频道而言，在广告时段出现观众流失的规模相对较小。需要强调的是，这种现象的出现，一方面与中央台和省级卫视拥有更明显的竞争优势有关；另一方面也与北京作为首都，外来人口众多，本地媒体与卫视频道相比，地域特色的优势相对不突出有关。

5. 前后节目的收视率和时长对广告分钟段位收视衰退率的影响值得探讨

在上述3个模型中，广告分钟段位的收视衰退率与前节目的收视率和时长之间均存在比较明显的正相关关系。也就是说前节目的收视率越高、前节目的时间越长，广告分钟段位的收视衰退率就越高。这似乎与大家的日常经验相悖。需要强调的是，本项研究关注的是广告段分钟段位的收视衰退率，而非绝对收视率。在目前的收视市场上，拥有较高收视率和播出时长的节目通常是大众性节目。这类节目的观众规模虽然大，但其中的游离观众比较多，在这类节目结束之后，观众倾向于换台寻找其他节目，故而在这类节目之后的广告段往往观众流失比较明显，广告分钟段位收视衰退率较高。除此之外，高收视节目通常是在最为黄金的时段播出，尤其以在21：00前后为多。在这类节目播出的时段，各频道的节目竞争非常激烈，观众可选择节目较多；同时在这些节目结束之后，观众整体收视逐渐进入下滑阶段。受这些因素的影响，不少高收视节目之后的广告段也会出现明显的分钟收视衰退。

在本项研究之前的实验性研究中，在未排除小节目的情况下，广告分钟段位的收视衰退率与后节目的收视率和时长之间有较强的负相关关系，也就是后节目的收视率越高、时长越长，其广告分钟段位收视衰退率会越低。在本项研究排除了小节目的影响之后，后节目收视和时长对于广告段分钟段位收视的影响相对不明显。

6. 前后节目类型对广告分钟段位收视衰退率有一定影响

不同节目类型的节目对其前后广告分钟段位的分钟收视衰退率均有一定影响，在5分钟衰退率模型中，这一情况尤其明显。在这个模型中，除前节目为法治/财经节目之外，前节目为专题/综艺、电视剧/电影、新闻/时事和生活服务节目的节目类型与其分钟收视衰退率均有明显的相关性。相对而言，在这四类节目中，新闻/时事节目之后的广告分钟段位收视衰退率相对较高；专题/综艺和生活服务类节目后的广告分钟段位收视衰退率基本相似，但明显低于新闻/时事节目后广告段的收视衰退。在这四类节目中电视剧/电影节目之后的观众流失相对不明显，广告分钟段位收视衰退率较低，这与电影和电视剧通常采取多段和多集联播有关。

如果考虑后节目类型对广告分钟段位收视衰退的影响，那么专题/综艺、生活服务和新闻/时事节目对其前广告段分钟段位收视衰退的影响比较大，在这3个模型中都表现出显著的相关性。数据显示，当后节目为新闻/时事节目时，其前广告段的分钟段收视衰退率明显高于其他节目类型；当后节目为专题/综艺节目时，其广告分钟段收视衰退率相对较低；当后节目为生活服务节目时，广告分钟段收视衰退率则最低。后节目为电影/电视剧节目时，其对前面广告时段的收视衰变影响并不明显，不过从系数来看，在电影/电视剧前的广告段的分钟收视衰退率相对不高。

四、思考与建议

本项研究的结果显示，广告段本身的属性、时段属性、频道属性和节目属性确实都会对广告分钟段位收视衰退产生影响。从北京市场的数据来看，广告分钟段位的收视衰退走势呈现倒“V”形，并在5分钟前后出现拐点。广告段时长过长会加剧分钟段位广告收视率的衰退，因此必须对广告段时长进行合理控制。节目内广告的收视衰退缓于节目间广告，但节目内广告也不宜过长。从这些结论来看，电视台在进行广告编排的过程中，需要在广告段的长度和频度之间寻求更好的平衡，在节目编排中合理分配广告插播，实现效用最大化。

广告段所处的时段位置和频道位置同样会对广告的收视衰退情况产生影响。在收视整体上升时期，广告收视衰退放缓；在强势市场地位和卫视频道上，广告收视衰退也相对较小。这为电视台和广告主带来的启示是要尽力发掘优势时段的广告资源，同时地面频道要积极学习卫视频道的经验，培育观众忠实度，减缓广告收视的衰退。而从节目的角度来讲，前后节目收视对广告收视衰退的影响还有待探索；新闻/时事节目前后的广告收视率衰退较为明显，电影/电视剧、生活服务和综艺/专题节目的收视衰退相对较低。

当然，由于本项的研究对象集中于北京市场，数据量还相对有限，因此，研究中的不少结论还有待考证和探究。在前文提及的诸如节目预告和频道宣传等小节目对广告收视的影响还有待探索，需要在今后的研究中进一步引入。此外，在本项研究中，常数项与广告分钟段位收视衰退率的相关性还非常显著，这意味着还有一些影响广告收视衰退的因素并未被列入到本次的研究当中，还需要业内人士共同探讨，不断完善。

节目内与节目间广告插播收视变化研究

左瀚颖　王建平

2009 年 9 月，国家广播电影电视总局相继出台《广播电视广告播出管理办法〔61 号令〕》及《关于加强电视购物短片广告和居家购物节目管理的通知》，进一步强化对重点时段电视广告插播形式和内容的规范。从长远来看，此类政策的出台有助于净化荧屏，维护观众合法权益，保证中国广播电视媒体的健康发展；从短期来看，此类政策一方面明确限定了电视媒体可资利用的广告资源规模，另一方面提高了广告内容的政策准入门槛，从供需两方面对广告交易带来影响，或许会引发广告市场的新一轮盘整。

在这一轮盘整中，政策对电视媒体经营的鼓励和扶持力度加大，相较于 2003 年广电总局颁布的 17 号令，在新的 61 号令下，电视媒体在晚间黄金段可资利用的广告时段规模有所扩大、灵活性也有所提高。而同时，政策又对晚间黄金时段可供播出的广告内容进行了新的限定，曾为不少电视媒体带来可观收入的电视购物广告将退出部分专业频道的屏幕，上星频道在 18:00—24:00 点之间亦不得再播出电视购物短片广告。在黄金段优质广告资源供给增加，而可供选择的广告来源减少的情况下，电视媒体的广告经营竞争将趋于激烈；这不仅对电视台的内容收视和竞争表现提出了更高的要求，也对电视台的广告经营提出了更高的要求。如何对现有广告资源进行精细化运作，依赖有限的广告资源获得最大化的效益，有待电视媒体与相关行业人士共同探讨。本文基于 CSM 媒介研究丰富的收视率调查数据，探索节目内与节目间广告插播收视变化的普遍规律，以期推动相关行业研究，为电视台和广告主进行更精细化的广告资源运作，提供新的思路。

一、研究背景、对象及方法

近年来，伴随着新媒体的迅猛发展，以及广告主广告投放的理性化，对各类媒体广告投放的精细化和精准化评估，已成为大势所趋。越来越多的电视台和广告公司在关心电视频道和节目整体收视水平之余，开始关注电视广告收视的具体变化情况。顺应这一需求，不少广告公司和媒介调研公司的专业研究人员基于个案调查或定性分析等方法，探讨电视广告收视变化的规律；这其中就包括 2008 年 9 月笔者基于 CSM 媒介研究 2008 年 4 月在北京地区的测量仪收视率调查数据，对广告段分钟收视衰变规律及其影响因素所进行的试探性研究——《电视广告收视衰变研究》。

《电视广告收视衰变研究》是国内少数几个基于连续性的收视率调查数据进行的电

视广告收视变化研究之一。文章于2008年10月在《收视中国》上刊出之后，得到了不少来自业内人士的关注和反馈。总体而言，业内人士对广告播出时段的收视变化规律非常感兴趣，但《电视广告收视衰变研究》仅以北京一地的收视情况为例，难以推及市场的普遍情况。同时，该研究主要关注广告分钟段位收视变化与诸如广告位置、广告时长以及前后节目表现等一系列因素的普遍性关系，对电视广告编排的实际指导作用相对有限。有鉴于此，笔者在吸取《电视广告收视衰变研究》经验得失的基础之上，尝试通过拓展样本规模，并基于广告位置和节目类型等因素细化研究对象等方式，增强研究结果的普遍适用性，将先前的研究推向深入。

本次研究仍然以广告段中每分钟段位的收视衰退率为研究对象。所谓分钟段位，是指广告段中的处于某相对位置的特定分钟段，例如整体广告段中的第1分钟为第1分钟段位，第2分钟为第2分钟段位，以此类推。所谓每分钟段位的收视衰退率是指该分钟段位的收视率相对于前节目收视率的衰退比率，即N分钟段位收视衰退率=(前节目收视率－N分钟段位收视率)/前节目收视率＊100%。在前节目的界定方面，本次研究参考《电视广告收视衰变研究》的结果，以及观众节目收视的普遍规律，尝试将广告段之前5分钟[①]的节目作为前节目，以前5分钟节目的平均收视率为参照对象，探讨广告段分钟段位的收视率变化情况。

从《电视广告收视衰变研究》的研究结果来看，该研究所选取的大多数指标都与电视广告分钟段位的收视率变化情况相关，少数指标与广告分钟段位收视变化的关系不明显。为避免因样本量过少而造成的偏差，本次研究仍然沿用《电视广告收视衰变研究》的指标体系，用更大的样本量来验证各类指标与广告分钟段位收视变化之间的关系。具体而言，这些指标主要包括广告段属性指标(分钟段位置、广告段长度、广告段位置)，时段属性指标(广告段所在时段)，频道属性(频道竞争地位、频道级别)和节目属性(前节目收视率、前节目时长、前节目类型、后节目收视率、后节目时长、后节目类型)(表1)。除此之外，考虑到不同区域观众收视习惯的不同，在本次研究中还将区域因素作为一个补充性指标。

本次研究选择以2009年4月份，北京、长沙、成都、重庆、广州、哈尔滨、合肥、济南、锦州、南京、上海、沈阳、深圳、苏州、太原、天津、武汉、西安、郑州和珠海等20个城市市场上，前5分钟节目段收视率在1%以上的，于晚间18:00－24:00播出的广告段的分钟段位为研究对象。选择对4月份的广告段进行研究，是为避免重大事件对电视收视的影响。选择上述20个城市除了考虑这些城市采用测量仪收视率调查方式之外，也考虑到

① 在《电视广告收视衰变研究》中已指出，前节目的确定，很大程度上要取决于广告段前多长时间的节目收视会对广告段收视产生影响，而此目前并没有定量研究的结论。本次研究仍然尝试对广告分钟段相对于前1分钟、前3分钟和前5分钟的收视衰退情况进行研究。基于多年的收视率研究，我们发现不少节目在结束前1－3分钟已经进入尾声、片尾曲、花絮阶段，进入收视率衰退期；以此为基准研究广告分钟段位相对于节目的收视衰退，可能造成对广告播出影响的低估，因此，在本次研究中以前5分钟节目为参照对象进行研究。

表 1　广告分钟段收视衰退研究指标体系

类　型	指　标
广告段属性	分钟段位置：广告分钟段在广告段中的相对位置(第 1 分钟、第 2 分钟)
	广告段长度：广告段的整体长度
	广告段位置：广告段相对于节目的位置(节目内插播广告和节目间插播广告)
时段属性	广告段所在时段：广告段所处的时段位置
频道属性	频道竞争地位：广告段所处频道的市场份额
	频道级别：广告段所处频道的级别
节目属性	前节目收视率：广告段前节目的收视率水平
	前节目时长：广告段前节目的播出时长
	前节目类型：广告段前节目的节目类型
	后节目收视率：广告段后节目的收视率水平
	后节目时长：广告段后节目的播出时长
	后节目类型：广告段后节目的节目类型
区域属性	区域属性：样本城市区域属性

城市的区域分布平衡。由于本次研究主要希望了解广告收视变化的一般性规律，前节目收视率太低的广告段收视变化不具有显著性和普遍性的特征，因此本次研究选择前 5 分钟节目段收视率在 1%以上的广告段为研究对象。最后，本次研究以 18:00—24:00 播出的广告段位研究对象，主要是考虑到该时段是电视台广告经营的重点，对该时段的研究更具实用价值。

需要强调的是，考虑到节目内和节目间广告插播拥有不同的观众流动机理，本次研究尝试分别对节目内广告插播和节目间广告插播的广告分钟段位收视变化情况进行对比研究，挖掘其共性与差别。在最初的数据分析中，笔者发现少数离散的、过长的广告段数据会对分析结果造成明显影响，而本次研究中超过 95%的节目内广告时长在 10 分钟以内，超过 95%的节目间广告时长在 20 分钟以内，为避免少数特异值的干扰，本次研究以“节目内广告小于等于 10 分钟，节目间广告小于等于 20 分钟”为条件，对数据进行了进一步筛选。根据数据筛选的结果，在 2009 年 4 月，在上述 20 城市符合筛选条件的节目内广告分钟段达 30346 条，节目间广告分钟段达 89400 条。基于上述广告分钟段的相关信息，借助 SPSS 软件的回归分析功能，本文得以挖掘节目内和节目间广告收视变化的一些普遍性规律。

二、节目内广告收视变化规律

通过回归分析，可以得出节目内广告分钟段位相对于前 5 分钟节目的收视衰退率与上述指标体系中各项指标的相关性模型(表 2)，由此解释在控制模型中其余变量(即假定其余变量赋值相同的情况下)，某一特定变量与广告分钟段位相对于前 5 分钟节目的收视衰退率之间的相关程度。从分析结果来看，节目内广告分钟段位相对于前节目的收视衰退率与本研究体系中除频道级别以外的其他因素都存在比较明显的相关性，说明节目内广告段相较于节目的收视变化是多种时段、内容和编排因素共同作用的结果。

表 2 节目内广告分钟段位收视衰退率回归模型估计结果

影响因素		5 分钟衰退率		
		未标准化回归系数	标准化回归系数	显著性
		B	Beta	
广告段属性	分钟段位置(第几分钟)	5.035	0.210	***
	分钟段位置平方	−0.431	−0.145	***
	广告段长度(分钟)	0.394	0.020	***
广告段时段属性	所在时段(参照组：21∶00 以前)			
	21∶00 以后	3.536	0.042	***
频道属性	竞争地位	−2.826	−0.452	***
	频道级别(参照组：省级地面频道)			
	卫星频道	−1.027	−0.010	
节目属性	前节目收视率	3.141	0.872	***
	前节目时长	0.127	0.029	***
	后节目收视率	−1.733	−0.463	***
	后节目时长	0.054	0.012	***
	前后节目(参照组：其他—其他)			
	电视剧—电视剧	−4.720	−0.056	***
	新闻—新闻	−3.560	−0.034	***
	综艺—综艺	−7.442	−0.076	***
区域属性①	地区(参照组：北部)			
	中西部	1.848	0.021	***
	东南部	−4.887	−0.057	***
	常数项	5.463	***	
	Adj. R2	0.250	***	
	样本量	30,346		

注：* * * Significant at the 0.001 level(−2tailed)

数据来源：CSM 媒介研究

粗略来看，在假定其他因素相同的情况下，节目内广告分钟段位置与广告分钟段位收视衰退率成正相关关系，即广告分钟段位数值越高(广告分钟段位置越靠后)，其收视衰退率越高；广告段长度与广告分钟段位收视衰退率成正相关关系，即广告段时间越长，该广告段中每分钟段位的收视衰退率越高；广告段所在时段②与广告分钟段位收视衰退

---

① 模型中北部地区包括北京、哈尔滨、锦州、沈阳、太原和天津六城市；中西部地区包括长沙、合肥、武汉、郑州、成都、重庆和西安七城市；东南部包括广州、深圳、珠海、济南、南京、上海和苏州七城市。

② 在本研究中广告段所在时段被分为两种类型赋值，其中“0＝18∶00—21∶00”，“1＝21∶00—24∶00”。

率成正相关关系，即 21:00 后广告段每分钟段位的收视衰退率较 21:00 前为高；频道竞争地位与广告分钟段位收视衰退率成负相关关系，即频道市场份额越高，每分钟段位的收视衰退率越低；前节目收视率和前节目时长与广告分钟段位收视衰退率成正相关关系，即前节目收视率越高，时长越长，其后广告段每分钟段位的收视衰退率越高；后节目收视率和后节目时长与广告分钟段位收视衰退率分别成负相关关系和正相关关系，即后节目收视率越高，其前广告段每分钟段位的收视衰退率越低，后节目时长越长，其前广告段每分钟段位的收视衰退率越高。

这其中大部分的结论，都能印证业内人士的普遍性认识；而有关前节目收视率与节目内广告分钟段位收视衰退率成正相关关系的结论则与业内人士的普遍性认识有所差异。笔者认为，高收视节目段后，广告收视衰退率较高可能有如下三点原因：其一，高收视节目往往汇聚了大规模观众的注意力，观众的构成比较复杂，游离性比较高，在节目段结束后，出现换台或停止收视的可能性比较大；其二，高收视节目通常在晚间最为黄金的收视时段播出，这一时段为各个电视频道重点打造的编排段，可供观众选择的节目内容较多，观众更有动机在节目结束后进行换台；其三，相当比例的高收视节目都为在固定时段播出的电视剧、新闻/时事或综艺类节目，这类节目中的广告插播有比较固定的规律，长期观看这类节目的观众在熟悉编排规律的情况下，能够在不影响后续节目收视的情况下进行换台，也因此更倾向于通过换台回避广告收视。当然，要深入解释这一现象，还有待更深入的观众行为研究，本次研究仅是抛砖引玉，引发业内人士对这一现象的关注。接下来，笔者将具体从时长、分钟段位和节目类型三大因素，来探讨节目内广告收视的变化规律。

1. 节目内广告倾向于短小精悍，收视衰退随广告段长度明显递增

从 20 城市 2009 年 4 月份在晚间 18:00—24:00 播出的节目内广告段来看，节目内广告通常比较短小精悍。统计显示，符合本次研究筛选条件的广告段中，超过 60％的广告段时长在 3 分钟以内，超过 90％的广告段时长在 6 分钟以内；其中，时长为 3 分钟的节目内广告比例达到 31.56％，时长为 2 分钟的为 24.52％，时长为 4 分钟的占 17.14％(图 1)。

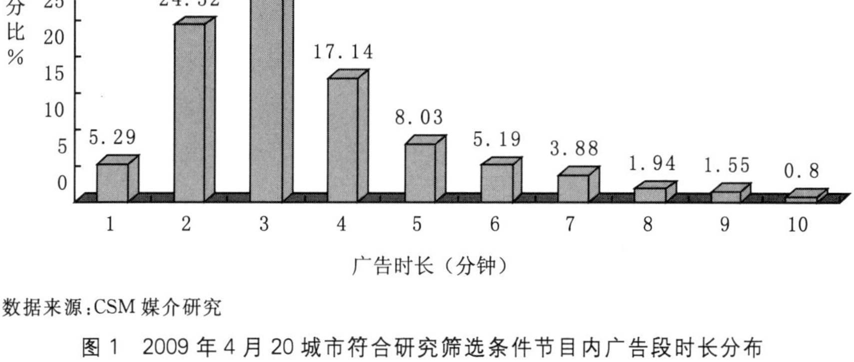

数据来源：CSM 媒介研究

图 1　2009 年 4 月 20 城市符合研究筛选条件节目内广告段时长分布

回归分析显示，在控制其他影响因素的情况下，广告分钟段位的收视衰退率与广告段时长成正相关关系。2009 年 4 月份 20 城市不同时长节目内广告平均每分钟段位的实际收视衰退情况则证实，在受到其他因素影响的情况下，广告分钟段位的收视衰退率仍然与广告段时长呈正相关关系。在符合本次研究筛选条件的所有节目内广告段中，在节目内广告时长为 1 分钟的时候，该段广告的衰退率仅为 7.95％，收视波动相对微小；在节目内广告时长为 2 至 6 分钟的时候，广告段时长每增加 1 分钟，广告段平均每分钟段位衰退率就将增加 3－4 个百分点；时长为 6 分钟和 7 分钟的广告段，其平均每分钟段位衰退率均在 25％左右的水平；当节目内广告段时长达到 8 至 10 分钟时，其平均每分钟段位衰退率则达到超过 30％的水平(图 2)。

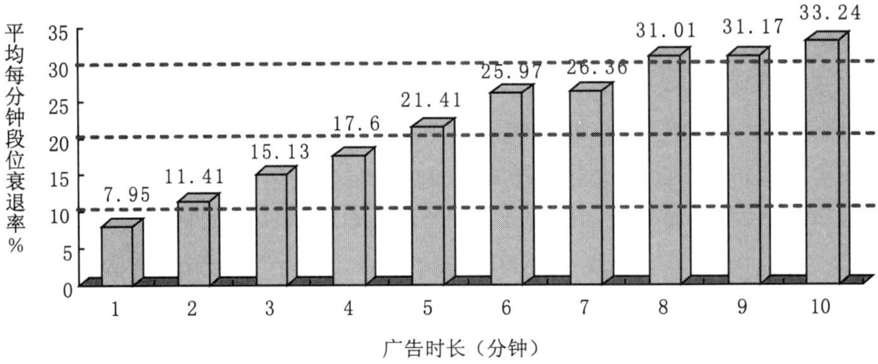

数据来源：CSM 媒介研究

图 2　不同时长节目内广告段平均每分钟段位衰退率分布(2009 年 4 月，20 城市)

整体来看，与 CSM 历史研究中有关广告收视率水平相当于节目收视率水平 60％左右的判断相比，节目内广告的收视衰退相较于广告整体收视衰退而言，要表现得更好一些。3 分钟以内的节目内广告段的收视率大致相当于前节目收视率的 85％左右；4 至 5 分钟以内的节目内广告，可以保持前节目 80％左右的收视。相比较而言，时段较长的广告段不仅平均每分钟段位收视衰退更为明显，而且还占据更长的播出时间，由此其带来的收视率衰退影响较时段较短的广告段而言，更为明显。从这个角度里看，政府相关主管部门出台的限定黄金时段电视剧内广告插播长度的政策，不仅仅有净化荧屏的作用，而且还在一定程度上帮助电视台实现了黄金时间广告段的收视保值。当然，目前也有不少电视台保持了在黄金段的同一节目内插播长时段广告的做法，如果这类电视台已经面临着广告公司以点论价的交易状况的话，那它们就必须思考如何在广告时长、收视衰退和每收视点价格之间寻找更好的平衡。

2. 节目内广告衰退随分钟段位递增而递增，后节目开始前广告收视多有回升

无论是否对影响节目内广告收视的其他因素进行控制，广告分钟段位本身的相对位置都会对其收视衰退情况造成影响。统计显示，在符合本次研究筛选条件的所有广告分钟段位中，广告段第 1 分钟段位的平均收视衰退率仅为 8.78％；到第 2 分钟段位平均收视衰退率迅速增至19.41%；此后，广告段位每增加1位，广告分钟段位的平均收视衰退率就增加3个百分点左右；到广告段位达到第6和第7分钟之后，其收视衰退率变化开始趋于平缓，并在部分段位出现波动性回升。若将衰退率转化为收视率来看，在节目内广告开播之后，第1分钟和第2分钟是收视率下滑最为迅速的阶段，在第3分钟和第6分钟之间收视率以相对前两分钟更为平缓的速度继续下滑，到7分钟之后收视率基本就到达一个谷底，维持平稳波动，并在后节目开始之前出现回升（图3）。

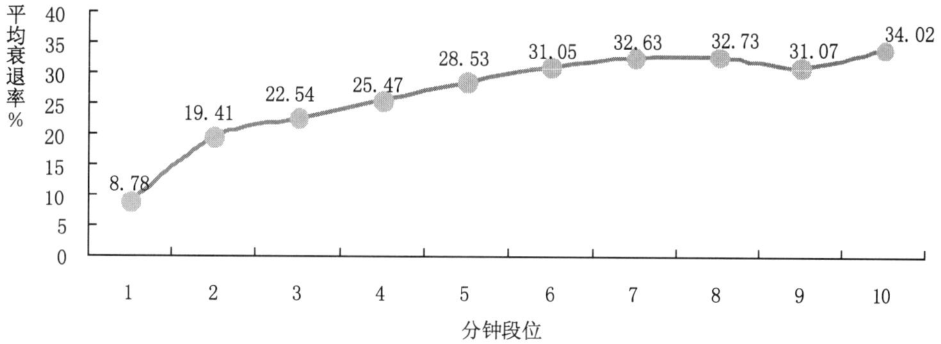

数据来源：CSM媒介研究

图3 节目内广告段各分钟段位平均衰退率分布（2009年4月，20城市）

当然，如前文所指出的那样，广告段本身的长度会对每分钟段位的收视衰退产生影响，不同时长广告段的相同广告段位也存在不同的收视衰退情况，因此，笔者进一步对不同长度广告段的分钟段位收视衰退进行了回归拟合（图4）。发现如下几点现象：

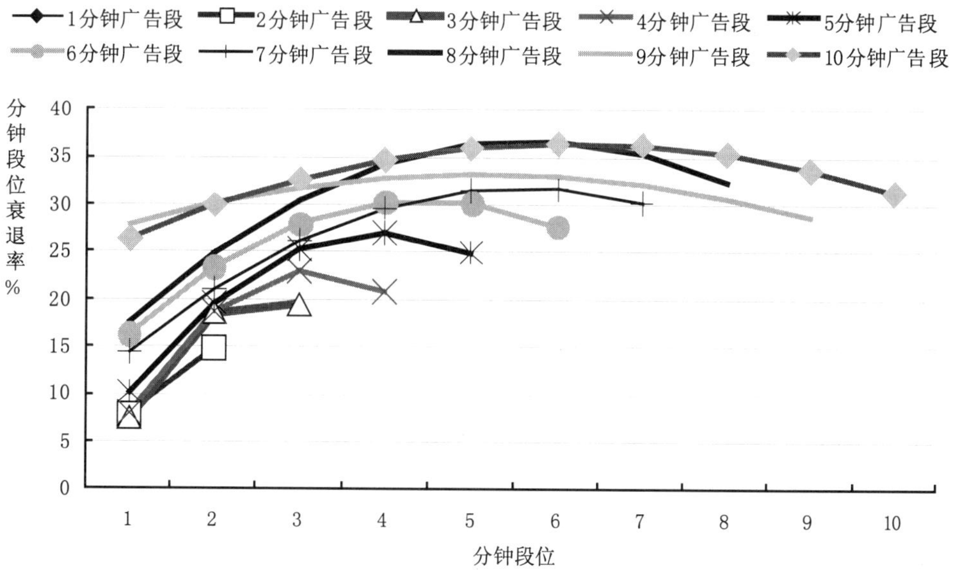

数据来源：CSM媒介研究

图4 不同时长节目内广告段每分钟段位收视衰退率回归拟合情况（2009年4月，20城市）

● 不同时长广告段衰退起点和衰退程度大相径庭。

时长在1分钟至5分钟的广告段在第1分钟的收视衰退率大致在10%左右；时长为5至8分钟的广告，在第1分钟的收视衰退率则达到15－20%左右的水平；时长为8至9分钟的广告段，则在第1分钟就出现了高达25%以上的衰退。从不同时段广告段在每分钟段位的衰退情况来看，时间较长的广告段在每个分钟段位的衰退情况都较时间较短的广告段更为明显；7分钟广告段虽然在前3分钟衰退情况较6分钟广告段略优，但其在随后依然保持了较明显的衰退，且最终的回升情况也不如6分钟广告段；8分钟广告段前期下滑迅速，到4分钟段位，其衰退率基本与10分钟广告段持平。

● 时长为1至3分钟的广告段呈现持续收视衰退。

时长在3分钟以内的广告段基本保持了收视的快速下滑。虽然时长为3分钟的广告段在第3分钟段位的收视衰退率较前两分钟段位明显趋缓，但也并未能带来广告收视的回升。

● 时长为4至8分钟的广告段呈现初期迅速衰退，后期缓慢回升的状态。

这类广告段在广告插播开始初期，出现了迅速的收视率下滑趋势，在广告开始播出后的前3至4分钟，此类广告段的分钟段位收视衰退率基本以每分钟10%的速度增长，换作收视率来解释，也就是说该广告段每1个分钟段位较前节目的收视率以10%的速度下降。在3至4分钟后，这类广告段的收视逐步探底，其分钟段位收视衰退率的增长趋势开始放缓，并随着下一个节目的开始，而出现逆向变化的趋势，也即是其收视率开始出现回升。这其中5分钟和6分钟长度广告段的收视回升情况比较突出，其最后1分钟段位的收视衰退甚至已经低于其第3分钟段位的收视衰退。从这个趋势来看，在节目内广告的收视中，后节目对广告段收视的拉动作用比较明显。

● 时长为9至10分钟的广告第1分钟迅速下滑，随后收视变化比较平滑。

相较于时长较短的广告，时长为9至10分钟的节目内广告在第1分钟就出现了幅度较大的收视下滑。由于目前大多数电视台的节目编排比较固定，观众对电视台广告播出的风格通常比较熟知；在知道同一节目中会插播较长时间广告的情况下，观众在前一段节目结束后立即选择换台，这不足为奇；也正因为这样，节目内的长广告段会在开播的第1分钟就损失25%左右的收视。值得注意的是，长广告段内收视的整体波动变化相对平缓；与短广告段动辄20%－30%以上的变化幅度相比，长广告段衰退最高点和最低点之间的差异基本控制在20%以内(9分钟时长广告段的收视衰退率波动大致在10%以内)。此外，长广告段的收视回升期也出现得相对较早，与短广告段基本在后节目开始前1－2分钟才开始出现收视回升相比，长广告段基本在广告段播出的中后期，也就是广告段播出5分钟左右就开始出现收视回升，且基本能恢复至与广告段开始初期相当的水平。

整体而言，节目内的中插广告往往会在最初的几分钟内出现迅速的收视下滑。虽然从广告收视率的变化情况来看，越接近前节目的广告段位(尤其是前4至5分钟以内)收视率越高也是不争的事实，但是否越接近前节目的广告段位就有越好的广告传播效果或者更大的广告销售价值，值得电视媒体和广告投放者思考。换一个角度来看，处于广告段中部的广告段位虽然收视率相对较低，但由于收视变化已趋于平缓，观众行为开始趋于稳定，广告收视很可能更少地受到干扰；而处于广告段后部的广告段位在后节目的带动下，已经出现了收视率的回升，其广告传播效果同样不可小觑。电视台和广告投放者都应该深入研究广告收视的这一变化规律，寻找广告分钟段位与广告价格的最优组合。

3. 节目内生因素固然会对广告收视产生影响，但编排因素的作用同样不容忽视

在本次研究中，笔者发现了一个与现实情况颇有矛盾性，但同时对电视节目编排很有启发性的结论。根据回归分析的结果，在控制其他因素的情况下，电视剧、新闻/时事和综艺三大类节目中，新闻/时事节目的中插广告收视衰退率最为明显，电视剧其次，综艺节目最低(表 3)。而从 2009 年 4 月 20 城市符合筛选条件的节目内广告的收视衰退实际情况来看，新闻/时事类节目的平均每分钟收视衰退率仅为 7.9%，是三类节目中最低的；电视剧和综艺节目的平均每分钟收视衰退率则分别为 21.2%和 21.8%(图 5)。

表 3　广告分钟段位收视衰退率回归模型估计结果(节目类型部分摘录)(20 城市，2009 年 4 月，18:00—24:00)

影响因素		5 分钟衰退率		
		未标准化回归系数	标准化回归系数	显著性
		B	Beta	
节目属性	前后节目(参照组:其他—其他)			
	电视剧—电视剧	−4.720	−0.056	* * *
	新闻/时事—新闻/时事	−3.560	−0.034	* * *
	综艺—综艺	−7.442	−0.076	* * *

数据来源:CSM 媒介研究

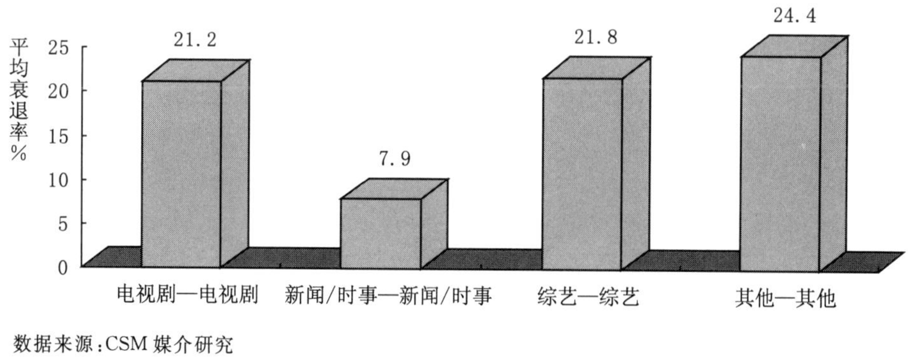

数据来源:CSM 媒介研究

图 5　不同类型节目中插广告平均每分钟收视衰退率情况(2009 年 4 月，20 城市)

这一结果看似矛盾，但其实却从侧面印证了节目编排对于广告收视衰退的重要影响。在回归分析中所体现的各类节目中插广告的收视衰退差异，是在控制了其他影响因素，例如时长和时段等编排因素的情况下，由节目本身的内生因素而导致的收视差异。相较于电视剧连续的情节和综艺节目紧密相扣的环节而言，新闻/时事节目中不同新闻信息之间的联系性相对较差，收视粘性较低。如果单从节目本身的特性来看，新闻/时事节目吸引观众持续收视的能力相较电视剧和综艺节目为弱。

然而，电视广告的收视并非完全由节目本身的特点或者品质决定，诸如播出时段或者广告时长等编排因素的影响，甚至在某些时候会强于节目本身特性的影响。从本次研究的结果来看，新闻类节目的中插广告之所以明显低于综艺节目和电视剧，至少因为如下两点原因：

首先，新闻节目大多数编排在晚间 21:00 之前的时段播出。基于 CSM 多年的收视率分析结果，我们可以发现晚间 18:00—21:00 是观众整体收视持续上行的阶段，观众开机率不断增加带来观众收视率的持续增长；由于不断有新观众打开电视机收看电视节目，在这个阶段的不少广告段都呈现出负向的收视衰退，也就是说广告段的收视率较前节目更高。相比较而言，在晚间 21:00 至 24:00 时段，观众整体收视处于持续下降的阶段，不断有观众停止收视行为，带来收视曲线持续下滑。也就是说，在这两个阶段中，广告段收视的变化不仅仅受前后节目的影响，而且受观众整体收视趋势的影响。分析显示，在本次研究中 80%以上的新闻节目内广告分钟段在 18:00—21:00 的收视上行阶段播出，这很大程度上弥补了新闻节目本身收视粘性不强的"缺点"，减少了新闻节目中插广告的衰退率（图 6）。

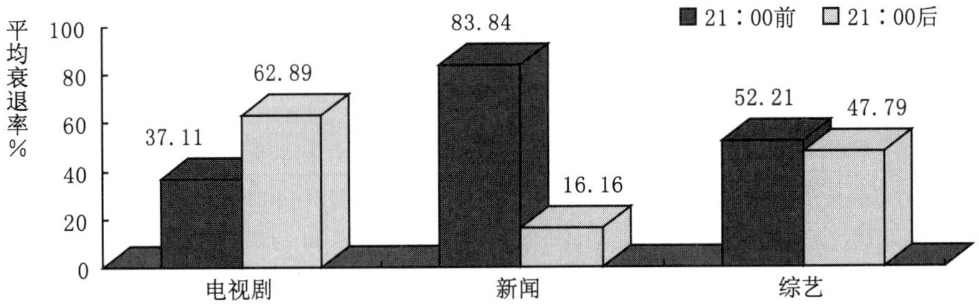

数据来源：CSM 媒介研究

图 6　不同类型节目中插广告的播出时段分布情况(2009 年 4 月，20 城市)

其次，新闻节目间广告的播出时间相对较短。分析显示，广告段的时长越长，其收视衰退越明显。相较于电视剧和综艺节目而言，新闻节目的中插广告相对较短，超过 80%的新闻节目广告分钟段位处在播出时长为 2—4 分钟的广告段中；相比较而言，电视剧和综艺节目，尤其是综艺节目的中插广告中，超过 5 分钟以上的广告段数量相对较多，广告时长过长也在一定程度上影响了这两类节目中插广告的收视情况（图 7）。

当然，还会有其他一些本次研究没有纳入其中的因素，会对不同类型节目的中插广告收视产生影响，电视台和广告投放者需要结合自己的目标观众定位，以及所能获得的节目和广告资源情况，在充分权衡编排环境的情况下，对中插广告的收视效果进行研究和判断。

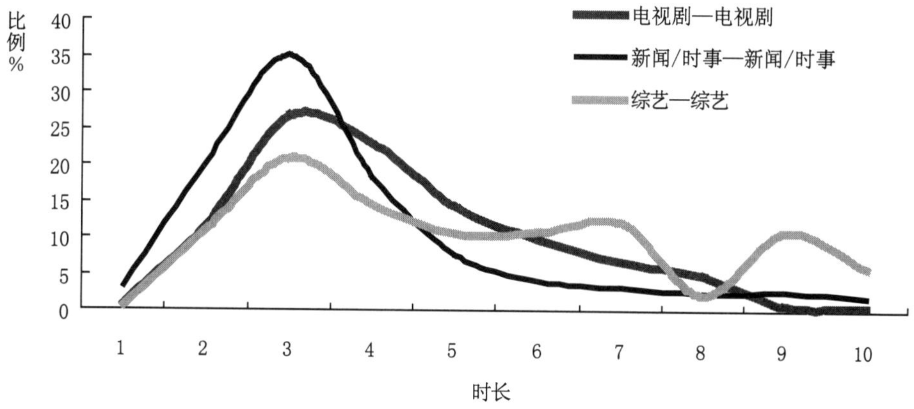

据来源:CSM媒介研究

图7 不同类型节目中插广告的播出时长分布情况(2009年4月,20城市)

三、节目间广告收视变化规律

同对节目内广告收视变化规律的分析一样,基于对节目间广告段数据的回归分析,可以得出节目间广告分钟段位相对于前5分钟节目的收视衰退率与研究体系中各项指标的相关性模型(表4),以解释在控制模型中其余变量(即假定其余变量赋值相同的情况下),某一特定变量与广告分钟段位相对于前5分钟节目的收视衰退率之间的相关程度。分析结果显示,节目间广告按分钟段位相对于前节目的收视衰退率与指标体系中除频道级别、部分前后节目编排方式以及部分区域因素之外的其他广告段属性、时段属性、频道属性和节目属性等指标之间有比较显著的相关性,显示出广告段自身因素,以及时段、频道和节目类型等编排环境对广告段收视的影响。

整体来看,在假定其他因素相同的情况下,节目间广告分钟段位收视衰退率与各项指标的相关性情况,与节目内广告分钟段位的情况基本相似,表现为:广告分钟段位置(分钟段位在广告段中所处的相对位置)与分钟段位收视衰退率成正相关关系,即分钟段位的相对位置越靠后收视衰退率越高;广告段长度与分钟段位收视衰退率成正相关关系,广告段越长各分钟段位的收视衰退率越高;广告段所在时段与分钟段位收视衰退率成正相关关系,即21:00后广告段分钟段位收视衰退率较21:00前高;频道竞争地位与分钟段位收视衰退率成负相关关系,即频道市场份额越高,分钟段位的收视衰退率越低;前节目收视率和前节目时长与分钟段位收视衰退率成正相关关系,即前节目收视率越高,时长越长,其后广告段每分钟段位的收视衰退率越高;后节目收视率与分钟段位收视衰退率成负相关关系,即后节目收视率越高,其前广告段分钟段位的收视衰退率越低。

表 4 节目间广告分钟段位收视衰退率回归模型估计结果(20 城市,2009 年 4 月,18:00—24:00)

影响因素		5 分钟衰退率		
		未标准化回归系数	标准化回归系数	显著性
		B	Beta	
广告段属性	分钟段位置	2.034	0.260	***
	分钟段位置平方	−0.083	−0.165	***
	广告段长度	0.090	0.012	***
时段属性	所在时段(参照组:21:00 以前)			
	21:00 以后	3.163	0.051	***
频道属性	频道竞争地位	−3.991	−0.677	***
	频道级别(参照组:省级地面频道)			
	卫星频道	−0.432	−0.007	
节目属性	前节目收视率	2.272	0.882	***
	前节目时长	0.033	0.016	***
	后节目收视率	−1.214	−0.395	***
	后节目时长	−0.099	−0.039	***
	前后节目(参照组:其他—其他)			
	其他—电视剧	4.203	0.023	***
	其他—新闻/时事	10.787	0.052	***
	其他—专题/综艺	3.336	0.018	***
	电视剧—其他	1.756	0.009	***
	电视剧—电视剧	4.841	0.078	***
	电视剧—新闻/时事	7.321	0.039	***
	电视剧—专题/综艺	0.332	0.003	
	新闻/时事—其他	8.576	0.026	***
	新闻/时事—电视剧	3.954	0.037	***
	新闻/时事—新闻/时事	10.405	0.079	***
	新闻/时事—专题/综艺	−0.509	−0.003	
	专题/综艺—其他	4.519	0.016	***
	专题/综艺—电视剧	1.458	0.012	***
	专题/综艺—新闻/时事	6.193	0.033	***
	专题/综艺—专题/综艺	5.427	0.038	***
区域属性	地区(参照组:北部)			
	中西部	0.135	0.002	
	东南部	−4.433	−0.071	***
	常数项	23.337		***
	Adj. R2	0.563		
	样本量	81,258		

注:*** Significant at the 0.001 level(—2tailed)

数据来源:CSM 媒介研究

与节目内广告分析中有所区别的是，在节目内广告中分钟段位的收视衰退率与后节目时长成正相关关系，即后节目越长，其前广告段分钟段位收视衰退率越高；而节目间广告分钟段位的收视衰退率则与后节目时长成负相关关系，即后节目时长越长，其前广告分钟段位的收视衰退率越低。在《电视广告收视衰变研究》中，也曾有广告分钟段位收视衰退率与后节目时长成负相关关系的结论。笔者分析认为，广告插播虽然是节目编排中观众流出和换台的破口，但它并非一个纯观众流出的过程，前节目观众的流出和后节目观众的提前进入共同决定了广告的衰退情况。从观众流动的一般机理来看，前节目结束往往是导致观众流出的原因，而对后节目的期待则会让观众容忍广告播出或者提前流入，后节目对前广告段收视有一定牵引作用，这一点从后节目收视率与其前广告段分钟段位收视衰退率之间成负相关关系上就可见一斑。

值得注意的是，观众对后节目的期待更多的是对节目内容品质的期待，因此像后节目收视率这样能部分体现节目内容品质的指标在各种编排环境下，都稳定地与前广告段分钟段位收视衰退率之间保持负相关关系，体现后节目对其前广告段的收视牵引作用。相比较而言，后节目时长虽然在某种程度上能影响观众对后一段时间收视稳定性的预期，但它并不是影响这种稳定性的决定因素，因此它对观众广告段收视行为的影响并不稳定；从这次分析结果来看，后节目时长对其前节目内广告段的收视并无正向的作用，而对其前节目间广告段的收视有一定牵引作用。这一结论是否具普遍意义，还需进一步研究和验证。不过从本次大样本分析得出的结论还是有一定的提示作用，即节目编排人员在考虑广告插播破口时，可以在考虑频道竞争和台内配合的基础上，适当考虑保证同一节目首段节目的时长，缩短后几段节目的时长。①

在节目间广告分钟段位收视衰退率回归分析模型中，常数项的数值要明显大于节目内广告分钟段位收视衰退率回归分析模型中的常数项。这一方面可能是由于节目间广告的时间跨度比较长，收视率波动比较大；另一方面则可能是因为和连续收看同一个节目相比，观众在决定是否连续收看同一个频道的另一个节目，或者是否在广告段提前进入等待下一个节目开始时，有意识或无意识地面临更为复杂的选择，其行为机理受到更多因素的影响。因此，本模型对节目间广告段收视变化的解释力度还不够，还需要考虑更多的收视环境或者观众心理因素的影响，有待业内人士共同探索。接下来，本文将从广告时长、分钟段位置和前后节目编排三个角度进一步探讨节目间广告分钟段位的收视变化情况和规律。

1. 节目间广告段时长多在10分钟以内，收视衰退随广告段时长变化波动上升

在2009年4月份，在20城市晚间18:00—24:00播出的，符合广告段时长小于20分钟、前5分钟节目段平均收视率不低于1%的筛选条件的节目间广告段中，有超过70%的

---

① 对于采取无缝编排的频道而言，由于已经将节目间广告的观众流失的影响缩到了最小，最大限度地实现了前后节目的观众顺流，因此，其在考虑节目广告插播破口时，上述结论的可参考性有限。

广告段时长在10分钟以内，其中3—9分钟时长的广告段就占到了近60%；80%左右的广告段时长在12分钟以内；如果按照广电总局最新颁布的《广播电视广告播出管理办法〔61号令〕》中对于播出机构每套节目每小时商业广告播出时长不得超过12分钟的规定，将超过12分钟的广告段算作超长广告的话，那么在2009年4月晚间黄金时段，有近20%的收视表现尚属不错的广告段属于超长广告(图8)。

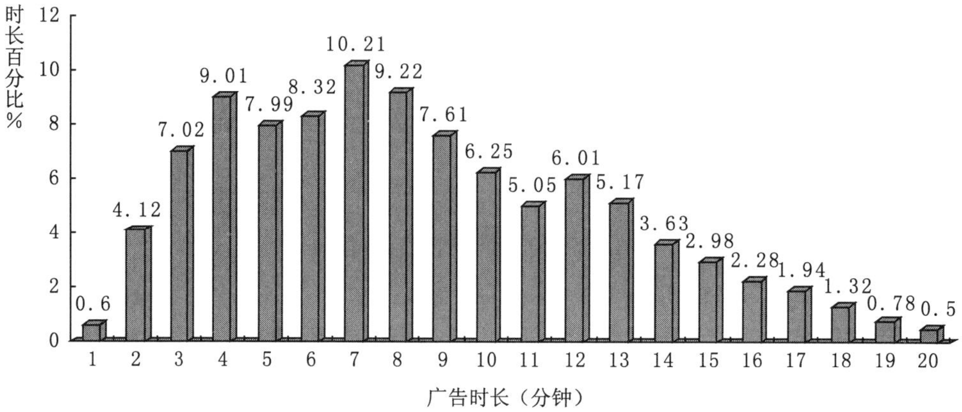

数据来源：CSM媒介研究

图8　2009年4月20城市符合研究筛选条件节目间广告段时长分布

在节目间广告分钟段位收视衰退率回归分析模型中，在控制其他影响因素的情况下，广告分钟段位的收视衰退率与广告段时长成正相关关系。2009年4月20城市符合筛选条件的节目间广告段的平均每分钟段位收视衰退率的实际情况基本符合这一趋势(图9)。不过，受到播出时段等编排因素的影响，在部分时长广告段中其广告收视衰退率

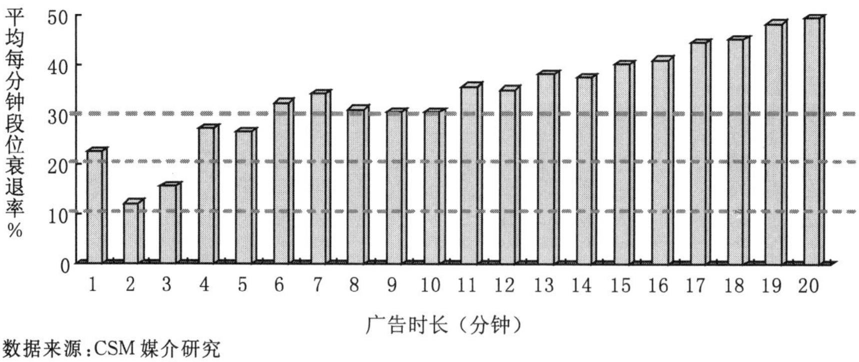

数据来源：CSM媒介研究

图9　2009年4月20城市符合研究筛选条件节目间广告段不同时长广告段平均每分钟段位衰退率分布

的变化出现了一些波动，例如8—10分钟时长的广告段的平均每分钟收视衰退率相较6—7分钟时长的广告段位为低，而这一定程度上与8—10分钟时长广告段在21：00之前收视上升时段播出的比例较高有关（回归分析模型中显示在其他条件相同的情况下21：00之前广告段的收视衰退要小于21：00之后广告段）（图10）。

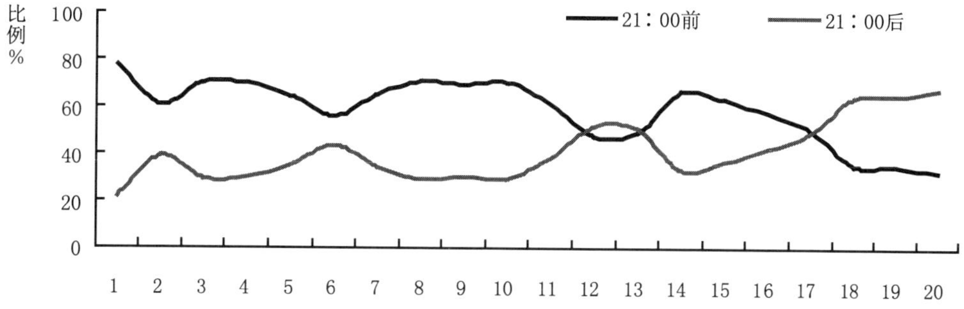

数据来源：CSM媒介研究

图10　2009年4月20城市符合研究筛选条件节目间广告段不同时长广告段播出时段分布

从平均每分钟收视衰退率的具体分布情况来看，时长为2—3分钟的广告段平均每分钟段位收视衰退率在10%—20%之间；时长为4—5分钟的广告段平均每分钟段位收视衰退率在30%以下；时长为6—12分钟的广告段平均每分钟收视衰退率则基本在30%—37%之间；时长超过15分钟的广告段平均每分钟收视衰退率则达到40%以上。电视台选择长广告段，无非是希望通过拓展广告资源的规模来获得更大的广告效益；但广告段时间的延长必然影响广告段平均每分钟的收视效果，影响广告段的交换价值；电视台事实上需要在广告时间长度和广告段收视衰退中选取一个更好的平衡，才能实现最理想的广告资源投资回报。从这个角度来看，广电总局新颁布的61号令虽然势必影响电视台能够播出的广告时间长度，但也在无形中通过限制电视台每小时能够播出的广告时间长度，在影响着单条节目广告插播的长度，在某种程度上有助于电视台控制广告插播过程中的收视衰退。如果电视台能够看到资源受限背后所蕴藏的收视机遇，则很有机会在新政策环境下寻求到广告资源利用效率的提升。

2. 节目间广告段收视衰退随分钟段位递增，广告收视衰退仍显“倒V”形

回归分析显示，在控制其他影响因素的情况下，广告段位置与广告段分钟收视衰退率之间呈现正相关关系，即分钟段段位数值越大（位置越靠后），其收视衰退率越高。2009年4月20城市节目间广告的实际收视衰退情况印证了这一结论。在符合筛选条件的所有广告段中，第1分钟段位的收视衰退率仅为15.84%；第2分钟段位的收视衰退率则达到了26.98%；第3分钟至第8分钟段位的收视衰退率在30%—40%之间，衰退率随段位的递增而不断上涨；第9分钟至第12分钟段位的收视衰退率在40%—45%之间；第13分钟至第16分钟段位的收视衰退率维持在45%—50%之间；第17至第20分钟段位的收视衰退率达到了50%—60%，其中第20分钟段位的收视衰退率非常接近60%（图

11)。虽然随后的分析显示不同时长的广告段的收视衰退仍然呈现“倒 V 形”，但和节目内广告收视衰退率的变化相比，节目间广告的分钟段位收视衰退率并没有在诸如 19 分钟或 20 分钟等更接近下一节目开始的时段出现回升的趋势，而是加速探底，这或许与节目间广告段收视衰退幅度大，长广告段同一分钟段位收视衰退差异明显有关。

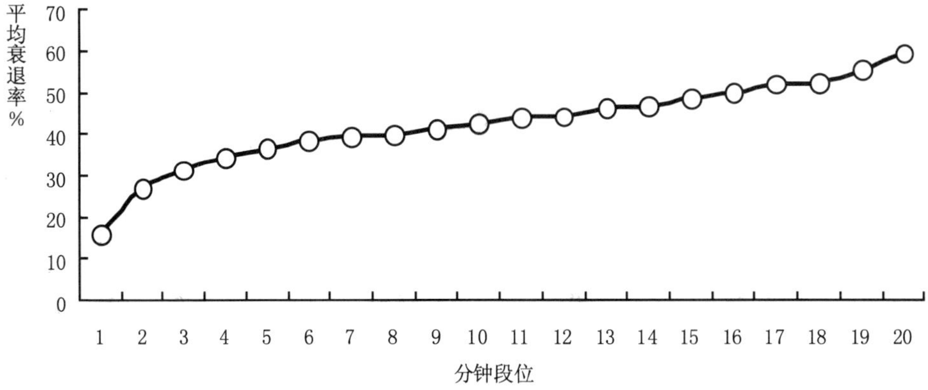

数据来源：CSM 媒介研究

图 11　2009 年 4 月 20 城市符合研究筛选条件节目间广告段各分钟段位平均衰退率分布

结合对不同时长广告段每分钟段位收视衰退率的回归拟合情况(图 12)，可以看出节目间广告段收视衰退的几点规律：

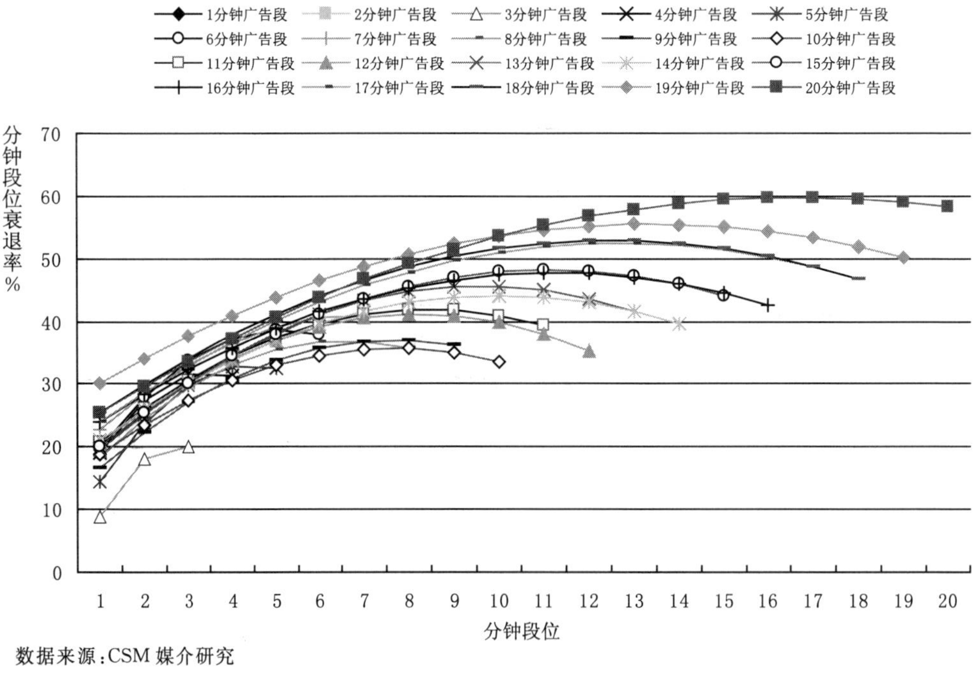

数据来源：CSM 媒介研究

图 12　2009 年 4 月 20 城市符合研究筛选条件节目间广告段不同时长广告段每分钟段位收视衰退率回归拟合情况

● 不同时长广告段衰退起点和幅度呈现差异

和节目内广告段的收视衰退趋势相似，不同时长节目间广告段的衰退起点和衰退幅度呈现明显差异。时长仅为 3 分钟的广告段第 1 分钟收视衰退不到 10%，第 3 分钟的收视衰退也维持在 20%以下；而时长为 30 分钟的广告段第 1 分钟的收视衰退率则高达 30%，整个广告段的收视衰退顶点（约 17 分钟的位置），收视衰退率则高达 60%；其余时长广告段的收视衰退起点基本都在 15%－25%之间，衰退起点和衰退幅度因广告段本身长度而呈现差异。

在分析观众流动时，节目间广告往往被认为是更为明显的观众流出破口；和同一节目的两个节目段相比，两个不同节目之间的关联性通常较弱，观众顺流相对较难，因此节目间广告插播更容易被认为是观众换台或停止收视的选择点；也正因为如此，人们往往认为节目间广告的收视衰退要较节目内广告明显。本次研究在一定程度上印证了这一判断。在节目内和节目间两个广告收视衰退模型中，时长为 3 分钟的节目内和节目间广告段的收视衰退趋势基本一致；而 4 分钟及以上的节目内和节目间广告段虽然在收视衰退的整体趋势上仍基本一致，但在大部分分钟段位上，节目间广告的收视衰退率要较节目内广告高出 5－10 个百分点；例如节目内 4 分钟广告段衰退顶点（第 3 分钟）的收视衰退率约为 23%，而节目间 4 分钟广告段相同段位的收视衰退率则达到 31%以上。当然，由于在两个模型研究中控制变量和参照对象并不一样，因此这一点结论还有待进一步考证；不过从本次研究中，10 分钟以内长度的节目内广告和节目间广告的实际平均每分钟段位收视衰退差异中，也可以大致看出这种现象的存在（图 13）。

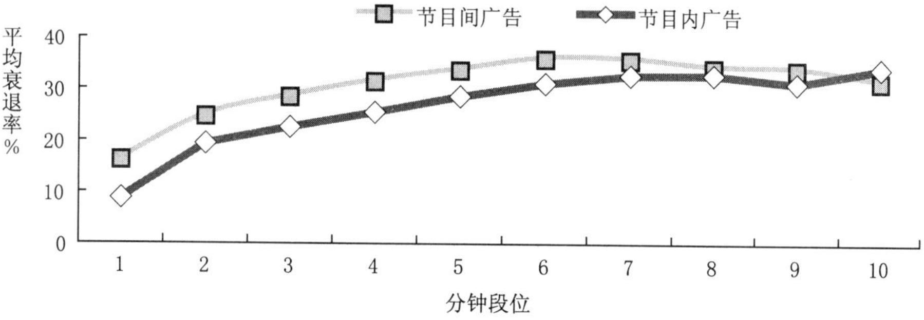

数据来源：CSM 媒介研究

图 13　2009 年 4 月 20 城市符合研究筛选条件节目内和节目间广告段各分钟段位平均衰退率分布

● 广告段前期迅速衰退，中期谷底维持平稳，后期衰退率略有回落

节目间广告段在开播初期的广告收视衰退非常明显，衰退率稳步上升；大部分节目间广告段在第 1 分钟就较前 5 分钟节目段有 15%－25%的收视衰退，并在随后的 6－7 分钟之间，进一步衰退到 20%－30%左右，相较于前 5 分钟节目段的收视衰退率达到 40%以上；以时长为 15 分钟的节目间广告段为例，其第 1 分钟的广告收视衰退率为 20%，而到第 6 分钟的时候，其广告收视衰退率已达到 40%以上；而时长为 20 分钟的广

告段，在第1分钟流失30%的收视，到第8分钟时其收视衰退率已高达50%以上。

在经历初期的迅速衰退之后，节目间广告会经历一个下滑相对平缓、维持时间相对较长的谷底平稳期。在这一阶段，广告分钟段位收视依然维持下滑趋势，但下降速度明显放缓。与前面几分钟高达30%－50%的整体降幅相比，在中期的数分钟内，节目间广告段的整体下降幅度基本维持在5至10个百分点之间。以时长为15分钟的广告段为例，其在经历了前6分钟高达40%以上的收视衰退之后，在第7—11分钟的5分钟内，其相较于前5分钟节目的收视衰退率仅从43.67%变为了47.75%；同样，时长为20分钟的广告段，在经历前8分钟近50%的收视衰退后，在随后10分钟内，其收视整体衰退的增加幅度大约只有10个百分点。

在大多数时长的节目间广告的后期，其收视衰退率都有一个较为明显的回落过程；虽然在大多数情况下，其收视衰退率的下降幅度都在10个百分点以内，但长达3－5分钟，甚至更长的收视衰退率下降过程，事实上体现了在下一个节目开始前，节目间广告段所经历的较长的收视率回升过程。例如，节目时长为15分钟的广告段在第11分钟收视衰退率登顶、收视水平探底之后，就进入了收视水平的回升阶段，收视衰退率不断下降；节目时长19分钟的广告段则在第12和第13分钟收视衰退率达到顶点之后，开始了收视率回升，到第19分钟的时候，其相较于前5分钟节目的收视衰退率已回升到50%，与广告段第8分钟广告段的收视水平相似。

● 广告段中后期，不同长度广告段收视衰退差异明显扩大

从对节目间不同广告时长广告分钟段位收视衰退的回归拟合分析中，可以明显地看出广告时长对广告分钟段位收视衰退的影响。在第6分钟之后，时长为11和12分钟的广告段相较于时长为9分钟和10分钟的广告段，在每分钟段位上的收视衰退率基本都高出了5个百分点左右；这种情况在更长时长的广告段中，基本以2分钟为1个单位，呈现规律性的变化趋势。到第19分钟和20分钟之间，这种差异变得愈发明显，其中在第19分钟段位，两个不同时长的广告段的收视衰退率差异几乎达到了10个百分点。由此可见，节目间广告段时段越长，对其收视衰退的负向影响越大。控制广告段的长度在减少广告段收视衰退，维持单位广告时间交换价值方面有明显作用。

3. 节目编排对节目间广告收视复杂，后节目牵引作用明显

和节目内广告收视相比，节目间广告收视受到节目播出环境的影响更为明显；前后节目内容和类型的变化，使得节目间广告的收视变化更为复杂。对在控制其他因素的条件下，与广告段分钟收视衰退之间有明显相关性的13种节目编排方式①进行解读，可以发现后节目为电视剧或综艺/专题节目的节目间广告段分钟段位的收视衰退率相对较低，而后节目新闻/时事节目的节目间广告段分钟段位的收视衰退率相对较高。从与“其

① 考虑到节目类型纷繁复杂，如果将所有节目都进行两两交互的分析相对不现实，也难以获得充足的样本量，因此本次研究将在我国电视市场上播出量和收视量都相对较大的电视剧、新闻/时事和综艺/专题节目单独列为研究对象，并将其他类型节目集合为一类研究对象，分析不同类型前后节目搭配对广告收视的影响。

他"节目的配合来看，前节目为电视剧的广告段分钟段位的收视衰退率相对较低，而前节目为新闻/时事节目的广告段分钟段位的收视衰退率相对较高(表 5)。

表 5　节目间广告分钟段位收视衰退率回归分析节目类型部分摘录

(2009 年 4 月，20 城市，18:00—24:00)

影响因素		5 分钟衰退率		
		未标准化回归系数	标准化回归系数	显著性
		B	Beta	
节目属性	前后节目 专题/综艺—电视剧	1.458	0.012	***
	前后节目 电视剧—其他	1.756	0.009	***
	前后节目 其他—专题/综艺	3.336	0.018	***
	前后节目 新闻/时事—电视剧	3.954	0.037	***
	前后节目 其他—电视剧	4.203	0.023	***
	前后节目 专题/综艺—其他	4.519	0.016	***
	前后节目 电视剧—电视剧	4.841	0.078	***
	前后节目 专题/综艺—专题/综艺	5.427	0.038	***
	前后节目 专题/综艺—新闻/时事	6.193	0.033	***
	前后节目 电视剧—新闻/时事	7.321	0.039	***
	前后节目 新闻/时事—其他	8.576	0.026	***
	前后节目 新闻/时事—新闻/时事	10.405	0.079	***
	前后节目 其他—新闻/时事	10.787	0.052	***

数据来源：CSM 媒介研究

而从 2009 年 4 月 18:00—24:00 之间，20 城市播出的符合筛选条件的节目间广告的实际衰退情况来看，后节目为电视剧的广告段分钟段位的实际收视衰退率确实比较低，但"电视剧—电视剧"编排方式中的节目间广告分钟段位收视衰退率却比较高；后节目为新闻/时事节目的广告段位分钟段位的实际平均衰退率水平大多相对较高，但"新闻/时事—新闻/时事"编排方式中的节目间广告分钟段位的实际收视衰退率则为所有编排方式中最低的。而从与"其他"节目的配合来看，前节目为电视剧的节目间广告段分钟段位实际收视衰退率为所有编排方式中最高的，而前节目为新闻/时事节目的节目广告段分钟段位实际收视衰退率则不到 20%，在各种节目编排中为第 3 低(图 14)。正如在节目内广告收视变化分析中所指出的那样，回归模型是在控制其他编排和环境因素的情况下，探讨节目内生因素对广告收视的影响；实际情况与回归模型之间存在的差异，正是节目编排等环境因素对广告收视影响的体现。

从节目内生因素的角度来看，故事性和娱乐性较强、且电视台宣传力度较重的电视剧和综艺/专题节目更容易引起观众的收视预期，更容易吸引观众在前节目结束后继续等待收视，或者在广告段中提前进入频道开始收视；新闻/时事节目虽然有较强的信息服务功能，但新闻/时事节目注重时效性，内容日日更新，观众较少能对新闻/时事节目的内容有明确的预期，因此等待收视的情况相对较少。正因为如此，在回归分析模型中，电视剧和专题/综艺节目更有利于其前广告段维持收视水平；而新闻/时事节目前的广告段则通常拥有较高的分钟段位收视衰退率。

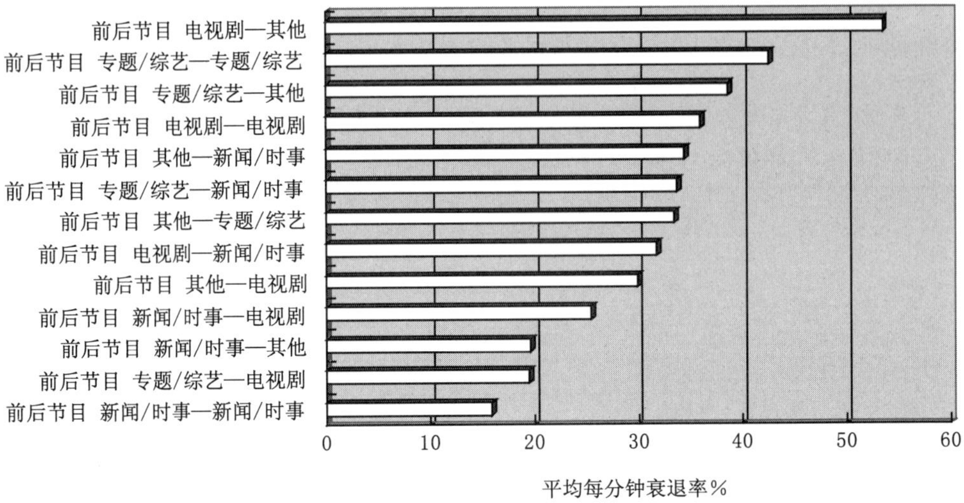

数据来源：CSM 媒介研究

图 14 2009 年 4 月 20 城市符合研究筛选条件节目间广告段不同类型节目中插广告平均每分钟收视衰退率情况

而从节目编排的角度来看，新闻/时事节目多数在收视处于上升时段的 21:00 之前的时段播出(例如超过 80%的处于“新闻/时事一新闻/时事”编排中的节目中插广告在 21:00 之前播出)在这一阶段观众开机率的不断上升对广告收视的衰退形成了缓冲作用，某种程度上缓解了新闻/时事节目前广告段分钟段位的收视衰退(图 15)。而对于在回归

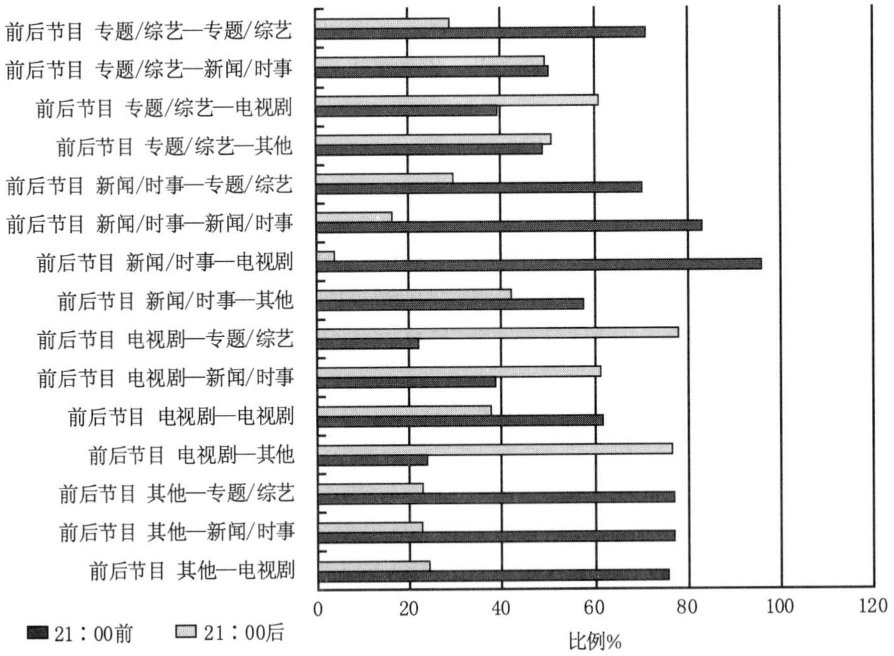

数据来源：CSM 媒介研究

图 15 2009 年 4 月 20 城市符合研究筛选条件节目间广告段不同类型节目编排中节目间广告的播出时段分布情况

模型中，节目间广告段分钟段位收视衰退率较低的“电视剧一其他”节目编排方式而言，由于接近80%的此类节目间广告段都在晚间21:00之后播出，21:00之后观众整体收视进入下行衰退阶段，观众收视习惯所带来的收视下降无形中对该节目编排方式对广告收视衰退的影响进行了放大。

除了广告段的播出时间外，广告段本身的编排时长也会对其收视衰退产生影响。分析显示，在2009年4月，节目间广告衰退率相对较低的“新闻/时事一新闻/时事”、“新闻/时事一其他”和“新闻/时事电视剧”等编排中的节目间广告，往往其自身的时长也偏低(图16)。

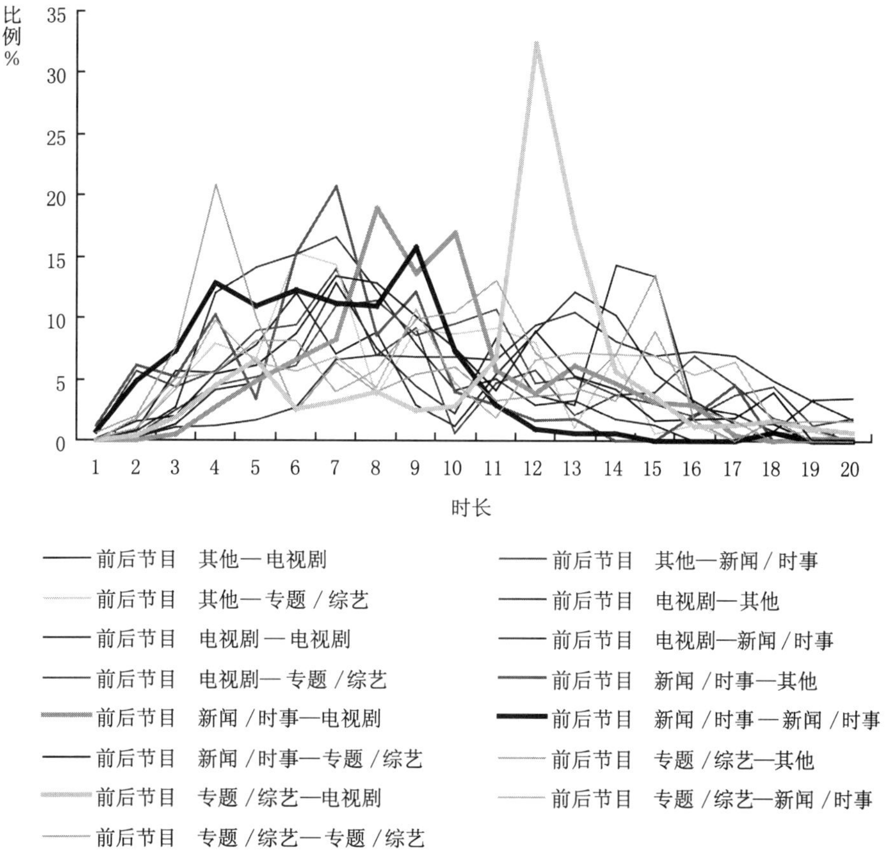

数据来源:CSM媒介研究

图16 2009年4月20城市符合研究筛选条件节目间广告段不同类型节目编排中节目间广告的播出时长分布情况

在对编排因素对节目间广告收视衰退率的影响进行探讨时，笔者发现“专题/综艺一电视剧”这一编排方式非常特殊：在回归分析模型中，在这类编排中播出的节目间广告收视衰退率水平最低，而在实际情况中处于这类编排环境中的节目间广告的衰退率仅为20%左右，在各种编排方式中居于第2位，而事实上这类编排在播出时段或者广告段时长上并没有突出优势。这一结果体现出“专题/综艺一电视剧”这一节目编排方式，借助目标观众重叠性较高和功能相似等特征，实现了较好的观众顺流，即便是在环境因素影响明显的情况下（21：00 前和 21：00 后此类节目编排的节目间广告平均分钟段位衰退率差异水平为各种节目类型之最），该类编排中的节目间广告依然保持了较低的收视衰退水平（表 6）。

表 6　2009 年 4 月 20 城市符合研究筛选条件节目间广告段不同类型节目编排中节目间广告在不同播出时段的收视衰退情况

编排类型	平均每分钟段位衰退率		21：00 后较 21：00 前增长率
	21：00 前	21：00 后	
前后节目 其他—电视剧	27.24	38.43	41.09%
前后节目 其他—新闻/时事	29.76	49.63	66.78%
前后节目 其他—专题/综艺	30.90	43.77	41.66%
前后节目 电视剧—其他	29.29	52.36	78.78%
前后节目 电视剧—电视剧	33.65	40.18	19.41%
前后节目 电视剧—新闻/时事	16.64	41.08	146.89%
前后节目 新闻/时事—其他	13.84	27.78	100.75%
前后节目 新闻/时事—电视剧	24.96	34.86	39.65%
前后节目 新闻/时事—新闻/时事	12.58	32.05	154.72%
前后节目 专题/综艺—其他	29.63	48.09	62.29%
前后节目 专题/综艺—电视剧	6.76	27.30	304.06%
前后节目 专题/综艺—新闻/时事	27.19	39.49	45.28%
前后节目 专题/综艺—专题/综艺	42.51	42.26	−0.59%

数据来源：CSM 媒介研究

对比采取不同节目编排方式的节目间广告段在 21：00 前后的收视衰退率变化情况，可以部分地了解播出时段因素对于不同编排方式下，广告收视变化的影响。从本次研究的情况来看，后节目为新闻/时事节目的节目间广告段，虽然平均的收视衰退率较低，但其随播出环境的变化非常明显；后节目为电视剧的节目间广告段，虽然平均的收视衰退率较高，但其随播出环境的变化相对微弱。这在一定程度上说明当广告主选择在新闻节目前广告段进行广告投放时，应更多地注重时段的选择问题。

四、总结与思考

本次研究再次印证了笔者在《电视广告收视衰变研究》中所得出的结论，即广告段本身的属性、时段属性、频道属性和节目属性确实都会对广告分钟段位收视衰退产生影响。通过对不同时长节目内广告和节目间广告的分钟段位收视衰退变化进行回归拟合，本次研究进一步明确了广告段收视变化的规律：即在广告段开播的初期迅速走低，在中期经历较为平稳的低谷，并在后期略有回升；广告段收视率变化呈现“V”字形。

诚然，广告段收视变化是前节目观众流失和后节目观众流入共同作用的结果，而广告收视衰退率的变化也证实了广告收视率的"V"字形变化规律，但在控制诸如时段、节目类型和频道等编排因素影响的情况下，广告收视率变化的"V"形曲线并不对称，相较于广告段第1分钟的收视率水平而言，广告段最后1分钟的收视率差距明显，也即从内容属性来看，广告播出必然导致纯观众流出。为最大限度地控制广告段观众流动，电视台确实有必要深入研究观众流动的规律和机理，充分利用节目编排和推广宣传的手段，改善广告段的收视情况。

在分析编排因素对节目间广告收视变化的影响时，可以发现一些不同于一般规律的特殊现象(例如"综艺/专题—电视剧"编排中的节目间广告收视衰退率明显较低)，这些现象与节目本身的内容和功能特征，以及观众收视选择的心理因素有关，并非单纯的定量分析可以解释的。要更好地了解广告段观众流动的规律和机理，有待业内人士结合定量研究和定性分析的方法，从广告段本身属性、编排属性和观众心理因素等更多维度，继续对广告收视的变化进行探讨。

衰落抑或新生——也谈数字电视时代的电视广告

左瀚颖

中国的数字电视产业在经过数十年的实验和僵持阶段之后，于2003年前后进入了突破发展阶段。作为一种给全球电视产业带来全面震撼、不断推动电视与互联网等新兴媒体融合的新技术，数字电视所带来的不仅仅是全新的收视体验和服务，它更能带来一股变革性力量，重构电视产业。在数字电视引发的各种变革中，最引人注目的莫过于其对电视商业模式的冲击。早在几年前，国外就有人提出“30秒钟电视广告插播的灭亡”、“广告电视商业模式的倾覆”等观点，让很多人对电视广告的未来忧心忡忡。然而，新事物的诞生并不一定意味着旧事物的衰亡。数字电视时代的来临并不会让电视广告成为明日黄花，相反它会获得一次凤凰涅槃的机会，在经历技术、理念和运营方式的变革之后，获得新生。

一、有关电视广告衰亡的争论

尽管近几年来，全球很多国家的电视广告仍然保持着迅猛增长的势头，但世纪之交互联网媒体的冲击以及当前迅速崛起的数字电视已经让很多人对电视广告的发展空间产生了疑虑。虽然像阿尔·里斯(Al Ries)那样公开鼓吹广告衰亡的人为数甚少，不过面对报纸、互联网以及其他新兴媒体对电视广告的分流，很多业内人士都不禁会在心中对电视广告的未来打个问号。

人们之所以会为电视广告的未来感到不安，主要是基于以下几个原因：

●数字电视时代，电视产业经济模式的转变将影响广告商的地位。

在模拟电视时代，电视产业的商业模式是“广告支撑电视”。当电视依赖于广告时，电视台是供应商，广告商是购买者，产品是电视观众的注意力，观众收视的低成本是电视台获取足够规模的观众群体以转卖给广告商的关键。在数字电视时代，大多数的收视服务是有偿的，观众需要直接为节目收视付费。在这种情况下，电视台仍然扮演供应商角色，但购买者却变成了观众。观众在已经为收看节目付出经济成本的情况下，就没有义务再用注意力来换取收视时间，简而言之，电视台没有权利“强迫”观众收看广告。在传统的电视商业模式中，广告商是整个商业模式的主导，而在数字电视时代中，商业模式将变得以消费者为导向。

● 数字电视技术让消费者从被动收视变成了主动消费，很容易规避广告。

数字电视技术为消费者提供了更多类型的收视服务，让消费者拥有更大的选择权。且不说数字电视时代数倍扩张的频道数量，也不说完全没有广告的点播电视（VOD），单是一种名为数字硬盘刻录机（PVR）的新设备，就足以让电视广告商大跌眼镜。PVR 是一种能够让观众即时记录电视节目并延时播放的装置，观众可以自由地通过快进和快退等方式，控制自己的收看进度，并轻易跳过广告时段。由于近几年的市场调查显示，PVR 的使用可以促进观众对电视的满意度、增加观众在单个频道的停留时间、减少有线电视用户的退订率，因此，PVR 已经成为美国有线电视网争夺用户的一种重要手段，迅速被推广。美国市场调查公司 Yankee 在 2003 年的一份报告中估计，80％的 PVR 用户在收看黄金时段的节目时会使用快进/快退的功能，其中 65％－70％的观众会跳过节目中插播的广告。尽管广告商和电视台对这种装置的使用颇为不满，并有意用法律手段予以禁止，但从美国法院的判例来看，禁止使用 PVR 几乎是不可能，广告商唯一能做的只能是另辟蹊径。目前，PVR 还没有在中国进行商业推广，但其对电视广告的潜在影响已足以让业内人士震惊。

●传统电视广告效力的下降。

在目前的商业电视中，最流行的一种广告形式是“杂志式”广告。“杂志式”广告以在前后两段节目之间插播广告为主要形式，它在 20 世纪 50 年代兴起之后，逐步成为电视广告的标准形态，并沿用至今。广告商相信，在节目之间，特别是黄金时段的节目之间插播广告能够帮助他们把广告信息传达给广泛的电视观众。为了提高电视广告的有效性，广告商确实是煞费苦心。除了耗费高额成本之外，他们还不遗余力地对电视观众的收视行为进行分析，力求最有效地到达目标消费者。然而，种种努力却仍然不能保证传统电视广告的效力。世界上第一个百货公司的创始人约翰·华纳梅克（John Wanamaker）曾经说过：“我只知道我的广告费用有一半浪费了，但我不知道到底是哪一半被浪费了。”在数字电视时代，当观众细分更加明显、观众流动更加不确定的情况下，这种困境会愈发明显。CSM 媒介研究近期受客户委托进行的同源研究显示传统的广告投放存在一些问题，电视观众与产品消费者之间有一定错位。如果在数字电视时代还继续采用传统的广告形态和投放方式的话，电视广告的效力确实值得考究。

基于上面几个因素，有人认为电视广告在未来几年中将面临巨大冲击，这并非危言耸听，不过说电视广告会因此而衰落却是言过其实。在数字电视时代，电视广告虽然不再是电视业最主要的收入来源，但它仍然会是电视业主要的收入来源之一；通过技术、内容和形式的创新，电视广告能更好地满足观众的需求，实现传播效力

● 经济模式转变并不能改变广告对电视的作用。

虽然在数字电视时代，在电视产业的经济模式中，广告将失去绝对主导地位，但这并不意味着其对电视行业经济支撑作用的丧失。在美国，电视广告每年会为电视业带来超过 500 亿美元的收入，在中国，2004 年电视的广告收入也超过了 300 亿元人民币。如果把这个费用分摊到有线电视用户的头上，这意味着每一个美国订户每年要多付 588 美元

的订费；而在中国，以 2004 年 11470 万户有线电视用户数目来计算，每户需要支付近 3000 元人民币。这个价格显然是普通电视观众所不能接受的。对于观众来说，广告电视是一种更经济的收视方案。付费电视可以作为广告电视的重要补充而存在——当观众在传统电视上看不到满意的节目的时候，他们可以转而收看付费电视——但付费电视不可能取代广告电视，收视费不可能取代广告而成为电视唯一的收入来源。

● 消费者对广告存在需求，他们不需要的只是铺天盖地的“杂志式”广告。

认为“消费者在有主动规避广告的能力之后，就会不看广告”的人往往是基于“观众讨厌广告”这一假定而得出结论的。事实上，消费者对广告存在需求。很多消费者都把广告作为自己获取产品情况、了解市场动向的信息来源，并将广告作为消费行为的参考，这是电视广告得以存在的根本原因之一。不能否认观众对电视节目中插播的“杂志式”广告存在厌恶情绪，正因为如此，规避广告成为了付费电视吸引订户的一个重要诱因。但这并不能作为消费者不需要广告的证据。在 2000 年，英国的 Grey Advertising 公司在新闻集团的 BskyB 电视台的直播卫星服务中插播了具有互动功能的广告(也被称做是增强广告)，结果显示，观众对这类广告表现出了很高的回应，在 83 万能收看到互动广告的法国观众中，有 2 万人点选了遥控器上的“ok”按钮，进一步了解广告产品的信息。这种参与率和回应率是“杂志式”广告不能企及的。美国 Yankcc 公司的调查也显示，观众对于互动和针对性广告的回应率要比普通广告高出 50 个百分点。种种数据显示，在数字电视时代，人们仍然有对电视广告的需求，只不过插播广告会显得有些落伍，效力较低。

二、几种新型电视广告

在数字电视时代，电视广告的形态会发生变化。传统的 30 秒广告插播的效力会大大下降，它将不可能是未来电视广告的主流形式。不过与此同时，广告界开发出了种类繁多的新型广告，它们不仅仅能帮助电视广告有效地应对新媒体、新技术的挑战，而且能让电视广告获得更大的发展空间。

在数字电视时代新型的电视广告有：植入式广告、赞助广告、增强广告、定位广告等等。其中植入式广告和赞助广告在我国的电视广告中已有应用，增强广告和定位广告则因技术的限制还没有完全实现。

● 植入式广告

植入式广告是目前广告商解决 30 秒插播广告效用下降的最有效、最流行的方法。通过将产品或相关信息与节目内容本身相结合，广告商可以确保观众在广告信息传播期间不会离开电视，从而更有效地实现广告信息传达。此外，收看特定节目的观众往往会对节目中的人物、事件有一定的认同。广告商可以通过明确节目定位找到目标消费者，利用剧中人所见、所感或非刻意的展示，传达对特定产品的信任和偏爱，从而产生强大的消费号召作用。目前，在我国的电视节目，特别是影视剧中都出现了大量植入式广告。冯小刚《手机》一片中摩托罗拉手机那段“you have an incoming call”的铃声相信至今都让很多观众记忆犹新。

● 赞助式广告

赞助式广告算不得什么新生事物，最早的电视广告形态就是赞助式广告。在20世纪50年代，考虑到节目制作方摆脱广告赞助商控制的要求及赞助广告高昂的成本，“杂志式”广告才逐步取代了“赞助式”广告，成为主流电视广告形态。在数字电视时代，赞助式广告又重新获得了广告商的青睐。通过赞助整个电视节目，广告商可以利用节目来塑造观众对自己的品牌认同，还可以通过影响节目内容以更好地传达产品信息。赞助式广告之所以获得新生，是因为它不仅仅可以应用于传统的“广告电视”，还可以应用于付费电视、点播电视等新服务形态。由于收看付费电视的观众通常比收看免费电视的观众有更高的消费能力和消费自主权，因此，许多高档品牌的广告主都把赞助高收入群体收看的电视节目作为未来主打的电视广告发展方向。赞助式广告最典型的例子就是福特汽车对美国热门电视剧《24小时》的赞助。这种赞助除了让福特汽车在节目中拥有一段90秒钟长的广告，并有权在屏幕上加注角标以外，还让福特汽车成为了《24小时》里的重要角色。在福特汽车赞助该电视剧之后，剧中所有汽车都换成了福特汽车，通过一系列汽车追逐场面和特技镜头，各种类型的福特汽车都得以在荧幕中亮相，充分展示了其性能和个性，为福特汽车赚足了噱头。在电视剧播出之后，福特汽车的销售量获得了明显增长。

● 增强广告

增强广告是随增强电视服务而出现的一种广告形态。增强电视服务让观众在收看电视节目的过程中可以通过互动服务获取更多信息内容。例如观众在收看一场足球比赛的时候，可以通过屏幕上的连接，自主选择了解球员的情况、球队的情况或裁判的情况等等。这种服务通常分为两种形态：单屏和双屏。单屏的增强电视直接在电视画面上提供链接，而双屏的则可以让用户在看电视的同时，还可以利用遥控器或者手机上网。由于调查显示近六分之一的美国家庭在看电视的同时会上网，因此，双屏增强电视成为了广告主关注的一大亮点。增强广告通过增强电视上的静止旗帜广告、互动投票活动或者网络连接等等，让观众更多地参与到广告主的广告宣传中，并可以及时了解到广告商品的详细信息。比起传统插播广告单向宣讲式的广告来说，这种互动的广告更能吸引观众的关注。数据显示，在美国能接收到增强电视服务的家庭中，有70%以上的人每个月使用增强广告的频率在10%以上。除了观众参与度加强之外，广告商还可以通过追踪回应观众的数据，对自己的目标观众有更清晰地把握。目前，包括ABC等著名广播电视网在内的电视经营机构都引进了增强广告这种形式，并将其作为数字电视时代电视广告的一大卖点。ABC借助在美国深受观众欢迎的美式足球联盟杯赛事转播及热门节目《谁想成为百万富翁》为平台，大力开发和推广增强广告，受到了福特汽车、欧莱雅、沃尔玛等大型广告商的欢迎。

● 定位广告

虽然大多数广告主在播放电视广告之前，都会做明确的产品和观众定位，但这个定位与“定位广告”还是有所不同。定位广告是指针对不同的家庭、群体甚至是社区传递特殊的电视广告内容。例如某连锁餐厅在全市范围内进行广告，它可能就会针对不同餐厅周围的观众进行不同的广告。虽然从表面上看，餐厅广告的形式几乎完全一致，但细看则会发现不同地区播放的广告会有所不同。比如观众住在连锁店 A 附近，那么他在广告上看到的订餐电话则是 A 店的，看到的特价菜也是 A 店的；而连锁店 B 附近的观众则可在广告上获取与 B 店有关的信息。除此之外，广告商还可以根据有线电视运营商提供的用户信息，对观众的消费行为、经济水平等做出划分，从而更有针对性地传递广告信息。调查显示观众对于与自己切实相关的信息更感兴趣，如果广告商能够充分做好细分定位的话，广告的传播效果会大大提高。需要指出的是，这种广告需要有线电视运营商制定统一的标准和播放方案，同时需要第三方数据提供商提供更为详细、全面的观众信息。

同传统的“杂志式”广告相比，上述几种新型广告显然需要广告主更多的资金投入。“杂志式”广告通常是让多个广告主来分担广告时段的高额成本，而新型广告通常需要单个广告主支持某一个完整的节目或者制作一套完整的广告系统。此外，当广告主把资金集中来赞助某一个节目的时候，它必定会要放弃其他的一些投放选择，“广泛撒网”的策略不能长期沿用，单个广告所能到达的观众规模可能会有所减少。尽管如此，很多市场分析师还是认为这种投入物有所值。分析师们用两个图示展示了未来广告业的发展趋势。左图说明上述几种类型的广告能到达的观众规模有限，但由于其互动性、参与性强，因此观众的参与度较高，广告收视能更好地转化为消费行为。右图则显示新型广告虽然会导致成本上的上升，但同传统广告较低的参与度和消费转化能力来讲，这种成本上升同样也物有所值。在欧洲增强电视服务开播之际，有不少厂商都曾尝试利用增强电视广告来推出新产品样品，结果大多数产品的样品都在广告播出后三四天内就售罄。

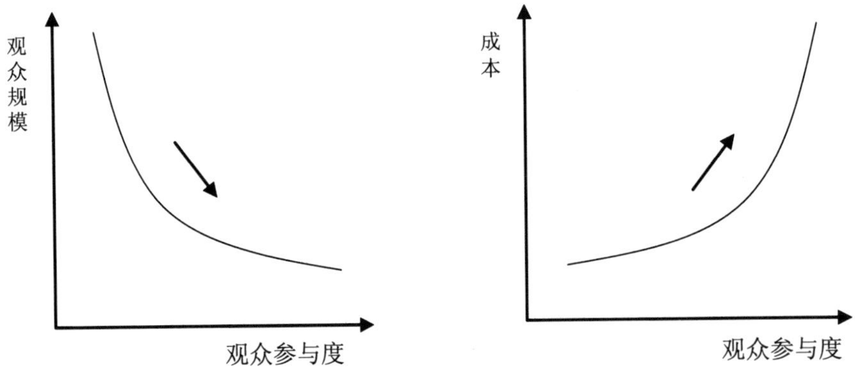

新型广告让广告商能够更好地针对细分观众群体进行适位的广告宣传，在互联网、报纸等媒体分流电视广告之际，这种传播效能自然会为电视广告增加砝码。因此，数字电视的到来与其说预示着电视广告的衰落，不如说意味着电视广告的新生。不过，广告业内人士却不能因此而盲目乐观。在数字电视时代，广告发展的一个必然趋势就是精确

化和多元化。如果广告主不能对目标观众群体有清晰、明确的把握,成本高昂的新型电视广告就难以发挥其应有的效果。因此,广告商必须与电视台、第三方数据提供商精诚合作,基于准确的受众研究数据制定广告方案。此外,很多新型广告(例如增强广告和定位广告)需要电视台、有线电视网的技术支持,广告商应该与电视台及其他行业参与者共同合作,推动统一的技术标准出台。数字电视时代必将给电视广告带来革命性变革,广告行业宜有所思考,未雨绸缪。

电视媒体价值

收视率及其映射的市场温度

郑维东

全球金融危机蔓延使经济增长减缓，其影响也正在国内经济领域不断释放。2008年我国GDP增长9%，2009年政府目标将增长预期调低为8%；IMF则预测2009年我国GDP增幅7.5%，世界银行近期调整这一数字至6.5%。由此可见，金融危机对我国经济领域的显在和潜在影响不容忽视。收视率是观众收看电视行为的定量统计，观众的收视行为既与自身生活形态有关，也事关电视传媒的节目和广告经营。本文将收视率变化及其影响下的电视媒体经营置身金融危机背景之下，试图从三个侧面建立一种关联，探讨一种机制。首先谈的是GDP增速减缓对收视率及电视广告经营的传导效应；其次讨论的是常态的媒介环境变化与暂态的金融危机相互作用下收视率的可能变化；第三个侧面则是以老龄化为视角，探讨新经济与媒介环境下的媒介价值重估问题。

一、预估增长:GDP与收视率

GDP是关乎国计民生的大事，收视率的热闹不过局限于电视行业。二者之所以还能相联系，是因为广告。广告源自企业营销投入，GDP是企业产出的全部。投入比例总是受制于产出规模，同时产出规模也受投入比例的撬动，所以分析起来不难找到广告与GDP之间某种相互依存的关系。对中国广告市场的分析表明，GDP增幅一定程度上决定了广告增长的基准。受全球金融危机影响，2009年国内GDP增幅预期下调为8%，比2008年实际增幅少1个百分点，这加剧了业界对2009年广告增长的紧缩预期。

但是另一方面，经济紧缩不能减少观众收看电视的时间，反而有可能使收视率增加。2009年春节除夕我国城乡电视观众全天人均收视时间(301分钟)比上年春节除夕当天(288分钟)多出13分钟，应该就是一个例证。更进一步的分析发现，其中男性观众这一天的收视时间比去年多出20分钟，而女性仅多出7分钟；农村观众多出23分钟，城市观众则不但没有增加，反而减少了12分钟。这些数据在一定程度上折射出受经济紧缩影响，大批农村外出务工男性人员春节期间纷纷返乡的事实。国外也有类似的观察结论认为，经济不景气将会增加人们看电视的比例。

收视率很大程度上被电视广告界奉为广告预算制定、分配、交易和最终结算的金标准。如此推论，一方面广告增长放缓甚至紧缩，另一方面收视率水平增加，则市场机制调整的只能是收视点广告价格(CPRP)。假使2009年电视广告保持了与GDP同样的增幅即8%，而2009年整体收视率水平保持不变，如此市场平均的CPRP可以涨价8%。如果考虑收视率增加因素，尽管这个变化会体现于不同的市场结构，但市场平均的CPRP涨幅将低于8%。

深入分析一下2009年8%的GDP增长预期似乎与2008年增长9%的内涵还有不同。从2008年的物价通胀转为2009年的通货紧缩趋势就很能说明这一点。按照国家宏观经济政策部署，8%的增长主要靠投资驱动，消费和进出口驱动退居其次，而广告市场更多与消费及进出口领域相关联。由此可见，2009年电视广告保持与GDP同步的8%的预期增长并不容易。

正是因为有了这些判断，和2008年底各电视台广告招商宣传的口径不同，2009年业界对市场的分析显得更趋理性和现实。事实上经过2009年第一个月的开局，电视台应该多多少少都号了号市场的脉，并开始重新向下调整预期。

对广告市场的预判变化正在向收视率市场传导。电视台的广告收入基本上可以表述为CPRP与GRP(广告总收视点)的乘积。广告客户为了保证足够的传播效果，一般不会下调对GRP的量的要求；如此CPRP价格将成为2009年广告客户与电视台之间对抗的焦点。如果CPRP价格下调，则为维持同等规模的广告收入，电视台必须增加广告收视点数。在广告播出时间受限的前提下，收视率大战又将无可避免。

综上分析，GDP决定广告总量，收视率影响广告分配，二者共同建构了电视市场运营的一种机制。2009年广告总量增幅减缓或者结构调整，必将牵动基于收视率的电视广告分配关系重整。究竟去向如何，尚待更多观察。

二、调整预期：收视率之增与减

绝大多数情况下，收视率变化不是因为样本，比样本更重要的因素有很多。往往我们过度关注样本的影响，反而忽略了这些因素。这些因素主要是媒介因素和受众因素，在当前纷繁复杂的环境下，媒介因素似乎更重要。覆盖、内容、数字电视、电视机台数、互联网等属于影响收视率变化的媒介因素；而眼下的经济危机和源于人口和社会调整的观众结构变化等，则可归属于受众因素。

从媒介因素分析，渠道与内容是影响观众收视行为的两个基本方面。频道覆盖率高，意味着内容有更多触达观众的机会，但是我们也注意到决定收视率的另一方面即观众忠实度并不因频道覆盖率的提高而同步提高，反而使收视竞争出现所谓的“平台期”，即在这一阶段，收视率不敏感于频道覆盖的变化。以全国所有上星频道为例，处于这个平台期的各卫视全国覆盖率基本介于50%—70%之间。可见，频道覆盖有一个门槛，跨过这个门槛之后的收视率变化更多依存于内容竞争。这预示了当前乃至今后一段时期全国主要上星频道由覆盖竞争不断转向内容资源竞争的趋势。

在内容竞争领域，无论上星频道还是地面频道，都受制于整体上的内容匮乏。不只是量的制约，更是质的瓶颈。频道数量越来越多，以电视剧和娱乐节目为代表的内容竞争加剧，驱动内容同质化和编排同质化趋势。晚间黄金时段观众总收视率逐年降低即是这种竞争特点的一个结果。近几年观众人均收视段数趋向增加而人均每段收视时长趋向缩短也可表明，由于同质化竞争，观众收看电视越来越没有耐心。

观众对电视接入条件的变化也对收视率增减发生着影响。2008 年底全国数字电视用户数已占全国电视家庭的 28%，数字电视对收视行为的介入式影响已不容忽视。数字电视的多频道和不断发展的互动服务功能使观众收视行为多样化，在总体上刺激观众收视行为略有增加的同时，一定程度上稀释了频道竞争格局。家庭中的电视机台数也是促进观众收视行为多样化选择的一个变量，以 3 台户与 2 台户、1 台户互相对比，随家庭中电视机台数增加，观众到达率和收视时间均有增加，各频道组的份额格局也略有调整。

互联网是新媒体中对电视影响最深的一个，互联网用户结构与电视观众结构一定程度上呈现互补特征，越是年轻的、高学历的、收入较高的人群越趋向成为互联网的重度使用者而逐渐远离电视。

从受众因素分析，经济危机会影响到观众的工作机会和消费行为，这在收视层面也有传递效应。一方面观众收视时间有增加趋向，另一方面会驱动电视广告市场紧缩。在观众结构层面发生的家庭规模小型化和人口老龄化则驱动收视时间增加。媒介因素与受众因素共同作用于观众收视行为的变化，成为使收视率增或者减的不同动力。

由以上分析可见，覆盖率是使收视率增加的一种动力，但覆盖效益有下降趋势；数字电视发展和家庭中电视机台数增加也是使收视率增加的因素，但是在增加中会分化市场；经济危机、家庭规模小型化和人口老龄化也驱动收视行为增加，但这些变化对于广告市场的含义更值得关注。同质化竞争，包括内容同质化和编排同质化会驱动黄金时段收视趋势性下降；互联网从结构上明显分流观众收视行为。这些使收视率减的动力与上述使收视率增的动力相互作用，使收视率变化体现于两种力量的比较运动之中。对全国城乡观众 2000 年以来各年度人均收视时间变化的观察表明，总体上呈现下降趋势，表明时下使收视率减的因素正占据着某种主动。

三、重估价值：人口老龄化与电视老龄化

电视老龄化是近年来电视人十分关注的一个问题，其中包含两层含义：一是观众构成中老年人所占比例趋向增加，二是老年人每天看电视的时间趋向增加。这两个变化在收视率调查中也得到数据层面的证实。

电视老龄化向电视人提出新挑战，既包括内容制作和编排方面的挑战，也包括广告营销方面的挑战。为了获得高收视率，制作和播出更多适合老年观众收看的电视节目（尤其在白天时段老年人闲暇时间较多又有收视自主权）变得重要；而观众老龄化又使广告营销的价值取向遇到难题。收视率和观众构成的矛盾正在成为电视媒体面向市场运营的现实矛盾。

我们以 65 岁以上老年观众收看电视总时间占所有观众收看电视总时间的百分比作

为电视老龄化程度的表征，这其中既包含老年观众数量变化的影响，也包含老年观众卷入电视程度（人均收视时间）的影响。以北京为例，十年前（以 1999 年上半年数据为参考）电视老龄化程度为 19.2%，而差不多十年后的 2008 年（以 2008 年上半年数据为参考）电视老龄化程度已升至 27.1%，增加幅度为 41.1%。电视老龄化进程可见一斑。

人口老龄化显然是促进电视老龄化的一个原因。据中国社会科学院最新发布的一份人口调查报告显示，当前我国 65 岁以上老年人口比例为 8.51%，已显著超过世界公认的 65 岁以上人口比例达 7%即为老龄化社会的标准。持续三十年的人口计划生育国策加速推进了中国老龄化社会的到来，特别是近十年人口老龄化发展速度更为明显。数据也显示，1999 年上半年北京 65 岁以上电视观众占比 13.6%，2008 年上半年这一数字增加到 16.2%。北京地区的电视观众人口老龄化程度在十年间增加 2.6 个百分点，增加幅度为 19.1%。

进一步从 65 岁以上老年人人均每天收视时间角度对比，1999 年上半年的数字是 270 分钟，相当于同期所有观众人均每天收视时间的 1.41 倍；2008 年上半年的数字是 345 分钟，相当于同期所有观众人均每天收视时间的 1.68 倍。两相比较，北京老年观众人均收视时间十年内相对增幅达 19.1%。

上述分析表明，电视老龄化的两个贡献因子在北京市场取得了很好的平衡，在电视老龄化程度十年上升 41.1%的幅度内，人口老龄化和老年人收视时间增长分别贡献了 19.1%，合计解释了电视老龄化程度变化的 92.9%。以同样方法分析上海市场，自 2000 年（上海自 2000 年开始测量仪收视率调查）到 2008 年的跨度内，上海观众人口老龄化上升幅度并不明显，仅 2%；而 65 岁以上老年人人均每天收看电视时间的相对增幅却高达 12.6%，两者合计解释了上海市场电视老龄化程度变化幅度的 96.7%。数据显示，当前上海地区的电视老龄化程度为 20.6%，低于北京的 27.1%。

综上可见，人口老龄化是电视老龄化的主要推动之一，但是老年人更多卷入收看电视这一原因似乎更重要些。前者是客观变化，后者则是主观调整。主观调整的动因既与老年人的生活状态有关，也与增加频道、丰富节目、改进编排等媒体因素有关。最近几年因互联网等新媒体分流使年轻群体渐离电视，而老年观众则更多沉迷于电视，传统电视变得越来越“老”，这成为挑战传统电视运营的重大课题。

从资源重整到价值提升：对当前电视市场竞争的一种观察

郑维东

2009年以来，以电视剧资源争抢为主要表现的电视频道竞争愈演愈烈，伴随渠道效率下降，内容资源及其市场运营能力成为电视频道之间一决高下的关键。内容市场供求矛盾更加突出，资源约束和广告压力并行，使以上星频道竞争为主要特点的中国电视市场正在面临新一轮的洗牌。对这一现象及趋势的关注，是本文讨论的重点。

一、重估电视剧市场价值

回顾2008年以来的电视剧市场，业界有共识认为：①当前电视剧市场质与量不对称，供求结构失衡，从而加剧电视频道竞争的两极分化；②电视剧资源争抢和编播大战轮番上演，过度竞争使电视剧边际效益下降；③电视剧题材多样，收视分化，市场热点随剧而变，影响电视剧长线收益；④时下金融危机影响有加深趋势，电视剧广告市场预期不乐观。在此前提下，业界呼吁电视剧市场应回归适度竞争，科学编排，理性预估，借机改善投入产出结构。

近期以《我的团长我的团》为代表的省级卫视电视剧大战再次引发业界热烈讨论，也将上述呼吁的声音进一步放大，并使讨论重心转向电视剧资源的合理有序利用问题，这其间既涉及制播双方的利益均衡，也与政府的政策引导和行业规制有关。电视剧之所以成为业界关注的焦点，诚然与电视剧举足轻重的市场地位有关，电视剧既是电视台播出量最大的节目类型，也是电视台收视和广告回报最好的节目类型。电视台为了提高市场竞争力，一方面持续加大电视剧资源投入，另一方面通过改进电视剧在频道和时间上的资源配置提高产出能力，两相作用的结果导致电视剧市场竞争愈演愈烈。

以西方经济学边际收益递减理论分析当前电视剧市场的投入产出规律，不难发现，如果以电视剧播出比重表示投入水平，以电视剧收视比重表示产出水平，则进入2009年3月，全国上星频道电视剧收视比重对电视剧播出比重（基于CSM全国测量仪数据）的弹性系数下降至1以下（0.987），而2009年2月这一系数为1.016，去年同期（2008年3月）这一系数为1.066。可见，以上星频道作为播出平台的电视剧资源，其投入产出水平已进入边际投入等于边际产出的临界区域；特别是在《团》剧大战的这个3月，电视剧播出的边际收视效益已突破盈亏平衡点，进入到负收益区域，意味着上星频道单纯依赖电视剧资源扩张的竞争模式已不再有效。

2009年将是电视剧竞争由重资源扩张转入重资源质量的重要一年。从主要依托电视剧参与市场竞争的几个强势上星频道看,其全天电视剧播出比重已趋近60%,电视剧为这些频道带来的收视贡献约为70%。在难以进一步增加电视剧播出量的情况下,"自制剧"、"定制剧"成为其提升电视剧资源质量的重要手段,从而也引发了业界对制播分离问题的新一轮思考。在对电视剧投入产出进行弹性分析时,我们也发现,全国上星频道的电视剧收视比重平均比播出比重高出10个百分点,表明对电视台而言电视剧播出的整体收益仍很可观。2009年3月全国上星频道电视剧收视比重平均高出播出比重11.395个百分点,2009年2月的差数为10.271个百分点,上年同期(2008年3月)的差数为9.998个百分点。差数越大表明电视剧播出带动的收视回报越高。结合上文弹性系数变化特征,这一组数字比较提示我们,近期电视剧资源质量确已处在上升通道。

弹性系数在1左右徘徊,收视比重高出播出比重约10个百分点,这就是当前以上星频道为代表的电视剧主流市场的现状均衡。以此重估电视剧市场价值,增加电视剧播出量将使弹性系数滑入负效益区域,提升电视剧质量则有助于将收视比重对播出比重的差数拉大。市场竞争已然给出了方向,对于博弈的电视剧制播双方,共同策动以质量竞争替代数量竞争,必将推动电视剧市场向更高阶段发展。

二、节目品质如何影响广告效果

2009年以来国际金融危机蔓延和影响深化使电视媒体面临趋向紧缩的广告市场环境。为了博得更高的广告市场份额,电视台不仅要用收视率说话,也要加紧推动以节目品质佐证广告效果。那么节目品质是如何影响广告效果的呢?

以消费者为研究对象,广告效果是指广告对消费者认知、态度及行为层面产生的综合影响。消费心理学总结出AIDA模型,认为广告驱动了消费者对目标商品从认知到兴趣到欲求再到购买行为的过程,但是随着过程推进,广告发挥的影响渐弱。按半衰律假定,若认知为1,则兴趣为1/2,欲求为1/4,购买行为为1/8。也就是说广告到达了1000个人,但最后真正产生购买行为的不过125个人。

广告收视率是对广告接触度的一种测定。消费者因为对广告的视觉及听觉接触而产生认知,因此可以认为收视率测定的是广告认知效果。这即是3+到达率在电视广告效果测量和评估中被广泛采用的原因。

节目品质影响广告效果显然超越了简单的认知层面,但又包含认知层面。首先,节目品质贡献节目收视率。笔者研究认为,播出环境和节目质量共同决定了节目的市场收视表现,其中节目质量对收视率的贡献约为50%。广告穿插于节目之间,观众从节目收视转入广告收视会产生规避行为而致广告收视率衰减,基于节目收视率与广告收视率的实证分析表明,国内市场平均的广告收视衰减率约为33%,也即是说三分之一的观众会在从节目转入广告时换台或关机。由此可见,节目品质对广告认知效果的影响是透过影响节目收视率并进而影响广告收视率形成的,节目品质对广告认知效果的影响程度为

33.5%(即 50%×67%)。

节目品质同时还影响观众的广告态度，这种影响也是间接的。节目品质影响观众对节目的态度，而观众的这一态度会让渡或者转化为对广告的态度。观众对节目的态度往往以满意度来测量，有调查数据显示，观众满意度高的节目或者频道，观众对其所连接的广告也往往给予更积极的态度评价，这即心理学上指称的所谓“爱屋及乌”现象；反过来，一些品质较好的广告也更愿意向高品质的节目或频道集中，从而形成市场共振效应。

这样在广告效果的测定中，节目品质就得以透过广告收视率和广告态度分别表达。如果把节目品质对广告效果的影响作为 100%看待，则基于上述分析，其中对广告认知层面的影响为 33.5%，对广告态度层面的影响则为 66.5%，可见节目品质更倾向于影响广告态度。这就凸显出以品质和品牌拉动广告营销的重要。

但是站回到广告效果分析的角度，按照半衰率假定，广告对态度的影响仅为认知效果的 1/2 或者 1/4，如果以认知效果为 100%，则节目品质的广告态度效果约为 25%(即 66.5%×(1/2+1/4)×1/2)。

现行的电视广告效果通用评价以 GRP 为基准，GRP 测量了以广告收视率为基础的电视广告认知效果；如果考虑节目品质对广告效果的影响，则电视广告对认知和态度两个层面的综合效果大致可相当于 1.25(半衰率假定)至 1.665(平权假定)倍 GRP。这是一个市场均值，不同的节目或者频道，其取值或高或低。节目品质高则取值高，节目品质低则取值低，但最低也就是 1 倍的 GRP 了，这里我们不讨论那种超越节目品质底线进而可能侵蚀广告 GRP 效果的情况。

三、寻求规模与结构的均衡

规模和结构是分析事物的两个基本维度。一般认为，规模是对事物量的测度，结构则反映为事物质的区别。收视率不只是对观众看电视行为的量的统计，也同时包含有结构的分析，例如频道之间、时段之间、群体之间等等都形成结构层面的对比。

电视是大众传媒，从这个意义出发，我们往往更注重观众量的变化，包括观众人数的增减和观众卷入电视时间长短的变化，这在收视率数据里面分别以到达率和忠实度指标测度。近年收视率调查数据显示，受生活形态和媒介环境变化的影响，受众分化和分流程度日渐加深，电视到达率以及忠实度总体呈现波动下降趋势。与之相关联，以收视率作为交易货币的电视广告，其增长总体上更多体现为价格的变化，而非广告传播效果的增加。

在总收视规模难以增长的前提下，结构的重要性被凸显出来。无论频道、节目还是广告，都试图寻求结构层面的差异化，而用来推动差异化的手段主要集中于三大类。一类是以资源优势推动，一类是以编排策略推动，还有一类是以市场营销推动，并由此涌现出所谓不同特质的频道或者节目，形成语义中的或者现实中的细分市场。广告营销也着眼于细分市场的特质，按消费群定位广告卖点，实现新营销图景下的广告增值。

但是正如前文所说,规模和结构作为事物特征的两个方面,不能偏废其一。细分市场的营销意义也在于规模细分,而非无限细分,其中衡量的尺度是市场回报率。电视媒体以节目和时间作为投入,转化为广告传播价值,被广告客户认同和购买,体现为广告收入,实现投入产出的比较收益。确定这其中的盈亏平衡点是有效细分市场的重要前提。比如,以收视千人表述规模,以高收入观众占比表述结构,则一个定位于所谓高端观众的频道就需兼顾规模与结构的均衡。一般而言,观众规模大则高收入观众占比低,高收入观众占比高则观众规模小;这就需要寻求一种相对的均衡,使此约束下的细分市场的广告价值最大化。

从广告的角度出发,我们曾经以计算的方式定义电视广告传播价值为收视千人及其人均收入水平的乘积,表示目标观众群的潜在消费总量,而广告的意义在于撬动其中一定比例使之成为现实购买。若以P代表收视千人,以M代表人均收入水平,以C代表消费倾向,以A代表广告收入,则可简单地推导出:$P*M*C = u+v*A$,其中u为截距,v为系数。这一算式表达出广告与收视及消费的相关关系。以增量式表示上述算式,可得:$\Delta P\% + \Delta M\% + \Delta C\% = v*\Delta A\%$,意思是广告收入的增长同时受制于收视千人、人均收入及消费倾向的相对变动。从整体市场看,一般而言,收视规模及消费倾向均保持相对稳定,所以广告增长主要体现为与人均收入(往大了说即GDP)增长同步;而近期金融危机对电视广告市场的影响则很大程度上体现为对消费倾向的调整。但对局部市场、细分市场而言,收视千人、人均收入以及消费倾向都有可能成为改变广告市场回报的关键因素。

事实上我们除了需要关注收视市场的规模与结构,还应同时关注广告市场的规模与结构,这显然使媒体与广告互动的行为更加复杂。如果说我们曾经成功于单方面的规模营销或者结构营销,但是随时间推移,将越来越感受到规模优势不在或者结构趋向雷同。重新考虑规模和结构的关系,在新媒介环境下探寻规模和结构的动态均衡,也许带来的正是领先一步的机会。

四、不断升级的卫视竞争路线图

简而言之,电视媒体运营是以渠道和内容获取收视份额及广告收益,并不断积累品牌影响的过程。以渠道和内容为基础,增加观众规模,提升观众忠实,积极促进收视效果向广告收益转化,进而以品牌为承载,增进无形资产,形成可持续发展动力,这即是电视媒体不断自我强势的必由路径。

由此,电视媒体之间的竞争主要围绕渠道竞争力、内容竞争力、收视竞争力、广告竞争力和品牌竞争力等五方面能力的不同表达而展开,其中渠道竞争力和内容竞争力主要体现为媒体资源能力,事关投入水平;收视竞争力和广告竞争力主要体现为媒体市场绩效,事关产出效益;品牌竞争力则主要体现为媒体可持续发展能力,事关未来格局。

以卫视为例,渠道竞争力可简述为卫视在不同区域(包括中心城市、省域、区域和跨区域）的覆盖水平，以频道入户率，频道入户方式，频道可接收人口规模等表征，另外也可以包括卫视内容在新媒体领域的渗透和覆盖水平；内容竞争力可简述为卫视自制、购进及编排播出各类节目的竞争能力及优势体现，如播出节目类型结构，自制节目比重，购进节目投资规模，节目要素竞争力如主持人资源、节目制作水平等；收视竞争力可简述为卫视在各级区域市场的市场份额及其优势体现，包括收视规模、收视份额、观众构成、观众忠实度等；广告竞争力可简述为卫视的广告创收能力及其在广告市场上的占比，包括广告传播效果、广告收入规模、广告定价能力、广告客户结构、市场营销能力、区域经济支持等。广告收入转化为资本并进行跨市场、跨媒体领域的资本扩张能力也可涵盖在内；品牌竞争力可简述为卫视的品牌识别度及其价值体现，包括品牌提及率、品牌美誉度、品牌影响力、品牌价值评估等。

渠道竞争力和内容竞争力作为资源能力，在市场竞争中进一步转化为以收视竞争力和广告竞争力为分别体现的市场绩效，继而为打造和发展品牌竞争力作出贡献。可见，五种竞争力之间的关系不是简单的加和关系，而是相互关联、相互影响、共同促进，甚至因果相关，统合形成电视媒体竞争力的重要内容。这可简称为电视媒体竞争的“五力关联模型”。

五种竞争力也深刻体现了电视传媒的产业价值链关系，涉及价值生产、价值传递和价值实现的各个方面，其中渠道竞争力和内容竞争力主要映射媒体价值生产环节，收视竞争力和广告竞争力主要映射媒体价值传递环节，品牌竞争力则更多体现了媒体的终极价值实现，即落实为品牌价值或者品牌资产。可见，建构于“五力关联模型”之上的电视媒体竞争力评价是对传媒价值实现程度的全过程综合评价。

时下对于卫视全国竞争而言，伴随多元覆盖格局成型，渠道效益呈下降趋势，以驱动观众忠实为核心的内容竞争变得更为关键。收视份额竞争因内容资源优势增减而起伏，并对广告营销形成冲击。基于收视表现的广告基准定价与基于资源能力或者品牌能力的广告溢价相结合，构成强势媒体不断扩张的价值空间。品牌竞争力建构于前四种竞争能力之上，既形成于四种竞争力比较运动的过程中，又对四种竞争力的新增长起到倍数和强化的作用。纵观近几年全国卫视之竞争，基本呈现从渠道竞争向内容竞争转进、从收视及广告竞争向品牌竞争升级的市场路线图，在这一过程中，媒体价值不断得到释放，从而推动电视市场更加繁荣。

公益、品牌与电视媒体价值

左瀚颖

2007年的中国电视市场上，娱乐选秀节目的“势头旁落”与公益节目的“风头劲胜”似乎是最具对比性的两大趋势。“公益”大旗被各大电视台高高举起，使海选、PK和草根将“流行词汇”的身份让位于和谐、奉献和爱心，让媒体和大众开始称道于电视社会功能的回归。中央电视台公益节目《共同关注》的制片人姜秋镝不无感慨地说“当初选择的（做公益节目）是‘羊肠小道’，现在这条‘羊肠小道’上已经是车水马龙、人声鼎沸了。”

公益节目“突如一夜春风来，千树万树梨花开”的景象，让人不由地联想到2005年《超级女声》红极一时之后，娱乐选秀蜂拥而上的局面。虽然公益节目与娱乐选秀节目有着本质的区别，它是电视媒体履行社会公器职责的体现，是媒体对和谐社会建设的回应，怎么做都不为过；但毕竟公益话题需要一定的节目形态来承载，市场空间规模有限。众多电视台蜂拥而上，以雷同的节目形式反复强调公益主旨，难免会引起观众的审美疲劳，过度的效仿和跟风使公益节目也极有可能在不久的将来遭遇娱乐选秀而今所面对的市场衰减。

北京大学中文系教授张颐武认为公益节目发展是全球化和中国社会发展的大势所趋，公益节目在意识形态上的安全性和可靠性将保证其发展空间；但如果将公益节目看做一个文化产品的话，意识形态的优势仅仅是公益节目可持续发展的必要但不充分条件。如何让公益主旨与电视台现有的节目和资源实现对接，以满足市场需求为基础保持公益节目的鲜活与成长，是电视媒体开发公益节目时不可回避的话题。本文尝试从公益与电视媒体品牌建设和电视媒体价值之间的关系出发，探寻合理和可持续利用公益选题之道，供业内人士商榷。

一、公益与电视媒体品牌建设

技术的进步和政策的放宽，正在为我国的媒体市场带来更多变数。更多的频道和更丰富的节目样态让电视荧屏愈加丰富多彩，在为观众提供更多选择和自由的同时，也带来了媒介消费行为的变化。美国学者沃尔特·麦克道尔（Walter McDouell）指出，面对越来越多的内容产品，观众既没有时间也没有耐性对不断增长的节目内容一一加以选择，在频道冲浪和任意尝试新节目的新奇感消失之后，观众会选择某种摒弃混乱、建立秩序的新方式来安排自己的媒介消费行为。一张数量有限但却容易掌握的品牌节目清单或媒介清单将很大程度上限制观众注意力流动的范围，附着在媒体信息和服务功能之上的、体现媒体情感和价值观的品牌将影响电视市场竞争。

竞争是产生品牌的催化剂，事实上中国电视媒体的品牌建设也正是在2002年前后，伴随着频道竞争的加剧而产生。几年之中，以湖南卫视、安徽卫视和江苏卫视等为代表的一批上星频道已经初步在观众心目中刻下了自己的品牌烙印，更多竞争者则还在寻找和明确品牌定位的道路上徘徊。时至今日，电视市场的份额竞争愈演愈烈，在中国已经非常拥挤的电视市场上，导入一个新的电视媒体品牌已经非常吃力；而面对众多跃跃欲试的跟进者和挑战者，品牌媒体要想保持自己的品牌资产也变得更加困难。领先者想要维持自己的品牌优势，跟进者想要建立自己的品牌资产，任何一个有助于提升媒体品牌形象和声誉的价值观念和概念都会引起电视媒体的关注。“公益”作为一个最体现“和谐社会、以人为本”的话题，自然极受电视媒体青睐，成为2007年电视媒体进行品牌宣传时最频繁提及的词汇。

在经历了娱乐选秀的喧嚣以及社会对媒体社会功能的置疑之后，“公益”话题的兴起确实有助于市场化中的电视媒体树立担当社会责任的形象，有助于提高媒体的公信力和影响力，提升媒体的品牌价值。但“公益”在媒体的品牌建设中到底能发挥多大的作用？扮演什么样的角色？是否可以成为电视媒体品牌建设的倚重？这还需要我们结合品牌建设的一些基本概念来理解。所谓品牌是“一种产品或服务的名称、词语、符号、设计或这几个元素的结合，用以从竞争对手中识别和区分这种产品或服务。品牌传达着一种人为设计的属性和意义，从而为产品带来功能价值之外的附加价值。”①从对品牌的这个简单定义来看，品牌至少具备如下两大特征：其一，以实际的产品和服务为依托；其二，具有独特性和差异性，足以与竞争对手相区别。由此，在将“公益”应用于电视媒体品牌建设时，必须注意以下两大问题：

首先，公益必须与电视媒体的节目资源相结合，电视节目资源本身的使用价值是保证公益这一情感价值实现的前提和基础。公益更多的是理念、是价值观念的体现，它本身不能作为电视媒体的一件产品或者一种资源，要将公益应用于电视媒体品牌建设，首先需要将其实体化为某种栏目或节目，满足电视观众对电视媒体在信息、娱乐和教育等方面的基本需求。公益与电视节目资源的结合可以选择两种方式：其一是以公益为主题制作电视节目，整个电视节目的内容都围绕公益展开，例如中央电视台经济频道的《春暖2007》和上海东方卫视的《闪电星感动》；其二则是在其他主题和内容的节目中，穿插和结合公益内容，例如湖南卫视的《舞动奇迹》和《勇往直前》。两种方式都能够为媒体的品牌形象带来增益，其中前一种方式能够突出地反映公益内容，实现对公益主题的强化和深化；后一种方式则不仅能够与多种节目形态和内容相结合，满足观众多种类型的收视需求，而且还可以将公益广泛地应用于媒体的多类节目资源中，更容易促成“公益”与媒体

① 参见凯文·莱恩·凯勒(Kevin Lane Keller)著：《战略品牌管理》，李乃和、李凌、沈维、曹晴译，中国人民大学出版社2003年版。

整体品牌的融合。

其次，公益本身不具备独特性和差异性，在媒体品牌中更适宜于扮演其他品牌特质的补充。电视媒体塑造品牌最直接的目的就是要让自己的品牌和服务区别于同类竞争对手，促使消费者对自身内容产品的快速识别和重复消费，因此，电视媒体在进行品牌定位的时候，一项关键的工作就是要为自己寻找一个高度差异化的品牌形象，进而与竞争对手的品牌区别开来。从差异化品牌定位的角度来讲，公益本身并不能带来观众对某一电视媒体的特殊联想，它更多的是属于一种社会思潮、社会行为，而并非某一电视媒体的独家资源，由此也决定了公益不太可能成为电视媒体品牌建设的核心倚重，它必须寻求与媒体其他品牌特质相结合。

中央电视台经济频道和湖南卫视作为2007年公益风潮的先行者，在将公益与品牌特质结合方面有比较突出的表现。中央电视台经济频道以“就在你身边”为品牌口号，力图塑造“贴近、随和”的品牌形象，公益正是频道在明确的频道定位之下采取的一方面措施，它与经济频道在娱乐、信息和服务等方面体现出来的特质一起，形成了中央台经济频道与众不同的特点。湖南卫视则早在2004年就明确提出“快乐中国”的品牌口号，力图打造“最具活力的中国电视娱乐品牌”，在一度引领中国娱乐风潮并饱受质疑之后，湖南卫视开始尝试将自身独特的娱乐资源与公益对接，体现自身的社会责任和社会关怀；在这个过程中，湖南卫视并没有用公益取代自己“快乐中国”的核心定位，而是通过“助人为乐”将公益与自己现有的品牌特质相结合，利用《快乐男声》《勇往直前》《舞林大会》《真情》《变形计》和《洞穴之光》等节目，充分发挥频道在娱乐晚会和真人秀节目制作方面的优势，利用频道的节目品牌资源和艺人品牌资源，打造出浓厚的公益氛围。

公益是我国经济和社会发展到一定阶段的必然产物和重要趋势，电视媒体如果不能将公益与自己的媒体特质相结合，则其在公益上的投入更多地会体现为社会公益的一部分，而对媒体培养品牌认同、品牌忠实和品牌依赖难以形成太大的助益。此外，提倡公益、提倡建设和谐社会，是电视作为社会公器不可忽略的职责，是每个电视媒体都需要履行的义务，它不足以帮助电视媒体在观众心目中培育起特殊的形象，形成与竞争频道的区隔。公益可以推进电视媒体的品牌建设，但它更多的是作为对现有品牌的完善和发展，而不能成为频道建立品牌的救命稻草。2007年年底，安徽卫视提出“剧行天下、爱传万家”，在立足于频道“剧行天下”大内容定位的基础上，借助公益寻找到了坚实的品牌立足点和支撑点，丰富了原有品牌的精神价值，并明确了品牌的精神诉求，成为电视媒体品牌借助社会热点话题进一步完善自身品牌资产的典型代表。

将公益用于媒体品牌建设，除了要注意上述两大问题之外，还应该遵循品牌建设中的一个重要原则，即领先性原则。观众对品牌的认知和联想同样存在“先入为主”的现象，率先推出某项公益活动和某个公益栏目的电视媒体虽然也同样不能将公益作为自己品牌的核心，但它可以凭借自己的“先发制人”而在观众心目中留下比较深刻的印象；而作为跟进者的媒体虽然可能在打造公益节目方面也付出了同样的努力，但要在观众心目中形成公益与该媒体的某种特殊联系，却会变得比较困难。在这一轮公益高潮中，中央电视台经济频道显然扮演起了领先者的角色，该频道从 2006 年就开始推出大量公益题材的节目，又将 2007 年定位为频道的“公益年”，《春暖 2007》和《圆梦行动》等公益节目在时间上的领先性和在规模上的影响力，使中央电视台经济频道在公益节目市场上获得了独一无二的引导地位，在助推社会公益事业的同时，也带来了中央电视台经济频道媒体形象和价值的成长。相比较而言，在近半年多来，不少频道也推出了大型的公益援助类节目，但其影响力和号召力却难以与中央电视台经济频道的几个公益节目相提并论。

当然，所谓的领先性，不仅仅体现于时间上的领先性，更体现在理念上的领先性和内容上的领先性。北京大学中文系教授张颐武在谈及公益电视节目时曾指出公益是主流价值观的体现，主流价值观是发展变化的概念，它在不断地变化和丰富着，因此对于公益的理解和执行也可以不断地变化和丰富。研究人士指出，目前不少电视台推出的公益节目大多仍采用“借苦情和悲情博得同情”的模式，这种表现手法已经引起了部分观众的非议和不满，甚至有观众开始质疑某些节目内容的真实性。要让公益在电视媒体品牌建设中发挥更好的作用，就必须打破这种局面。部分电视台已经意识到公益节目不仅仅是要帮助弱势人群，还需要为弱势人群创造新的机会和平台，所谓“授人以鱼，不如授人以渔”，公益节目可以与励志和慈善实现更好的结合，公益节目的形式和样态正在不断丰富中。电视台如果想让公益与自身品牌实现更好的结合，就必须积极在公益理念和公益节目模式创新方面寻求领先性。

二、公益与电视媒体价值

中国的电视市场已经进入份额竞争阶段，虽然在收视市场上此消彼长、方寸得失的竞争依然炙热，但随着数字电视转换后更多竞争者加入争夺，单个电视频道可获得的潜在市场份额规模必然会缩水。受此趋势的影响，以及人们对电视媒体功能和职责认识的不断深化，对电视媒体价值的评价逐步摆脱了对社会价值的单纯强调和对数据的简单迷信，走向了更为理性的对市场价值和精神价值的综合评价。美国学者沃尔特·麦克道尔指出在未来的媒体市场上，无论是电视观众还是广告主和媒体购买人员，会越来越重视将媒体在信息和服务方面的功能利益整合到媒体整体的品牌资产中，媒体的精神价值因素将会与更为普遍的“观众到达”因素融为一体，成为衡量和判定媒体价值的重要因素。

所谓电视媒体的市场价值是指电视媒体借助其提供的产品和服务，在观众市场上和广告市场上换取注意力和货币收入的效用。电视媒体的社会价值依赖于其电视节目和服务所提供的可感知的质量与功能来实现，通过电视节目对观众信息、娱乐和教育等需求的满足，以及电视广告对广告主信息传递需求的满足，电视台得以换取注意力以及赖以生存和发展的经济收入。所谓电视媒体的社会价值则是指电视媒体通过其制作和传播的信息产品和精神产品，满足人和社会在精神上的欲求和兴趣，体现值得个人或社会向往的行为、目标和信念的效用。精神价值虽然是虚幻的、抽象的和无法把握的，但它却是电视媒体作为社会公器而存在的基础和保证。

公益风潮在电视媒体中的兴盛，更多地提升了电视媒体的精神价值。在我国社会经济快速发展，社会出现层级分化的过程中，电视公益节目的出现有利于将个人利益与社会利益相结合，促进个人、社会与国家的协调发展，有助于缓解社会矛盾，构建社会和谐。电视媒体大力投入于公益风潮，能够体现出电视媒体对社会问题的关注，提升各类社会群体对电视媒体的认同和认可，使电视媒体满足人与社会精神需求的效用大大提升。当然，公益节目同样会带动媒体经济价值的成长，它一方面可以通过新颖的、贴近人心的节目内容吸引观众收视，为电视台广告交易汇聚更多的注意力资源；另一方面则可以借助公益节目对媒体形象的提升，改善媒体广告环境，树造媒体公正、正直、诚实和可靠的形象，为媒体广告交易提供新的筹码。

虽然公益内容的推出对媒体的精神价值和社会价值都可以带来促进，但需要注意的是，在目前的市场上，媒体的精神价值是难以测量和评估的，它更多地依赖于人们的主观判断，也正因为如此，媒体的广告售卖更多地还是以其实际的市场表现数据为基础。尽管目前也有不少广告主会因为媒体在精神价值方面的突出表现，而适当减少媒体市场表现在广告决策中所占的权重；但广告主对信息传播总是会有数量和范围的要求，如果媒体在收视市场上的表现跌破了广告主在数量和范围上的要求底线，媒体的精神价值再高，也难以吸引广告主的投放。媒体经济价值的实现是媒体生存和发展的基础，也是媒体精神价值得以实现的保证。因此，在开发公益节目的时候，仍然需要切实考虑观众市场的需求。公益与收视率较好的平衡和结合，才能更好地保障公益节目的可持续发展。

2007 年末各大电视媒体推介会上公益节目的频频亮相，已经吹响了公益节目高歌猛进的号角。在红色暖流即将进一步席卷荧幕之际，希望娱乐选秀曾遭遇的盲目跟风、一拥而上的局面不再上演，希望电视媒体能够结合自身的资源和特色，综合考虑媒体的社会责任和市场寻求，以适当的方法和形式将公益主题融合于电视媒体的节目制作、活动开发和品牌建设之中，为公益内容创造一个可持续发展的平台，让公益之树常青。

未来:从受众出发寻求媒体价值

王兰柱

中国传媒产业正在经历高速增长,无论是对国内资金还是对国外资金,都有着非常强的吸引力。从2001年互联网产业拉开传媒产业融资序幕开始,到以湖南广电和北京歌华有线为代表的媒体公司陆续依托内容或渠道资源上市融资,中国的传媒投资正在通过与政策和市场的协调,不断摸索前行。中国经济的持续成长和传媒产业市场化的推进,则必将把中国传媒投资的发展推向深入。传媒投资最根本的目的是为了获取利润,不管对采取何种经营模式的媒体而言,利润最终都来自于受众的消费与反馈,因此,从受众角度对传媒投资给予一定的关注是非常关键的。如何把握受众要求,优化投资决策,已成为产业普遍关注的话题。作为中国最大的媒体受众研究机构,CSM媒介研究十余年来一直致力于研究受众市场的发展和变迁,对受众市场与传媒投资的关系略有心得。本文从受众需求和行为的角度切入,探讨传媒产业的投资问题,与业内人士共同探讨。

一、中国传媒产业高速增长,创造良好投资环境

与发达国家相比,目前我国传媒产业的整体规模还相对较小。据《中国传媒产业发展报告(2007—2008)》的估算数据,2007年,我国传媒产业的整体规模达4811亿元人民币,占GDP的1.95%,与美英等国传媒产业在GDP中所占据的超过5%的比例相比,还有明显差距。值得注意的是,中国传媒产业和中国经济一样保持了高速增长。在2006年到2007年期间,传媒产业的增长速度达到13.6%,超过GDP增速的两个百分点以上。从这一点来看,传媒产业在GDP中所占的比重有提升趋势,显示出有力的成长势头。

中国传媒业的快速成长,一方面借助于经济发展后传统媒体的进一步发展和成熟,另一方面则依托于新媒体和分众媒体所带来的新的增长点。近两年来,在市场碎片化和细分营销的指引下,传统媒体的内容和产品服务日趋细化,通过贴近细分受众需求的内容服务和满足广告主精准投放的广告服务,传统媒体的传播效果明显改善。与此同时,互联网技术、数字电视技术和电信技术的发展,进一步拓展了媒体的受众覆盖,为媒体开发出更多元化的服务形式和盈利模式,推动了传媒产业的整体发展。在“传统媒体往新媒体方向走,新媒体又对传统媒体进行互补”的趋势下,中国的媒体产业焕发出新的生机。

受众需求是新旧媒体实现发展的基础,也是传媒投资的信心所在。洞悉受众需求的

未来发展态势,有助于帮助投资者把握传媒投资的方向。据 CSM 媒介研究的观察,传媒产业的受众市场相对稳定,并显现出一定的成长和变化态势(图 1)。目前,电视仍然是第一媒体,内容创新和技术发展保证了电视的成长空间,使电视媒体的受众规模出现了正向的增长。前两年报纸媒体所面临的读者市场规模衰退的情况得到了缓解,发行和促销策略的创新,内容和服务的细分,逐步为报纸培育出新的读者群体,受众规模基本维持稳定。在新媒体领域,借助于基础设施建设的推进,互联网使用的技术和资金门槛进一步降低,再加上网络内容服务的不断改善,互联网的受众到达明显提升,超越广播和杂志而成为第三媒体。无论对于传统媒体还是新媒体而言,中国庞大的受众基数是其市场成长的有效保证,受众市场的进一步成长和调整,将为投资者提供众多商机。

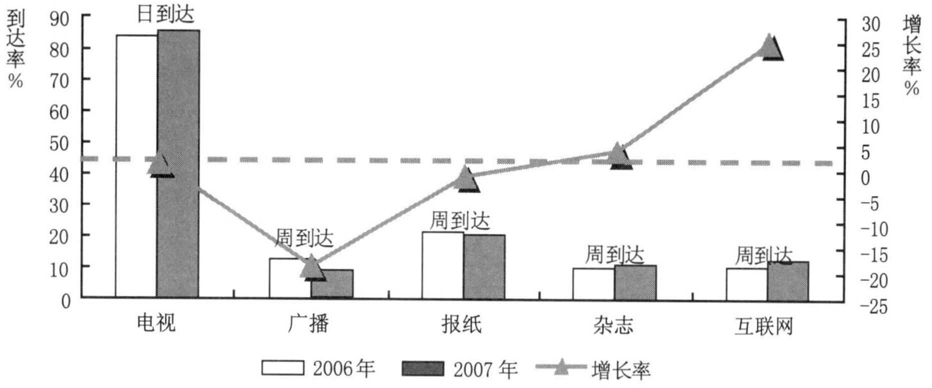

数据来源:CSM 媒介研究全国测量仪网基础调查

图 1　2006 年、2007 年我国五大传媒的受众到达变化情况

二、受众二元需求的满足倚重于内容和渠道两大资源

传媒投资的目的在于传媒价值实现,而传媒价值的根本就是满足市场需求。在传媒产业的二元经济中,受众事实上扮演着双重角色。一方面,他们作为媒体受众,对媒体的信息提供和娱乐服务存在需求;另一方面,他们作为消费者,对媒体提供的产品或服务,或经由媒体提供的消费品信息和服务存在需求。受众所具备的双重角色,是目前媒体产业主要盈利模式——广告模式或付费模式——得以存在的基础。媒体对于受众内容和消费需求的满足,是其获得发展的必由途径,也是传媒投资得以实现价值增值的必由途径,这是传媒投资过程中需要持有的一个基本理念。

媒体对于受众两方面需求的满足,主要倚重于两大类资源。其一是内容资源,提供优质的、有针对性的内容,是媒体满足受众信息娱乐需求的主要方式。内容是媒体的核心产品,它一方面可以帮助媒体换取借以进行广告资源交换的观众注意力;另一方面它自己也可以成为一种可供售卖的产品,满足受众的消费需求。内容资源的重要功能,决定了其在媒体投资过程中的重要价值。

其二则是渠道资源。作为媒体的一种重要资源，渠道可以从如下几个方面满足受众的需要。首先，渠道是内容到达受众的载体和通路，媒体的内容资源必须通过一个有效的渠道去送达到消费者或者受众。如何针对受众需求来发挥渠道的价值，怎么把信息和娱乐内容传达给受众，对于新旧媒体而言，都是一个重要话题。目前，在传统媒体渠道之外，诸如IPTV、数字电视和互联网等新渠道的出现，为媒体内容提供了更广泛的传播通路，也创造了更多的内容推广和盈利模式。其次，渠道是广告信息传播的重要通道，是媒体传统二元经济得以实现的重要桥梁。技术的发展，丰富了媒体作为广告信息传播渠道的功能，例如通过数字电视的增强广告形式和双向传播网络，受众可以得到丰富的产品信息，并借助媒体渠道实现产品交易，使得媒体渠道除了具备广告产品信息传达的功能，还具备了实现即时商品交易的功能。此外，近几年来媒体产业对于渠道价值的挖掘，使得媒体逐步扮演起商品零售渠道和功能服务平台的角色，为受众提供更多个性化的功能服务（如数字电视提供的电视银行、互联网提供的游戏平台等），拓展了媒体渠道的业务领域。总体而言，媒体渠道资源功能的丰富和拓展，使得渠道资源在媒体投资过程中也极具价值挖掘潜力。

三、充分了解受众需求，捕捉传媒投资机会

从受众研究的角度来看，如果媒体投资者能够充分了解受众的二元需求，从内容和渠道资源开发两个方面进行探索，则能够捕捉到丰富的投资机会。结合多年的调查和二手资料研究数据，CSM媒介研究认为在未来几年中，消费者的内容需求和渠道需求均存在着三大发展趋势，而在这三大发展趋势背后，则是媒体投资的重要商机。

1. 受众内容需求的三大发展趋势

趋势一：受众对传统媒体内容需求依然巨大，创新有助于扩大内容需求

对受众内容需求的满足，是传统媒体获取价值的主要手段，而新媒体的发展则一般会被解读为“提供多元内容选择，分流传统媒体受众”，从这个角度而言，新媒体的发展对传统媒体是一个不利的消息。但事实上，新媒体的出现促进了传统媒体在内容制作上的创新与发展，提高了传统媒体的内容质量，这在一定程度上弥补了因新媒体竞争而带来的观众流失，促进受众对传统媒体内容需求的扩大，也带来了众多投资机会。

正如CSM媒介研究相关收视统计数据所显示的那样，在新媒体的竞争压力之下，电视剧仍然是观众最需要的媒体内容；中国观众平均每天用接近1个小时的时间收看电视剧，使得电视剧成为了媒体产业中最具竞争力的内容板块，也让电视剧广告成为了电视媒体广告的主要支撑。近两年来，面对电视观众收视时间的萎缩，国产电视剧的制作水平不断提升，诸如《戈壁母亲》《士兵突击》《亮剑》和《金婚》等优秀剧目的出现，再次引发了受众市场对电视剧内容的密切关注。电视剧每年高达130亿以上的广告创收能力，使其成为媒体投资中非常值得关注的领域。

趋势二:新技术丰富了内容信息获取渠道,增加了细分内容的受众需求

原来可能只能从电视等传统媒体上看到的内容,现在可以从更多的渠道获得;同时,新媒体渠道增强了受众需求的主动性、选择性,能更贴近地满足受众的需求。这些因素促使受众内容需求的规模有所扩大,对总体市场发展和媒体投资而言是一个利好的消息。

以目前正在快速进行的数字电视转换为例。据易观国际的预测,2010 年中国的有线电视用户将达到 1.7 亿户,其中有线数字电视用户将超过 1.1 亿户。而根据 CSM 媒介研究 2007 年对 10 城市数字电视使用及态度调查,在目前进行了数字电视转换的家庭中,视频点播的使用率超过 80%,其中 42%的用户愿意为视频点播付费,22.5%的受访对象愿意为频道付费。结合上述两组数据,可以预测到 2010 年,我国有线数字电视业务中视频点播的收入将达到 67 亿,付费频道的收入将达到 48 亿;两者相加的规模超过了传统电视广告整体收入的四分之一。相关调查显示,随着视频点播和付费频道服务的完善和内容的丰富,消费者对于这两种服务的需求和付费意愿还将有提升的可能。这背后所蕴含的投资机遇相当可观。

又如,基于网络流媒体技术,传统媒体和新媒体获得了更多内容传递的通路和平台,而消费者也获得了更自主地获取视频内容的机会。目前,通过传统电视内容的视频上网,门户网站开辟的视频分享平台,以及专业的播客网站,受众获得了众多的内容选择通路,也产生了更多的内容需求。据 IResearch 的相关研究数据,到 2010 年,网络视频的整体市场规模将达到 36.5 亿元人民币,其中个人付费市场规模将达到 9.5 亿,这也为投资者提供了新的机会和选择。

趋势三:媒体传播向互动传播转变,受众原创内容日益受到市场追捧

在未来受众市场发展过程中,一个值得重视的变化是,随着市场的发展、传播技术的进步和政策的放开,生产内容的机构不局限于过去的媒体机构,除了民营公司逐渐进入部分内容制作领域之外,受众也逐渐作为一个内容生产者,纳入到传播体系中。媒体技术的发展,改变了受众的传播地位,在以前的单向传播体系中,受众只能被动地接受;而今,在双向传播体系中,受众则可以影响内容的制作和调整。在传播中所掌握的主动性,激发了受众的积极性和参与性,受众作为内容生产者,进一步卷入到整个媒体产业里面,带来巨大的价值和投资机会。

例如,由网络写手宁财神主笔的《武林外传》被改编为电视剧后,因其内容、语言和其他表现形式方面拥有了许多网络文化的元素,吸引了大量年轻群体的关注(图 2)。尽管《武林外传》的收视率远不及部分家庭伦理剧,但其相对于传统电视剧而言,明显年轻化的观众结构,一方面促成了年轻人向传统电视媒体的回归,另一方面则让以年轻人为目标消费者的广告主看到了营销机遇,创造了不小的广告传播价值。又如,近几年来不断兴起的网络原创小说,也创造出了可观的市场规模。诸如《诛仙》和《鬼吹灯》等网络原创小说获得了数十万甚至上百万的销量,在为作者和出版商赢得经济利益的同时,也为媒体内容开发提供了更为丰富的素材,为投资者提供了更多投资切入点。

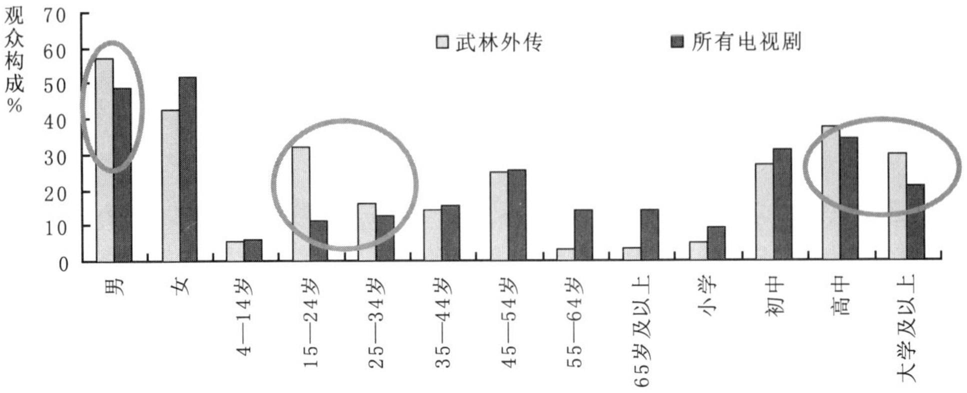

数据来源:CSM媒介研究

图2 《武林外传》观众结构与电视剧整体观众结构对比(北京)

2. 受众渠道需求的三大发展趋势

趋势一:借助定位细分、覆盖广泛化和形式多样化,传媒广告市场需求仍然广阔

广告是媒体的主要收入,通过内容细分和扩大覆盖,将优化媒体广告传播效果,为其提供巨大的增长空间。例如,我国主要依赖于订阅费支撑的杂志产业,几年来依托内容细分,取得了更为精准的受众到达效果,成为了广告主热捧的对象,杂志的广告收入连年递增,其增长率甚至超过了电视广告的增长速度。

又如,近几年中逐步兴起的户外电视、手机电视等媒体逐步与传统的电视媒体相互融合、相互补充,充分发挥各自的优势、避免各自的劣势,搭建起了一个更为多元化、全方位的电视传播平台。从受众的角度来讲,都是接触媒体的内容,都是要得到娱乐和信息,如果不存在质量差距的话,在不同的平台上获得是没有区别的,因此,媒体接触的便利性则成为了决定其渠道选择的重要因素,多种渠道的优势互补,将方便其信息获取。我们可以假设这样的景象,一个人从早上去上班开始,楼宇电视中的信息对你是有影响的;中午上下楼梯要到公共场所,在等人的时候都可以通过手机电视收看;到下班的时候又回归到传统电视,借助数字电视(有线、卫星)、网络电视、手机电视等共创全天收视最高峰。对于广告主而言,借助多种电视渠道的信息传播,能够实现其广告信息的更广泛到达。目前,诸如中央电视台等传统媒体正在通过传统电视、网络电视和公交车移动电视等构建多元的电视媒体传播体系,其中为广告营销和媒体投资所提供的商机不言而喻。

趋势二:传媒发挥信息传播平台优势,资金流和物流结合开发全新消费模式

在传统的社会信息交流系统中,媒体把信息传播到消费者,消费者再通过其他零售终端进行消费;媒体在这个过程中只起到商品广告信息发布的作用,离商品出售、资金交易的距离是非常远的。近两年来,随着技术的发展,媒体与上述领域的距离将越来越近,信息的发布和商品消费将日渐成为一体。例如在杭州,通过数字电视网络,消费者可以了解销售的商品,如果想购买这个商品的话,通过有线网络就可以实现支付,物流公司就

会及时将商品送给消费者，通过这样的一体化经营，整个传媒领域就实现了功能拓展。传媒不仅是一个信息发布的平台，同时也参与了产品交易和资金流的过程。事实上，近年来，诸如东方购物、快乐购和橡果国际等电视购物，以及淘宝等网络购物经营者的成功，就是抓住了将媒体的渠道资源与现代物流和资金流系统相整合的机会，为媒体经营创造了新的模式选择，也拓展了媒体产业的投资空间。

趋势三：开辟传媒多功能平台，促使消费者在娱乐和信息消费上产生多种需求

在传统的技术条件下，媒体只具备一对多的内容传递功能，其能提供的内容和功能服务相当有限。在互联网和数字电视技术下，媒体的渠道容量和互动性明显增强，也由此催生出更多的服务选择。例如网络游戏的诞生，将网络媒体作为一个互动游戏的平台，有效地满足了受众的娱乐需求和消费需求，创造了巨大的经济效益；又如数字电视提供的信息资讯平台服务，让受众可以借助点播等方式，获取更多有用的政务和生活信息，拓展了电视渠道的价值。技术所催生的多种媒体业务形态，同样为媒体投资提供了新的机会。

四、结语

无论是对传媒产业的投资机构还是对传媒机构本身，如何进一步研究受众、优化投资，是一个不容忽视的问题，对受众需求把握是一切决策的出发点。在把握受众需求的过程中，有三个方面的问题需要引起足够重视。首先，要加强受众市场的调研，深入了解受众的内容和消费需求，为传媒投资机构寻求更多的投资机会和空间。其次，媒体机构要寻求如何优化媒体资源整合，全面提高传媒整合不同内容和渠道资源的能力，全方位、多维度满足受众需求，提升媒体营利和竞争能力。最后，需要在传媒投资领域引入全面价值管理，从产品价值、顾客价值和社会价值三方面，对传媒价值进行全面管理，寻求更高的传媒投资回报。

传统媒体的经营管理者普遍视新媒体为洪水猛兽，所以从心理上不愿意接受。但是，从现在的发展趋势来看，这种思维有点像计划经济下的市场经济。新旧媒体的融合发展趋势是必然的，中国也必然将走向这条道路。我们需要的绝对不是一个抵制的态度，更多的应该是如何谋求融合。我们认为从受众研究的角度，不管是新媒体还是传统媒体，其发展前景都非常广阔。在投资这个领域有两个方面需要关注，一是投资内容，一是投资渠道。从市场需求的情况来看，不管是内容还是渠道，市场需求都极为旺盛，而且这个需求在将来一段时间内还有成长空间，因此，我们对媒体投资的前景持乐观态度。

图书在版编目(CIP)数据

中国电视节目创新与收视/王兰柱主编. —北京:中国传媒大学出版社,2010.4
ISBN 978-7-81127-894-1

Ⅰ.①中… Ⅱ.①王… Ⅲ.①电视节目—研究—中国 Ⅳ.①G222.3

中国版本图书馆 CIP 数据核字(2010)第 056927 号

中国电视节目创新与收视——CSM 收视研究文集(第 1 辑)

主　　编 王兰柱
责任编辑 刘大年
责任印制 范明懿
封扉设计 孙　鹏
出 版 人 蔡　翔

出版发行 中国传媒大学出版社(原北京广播学院出版社)
社　　址 北京市朝阳区定福庄东街 1 号　邮编:100024
电　　话 86—10—65450528　65450532　传真:65779405
网　　址 http://www.cucp.com.cn
经　　销 全国新华书店

印　　刷 北京中科印刷有限公司
开　　本 787×1092mm　1/16
印　　张 21.25
版　　次 2010 年 8 月第 1 版　　2010 年 8 月第 1 次印刷

书　　号 ISBN 978-7-81127-894-1/G・894　**定　　价** 58.00 元

版权所有　　翻印必究　　印装错误　　负责调换